MULHERES, MITOS E DEUSAS

TRADUÇÃO
WILLIAM LAGOS
DÉBORA DUTRA VIEIRA

MARTHA ROBLES

goya

MULHERES, MITOS E DEUSAS

TÍTULO ORIGINAL:
Mujeres, mitos y diosas

REVISÃO:
Mônica Reis

CAPA:
Sabrina Gevaerd

MONTAGEM DE CAPA:
Sonhorama
Victoria Servilhano

PROJETO GRÁFICO E DIAGRAMAÇÃO:
Desenho Editorial

DIREÇÃO EXECUTIVA:
Betty Fromer

DIREÇÃO EDITORIAL:
Adriano Fromer Piazzi

EDITORIAL:
Daniel Lameira
Tiago Lyra
Andréa Bergamaschi
Débora Dutra Vieira
Luiza Araujo
Juliana Brandt

COMUNICAÇÃO:
Júlia Forbes
Maria Clara Villas

COMERCIAL:
Giovani das Graças
Lidiana Pessoa
Roberta Saraiva
Gustavo Mendonça

FINANCEIRO:
Helena Telesca
Roberta Martins

COPYRIGHT © MARTHA ROBLES, 2019
COPYRIGHT © PENGUIN RANDOM HOUSE GRUPO
EDITORIAL S.A. DE C.V. (MÉXICO), 2019

COPYRIGHT © EDITORA ALEPH, 2019
(EDIÇÃO EM LÍNGUA PORTUGUESA PARA O BRASIL)

TODOS OS DIREITOS RESERVADOS.
PROIBIDA A REPRODUÇÃO, NO TODO OU EM PARTE,
ATRAVÉS DE QUAISQUER MEIOS.

**DADOS INTERNACIONAIS DE CATALOGAÇÃO NA
PUBLICAÇÃO (CIP) DE ACORDO COM ISBD**

R666m   Robles, Martha
Mulheres, mitos e deusas / Martha Robles ; traduzido
por William Lagos, Débora Dutra Vieira. - 4. ed. - São
Paulo : Goya, 2022.
560 p. ; 14cm x 21cm.

Tradução de: Mujeres, mitos y diosas
ISBN: 978-85-7657-522-1

1. Feminismo. I. Lagos, William. II. Vieira, Débora Dutra.
III. Título.

	CDD 305.42
2022-1947	CDU 396

ELABORADO POR VAGNER RODOLFO DA SILVA - CRB-8/9410

ÍNDICES PARA CATÁLOGO SISTEMÁTICO:
1. Feminismo 305.42
2. Feminismo 396

ᎾᎾᎽᗩ
É UM SELO DA EDITORA ALEPH LTDA.

Rua Tabapuã, 81, cj. 134
04533-010 – São Paulo – SP – Brasil
Tel.: [55 11] 3743-3202
www.editoraaleph.com.br

Nota à edição brasileira 9

Prólogo 11

Diotima e o amor 25

AS ORIGENS

Nix 35

Lilith 41

Eva 47

Ísis 53

Hera 59

Alcmena 65

Deméter 75

Coré 83

Afrodite 91

As Górgonas 105

Éris e as Erínias 113

As Moiras 119

DA TRAGÉDIA À HISTÓRIA

Circe 127

Medeia 143

Antígona 161

Cassandra 167

Safo 173

Olímpia 181

Estatira 203

Sisigambis 211

Cleópatra 217

Hipátia de Alexandria 235

O AMOR

Dalila 243

Sherazade 249

Isolda 255

Heloísa 261

Margarida 267

AS FADAS

Fadas e bruxas. 279

Merlin e a Dama do Lago 291

A Dama de Shalott 307

Cinderela. 313

RAINHAS

Catarina de Medici 327

Elizabeth I em sua agonia 339

Cristina da Suécia. 349

CAMINHO DE DEUS

Malinche 365

Virgem Maria 371

Nossa Senhora das Mercês 383

Nossa Senhora de Guadalupe. 389

Nossa Senhora dos Remédios 411

Santa Maria de Izamal 419

Nossa Senhora de São João 429

Nossa Senhora de Zapopan 441

Nossa Senhora da Saúde. 461

Teresa de Jesus 471

Sóror Juana Inés de la Cruz 477

NOSSO TEMPO

Virginia Woolf 487

Djuna Barnes. .499

Isadora Duncan 509

María Izquierdo 529

Simone de Beauvoir 541

Marguerite Yourcenar 547

María Zambrano 553

NOTA À EDIÇÃO BRASILEIRA

Martha Robles escreveu *Mulheres, mitos e deusas* em 1996, mas esta não é uma obra datada, sectária, tampouco panfletária. Feminina, sem dúvida. Escrita por uma mulher, sobre mulheres e sua subjacência na história; mas não se dirige somente a elas. Narra e discute a grande aventura humana sob a óptica particular do olhar feminino.

Buscando interpretar, e ela mesma entender, o papel social da mulher, a escritora mexicana elege algumas personagens célebres para criar um mosaico da condição feminina através do tempo. Ainda que *obedeça* à cronologia histórica, seu trabalho é atemporal: visita Lilith, a lua negra dos tempos imemoriáveis; as deusas gregas, as entidades míticas e as personalidades marcantes da Antiguidade e da Idade Média; destaca rainhas como Catarina de Medici e as várias faces da Virgem Maria, que simbolizaram o poder e a piedade da Renascença à Modernidade; e finda sua viagem na primeira metade do século 20, berço de verdadeiros ícones da liberdade, da irreverência e da inteligência feminina, como Virginia Woolf e Simone de Beauvoir. E dentre tantas protagonistas, dá visibilidade também a figuras pouco conhecidas fora de seu país natal.

Em um primeiro momento, as referências a Malinche, às invocações marianas de Zapopan ou de Izamal ou à pintora María Izquierdo podem causar estranheza ao leitor brasileiro, mas esse espanto inicial logo se transforma em acolhimento e em oportunidade única para entrar em contato com um universo cultural rico e diversificado.

Através delas, Robles nos desvenda a alma de um México que, semelhante ao Brasil, se equilibra entre a tragédia e a esperança, a riqueza cultural e a aculturação, a opulência e a pobreza, a fé e a desesperança. E através delas acabamos percebendo que nossas trajetórias têm mais afinidades do que diferenças.

Para elucidar esse aspecto singular, a segunda metade do livro é dotada de várias notas explicativas, não apenas para facilitar a leitura como um todo, mas para travar um diálogo mais íntimo com esse "novo mundo".

PRÓLOGO

Antes de mais nada, declarou Platão, temos de conhecer a natureza humana e suas vicissitudes, uma vez que nossa índole primitiva não era como a conhecemos agora, mas diferente. Em primeiro lugar, existiam três sexos, e não dois. O andrógino, ainda que participasse das características do masculino e do feminino, era um gênero independente, tanto em forma como em nome, príncipe de ambos os sexos, masculino e feminino, e não um ser submetido ao desprezo e à infâmia, como foi considerado depois.

Em segundo lugar, a forma de cada indivíduo era totalmente arredondada, seus ombros e suas costas formavam um círculo. Tinha quatro braços e quatro pernas, bem como dois órgãos sexuais, dois rostos distintos e opostos, com suas respectivas orelhas em uma única cabeça apoiada em um pescoço circular. Caminhava em posição ereta, tanto para a frente como para trás; porém, caso desejasse correr, girava em forma de sino, assim como fazem os acrobatas, apoiando os braços e as pernas contra o solo até retornar à posição vertical, o que lhe dava grande velocidade, de forma semelhante à maneira como a adquirem as rodas em movimento.

Eram três os sexos assim constituídos, pois no princípio o macho foi descendente do Sol, a fêmea foi gerada pela Terra e aquele que participava de ambos os sexos provinha da Lua, inseparável dos dois anteriores. Os homens foram feitos circulares à semelhança de seus criadores, terríveis por seu vigor. Sua grande arrogância levou-os a tentar escalar o Olimpo para lá desafiarem os deuses que, hesitando entre fulminá-los com raios e destruir-lhes a linhagem – como já haviam feito com os gigantes – ou modificá-los para não perderem os sacrifícios com que eles os honravam, acorreram a Zeus em busca de uma resposta. Perspicaz, o Pai Celeste decidiu separar cada um deles em dois para debilitá-los, para lhes podar a ousadia e, ao mesmo tempo, multiplicar seu número a fim de angariar mais devotos. *"Doravante eles caminharão eretos sobre as duas pernas"* – disse ele à assembleia dos olímpicos –, *"mas, se persistirem em sua arrogância, de novo os cortarei em dois, para que andem em uma perna só, saltando como pernetas."*

A cada homem que Zeus fragmentava, Apolo recompunha-lhe o rosto na metade do pescoço, no sentido do corte, e sanava suas feridas. Em seguida, o deus curador esticava-lhe a pele aos puxões, de cima para baixo e de lado a lado até juntá-la à altura do ventre e, como sobrava uma pequena bolsa de pele, selava a sobra de modo a formar o que chamamos de umbigo. Depois, alisava a maior parte das rugas que sobravam e, finalmente, moldava os peitos com um escalpelo. Apesar de todos os seus labores, os deuses imortais descobriram que sua obra fracassava, pois cada parte, ao perceber sua solidão e sentir-se perdida sem a proteção daquela que lhe faltava, aventurava-se na busca de sua outra metade. Remendadas, parindo como cigarras, com os órgãos genitais na parte de trás e a cabeça na da frente, aquelas criaturas experimentaram a solidão mais profunda. Desamparadas, se abraçavam com tamanha ansiedade que não comiam e não faziam nada mais, a fim de não se separarem. Quando uma das metades morria de tristeza ou de inanição, a remanescente procurava outra qualquer e se unia novamente, sem se importar se a nova criatura escolhida fosse homem ou aquilo que agora chamamos mulher. Os seres que triunfavam sobre a fome deixavam de se reproduzir, pois sentiam tanta saudade e angústia que apenas se abraçavam ao novo parceiro, cheios de medo; desse modo, aquela humanidade inicial começou a extinguir-se, em vez de se multiplicar.

PRÓLOGO

Compadecido desse trágico antecedente do destino humano, Zeus concebeu outro plano para que, se no abraço sexual o varão se unisse a uma mulher, eles concebessem e perpetuassem sua raça; e, no caso de uma união entre machos, houvesse pelo menos fartura, que eles repousassem e voltassem sua atenção para o trabalho e para as demais coisas da existência. O que ele fez, então, foi mudar a posição da genitália masculina para a parte dianteira, determinando que por meio dela ocorresse a geração de outros seres semelhantes a si mesmos, através da união do macho com a fêmea, o que os obrigava a se movimentar e a contrair responsabilidades.

Reunificador de sua antiga natureza, o amor se fez natural entre os seres humanos e símbolo de uma equidade que não podia ser maculada nem rejeitada por nenhuma das seções, a menos que estivessem dispostas a se expor novamente ao castigo de sua extinção. Apolo ensinou-lhes a força curativa da unidade; mas, não obstante todos os esforços da laboriosa e volúvel Afrodite, os demais imortais nunca conjeturaram sobre como encontrar a justa metade, talvez por temer a força que é alcançada por um par perfeito que, ao fundir-se em amor e piedade, suscita o desejo da virtude, reanima o provedor de heroísmo e desperta uma urgência de moralidade que permita aos homens valorizar a divindade que neles habita.

O equivocar-se quanto à contrassenha implícita à escolha de uma mulher ou de um homem tem provocado as mais profundas inquietações. As más alianças, longe de serem curativas, geram ódios e multiplicam a injustiça ancestral. Apesar de sua óbvia infecundidade, os enlaces entre homens que percebiam afinidades entre si criaram, no dizer de Platão, uma maravilhosa sensação de amizade, de intimidade e de amor que os deixava fora de si e os impedia de se separar por um instante sequer, talvez porque neles permanecia um remanescente de perturbação ou de espera angustiosa superior ao surgimento de uma luz própria que lhes permitisse vencer seu estado de prostração. Esses eram os que passavam a vida inteira em companhia mútua, consolando-se da nostalgia imemorial por seu outro eu e apegados, de certo modo, pelo temor da solidão que sentiram as unidades recém-fragmentadas que andavam como perdidas, imersas em sua confusão imperiosa, sem rumo preciso nem clara consciência de seu sentido de ser. Acometidos por uma sensação de incompletude que não sabiam como definir, jamais alcançavam o sentimento de integridade que caminha lado a lado com a grandeza, nem experimentavam a harmonia que antecede a plenitude. Com o passar do tempo, tais casais não conseguiam definir o que realmente desejavam uns dos outros, tampouco o que buscavam dentro de si mesmos, exceto que não eram os prazeres afrodisíacos a única causa de sua complacência, mas que aspiravam ao reconhecimento da exata equidade a fim de alimentar uma ânsia de solicitude que frequentemente se desvirtuava, durante a maturidade e o envelhecimento, na perseguição insaciável a jovens, numa tentativa de assim preencher o vazio de suas almas.

Se aceitamos o mito das metades exatas, a natureza foi provida de mulher e homem dotados de idêntica inteligência sobre atributos distintos; no entanto, em vez de explorar o potencial de suas respectivas diferenças, houve tempo suficiente para que executassem por sua própria iniciativa uma obra correlata à de fragmentação empreendida pela mão do deus. O homem, por exemplo, concentrou seu interesse em alguns aspectos da realidade, enquanto as mulheres ampliaram sua perspectiva a fim de considerar, de maneira simultânea, o imediato e o necessário a partir de sua função maternal – inclinada a proteger e desenvolver a vida –, na qual fincavam seu sentido de ser.

Consultando as teorias orientais concebidas há milhares de anos, podemos crer que a feminilidade consiste em uma vigilante continuidade vital que, mesmo de maneira simbólica, na explosão dos sentidos ou nas perversões que a impulsionam a praticar o desprezo, compromete seu poder desde a fonte íntima da criação.

PRÓLOGO

Uma criação que era inicialmente exclusiva do poder absoluto de Deus que, ao repensar o processo reprodutivo da humanidade, compartilhou-o conosco, mulheres, a fim de que participássemos de sua essência na dupla tarefa de preservar a espécie ao sermos fecundadas pelos homens e inspirar o movimento para o despertar racional, como claramente se exemplifica no Gênesis com a expulsão do primeiro casal do Paraíso. Esse privilégio, considerado instrumento de redenção na cultura judaico-cristã, nos permite pensar, agir e nos aperfeiçoar intuitivamente. A individualidade se fortalece, portanto, na medida em que uma mulher compreende as habilidades múltiplas de seu intelecto, sua graça equilibradora e seu afã em servir.

Nada ilustra melhor a missão feminina que a passagem da escuridão para a luz. Delineada para a reprodução, seu temperamento é dinâmico, enquanto o masculino tende a contemplar e se mover pela inspiração divina encarnada pela companheira. A nossa divindade é vigilante, legada à mulher para acentuar a natureza do ser e participar dessa forma primordial de criatividade, que é aquela própria da arte e da história. Se, por definição, a aliança heterossexual acentua a identidade mútua e consolida o despertar para a claridade, o liame homossexual, por outro lado, padece o mais terrível dos sofrimentos: o de ser enigmático.

Ser um enigma e viver como tal, conforme pensou María Zambrano, "só é próprio daquele que, sendo uno, ou pretendendo sê-lo, está aprisionado na multiplicidade e sujeito a padecer seus próprios estados". Os deuses não sofrem dessa condição porque se bastam a si mesmos e se encontram além do princípio de contradição; isso ocorre aos seres humanos, quando, em sua ânsia de evitar padecimentos e eximir-se do imperativo da mudança ou do movimento, multiplicam o próprio eu no anelo de se aceitar, o que implica uma negação e é a chave dos anseios de fuga que os imobiliza, justamente de maneira oposta a que buscavam seus desejos.

MULHERES, MITOS E DEUSAS

Poderíamos supor que o transtorno experimentado ao reacomodar as metades dispersas se converteu em caos e em uma sanção unívoca que produziu a infâmia que nutriu de vícios a humanidade. Ao fracassarem os homens em sua batalha contra os deuses, optaram pelo caminho mais simples: dominar as mulheres e, mais tarde, outros homens mais fracos mediante práticas cada vez mais abjetas, inseparáveis da ideia de pecado que sobreveio, primeiro, através de Lilith, e depois através de Eva e de toda a sua estirpe. Quanto mais primitiva a índole dos casais reunidos pelo apetite sexual, por submissão ou pelo ímpeto para a guerra, tanto maior a inclinação para a injustiça, até tipificar-se o desprezo. Tais foram os triunfos da incoerência: a injustiça e a brutalidade; em consequência, a conquista progressiva da harmonia converte-se na única coisa que nos permite ascender a partir do reconhecimento do outro que é nosso complemento. Sem o preenchimento de tal requisito, tornam-se impossíveis a tolerância e a partilha equitativa de direitos e obrigações, que em nossos dias consagram a democracia.

No eterno combate entre os atributos relativos a cada sexo, a hostilidade aumenta em consequência das contradições. Desse modo, afligidos pela obsessão de poder e não poder, os homens guerreiam das formas mais diversas e se concentram em uma única tarefa, seja prática ou racional. As mulheres, por sua vez, continuam a expressar sem grande alarde sua aptidão para preservar a vida como uma figura divinizada, a menos que se deixem empolgar por perversões que as desviem de seu compromisso. Graças à sua intuição amorosa, desde tempos imemoriais governam disfarçadamente a ordem presente e futura da consciência. Com peculiaridades que, em dadas ocasiões, separam a mulher das deusas e que podem levá-la a desvirtuar sua missão de aperfeiçoamento interior, segundo o caráter de cada povo, a aprendizagem e a sedimentação de cada cultura, surgem as Heras doentes pelo ciúme de seu Zeus luxurioso, as Afrodites em busca do amor; uma Circe feiticeira, senhora de seus domínios, tão versada na arte da palavra quanto hábil em transformar homens em porcos; há também Cassandras portadoras do dom da profecia, ainda que condenadas a que nunca se acredite nelas; Atenas combativas, esposas que atacam os maridos com um machado e incorrem na síndrome de uma Clitemnestra sem recurso de salvação; Medeias matricidas, enlouquecidas pelo desamor e pelo abandono; ou Ledas ingênuas que, sentadas em seus banquinhos ao pé da lareira, são seduzidas por um cisne que as penetra depois de deslizar ao longo de seus peitos.

Por sobre a fascinante galeria das sacerdotisas, brotam os furores de Olímpias insaciáveis e cruéis intercalados no drama inaudito de Sisigambis, no declínio obscuro de uma Estatira que morre parindo e chorando, como ocorrera ao império persa ao ser conquistado por Alexandre, o Grande, e que depois se incorpora à história como vítima dos comandos inconstantes que mutilaram o porvir esperançoso de sua estirpe.

Há Jocastas trágicas, suicidas por sua dor e geradoras de uma Antígona heroica, que desafia a lei do tirano para preservar tanto a honra familiar como a lei dos deuses; há também, disseminadas pelo mundo como sementes variegadas do universo criador, virgens imóveis e arquétipos da piedade que são veneradas por sua paciente solicitude ou, como no caso da Guadalupana, consagradas pela maternidade absoluta na misericórdia perfeita em favor dos homens. Existem donzelas emudecidas, Marias interpostas entre a espada e a cruz, amantes confinadas na paixão conventual, Heloísas radiantes que repreendem a Deus por sofrerem tão infinita crueldade, Isoldas confusas, Dalilas intrépidas, Cleópatras que oscilam entre o ímpeto redentor da pátria, o acicate da imortalidade e uma entrega amorosa tingida pelo impossível sonho imperial que, em determinadas ocasiões, as aproxima do melhor que existe em si mesmas e, em outras, as impele a ceder à tentação do abismo e a dar um ponto final a suas aspirações afundando os dedos em um cesto cheio de figos habitado pela áspide portadora da morte.

Não faltam as Hipátias insolentes por seu vigor racional nem as mulheres de nosso tempo que, em meio à grande confusão provocada pelo acúmulo de equívocos de uma humanidade que pretendeu se tornar deidade material, decidiram romper o cerco da obscuridade e finalmente se atreveram a declarar em alto e bom som que sim, nossa feminilidade é a condutora do atributo criador, o enlace entre a vida, o impulso para a morte e a esperança de redenção. Suas primeiras empresas, no entanto, absorveram aquelas características que são próprias de nossa época: apetite pela informação, avidez de conhecimentos, urgência de competir nos jogos de poder, ânsia por glória e prazer e também, às vezes, contaminação daquilo que se acreditavam liberdades por horas de ódio social, de rupturas espirituais diante de novos domínios religiosos e de desvarios infiltrados pelo pavor da morte.

Mulheres de certa maneira quebrantadas, elas padeceram as capitulações e consequências das guerras mundiais que vieram a consolidar a desordem mediante a violência do conservadorismo e de sua contraparte natural, a transgressão. Sentiram a necessidade de buscar algo distinto, de romper as amarras que as marginalizavam das atividades da cultura mais seleta, privilégio até então dos homens e, muito especialmente durante as décadas centrais do século 20, as mais audazes provaram o sabor acre da frustração. Enquanto despontavam publicamente por meio de suas obras de vanguarda, na intimidade decaíam como se obedecessem a um estigma secreto, o mesmo anteriormente observado em relação às mênades.

Como as liberdades que vieram depois delas, e que hoje nos perturbam, aquelas não eram senão liberdades envoltas em fumaça, invariavelmente tramadas de vileza e dissolução que, por desgraça, experimentaram com maior ou menor intensidade algumas das que se consideravam grandes talentos da arte da palavra, como Djuna Barnes, Virginia Woolf, Jane Bowles ou Anaïs Nin, filhas da desesperança e do cansaço de ser, reprodutoras daquela divisão

PRÓLOGO

primordial que – se nas páginas que escreviam era ironizada com tamanha lucidez –, ao violentar seus destinos e não saber o que fazer com suas vidas, se voltava contra sua própria natureza até mergulhá-las em uma depressão tão atroz que, em sua inconsciência, perderam os limites do impulso suicida, a que algumas sucumbiram.

Simone de Beauvoir chamou a atenção para os desmandos da injustiça alicerçada nas diferenças sexuais, mais e piormente praticada onde predominam os autoritarismos políticos, os credos únicos e a intolerância racial. Corajosamente, ela emitiu um grito de alerta, sacudiu a consciência das mulheres ocidentais, revelou os indícios de uma escravidão ancestral e convocou "o segundo sexo" para essa sua primeira denúncia, à maneira de um testemunho internacional, que imediatamente seria acompanhada de focos de rebeldia, movimentos libertadores, protestos contra a desigualdade feminina e demandas que enlaçaram antigas e novas lutas, seculares ou súbitas, a fim de reconquistar, dentro de um mundo totalmente entregue à turbulência, a dignidade através da qual nós, as mulheres, haveremos de recobrar o sentido do ser, se é que nesse século que se inicia as gerações irão valorizar o verdadeiro significado unificador da sobrevivência em nosso planeta.

Mulheres e deusas, compartilhamos do mesmo destino entrançado com a fatalidade. Não importa quando nem como um membro de nosso sexo se subleve, sonhe ou batalhe, sempre irá se deparar com o invariável desafio da subcondição de debilidade que lhe é atribuída pelos homens, quiçá porque tenha sido tão lenta e acidentada nossa própria aceitação do compromisso que sela o poder de criar, outrora atribuído somente a Deus. Não que devamos modificar a essência moral, nem que tenhamos de reinventar aquilo que, durante milênios, foi sendo lentamente depurado como norma de convivência familiar e social, mas se demonstra cada vez mais iminente a necessidade de recobrar a forma de alicerçar o fundamento da concórdia. Nesse sentido, não existe modéstia maior do que aceitar o valor dessa graça feminina, que é tão nossa quanto unívoca da feminilidade, e honrá-la sem soberba no pronto cumprimento de nossa missão. Uma missão regulada pela bondade, envolvida pela virtude, da mesma forma que pela grandeza e, muito especialmente, pelo amor em sua qualidade original, como um liame unificador daquilo que foi disperso e aviltado.

Se o amor anima, fortalece e impulsiona, é o pensamento que decifra seu esforço gerador. Separar o amor em humano e divino, conforme postula María Zambrano, marca a transição, sela a diferença e favorece a continuidade entre o amor como potência cósmica e o amor em sua expressão terrestre, cuja história segue as leis do ser humano e por meio de sua distinção em sexos complementares engendra a realidade quando põe em movimento a inteligência, ao passo que a energia amorosa celeste se desvela daquilo que é verdadeiramente divino, absoluto e evidente por si mesmo.

Até parece própria de um certo atavismo a preferência dos homens por substituir com falsas dominações permeadas de despotismo a criatividade feminina que provém da mítica divisão primordial; contudo, está visto que, onde impera a injustiça a partir dessa divisão de direitos por gêneros, que marginaliza as mulheres em prol dos homens, formam-se culturas propensas à baixeza e a repetir a abjeção, como claramente se observa na América Latina, na África e, naturalmente, nas teocracias muçulmanas.

Não é por acaso que, emudecidas e temerosas como nós, mexicanas, temos sobrevivido durante séculos, nesse contexto somente se destaque a sóror Juana Inés de la Cruz, um verdadeiro portento da época do vice-reinado. Até mesmo em nossos dias, há poucas mulheres que se atrevem a reconhecer seu próprio poder, que levantam seu espírito e brandam com a voz, com a pena, com suas obras e seus atos como um princípio purificador. Tal foi o imperativo inseparável do crescimento intuitivo e da razão excepcional da monja jerônima, que não somente exigiu a valorização do pensamento, mas misturou a aflição a seu processo esclarecedor e, não obstante a perseguição eclesiástica que a fez abjurar de sua indubitável conquista sobre a imobilidade, desenvolveu por si mesma uma poderosa feminilidade que se achava até então encoberta, amordaçada pela Colônia, condenada ao silêncio e, talvez, autocomplacente em sua resignação estéril.

Depois dessa sua vitória, obtida por meio de perpétua vigília, outra vez recaiu sobre as mexicanas o perigo do jugo e seu retorno a um silêncio tão tenebroso que atua, no mínimo, como elemento de retrocesso e signo de vacuidade, já que a mulher não está predestinada a ser nem a estender seu poder na escuridão. Este é o símbolo criador e a fortaleza que representa uma Juana Inés de la Cruz, que saboreou sua libertação por meio de uma renúncia aparente e que, ao prefigurar as possibilidades criativas de sua palavra, reconheceu que a nenhuma mulher, por mais excepcional que seja, é facultado salvar-se, sequer perder-se, sozinha. Resulta daí a sua atualidade e a fascinação que suscita sua vigorosa individualidade, tão contrastante quanto complementar à personalidade da mística Teresa de Jesus.

Poderá ser dito que as soberanas repetiram os vícios do poder material que se acreditava exclusivos dos homens; que, ao desencadearem sua crueldade, vão aos maiores extremos e se deixam cair em um inferno sem limites, arrastando consigo gerações inteiras em consequência de seus erros e que, como poderá ser lido em alguns exemplos incluídos nesta obra, não se subtraem em absoluto dos defeitos próprios da natureza humana; mas se deve insistir no fato de que, se os seus desvios se manifestam de forma tão aberrante, isto se deve precisamente a que, ao longo dessa decadência, a mulher vem violentando a sua própria essência, e que uma mesma experiência repetida durante milhares de anos, apesar dos preconceitos e da assombrosa informação que em nossa época confunde o entendimento, afasta a intuição e nos distancia da sabedoria para a qual somos chamadas como seres pensantes.

À condição feminina não se permite nenhuma possibilidade intermediária: é-se mulher ou não; assume ou nega seu compromisso; valoriza ou desvirtua sua graça; afirma-se no movimento intrínseco à sua natureza ou cede à tentação do abismo e leva consigo o homem e todos os seres que a acompanham.

Intuitivamente, as gerações reconhecem aquela que é realmente mulher daquela que não o é. "Uma grande mulher", reza o lugar--comum quando se percebe uma personalidade radiante ao redor da qual se respira a autoridade que prodigaliza uma feminilidade consumada no alto reconhecimento de si mesma em benefício e a serviço dos demais. E chama-se a ela mulher talvez sem reparar na leveza vigorosa que inspira sua graça ou na elegante harmonia que, mesclada de dor e de alegria, difunde tanto o questionamento crítico de sua realidade como o saldo de esperança que anima sua certeza vital.

Se uma mulher se realiza enquanto tal por meio de seu entendimento intrínseco, empreende seu despertar e se afirma em seus atributos de misericórdia e de bondade; por outro lado, se nega e abomina a porção de divindade que lhe foi outorgada, incorre nas piores baixezas, com o agravante de que, em sua queda, arrasta tudo consigo, já que ela, por sua própria característica essencial, forma, deforma ou destrói o homem. Resulta daí a secreta consequência de um machismo que não existiria se as mães, as amantes, as esposas, as irmãs ou as amigas não inspirassem essa negação de si mesmas, quiçá por temor, por olvido de seu sentido de ser ou, o que é ainda pior, por renunciar ao alto dever de se conduzirem como instrumentos da esperança.

E foi este o propósito que busquei ao escrever *Mulheres, mitos e deusas*: participar de uma aventura em direção à própria libertação, compartilhar com vocês este relato que, ainda que breve e talvez limitador por ser pouco representativo, ao menos contribua para entender os recônditos de uma feminilidade que, sem distinção de

PRÓLOGO

época ou de língua, demonstra uma única experiência: quando cede à tentação da queda, a mulher manifesta o pior de sua natureza; por outro lado, ao se aceitar como expressão do divino, ascende até a claridade e completa sua missão com alegria. Aquela que entende e compartilha redobra sua esperança de continuidade digna em um mundo que já não mais nos oferece oportunidade de erro, pois já atentamos cabalmente contra os princípios fundamentais, inclusive contra a vida.

Através do caminho da criatividade, entendi que a resignação passiva é pior do que o medo do desconhecido ou do que o auto-desprezo que costuma assaltar algumas mulheres que ignoram seu próprio potencial. Assombrada ante o poder que se reconhece ao vigor feminino em certas filosofias orientais, escutei de Siri Singh Sahib que a mulher desencadeia uma verdadeira tragédia quando, ao se contemplar frente a um espelho, abre mão de sua natureza radiante em troca da aceitação das mentiras externas de uma suposta beleza que a reduziu a uma máscara ou a uma caricatura da divindade. O verdadeiramente belo da feminilidade irradia com a integridade essencial, que é própria da harmonia consigo mesma e com o universo.

No entendimento e na aceitação da própria graça enraízam-se as liberdades e o direito de exigir em resposta a cortesia e o respeito masculinos. Se qualquer uma de nós, sem distinção de cultura ou de idade, não se considera bela, competente e capaz de mover o mundo mediante seu impulso vital, sua graça se volta contra as demais e assim se torna cúmplice da dramática confusão que caracteriza nosso tempo.

TLALPÁN
DEZEMBRO DE 1995

DIOTIMA E O AMOR

Platão é o criador da forma filosófica do simpósio. Utilizando esse recurso do diálogo, organizou tanto a vida social de sua Academia como a interpretação de suas preocupações fundamentais, quase sempre relacionadas à sugestiva figura de Sócrates, que conduz a célebre discussão à mesa de Agaton em que Fedro, o primeiro orador de *O banquete*, empreende a tarefa de fazer o elogio de Eros, o que, depois de cerradas discussões sobre os apetites e as funções do amor desde a perspectiva de Pausânias – que distingue *eros* vil e *eros* nobre –, dará ocasião ao sofista para expor sua doutrina mediante o relato de sua suposta conversação com Diotima, uma sacerdotisa de Mantineia, real ou inventada como um recurso retórico, de quem só sabemos que celebrou um sacrifício aos deuses por meio do qual afastou a peste de Atenas durante dez anos.

A ela, Sócrates atribuiu a semente de uma concepção de amor que foi transformada em corrente didática que supera o costume espartano e ateniense da pederastia ou da amizade masculina inspiradas ou sancionadas por Eros, proveniente da vida nos acampamentos guerreiros da época migratória das tribos.

Ao menos como ideal ético vinculado ao signo criador do "eu", que só pode ser efetivamente superado ao se relacionar com um "você", o discurso de Diotima completa as sugestões apresentadas pelas intervenções dos demais convivas sobre a função amorosa, as quais, em seu conjunto, oferecem aspectos cambiantes e complementares daquilo que, em síntese, se reuniria no "ideal platônico".

A rica e aprazível leitura de *O banquete* permite concluir que o *eros* nasce, com efeito, do anseio metafísico do homem por uma totalidade do ser, definitivamente inexequível à natureza do indivíduo. Tal desejo inato converte-o em simples fragmento – evocador do mito das metades exposto inicialmente por Aristófanes e descrito no Prólogo – que suspira por voltar a se unir com sua parte correspondente durante todo o tempo em que leva uma existência isolada e ao desamparo. Dessa maneira, a reunião afortunada torna-se a meta do *eros* e o instrumento mais eficaz para formar a personalidade e empreender o processo de aperfeiçoamento com o qual o homem haverá de restaurar o sentimento de plenitude harmoniosa que fora perdido ao ser quebrantado em sua unidade pelos deuses.

Platão elege o discurso idealista do jovem Agaton como fundamento para a incorporação da reflexão dialética do mestre Sócrates, caracterizado por sua busca da verdade, inseparável da beleza e, neste caso, apoiado nas sábias palavras de Diotima para finalizar satisfatoriamente sua célebre intervenção. Agaton personifica Eros como potência divina que necessita adquirir qualidades humanas; é jovem, refinado e demonstra tamanha leveza que, ao possuir todas as virtudes, torna-se o melhor dos deuses. Habita somente lugares floridos e perfumados. Seu reino é o da vontade e dele derivam a justiça, a sabedoria, a prudência e a coragem. É, além disso, um grande poeta e ensina os outros a sê-lo. Suaviza o portento olímpico com a beleza perfeita e ainda ensina suas faculdades à maioria dos imortais.

A postura adotada por Sócrates é intermediária, situando Eros entre o belo e o feio, entre o imperfeito e a perfeição absoluta, entre o mortal e o imortal, entre a sabedoria e a ignorância; portanto não pode ele ser um deus, pois não participa da bem-aventurança característica das entidades celestes. Eros é antes um grande demônio ou um "furor" que age como intérprete entre os homens e os deuses. É ele que preenche o abismo entre o terrestre e o divino

DIOTIMA E O AMOR

e mantém unido o universo. Descendente da riqueza e da pobreza, seu atributo característico é a dualidade; e pode florescer, morrer e ressuscitar em uma só jornada, já que sua índole consiste em ocupar e se espalhar. Sem saber nada, acredita saber tudo: intui, adivinha, suspeita e também desvirtua a realidade, apesar de ser, em sua essência, o condutor perfeito até a verdade.

Nesse ponto, a sábia Diotima explica a busca pela beleza como um aspecto da aspiração do homem à felicidade. O sofista se vale da recriação dessa sacerdotisa de Mantineia – única mulher a quem reconhece sapiência e, inclusive, considera sua mestra – para expor seu ideal erótico como um princípio entre a filosofia e a religião, já que, segundo recordou o sofista, era difícil para ele falar por si mesmo daquilo que não conhecia. Desse modo, refere-se à felicidade como uma ânsia inerente à natureza humana e, portanto, deve ser canalizada e modelada de maneira criativa e com toda a consciência. Para Diotima, a relação de *eros* harmoniza a difícil situação entre o pensamento e a vida, uma vez que engloba tanto a referência como a expectativa de um bem perfeito.

Em sua insuperável obra *Paideia*, Werner Jaeger, com grande perspicácia, observou que, graças à referência de Diotima,

> o *eros* se converte, de um simples caso específico de vontade, na expressão mais visível e mais convincente daquilo que constitui o ponto fundamental de toda a ética platônica, a saber: que o homem não pode nunca desejar aquilo que não considere seu bem. Segundo Platão, o fato de a linguagem, apesar de tudo, não denominar de *eros* ou *erân* toda manifestação da vontade, mas reservar esse substantivo e esse verbo para designar determinados anseios, encontra certo paralelo em outras palavras como *poiesis*, "poesia", que, mesmo significando simplesmente "criação", foi sendo progressivamente destinada, através do uso, para designar apenas um determinado tipo de atividade criadora.

Não só por sua revolucionária originalidade, mas pelo fato inusitado dessa interpretação ter sido atribuída a uma mulher singular, consideramos importante transcrever um fragmento daquele discurso que, perante este breve desfile que mostra a situação da mulher no mundo em diferentes épocas e concepções, nos permite completar uma ideia da feminilidade como sendo inseparável do princípio criador de *eros* que, em nossa época de tribulação, recobra uma vigorosa atualidade se considerarmos que, somente mediante uma profunda modificação da consciência do bem e de nossa missão unificadora no mundo, nós, mulheres, podemos participar da reconquista indispensável da harmonia entre o pensamento, a vida e o sentido purificador da arte como caminho a ser trilhado na busca da verdade e do belo.

[...] pois bem, se tens a convicção de que o amor, por natureza, versa sobre aquilo com que concordamos tantas vezes, não te espantes. Neste caso, pela mesma razão, a natureza mortal busca, dentro do possível, existir sempre e tornar-se imortal; e somente pode consegui-lo por meio da procriação, pois deixa sempre um novo ser no lugar do velho. Mas nem sequer durante esse período, no qual se diz que vive cada um dos viventes, e que é idêntico a si mesmo, o ser humano reúne sempre as mesmas qualidades; assim, por exemplo, diz-se que um indivíduo, desde sua primeira infância até a velhice, é a mesma pessoa. Porém, embora se diga que é a mesma pessoa, esse indivíduo jamais reúne as mesmas coisas dentro de si mesmo, senão que está permanentemente se renovando em aparência e, ao mesmo tempo, se destruindo, em seu cabelo, em sua carne, em seus ossos, em seu sangue e na totalidade de seu corpo.

E isto não ocorre somente no corpo, mas também na alma, cujos hábitos, costumes, opiniões, desejos, prazeres, sofrimentos e temores, todas e cada uma dessas coisas, jamais permanecem as mesmas em cada um dos indivíduos, senão que umas nascem e outras perecem. Mas ainda muito mais estranho do que isto é o fato de os conhecimentos não somente nascerem de uma forma e perecerem de outra dentro de nós – de tal sorte que não somos idênticos a nós mesmos nem sequer nos conhecimentos que adquirimos –, mas sim que também acontece o mesmo a cada um deles. Com efeito, o que se chama "rever" só ocorre porque um determinado conhecimento pode nos abandonar, pois o esquecimento é o espaço de um conhecimento, e a revisão, ao criar dentro de nós uma nova lembrança em troca daquela que perdemos, conserva o conhecimento, de modo que pareça ser o mesmo de antes.

É dessa forma que se conserva todo o mortal, não por ser completamente e sempre idêntico a si mesmo, como ocorre com os seres divinos, mas pelo fato de que o ser que se foi ou que envelheceu deixa após si um outro ser novo, similar àquilo que ele era. Por esse meio, Sócrates, o mortal participa da imortalidade, tanto em seu corpo como em tudo o mais; o imortal, por sua vez, participa da imortalidade por um outro processo bastante diferente. Não te admires, pois, se todo ser preza, por natureza, aquilo que é um renovo de si mesmo, porque é a imortalidade a razão pela qual todo ser é acompanhado por essa solicitude e por esse amor.

Tome por certo, Sócrates, que assim é se desejas lançar um olhar sobre a ambição dos homens, a não ser que tenhas em mente uma ideia daquilo que te disse, ficarias assombrado de sua insensatez ao pensar em que terrível estado os lança o amor para se tornarem célebres e deixarem no futuro uma fama imortal. Para alcançar esse objetivo estão dispostos a correr todos os perigos, mais ainda do que o fariam por seus filhos, a gastar dinheiro, a suportar qualquer fadiga e a sacrificar a própria vida. Pois então acreditas que Alceste se deixaria morrer por causa de Admeto, ou Aquiles para vingar Pátroclo, ou mesmo vosso Codro para salvaguardar a dignidade real de seus filhos, se não estivessem convencidos de que permaneceria após eles essa recordação imortal de suas virtudes, tal como as celebramos agora? Nem mesmo pela hipótese mais remota. É para imortalizar sua virtude, segundo creio, e para conseguir tal renome, que todos concentram seus esforços, e com tão maior afinco quanto melhores forem, porque aquilo que mais amam é justamente o perdurável.

Assim, pois, os que são fecundos no corpo se dirigem especialmente às mulheres, sendo esta a maneira pela qual se manifestam suas inclinações amorosas, porque, segundo creem, garantem para si, através da procriação de filhos, imortalidade, memória de si mesmos e felicidade para todo o tempo futuro. Por outro lado, existem aqueles que são fecundos na alma... pois existem homens que concebem nas almas, mais ainda que nos corpos, aquilo que pertence à alma conceber e dar à luz. E o que é que lhe pertence? A sabedoria moral e as demais virtudes, aquelas de que são progenitores precisamente todos os poetas e todos os artífices de quem se diz que são inventores. Todavia, a maior e mais bela forma de sabedoria moral é, de longe, o ordenamento das cidades e das comunidades, cujo nome é moderação e justiça. Assim, quando alguém se encontra prenhe dessas virtudes em sua alma desde menino, inspirado como se está pela divindade, ao chegar à idade conveniente deseja parir e procriar, e também ele, segundo creio, se dedica a buscar em torno de si a beleza por meio da qual possa engendrar, pois na feiura jamais o fará. Sente, desse modo, maior apego aos corpos belos do que aos feios, em razão mesma de seu estado de prenhez; e quando neles encontra também uma alma bela, nobre e bem-dotada, mostra extraordinária afeição pelo conjunto e prontamente encontra ante esse ser humano uma profusão de razões a propósito da virtude e de como deve ser o homem bom, as coisas a que deve se aplicar e, desse modo, buscará educá-lo. E é por ter, segundo creio, contato e trato com o belo, que ilumina e dá vida ao que havia concebido anteriormente; a seu lado ou separado dele, recorda-se sempre desse ser, e com sua ajuda cria em comum o fruto de sua procriação, de tal modo que aqueles que experimentam entre si tal condição formam uma comunidade muito maior do que a dos filhos, e têm um afeto muito mais firme, já que geraram em comum filhos mais belos e mais imortais. E mais, todo homem preferiria ter filhos de tal índole a tê-los humanos, se dirige seu olhar a Homero, a Hesíodo e a todos os demais grandes poetas e contempla com inveja a descendência que deixaram de si mesmos, que lhes garante memória e fama imortal uma vez que essa descendência também é famosa ou imortal. Ou, se quiseres – acrescentou ela –, poderão ter filhos iguais àqueles que deixou Licurgo na Lacedemônia, que se tornaram salvadores da Lacedemônia e, por assim dizer, de toda a Hélade. Também entre vós Sólon é honrado por ter dado vida às leis, do mesmo modo que muitos outros homens o são em outras partes, tanto entre os gregos como no meio dos bárbaros, por haverem realizado muitas e belas obras e gerado virtudes de todos os gêneros. Em honra a tais homens, e por haverem tido tais filhos, já são muitos os cultos instituídos; por outro lado, até hoje não se presta culto e homenagem a ninguém por ter tido apenas filhos humanos. Esses são os mistérios do amor, Sócrates, mistérios nos quais inclusive tu poderias ser iniciado. [...][1]

---

[1] Platão, *El banquete, o del amor, Obras completas,* tradução do grego, preâmbulos e notas de María Araujo, Francisco García Yágüe, Luis Gil, José Antonio Miguez, María Rico, Antonio Rodríguez Huescar e Francisco de Paula Samaranch; *Introducción a Platón,* por José Antonio Miguez (2. ed. Madri: Aguilar, 1966; e 2. reimp. 1979, p. 586 e seguintes).

Como dissera Aristófanes, o amor não se projeta somente em direção à outra metade de nosso ser, tampouco sobre sua totalidade, a menos que por tal se entenda o bom e o perfeito. E se Diotima nos proporcionou o instrumento para interpretar um anseio inerente ao bem, graças à posterior *Ética Nicomaqueia*, de Aristóteles, podemos inferir que o amor, apanágio unívoco da condição feminina, é a forma mais acabada de perfeição moral e, portanto, um impulso de cultura, no mais profundo sentido dessa palavra.

NIX

Longe de ser perfeito, como nas passagens que lemos no Gênesis, o princípio criador entre os gregos não proveio de uma ideia de eternidade nem do sopro vital de um deus todo-poderoso que extrai a luz do caos e com ela empreende o resto de sua obra, até coroar com a criação do homem as transformações dos céus e do mundo natural. Em seu primeiro dia, segundo a narrativa bíblica, Deus fez a luz, ainda que não houvesse nada para ser iluminado. O universo era um caos informe e, sobre a face do abismo, reinava a noite. "Haja luz", disse Ele, e a luz existiu. Então, o Deus judeu-cristão chamou à luz dia e às trevas denominou noite. Passou-se uma tarde, passou-se uma manhã e, ao escurecer, separou as águas das águas e criou uma abóbada intermediária, que foi a abóbada celeste. No segundo dia, ordenou que as águas se juntassem por baixo do céu e fez aparecer os continentes. Chamou de mar a massa líquida e de terra os continentes. Reverdeceu a terra a fim de que gerasse as sementes segundo suas espécies e as árvores frutíferas. No terceiro dia, Deus criou dois luminares no céu, regentes da noite e das estrelas, para marcar os ciclos do dia e da escuridão e para assinalar as festas e a contagem dos anos e dos dias. No quarto dia, criou os animais. A água conheceu a flutuação da vida; a terra, o andar e o movimento e, um pouco mais além, sob o teto dos céus, surgiram as aves fundadoras da dinâmica do voo. "Crescei e multiplicai-vos" – ordenou-lhes. "Enchei as águas do mar; e que as aves se reproduzam sobre a terra." No dia seguinte, deu prosseguimento à sua obra criando as feras da terra, os animais domésticos ē abundantes répteis, também separados por espécies. "Façamos o homem à nossa imagem e semelhança" – disse ao final de tudo. "Que ele domine sobre os peixes do mar, as aves do céu, os animais domésticos e todos os répteis." Criou macho e fêmea, deu-lhes sua bênção e exclamou: "Olhai, eis que vos ofereço as ervas que dão sementes sobre a face da terra; e as árvores frutíferas que geram semente vos servirão de alimento. E a todos os animais da terra, a todas as aves do céu, aos répteis – a todo ser vivente – a erva verde lhes servirá de alimento".

Ao ver sua obra consumada ao sexto dia, Deus deixou transcorrer mais uma tarde e mais uma manhã. Outra vez, na escuridão do silêncio, revisou como ficaram concluídos os céus e a terra e suas multidões de vegetais, de animais e de gente. Então, consagrando o sétimo dia, descansou Deus de sua tarefa. A dinâmica do mundo adquiriu seu próprio ritmo e se estabeleceram para sempre os ciclos da vida e da morte.

Os antigos gregos não compartilharam dessa ideia da criação. Sua concepção de ordem surgiu com o silêncio desde o abismo primordial, fonte do movimento e da vida. Segundo Hesíodo, do Caos nasceram Érebo e a negra Nix, a Noite; e da Noite surgiram Éter e Hemera, frutos de seus amores com Érebo. Ainda que fosse mãe da Luz, Nix não gerou deuses de luz nem de justiça, pois estes provieram de Gaia, a Terra, mãe, como ela, de monstros e de homens. De seio farto, Gaia serviu de sólida matriz para mortais e imortais, até que Eros fosse incubado pela Noite no ovo primordial. Foi assim que o amor se enraizou nas trevas e, por meio dele, a escuridão adquiriu a capacidade da união fecundante. Assim também foram engendradas as sementes imortais, a matéria que compõe os deuses e seu reino olímpico.

Complexa como é, essa cosmogonia mediterrânea não eleva a Noite à categoria de deusa, tampouco considera a primeira geração de entidades como provinda de atos supremos de vontade. O ser animado nasceu do próprio Caos. Nix é o princípio, o impulso criador, como o inferno, a terra e o céu. E como cada um desses, criou sua própria descendência, não à maneira do Gênesis, mas por uma lógica de fecundidade secreta, por obra da potência multiforme.

Os protogregos eram tribos arianas vindas do norte que se instalaram às margens do Mediterrâneo. Traziam consigo antigas crenças e não se sabe onde começou o mistério que durante séculos cultivaram sobre a origem das coisas. Finalmente assentados em cidades, organizaram seus mitos e seus cultos; mas não seria senão no fim do século 8 e na primeira metade do século 7 anteriores à nossa era que, com o advento da escrita, Hesíodo produziria uma genealogia da criação. Nessa obra, junto com outras potências estritamente míticas, a Noite se destaca como depositária de um saber elemental, aparentemente constituído para recordar as limitações de nossa condição humana. Tanto Melésio como Lamisco, o Sábio, afirmaram que aquilo que foi produzido no princípio existe agora e existirá no futuro, como a terra, o céu e a Noite; o bem e o mal; a dúvida que sobrevém à obscuridade e a lucidez que lhe faz o contraste. Por essa razão, a Noite é uma referência essencial no decurso do ser, pois é ela que torna possível que tudo apareça e possa ser distinguido através da claridade.

A maioria da progênie noturna é composta por abstrações, símbolos terríveis que nos intimidam talvez para ordenar os ciclos da vida e da morte. Tal como a linhagem da Terra, Nix foi pródiga em sua fecundidade de criaturas do bem e do mal. Em sua *Teogonia*, Hesíodo afirma que são seus filhos: Moiro, de quem pouco se ocupou a mitologia; a sombria Kera e Tânatos, todos os três vinculados à morte. Também pariu Hipno e deu à luz a tribo dos Sonhos. Depois, sem deitar-se com ninguém, pariu Momo, o doloroso lamento, e as Hespérides, aos cuidados de quem foram entregues as famosas maçãs de ouro, que Hera recebeu por ocasião de seus esponsais com Zeus.

A Noite engendrou ainda as Moiras, provedoras do bem e do mal, a quem os mortais chamaram Cloto, Láquesis e Átropos; e as Keres, vingadoras impiedosas que, em sua cólera sagrada, perseguem sem cessar os mortais e mesmo os imortais que cometeram delitos, a fim de infligir-lhes castigos exemplares.

Finalmente, a funesta Noite pariu Nêmese [a Vingança], açoite de todos os mortais, e encerrou sua descendência dando à luz o Engano, as Paixões, a terrível Velhice e, logo depois, a violenta Éris [a Discórdia] que, por sua vez, seria mãe do Esquecimento, da Fadiga, da Fome, das Dores que provocam o pranto, das Batalhas, dos Assassinatos, dos Massacres de seres humanos, bem como das Brigas, das Falsidades, dos Discursos, das Ambiguidades, das Leis Injustas, da Ofuscação, dos Amigos Íntimos, das Cumplicidades e de Orco, aquele que maiores desgraças causa aos mortais quando alguém comete perjúrio de forma voluntária.

É à Noite que se refere a primeira lição moral sobre a qual se fundamentaria nossa civilização contemporânea. A ela também corresponde o desafio da razão criadora, associado por Platão ao célebre Mito da Caverna; e através dos avatares de sua ampla descendência compreendemos que, para os gregos, era o belo que interessava acima de tudo. Sua intenção estética explica o sentido de espaço que atribuíram ao Caos, um espaço amoldável, disposto à dinâmica da ordem e, em caso algum, condenado a ser desfigurado.

Segundo Aristófanes, quando a Terra, o Ar e o Céu ainda não existiam, a Noite engendrou um ovo no seio infinito de Érebo, e foi desse ovo que saiu Eros, o Amor, ou mais exatamente o princípio de atração que permitirá às criaturas juntarem-se entre si para crescer, se multiplicar e participar da luz e da beleza. Somente esta referência já dotaria de divindade a potência noturna, já que, saído do ovo primordial, Eros se uniu de noite ao Caos alado no vasto Tártaro e fez nascer a raça dos pássaros, a primeira das espécies viventes que vieram a aparecer. Desse modo, antes mesmo que o Amor unisse todos os elementos, e ainda antes que existissem os imortais, as aves povoaram o universo, talvez para acentuar a importância do voo, a liberdade na qual se resume a sua condição.

Muito bonito, se é que existe, esse vínculo noturno de Eros com os pássaros contrasta com a estirpe tenebrosa dos açoites que afligem a todos os mortais. A Noite pariu o Destino, mas também trouxe à luz o Sono e os Sonhos. Avó das Dores, teve por filha a Rivalidade, ainda que já estivesse o Amor no mundo para enobrecer os trabalhos de suas irmãs nefastas. Sem Nix, a luz careceria de sentido, e o símbolo solar de Apolo jamais reinaria ao lado da esperança. É das trevas que surgem os prenúncios da leveza e da realidade. Atrás dela caminha a luz prometedora que chega depois de uma angustiante espera. A escuridão inflige um gemido, mas também antecipa a nova ordem de deuses, semideuses, heróis e homens portadores de uma transparência que opõe a Tânatos [ou à Morte] a fascinação da aurora.

LILITH

Um demônio noturno, a paixão da noite, anjo exterminador das parturientes, assassina de recém-nascidos, sedutora dos adormecidos, uma prostituta voluntariosa ou, para um juízo mais são, uma vontade poderosa que não se dobra diante da pressão masculina e prefere a transgressão à vassalagem. Lilith é ímpeto sexual, mulher emancipada e em fuga, sombra maligna por se haver considerado em pé de igualdade com os homens; é igualmente a mais remota concepção feminina, que transmigrou para o judaísmo pós-bíblico a partir da mitologia da antiga Suméria como a primeira mulher de Adão, como ele criada do pó e insuflada com o sopro divino para fundar nossa espécie sem que houvesse aparente superioridade do homem sobre a mulher, até enfrentar no leito o desafio de sua submissão, o que provocou uma retificação mitológica por meio da suposta fragilidade de Eva.

Sabemos pouco, muito pouco do que poderia ser considerado o antecedente mítico de um feminismo condenado desde o princípio, demonizado por pretender certa satisfação sexual e marcado por idêntico desprezo na Babilônia, nas tábuas da lei dos hebreus ou na tradição legendária que alcança a Cabala e o Hermetismo da Idade Média. Alguns descrevem Lilith como um ser alado e de cabelos longos, bastante semelhante à representação dos querubins; outros a apresentam com caninos ferozes e lhe dão por marido o demônio Sama'el. Chamam-na Rainha do Mundo Inferior por suas aspirações pecaminosas ou esvaziam seus atos reivindicatórios, considerando-a instigadora dos amores ilícitos. O cabalista do século 13 Yitshaq ha-Cohen e seus sucessores separam-na em duas: Lilith, a Velha, esposa de Sama'el, e a Jovem Lilith, unida a Asmodeos, outro dos principais demônios, também conhecido como Ashmed'ai; tampouco faltam associações com os vampiros que se alimentam de sangue para reviver, no reino das trevas, o seu poderio.

Seja qual for a origem dessa imagem, o resultado é o mesmo em quase todas as culturas que reconhecem nas mulheres uma potência sexual de periculosidade inequívoca, sobretudo no momento em que as tribos transitaram para o estabelecimento de um patriarcado que, para se legitimar, tinha de desqualificar a autoridade feminina, considerando-a, no mínimo, a perturbadora do leito conjugal. Lilith ensina que, antes mesmo que Eva reconhecesse a beleza do corpo, a mulher já estava preparada para assumir seu erotismo com o mesmo vigor com que impunha sua presença em um mundo totalmente submetido aos ditames divinos. Tal mundo era assinalado pelo poder de criar, característico das mulheres. Disso decorre que, ao serem estabelecidas as primeiras leis humanas, à imagem e semelhança de Deus, Lilith tinha de ser censurada a fim de ceder seu simbolismo fundador a uma Eva nascida da costela de Adão, inferior por sua fragilidade, ainda que igualmente responsável pela perda da inocência humana.

Em geral, as versões coincidem com o registrado no século 17 no *Alfabeto de Ben Sira*, cujos comentários bíblicos aludem à disputa pela igualdade entre Lilith e Adão, que culminaria com a expulsão do Jardim do Éden evocada no livro do Gênesis. Ao criar Adão, Deus também extraiu a mulher do barro para que o homem não ficasse solitário sobre a terra; e a chamou *Lilith,* que, na língua suméria, corresponde a "alento" [o sopro divino]. Porém, assim que os dois se juntaram, começaram a discutir, pois ela se opunha a permanecer por baixo do homem durante o ato da cópula. Aferrada à sua convicção de igualdade, Lilith exigiu de Adão que modificasse sua postura para que ela também desfrutasse o prazer do amor. Indignado, Adão se negou, alegando que era próprio do homem deitar-se sobre a mulher e afirmando que não acederia a seus desejos. Ferida em seu orgulho, Lilith pronunciou o inefável nome de Deus e, enfurecida pela atitude do marido, abandonou-o para sempre.

"Nós dois somos iguais" – disse-lhe Lilith antes de iniciar sua carreira endemoninhada –, "uma vez que saímos do mesmo barro." Não obte ve justiça nem foi atendida por Adão em suas necessidades, motivo pelo qual dessa disputa se originou a primeira cisão do laço matrimonial e as consequentes vinganças mútuas que acabaram por produzir crimes de sangue. Adão queixou-se a Deus, e, para satisfazer as demandas de seu servo, a divindade enviou três anjos à Terra, para trazer Lilith de volta ao lar, com a ameaça de que, caso não concordasse, mandaria matar cem de seus filhos a cada dia.

Os mensageiros Sennoi, Sansanui e Samangaluf saíram em sua busca pelas planícies, montanhas e rios até que acabaram por encontrá-la no Mar Vermelho. Ali imploraram a Lilith que concordasse em regressar, que se submetesse aos caprichos de Adão e, com sua obediência, evitasse a cólera de Seu Criador. Como ela persistisse em se opor, os anjos advertiram-na de que recairia de forma inevitável o castigo supremo sobre ela e sobre seus filhos. Humilhada no mais profundo de seu ser, Lilith, ou a primeira Eva – como a chamariam indistintamente os intérpretes da Bíblia –, jurou vingança fazendo o mesmo a todos os recém-nascidos que encontrasse em sua passagem. Se fossem meninos, podia degolá-los desde o momento de seu nascimento até o oitavo dia, contingência coincidente com a data determinada para a cerimônia da circuncisão. No que se refere às meninas, sua ameaça de morte se prolongava até o vigésimo dia após seu nascimento, o que sugere uma alusão a algum ritual semelhante ou equivalente às múltiplas formas de mutilação feminina ainda praticadas nas

MULHERES, MITOS E DEUSAS

comunidades muçulmanas até hoje. Seu juramento, contudo, deixou em aberto uma esperança de salvação, pois prometeu não destruir as criaturas que portassem um amuleto com os nomes dos três anjos, cuja proteção se estenderia também às mulheres grávidas durante o parto.

A ideia de uma mulher boa e outra má, encarnadas por Eva e Lilith, permaneceu até nossos dias, embora recaia também sobre Eva a maldição atribuída a seu pecado de orgulho. E é esse orgulho que congrega todas as superstições vinculadas à sedução feminina e que, por meio dos mitos, se manifesta a partir do simples desejo de igualdade até os encantamentos da feiticeira que persuade a vontade dos homens por meio de procedimentos ilícitos.

A imagem do demônio noturno que desliza para o leito daquele que dorme incauto é, entretanto, a preferida das religiões modernas. O exemplo de uma instigadora inclinada para o mal é o que melhor expressa os preconceitos que predominaram em relação à função perturbadora das mulheres, eternas responsáveis pelo pecado original que levou os homens a perderem a sua pureza, a se envergonharem do próprio corpo e a atentar contra os ditames divinos ao aspirarem à imortalidade.

Refundida com sua pretensão de igualdade, diz-se que Lilith habita as profundezas dos oceanos desde tempos imemoriais e que ali é mantida pelos guardiões supremos por meio de reiteradas censuras, a fim de que não volte a perturbar a vida dos homens e de outras mulheres. Todavia, sua sombra ressurge de tempos em tempos, quando o clamor pela reciprocidade se infiltra na discussão de direitos e de liberdades e cada vez que uma mulher descobre o significado mais recôndito de sua criatividade.

Lilith, porém, não é somente a abandonada, sem leito próprio, que viaja pelo mundo em busca de vingança com as mãos tingidas de sangue jovem; também representa a mulher suplantada por outra que lhe é inferior e submissa, pela simples costela do homem dominador, pela esposa que renuncia a seu próprio erotismo em troca da segurança conjugal. A mão de Lilith é percebida nas brigas matrimoniais, nos desejos insatisfeitos, na separação dos casais, na emancipação frustrada e nos castigos que recaem sobre as mulheres que desafiam as normas sociais.

Eterna inconformada, sua discrepância essencial a vincula ao demônio, à inadaptação e ao rancor. É por isso que se encontra ali, atirada ao abismo, desaparecida nas profundezas do oceano, atormentada por seus desejos; firme, porém, em sua vontade superior e sempre à margem de regras que não aceita nem consegue modificar. Lilith segue carregando a marca de sua perversão libidinosa, condenada a gerar criaturas demoníacas, seres fantásticos, noturnos como são ela e seus sonhos destratados. Sempre renovada e infatigável, Lilith se aloja em cada mulher que imagina ser possível a verdadeira equidade, em cada mulher que perturba os sonhos e devaneios dos homens, naquela que menciona o inefável nome de Deus não para acatar seus desígnios, mas para salientar o alento transformador de sua própria criatividade.

Lilith é, por tudo isso, a paixão da noite, a criatura mais temida e o anjo que vaga com a esperança de restaurar a ordem transtornada, apesar de toda dor e de todo esquecimento.

EVA

A uma herança ancestral de mulheres batalhadoras, sensuais e de sugestiva fecundidade, que antecipava na mitologia remota uma esperança libertadora, a tradição religiosa de nossa era agregou – e reforçou – a personalidade culpada de uma Eva que, em sua irreflexão, é levada pelo diabo a pecar. Uma Eva que, ao comer do fruto da árvore da sabedoria, seduz Adão e desencadeia o processo que culmina com a expulsão do casal do Paraíso, marcando o princípio de uma condição caracterizada pela dor, pelo trabalho e pela morte para toda a humanidade.

A dor, esse castigo que aflige a consciência humana desde que a Deusa deixa de ser deusa para se converter em filha e esposa de Adão, prossegue com a sensação de vergonha que sofrem os dois por se haverem apartado de Deus e provocado a queda em consequência de seu descobrimento de *eros,* ou seja, de seu desejo de governar a própria sexualidade. A mulher, desde então, arrasta consigo o tríplice preconceito de haver cedido ao chamado do diabo; de se atrever a incitar ao pecado não a qualquer homem, porém ao mais inocente e puro de todos – àquele que, havendo resistido ao poder da serpente maligna, é seduzido, por sua própria inclinação, a sucumbir ante a imagem perfeita de seu Criador –; e, finalmente, de ser a culpada pela perda do Paraíso. Uma imagem controvertida, é verdade, pois, apesar de tudo, na presumida debilidade implícita de Eva caminha a liberdade de tomar suas próprias decisões. É ela, em seu renascimento como a primeira mulher representativa, quem explora uma experiência espiritual vivificante e profana, mas autenticamente sua. É Eva também que carrega a peculiaridade de dispor de um caráter pensante que, mesmo predisposto ao emprego de artimanhas e com poder suficiente para escolher por sua própria força moral, desobedece a ordenação divina e assume o direito de viver entre o bem e o mal, entre o risco de se equivocar e o de refletir com uma emancipação geradora da nova ordem e do porvir humano dentro de sua plenitude racional.

Segundo o mito do Gênesis, Adão é a prefiguração da excelência. Sua vontade triunfa sobre o Maligno porque, sendo mais temeroso do que Eva, não se atreve a atacá-lo; de antemão reconhece sua inferioridade e não transgride as leis. Sua soberba surge com a sedução da mulher. Diante da firmeza feminina demonstra-se uma vítima fácil, talvez porque o demônio reconhece na queda da deusa que assume sua humanidade uma característica semelhante à de sua própria condição, aquela mesma que levou a ele, que fora um anjo postado à destra do Pai, a invejar a onipotência infinita e, ao chegar o seu momento, encarnar o mal absoluto através de sua rebelião.

Em um dos mitos mais complexos e duradouros, o da fundação da espécie, se enredam os elementos da relação conjugal a partir daquilo que Santo Agostinho qualificou de vaidade feminina, a porção realmente instável no entendimento de sua suprema responsabilidade; ou seja, aquela expressada pela soberba que é, desde sempre, o mais abominável de todos os pecados, segundo os dogmas modernos. Santo Agostinho se refere ao amor segundo seu próprio poder, ao orgulho característico do anjo que persuade Eva de que, comendo o fruto proibido, adquirirá uma divindade semelhante à de seu belo corpo e, com ela, o poder de converter em reis do mundo a si mesma e a seu esposo.

Se nos ativéssemos à mensagem dogmática, estaríamos diante da definição feminina da luta pelo poder absoluto. Trata-se de uma ânsia de domínio muito complicada, que surge da curiosidade do ser criado pela perfeita criação do Criador, já que Deus moldou Adão do barro e o animou com seu sopro divino, enquanto Eva foi formada de uma das costelas de Adão. Isso pressupõe uma inteligência feminina engendrada de carne e osso, impossível de se manifestar no barro primordial, embora a carga de virtude plena se concentrasse na modéstia natural masculina, em tudo satisfeita com os dons que lhe foram prodigalizados no Éden.

Até parece que, desde suas origens, a mulher fosse incapaz de suportar a felicidade completa, de ser outra coisa que não filha e esposa do homem, do Deus Pai, e o centro da dinâmica do pecado e de sua redenção. Por sua tendência a rebelar-se por meio da sensualidade, a maioria dos teólogos ainda associou a ela a cobiça, leia-se também a preexistência do impulso para a mudança, essa necessidade tipicamente humana da esperança que nos leva a supor que existe algo mais, diferente e melhor do que conhecemos e que, talvez, obtenhamos à guisa de recompensa por revelar um mistério: neste caso, o mistério da árvore do bem e do mal, que foi plantada por Deus no Paraíso sabendo Ele muito bem que, mais cedo ou mais tarde, suas criaturas provariam de seu fruto e que, uma vez condenadas ao trabalho com esforço, participariam do desenvolvimento do mundo parindo entre dores e redimidas pelo prazer; portanto novamente legitimadas em intervalos de grandeza e de declínio, de razão e de irracionalidade.

Sujeita a maiores interpretações do que as suscitadas pela figura mais passiva de Adão, Eva inspira as duas posturas opostas do raciocínio: em uma, comum entre teólogos antigos e modernos, é atraída pela serpente porque carece de força moral e somente obedece aos ditames de sua sensualidade; na outra, adotada pelo feminismo psicanalítico, Eva é a deusa ante a morte de Deus na consciência humana. Deixou-se seduzir pelo demônio precisamente porque contava com um raciocínio eletivo superior ao do companheiro, ainda que, nas religiões contemporâneas, seu mérito seja substituído por uma deidade masculina e única – o Deus Pai –, aquele que cria e que age por si mesmo.

É provável que o impulso pela mudança proviesse de sua consciência primordial de fecundidade, já que a mulher fora talhada para isso desde o início, ou seja, para criar ou gerar vida, o que equivale a existir para o movimento e, como se sabe, a condição de uma atividade civilizadora é a mudança de um estado para outro, fato que, de todas as maneiras, explica a existência de seu espírito transgressor.

Desde o ponto de vista do Gênesis, do Novo Testamento, do Talmude, do Alcorão, do hadith e da mariologia*, a mulher é a menos racional, a mais profana do casal e a culpada pela queda da humanidade. Responsável pelo pecado original e herdeira do poderoso caráter das deusas pagãs, inspira uma doutrina que somente adquire sentido por meio da expiação purificadora. Eva, além disso, é a portadora do signo perverso da palavra, já que tudo indica que a serpente falava e que a linguagem resultou de uma conspiração entre o réptil com cabeça e língua masculinas e a sedutora criada para ser a ajudante e serva dos desígnios de Deus por meio do homem. Sua sexualidade é a preocupação essencial da tradição ocidental, da qual se desprende o preconceito em relação à feminilidade perversa que estigmatizou as fraquezas masculinas provocadas pelas mulheres.

Deusa edênica, a costela de Adão não ignorou o símbolo fálico da serpente nem se apartou dos encantamentos característicos da sensualidade profana. Eva diabólica, ao ingerir o fruto proibido

---

*   Hadith é o registro narrativo das palavras ou costumes de Maomé e de seus discípulos diretos, o corpo coletivo das tradições relativas ao Profeta e a seus companheiros primitivos; mariologia, termo cunhado em 1857, é o estudo da Virgem Maria ou o corpo de doutrinas e dogmas a ela referentes. Não deve ser confundido com a veneração ou adoração da Virgem, que é a mariolatria, designação em uso desde o século 16. [N. de T.]

seduz ao pai-amante porque está imbuída dos poderes malignos; esposa de Adão, reconhece nos regalos sensuais o doloroso preço do prazer, mas também a piedade e a comunhão humana e redentora que a reconcilia com a esperança, base inequívoca da criação; deusa-mãe, é a criada criadora, consciente de sua fertilidade sucessiva e inclinada à compreensão de outras debilidades pelas quais há de continuar sua batalha paradisíaca entre o infinito absoluto e a mortalidade cambiante, entre a irracionalidade da inocência perfeita e a racionalidade responsável, sempre dinâmica e libertadora apesar do temor da queda. Restauradora, Eva engendra a vida e suas leis ordenadoras, quiçá como reação a fim de moderar seu próprio poder, talvez como a forma exigida pelo ser humano para harmonizar a lembrança do que foi perdido, a realidade que se sofre "com o suor do rosto" e o desejo de restauração da excelência imutável protagonizada por um Adão idílico que surge, floresce e se esfuma em sua evidente infecundidade.

A história de Eva é, afinal de contas, a história de uma ideia que representa a vida e o mundo. É também a referência iluminadora da palavra, semente das ideologias mais sugestivas e instrumento dual entre a luz e a escuridão. Desejo e remorso, gozo carnal, imaginação fundadora e força libertadora: ela é a mulher, a deusa, a mãe e a amante, a abnegada parideira de homens que atravessa os séculos trazendo o símbolo da queda; mas trazendo também a consciência eletiva de quem se atreveu a desvelar o mistério mais elevado: o da sabedoria que estava entranhada na árvore proibida, imaginado por Deus para que os homens sonhassem com sua própria divindade, mesmo a preço de aniquilar sua suposta semelhança com o Criador.

Eva é, em síntese, o talento culpado que se arrepende de sua escolha racional, um pensamento gerador de contradições e a primeira tentativa de enriquecer o gozo herdado com o sonho da divindade, consumada no ato da criação.

Com a humanização de Eva, o mundo realizou a etapa da morte de Deus e o renascimento racional por meio da paixão e do esquecimento. Eva está encarnada em cada mulher que pensa. Eva renasce naquela que, por seu talento criador, repete os ciclos da queda, da culpabilidade castigada e da restauração da ordem de uma fecundidade que não pode ser detida.

ÍSIS

De permeio à noite dos tempos, mais além do alcance da memória e do esplendor construtivo de templos piramidais, os egípcios fundaram uma crença a partir da ideia da morte e da vida que se encontra mais além da vida. Sagrada e eterna, aquela visão universal dos defuntos dominou o pensamento mítico de um povo que soube olhar para o Nilo e nele contemplar o primeiro palpitar do pensamento. Sob a dupla figura da ordem delimitada por ciclos de luz e de escuridão, inundação e seca ou matéria e espírito, identificaram a existência de um equilíbrio permanente entre a flutuação e o abismo e, a partir dessas ideias, derivaram um conceito de Estado e de cultos regidos por reis-sacerdotes cuja autoridade absoluta, concebida em função das necessidades da agricultura, só prestava tributo às forças naturais e, muito especialmente, às deusas-mães. Brota daí a fonte da transmissão do cetro faraônico pela linha feminina e a fidelidade a uma ideia religiosa da família que, durante milhares de anos e centenas de governantes distribuídos em dezenas de dinastias, reproduziu o modelo fundado pelos irmãos Ísis e Osíris, pais de Hórus, cujo mito demonstra a proeminência assumida pelo deus masculino sobre a deusa fecunda.

A origem do panteão egípcio é uma das mais obscuras, porém invariavelmente está ligada ao símbolo da luz, ou Rá, consagrado desde sempre como o princípio regente e criador. Longe de apagar sua memória, o tempo deu origem a uma vasta família de deuses que, desde os dias em que somente existia o oceano, de cujo ovo proveio o Sol, cresceram e multiplicaram seus atributos a fim de prover de divindades não somente o curso dos negócios humanos, mas as concepções mais complexas do Além, sintetizadas pelo espírito viajante do Bá.*

Solar em todos os seus aspectos, até em seu complemento, a treva, essa civilização cresce em torno de um conceito rigoroso da família que marca o poder com a imagem de rivalidades irmãs que lutam entre si até a morte, como o fizeram também os faraós até a queda final da dinastia ptolemaica às mãos dos romanos. Os gregos tomaram de empréstimo aos egípcios os elementos fundamentais de seus mitos, e foi neles que se inspirou a vertente dos mistérios na qual se abeberaram numerosos credos. Ísis em especial, inclusive até nossos dias, permaneceu como uma sombra benéfica na auscultação do saber, talvez por seus dons esotéricos, por sua zelosa missão de manter a legalidade e por seu afã protetor dos iniciados que perscrutam as raízes profundas das evoluções humanas.

Únicos detentores da verdade, guardiões secretos das escrituras e das mudanças espirituais, os sacerdotes do Nilo ensinavam que, no princípio de tudo, o Sol gerou por si mesmo Geb, Shu, Tefnut e Nut, e que ao se derramar sobre os três primeiros fez com que eles erguessem os braços e elevassem sua irmã Nut até o céu para que ela empreendesse sua jornada de transmutações criativas. Geb foi a Terra que se estendeu sem demora acima do nível das águas para prodigalizar sua semente. Enquanto ela enchia seu ventre com novas vidas, Shu e Tefnut manifestaram-se na atmosfera com o vento mediador, e Nut multiplicou-se com os astros no teto celeste

---

* Os egípcios acreditavam que cada ser humano possuía duas almas: o Ká, ou Duplo, que acompanhava o corpo em sua tumba e vigiava sua própria múmia; e o Bá, que partia para o mundo dos espíritos, viajando na barca do Sol até comparecer perante Osíris e enfrentar o seu julgamento. [N. de T.]

ÍSIS

até formar, em conjunto, o universo adequado para abrigar a vida e a morte na precisa ordem do movimento, que vai do material ao espiritual e da passagem do espírito à concepção infinita da alma, que é recompensada segundo as sentenças da balança reguladora do bem e do mal.

Céu e Terra, chamados também Nut e Geb, geraram os quatro deuses rivais, irmãos e amantes que fundaram a história política do legendário Nilo. Da complexidade passional entre Osíris, Ísis, Néftis e Set provieram as lutas do bem e do mal, a vida e a morte, a ideia de Oriente e de Ocidente e uma rígida doutrina, inseparável do mundo visível e do mundo inferior, que veio determinar os ciclos de alianças e de perseguições que aparecem em todas as atividades divinizadas e assinaladas pelo poder.

Casado com Ísis, o sábio Osíris governou sobre Busíris, cidade do Baixo Egito, até que Set, premido pela inveja e coerente com sua invariável perversidade, deu morte a seu irmão de uma forma tão brutal que, como resultado de uma conspiração, destroçou seu cadáver em catorze pedaços e ocultou-os nos lugares mais recônditos para que ninguém pudesse reuni-los a fim de devolver-lhe a vida. Depois disso, por sua vez entronizado, Set espalhou durante anos todo o mal de que era capaz e não desperdiçou lugar nem ocasião para hostilizar os domínios das duas irmãs que lhe restavam, as quais não tardaram a escapar para um lugar distante a fim de evitar maiores calamidades.

O mito de Ísis floresce então com a aventura de resgatar os fragmentos de seu amado. Primeiramente, aliou-se com sua irmã Néftis para buscar e reunir os pedaços, já que, segundo as crenças dos povos do Nilo, sem corpo nem sepultura a alma do morto estava condenada a vaguear em vez de gozar do eterno repouso do mundo inferior; depois celebrou ritos amorosos com o cadáver, por intervenção de seus atributos mágicos, até reanimar a essência de sua divina fecundidade.

Velada e semioculta à luz da lua, Ísis escavou o deserto até o fundo das areias, empenhada em reaver o corpo de Osíris. Auxiliada por Anúbis, o deus-chacal guardião dos cemitérios, reuniu as pernas, os braços, o tronco, o pescoço e a cabeça com tal minuciosidade que, ainda que se notassem os talhos pequenos e grandes entre as partes, a figura do deus surgiu quase completa ao pé de sua sepultura.

Talvez porque tenha sido violentamente esquartejado, Ísis jamais encontrou o falo, o que significava que Osíris não poderia recuperar no outro mundo sua antiga fertilidade. No entanto, realizou o prodígio da gravidez de Ísis e esta deu à luz Hórus, o poderoso regente que haveria de vingar seu pai em uma feroz batalha contra as forças do mal; logo, o gérmen de Hórus assumiu a forma do falcão simbólico, que passou a ser imediatamente invocado como "o olho de Rá", porque, ao desafiar seu tio Set, este lhe arrancou um olho, que dividiu em oito pedaços. Thot encontrou apenas sete deles, que foram integrados ao grupo dos mistérios regentes que aparecem nas sepulturas, nos templos, nas muralhas e nos sinetes do Alto e do Baixo Egito. Através da complexa combinação de oito vezes oito, que resultava 64, número tido como emblema da perfeição, os sacerdotes cifraram um difícil guia do destino, que regulava o saber e os princípios morais nos quais se alicerçava sua religião.

A propósito, pode-se recordar que também são 64 os hexagramas do *I Ching,* o livro chinês da sabedoria, e que oito vezes oito equivalia em geral tanto à expressão da experiência mundana como à pluralidade entranhada no destino. Vislumbrar o destino era precisamente um dos atributos das sacerdotisas consagradas a Ísis, as quais, assim como Isa, a pitonisa da era dos atlantes, tinham de usar véus até a altura do intercílio para cobrir a resplandecência de seu poder ocular.

Ísis, por sua vez, aferrada à dignidade real que lhe outorgou seu pai Geb, confirmou que foram 72 os cúmplices do invejoso Set e que todos haviam participado conjuntamente do esquartejamento de Osíris para instaurar no delta uma ordem opositora que seguramente modificou o antigo regime tribal. Enamorada, Ísis inquiriu em vão a respeito dos pormenores do crime; juntamente com sua irmã, em vão procurou o membro perdido, chegando até o porto de Biblos, mas, condoída, teve de deixar Osíris mutilado. Seu amor, não obstante, infundiu no cadáver uma vida nova e Osíris, através de sua legendária ressurreição, abre aos homens o caminho para a sobrevivência espiritual na vida de além-túmulo.

Ao se instaurar o culto de Osíris, as religiões egípcias se ampliam e dilatam graças à consciência que Ísis desperta nos homens ao expor-lhes o problema do bem e do mal. Além de seu simbolismo solar, esse mito é a origem dos princípios morais e, ao elevar-se à condição de juiz e regente do mundo destinado aos mortos, Osíris cria a primeira figura jurídica instituída em uma civilização.

Inseparáveis desde remotos acontecimentos históricos, Ísis, Osíris e Hórus abandonaram seu caráter de mito agrário para se assenhorear do emblema político da família real, particularmente em torno dos governos monárquicos estabelecidos nas cidades do delta associados à descoberta e à exploração das minas de ouro. É também dessa época a invenção da escrita egípcia, a criação das artes – ambas realizações de Thot – e a versão legendária de que, no vigésimo oitavo ano de seu reinado, um certo Osíris monárquico é vítima de uma conjura comandada por Set, que o atira ao Nilo com o auxílio de 72 conspiradores. Quando Ísis encontra o cadáver, Set mutila o corpo esquartejando-o em quatorze pedaços que serão repartidos entre seus cúmplices. Reunificado por Ísis, com exceção do falo, Osíris a fecunda milagrosamente, sem intervenção da carne, e ela dá à luz Hórus, o futuro conquistador do Egito, vingador de Osíris e semente do mito que seria conservado e reproduzido nos símbolos reais de todos os faraós.

Osíris, deus e juiz do Oeste, transfigurou-se, para todos os tempos, em modelo do processo da ressurreição que transita da luz solar para a luz noturna, da vida material para a vida do espírito, da temporalidade para a atemporalidade e dos cultos de fertilidade presididos pela ampla linhagem de deidades que governam a vida depois da vida para o ocultismo que alcança a cabala. Osíris, além disso, completou o poder jurídico de sua esposa Ísis, a manifestação de maior simbolismo no ritual feminino da conservação dos cetros.

Misteriosa, deusa-mãe e transmissora do símbolo real, Ísis esteve sempre dotada de atributos lunares. É a entidade que resguarda os acontecimentos noturnos da mesma maneira que guia o oculto do pensamento à luz, no duplo sentido de conduzir os falecidos pelos caminhos do mundo inferior e, durante o despertar da inteligência, para o mundo da claridade. É a regente dos poderes mágicos, dos quais se valeu para ressuscitar o marido. É a mãe real e a grande maga, adorada em sua terra até a ascensão do helenismo e, nos tempos de Roma, uma das maiores divindades, conforme relatam Apuleio e Plutarco. Velada durante a celebração dos ritos, Isa foi a expressão do sacerdócio de Ísis no Templo do Sol e da Lua, que se localizava entre os pés da Esfinge.

HERA

O arquétipo de Hera perdura em cada mulher que se casa acreditando que o matrimônio é a consumação da satisfação feminina. Fiel, apesar dos maus-tratos de Zeus, ciumenta infatigável que vaga pelos recantos a fim de coletar evidências da lascívia de seu marido, Hera é a deusa privada de todos os seus atributos, exceto do dom da profecia, que exerce através da boca de humanos e de animais para se vingar dos filhos e das muitas amantes de Zeus, muito particularmente de Héracles, o mais odiado de todos. À primeira vista, seu vínculo matrimonial parece uma relação de amor e ódio; porém, na realidade, cultiva a posse com a argúcia das mulheres que, escudadas em seus direitos, espiam, humilham, vigiam, perseguem e chantageiam os homens mediante pressões que começam com prantos sutis e vão-se transformando em ciclos de fúria e recriminações, até coroar com o rancor uma suposta debilidade atribuída à traição.

Padroeira das mulheres casadas, seu mundo adquire sentido em função do esposo. Sobre Hera recaem as virtudes e superstições do protótipo que sustenta o lar com o ideal do marido bem-sucedido, reconhecido por seu poder e notável em seu trabalho. Convencida de que a união matrimonial é sagrada, Hera vive em cada mulher que permanece à sombra do marido, rendida a seus laços indivisíveis, obcecada, magoada e furiosa. Manipuladora, exerce seu mando como adversária na cama, mas, ao sofrer a aspereza moral frente a paisagem devastadora provocada por seus ciúmes, suporta o castigo muito mais além do que exigiria o respeito, ainda quando Zeus reconhece sua astúcia para cegá-lo diante de um erro evidente, como ocorre com relação aos heróis homéricos na *Ilíada*. Sagaz e espertíssima, lança palavras furiosas, jura, promete, ameaça ou afronta com altivez sem par; os outros deuses julgam-na ou intervêm em seu relacionamento, seja a favor, seja contra, e sempre acaba rendida à poderosa vontade de seu marido. Contra sua natureza impulsiva, inferior à do belicoso Ares ou à da batalhadora Atena, inferior inclusive à natureza do vigoroso Héracles, Hera opõe uma atitude compreensiva, em conformidade à sua hierarquia, e não é raro encontrá-la representando um papel de intermediadora social, até mesmo quando adota as piores monstruosidades de Equidna ou Tífon, que no momento apropriado seriam utilizadas contra Héracles.

Hesíodo lhe atribui a criação do Leão de Nemeia, um monstro invulnerável, nascido dos mesmos Equidna e Tífon, assim como da perversa Hidra, a venenosa serpente aquática de muitas cabeças que vivia nos pântanos de Lerna, perto de Argos, a qual, por sua vez, daria à luz a Quimera, uma criatura tricéfala de pés ágeis, violenta e tão enorme quanto terrível. Cada vez que uma cabeça da Hidra era cortada, brotava do coto outra ainda pior. Tanto ela como o leão seriam vencidos por Héracles e Iolau, seu companheiro de armas, como parte dos Doze Trabalhos. Iolau queimava em vão os cotos da Hidra com tições ardentes, enquanto Héracles, longe de se dar por vencido, molhava suas flechas no próprio sangue da inimiga a fim de tornar incuráveis suas feridas e derrotá-la junto com o caranguejo que a auxiliava por ordem da deusa. Esmagado pelos pés do herói, o caranguejo acabaria sendo transformado na constelação de Câncer. Quimera, por sua vez, seria mais tarde abatida por Pégaso, colaborando com o valente Belerofonte.

Diferentemente da criminosa Medeia, que assassinou sua rival e a seus próprios filhos antes de abandonar para sempre o marido, Hera se confinava na obscuridade a ruminar seus fracassos ou empreendia longas viagens a fim de recuperar a confiança perdida em consequência de suas torpezas. De volta a seu assento mítico, ali ficava outra vez, entronizada, ciumenta de seus domínios, cuidadosa e furibunda, governando disfarçadamente o marido, conjeturando para confirmar suspeitas, endurecendo as regras de um jogo doméstico astucioso, ofuscada em sua posição e guiada pelos preconceitos da vida em comum, ainda que os fatos provassem que suas atitudes eram a rota mais segura para sua própria infelicidade.

Filha mais velha de Cronos e Reia, Hera nasceu na ilha de Samos, onde o pai devorava vivos a seus filhos assim que saíam do ventre sagrado, para que nenhum deles pudesse obter a dignidade real que ele ostentava sobre os imortais. O pai de Cronos, o estrelado Urano, e sua mãe, a Terra, haviam profetizado que um de seus descendentes o destronaria. Em seu destino já estava pré-traçada a condenação de sucumbir pelas mãos de Zeus e, sempre à espreita e com a mente astuta, o Tempo devorava um após o outro seus filhos assim que Reia os dava à luz, até que, antes de parir o último deles, o grande Zeus, a deusa buscou a proteção de seus pais para salvá-lo. Abrigada pelo cair da noite, Reia foi enviada por Urano e Gaia à terra de Licto, onde nenhuma criatura projeta sombras, para que pudesse parir e ocultar o recém-nascido em uma caverna escarpada rodeada por árvores, nas faldas do monte Egeu, de onde se atingiam as entranhas da Terra.

Ali, depois de ser banhado no rio Neda, o pequeno Zeus permaneceu em Creta, vigiado pela avó, onde foi criado com leite e mel em um berço de ouro pela ninfa-cabra e pela ninfa-freixo, ao lado do bode Pan, seu aliado e irmão adotivo. Sua infância transcorreu em meio a hábeis artimanhas para que seu pai não o encontrasse, e dali só saiu quando finalmente se achava preparado para vencê-lo.

Vítima da argúcia de Reia, Cronos engoliu uma pedra envolta em lençóis crendo, assim, que triunfaria sobre os ditames do Destino.

Porém, descobriu o logro e pôs-se a perseguir o menino durante o mítico rastreio que não chegou a um término até que Zeus, disfarçado de seu copeiro e seguindo os conselhos de Métis, misturou sal e mostarda à bebida doce do pai para que ele vomitasse, ilesa, a multidão de filhos que o Tempo conservava em seu estômago. Foi essa pedra emblemática, antes mesmo que seus irmãos e irmãs mais velhos, a primeira coisa a ser expelida por Cronos durante sua legendária náusea e que definiu a posterior batalha contra os titãs, que entronizou os olímpicos, a segunda e mais perdurável geração de deuses.

Logo a seguir, por haver libertado os cíclopes que Cronos havia confinado no Tártaro, estes recompensaram a Zeus com o trovão, o relâmpago e o raio, até então ocultos entre as "rugas da Terra", ou de Gaia. Hades deu-lhe o elmo da invisibilidade, e Poseidon ofereceu um tridente àquele que viria a ser o Pai do Céu. Os gigantes de cem braços, no mais aceso da batalha, lançaram pedras contra os demais titãs, e os gritos do cabrito Pan puseram-nos em fuga para selar a vitória.

Desterrados para uma ilha longínqua, os titãs nunca mais pertubaram a Hélade, porque Atlas, seu general, foi condenado a carregar o firmamento nas costas, um castigo exemplar. Zeus, por sua parte, apoiou-se em seus dons supremos a fim de governar sobre mortais e deuses e fez venerar a pedra sagrada no santuário de Delfos, onde se afirma que permanece até hoje.

Onde termina o mito de Cronos – que eleva o de Zeus – começa o de uma Hera que não era ninguém até que se casasse com o Pai dos Céus. Dela se diz que suas amas foram as estações do ano e que, na Arcádia, foi educada por Temeno, o filho da terra Pelásgia, ou Antiguidade. Talvez tenha sido em Cnossos, ou no cume do Thornax, na Argólida, que Zeus a tenha cortejado, disfarçado de cuco, uma ave trepadora que costuma colocar seus ovos nos ninhos de outros pássaros. Ardiloso e matreiro, tal como perdiz, arrastava-se graciosamente sobre o solo, ocasião em que ela acalentava-o em seu seio. Hera conversava com ele e lhe confiava seus sonhos até que, de repente, Zeus assumiu sua verdadeira forma para violá-la, enchendo-a de vergonha e desespero.

No caso típico da jovem que, em meio a atrozes conflitos sentimentais tem de se casar para compensar a perda de sua virgindade, Hera, uma donzela idealista, se converte em esposa e mãe por excelência. Apesar da fúria de Reia, que previa muito bem a luxúria de seu futuro genro e que, por opor-se à união, foi também violentada por Zeus – desta vez sob a forma de uma serpente –, todos os deuses vieram com presentes para participar dos esponsais. De Gaia, recebeu a célebre árvore das maçãs de ouro, que Hera plantou em seu jardim, no monte Atlas, para ser vigiada pelas Hespérides. Foi devido a uma dessas maçãs, atirada com raiva por Éris entre as deusas rivais, que surgiu a expressão "pomo da discórdia", citada pela primeira vez nos cantos de Homero, em um dos episódios centrais da Guerra de Troia.

Hera e Zeus passaram sua noite de núpcias na ilha de Samos. Foi uma longa noite de trezentos anos, semeada de altercações, intrigas e humilhações recíprocas, da qual Hera saiu para se banhar, buscando recuperar a virgindade na fonte de Canatos, que ficava nas proximidades de Argos, onde foi erguida uma estátua em que aparecia sentada em um trono de ouro e de marfim. Em meio a certas dúvidas sobre a origem verdadeira da gravidez de Hera, o mito a atribui ao fato de a deusa ter tocado em uma determinada flor; dela nasceram Ares, o deus da guerra, e talvez também sua irmã gêmea, Éris, a Discórdia. Daí também nasceu Hefestos, o padroeiro dos ferreiros, caldeireiros e oleiros, que mais tarde aprisionou sua mãe Hera em um engenhoso trono, com braços que se fechavam a seu redor, porque não acreditou que ela o houvesse gerado sozinha, sem a intervenção direta de Zeus. A deusa permaneceu em cativeiro até que Dionísio embriagasse o coxo Hefestos e o levasse de volta ao Olimpo para que libertasse Hera e se tornasse seu aliado a partir de então. E nasceu ainda Hebe, a mais moça e associada, por sua concepção peculiar, a uma alface, que foi copeira dos olímpicos até casar-se justamente com Héracles.

Cansada dos petulantes excessos de Zeus, Hera conspirou contra ele com Poseidon, Apolo e os demais olímpicos, com exceção de Héstia, acreditando-se superior ao Pai dos Céus tanto em argúcia como em autoridade. Surpreendendo Zeus adormecido em seu leito, os rebeldes imobilizaram-no amarrando-o cem vezes com cordas de couro cru, pretendendo dar um golpe de Estado. Tendo dominado e escondido o raio, celebraram seu triunfo com insultos e troças, sem dar escuta às ameaças do Pai dos Céus. Mas, enquanto deliberavam sobre quem deveria tornar-se seu sucessor, a discussão foi ficando cada vez mais acalorada, os ânimos da família divina foram-se exaltando e sobrevieram contendas tão ferozes que chegaram a fazer tremer o Olimpo. A prudente Tétis previu o estourar de uma guerra civil e, para evitar a catástrofe, correu em busca de Briareu, um dos gigantes, para que viesse em seu socorro e empregasse simultaneamente seus cem braços a fim de desamarrar o cativo antes que os demais deuses pudessem acorrer para impedi-lo.

Por haver encabeçado a conspiração, Zeus pendurou Hera no firmamento com um bracelete de ouro em cada pulso e uma bigorna pendente de cada tornozelo. Apesar de seus gritos lancinantes, ninguém se atreveu a intervir para não exacerbar a cólera de seu chefe que, com raio ou sem ele, era perfeitamente capaz de distribuir castigos aqui e acolá. Condenados a construir a cidade de Troia, Poseidon e Apolo foram enviados para servir ao rei Laomedonte, e Hera só pôde ser libertada quando os demais olímpicos, a contragosto e entre as habituais pendengas da família divina, juraram fidelidade e obediência a Zeus.

A história de Hera se dissipou, desde então, nos pequenos assuntos com os quais cada mulher repete na intimidade os ciclos de vingança e revolta marital que, finalmente, dariam margem ao estabelecimento do patriarcado característico de nossa cultura.

ALCMENA

Os antigos deuses se apaixonavam como os homens, mas não batalhavam nem se divertiam como eles. Concluído o ato da criação, os mais hábeis venceram os atlantes e, uma vez instaurada a ordem olímpica, se entregaram ao ócio durante a Idade do Bronze, enquanto o fogo, o ar, a água e a terra estabeleciam seus próprios domínios e a linguagem se convertia em uma das maiores defesas das comunidades tribais. Para a história do ser e da cultura, esse seria um dos capítulos mais intensos do pensamento mítico. Afora o fato de as divindades começarem a se intrometer caprichosamente até nos pormenores dos assuntos dos mortais, o mundo clássico respondeu ao desafio da sobrevivência com façanhas que deram início à glorificação dos heróis.

Era a hora dos portentos, da ascensão dos vigorosos e dos semideuses gerados com o ímpeto desmedido dos criadores. Entre os povos, as aventuras heroicas deram margem a que os deuses demonstrassem suas preferências ou extravasassem suas desforras. Multiplicaram-se as provas para honrar os homens e os ventres de algumas mulheres experimentaram a gestação de uma nova raça de ninfas, donzelas, faunos, guerreiros, heróis ou sátiros que prodigalizaram a matéria sublime sobre o restante da existência humana até alcançarem a geração de artistas, governantes, filósofos e sábios; que empreenderam a aventura humana da criação ao reconhecerem em seus espíritos o imenso prazer de entender, construir e elaborar coisas belas, as quais engrandeceram seu sentido de ser no mundo.

A argúcia era o único estágio da razão valorizado durante a idade dos mitos. O importante era vencer a índole rude de um tempo anterior às leis e à ordem civilizadora. Pela força ou por meio de ardis, demonstrava-se a superioridade de uns sobre os outros. Salvo pelo descomedimento na utilização dos atributos supremos, não existia grande diferença entre os eventos do Olimpo e a vida dos mortais. Estupradores, vigaristas ou oportunistas, os deuses enganavam uns aos outros do mesmo modo que se valiam dos homens para instigar ou desenvolver aptidões a seu bel-prazer. Zeus, sobretudo, aproveitava sua fascinante facilidade para transfigurar-se de ave em réptil, de serpente em águia ou para transmutar-se de perdiz em ganso, não para fazer o bem, mas para satisfazer sua luxúria. Também se valia do raio, interpunha nuvens carregadas aos dias mais claros, incitava ao ataque monstros adormecidos ou permitia a seus subalternos praticarem qualquer tipo de tropelia. Chefe supremo, oscilava entre a ordem e o caos, o que acabou por provar que, em questões de autoridade, ninguém está isento das tentações do abuso.

Os imortais eram campeões da dissimulação. Não menosprezavam a mais desprezível das manobras quando se tratava de intrigar ou de satisfazer um capricho. Zeus, dominador persistente, não se furtava ao menor estratagema até consumar exitosamente a aventura pretendida. Tampouco economizava energia, imaginação ou faculdades divinas para cortejar deusas, ninfas, mulheres casadas ou donzelas, ainda que seja digno de nota que jamais conseguiu persuadir a nenhuma sob sua forma real, nem conheceu reciprocidade amorosa dentre a multidão de mulheres que possuiu com violência e sempre encoberto por uma infinidade de mentiras e logros que, se bem não ajudaram a conservar ou fortalecer a ordem do mundo, enriqueceram a fantasia com sua torrente de prodígios.

Atreveu-se até mesmo a interromper o curso do tempo para, por exemplo, possuir Alcmena em um instante equivalente a três noites.

ALCMENA

Alcmena, enaltecida em sua virtude desde que havia jurado a Anfitrião, seu marido, que não se deitaria no tálamo nupcial até que ele vingasse seus oito irmãos assassinados por Pterelau, o rei dos telebeus, via passar com indiferença os cortejos obsessivos de Zeus; e nem o desejo de Anfitrião conseguia abrandar o ódio com que suportava a prolongada carga de sua virgindade, motivada pelas contendas provocadas pela posse do gado e sua posterior expulsão da Argólida para Tebas.

No momento em que ficou a par de que o aguerrido Anfitrião havia exterminado finalmente os últimos dos telebeus, que confiscara a taça de ouro do recém-decapitado Pterelau como divisa de sua vitória e que empreendia o retorno ao lar ensaiando doces palavras de amor, o Pai do Céu ficou aturdido por uma paixão tal que o deixara totalmente cego. "Somente com ela" – declarou aos outros deuses –, "serei capaz de gerar o melhor de todos os homens, aquele que, por meio de sua força, há de dignificar meu nome e se elevará por suas façanhas acima do restante dos mortais."

Desse modo, Zeus decidiu assumir a aparência do incauto Anfitrião, que de nada suspeitava, e possuir assim sua esposa mediante um elaborado artifício. Antes de apresentar-se na alcova de Alcmena com a impostura do triunfo, Hermes, por ordem de seu amo, fez com que Hélio apagasse os fogos solares, deteve a Lua, desatrelou os cavalos do Tempo da carruagem das Horas e ordenou a Morfeu que adormecesse os homens durante três dias e três noites para que ninguém se pudesse interpor à consecução da infame tarefa de Zeus, porque uma criatura tão grande como o filho que ele pretendia gerar não poderia ser concebida às pressas.

Consumado o desejo divino, o dia amanheceu com normalidade. As Horas se atrelaram novamente ao carro e o Tempo seguiu seu curso. O episódio ocorrido com Alcmena foi o único que não compartilhou da premeditada paralisia. Quase ao mesmo instante, quando se apresentou o verdadeiro Anfitrião perante ela, a cena transcorrida se repetiu, exceto que agora com os verdadeiros protagonistas. Anfitrião saudou a amada com o relato de suas façanhas, enquanto ela piscava os olhos, perturbada. Como seria de esperar, ao mostrar-lhe a taça de ouro saqueada, o marido envolveu-a com doces pedidos, convidando-a a cumprir sua promessa.

– Mas como não estás satisfeito? – indagou-lhe. – Recomeças o relato como se fosse uma novidade, como se não me tivesses descrito uma por uma as mortes dos inimigos e tal como se minha resposta no leito tampouco te bastasse. Mal consigo me mover de tanto que me amaste durante esta noite, a mais longa que nos concederam os deuses...

– Mas que é isto que me dizes, esposa minha? Aqui estão os homens que me acompanharam, aqui está meu escravo Sósia e a teus pés os despojos que evidenciam o cumprimento de minha vingança... Piso os umbrais da casa depois de uma longa viagem e nenhuma outra coisa senão o desejo irá satisfazer meus anseios...

Nem bem acabava de surpreender-se com o que lhe contava a virtuosa Alcmena, quando um raio se interpôs entre eles, fazendo com que Anfitrião se desse conta de que ninguém menos do que Zeus se havia adiantado a ele. Ao consultar o adivinho Tirésias, este lhe confirmou a suspeita de que o próprio Pai do Céu lhe havia colocado chifres. Reconstituindo a artimanha, perceberam que também Hermes havia participado da farsa fazendo-se passar por Sósia, o escravizado enviado até a alcova para comunicar a vitória de seu amo, e quem, em uma das numerosas versões do mito do nascimento de Héracles, protagoniza o diálogo fundador da ideia de duplo que é definida por seu nome até nossos dias.

– Quem é você? – perguntou Hermes ao escravizado com fúria dissimulada.

– Sou Sósia, enviado por meu amo Anfitrião para anunciar a vitória à sua esposa.

– Sósia? Mas o que você está fazendo diante de meu portão? Sósia sou eu, o escravo do senhor desta casa.

ALCMENA

– Isso é impossível! – protestou o verdadeiro escravizado. – Eu sou Sósia!...

– Mas como você se atreve a me dizer que se chama Sósia, quando eu me chamo Sósia e sou o próprio Sósia? – disse-lhe o deus, aparentemente zangado, perante o que o infeliz, bastante desconcertado, só pôde indagar:

– Mas se você é eu e se você é Sósia, então, quem sou eu?

– Você não é ninguém; não enquanto eu for Sósia. Quando eu me cansar de ser Sósia, então lhe darei permissão de ser novamente o escravo que foi e chamar-se Sósia outra vez.

Reconstruindo os acontecimentos, deram-se conta de que o amo, a taça, o escravizado, todos os participantes haviam se duplicado por obra e graça de Zeus, com exceção da desonrada Alcmena. Consciente de que contra o deus não era possível empreender qualquer vingança, alguns acreditam que Anfitrião se apressou a engravidar a esposa, ainda que esta compreendesse imediatamente que já se movia em seu ventre a matéria deixada pelo deus.

Nove meses depois, Alcmena deu à luz gêmeos, Héracles e Íficles; o primeiro era produto de suas relações com Zeus; o segundo era filho de Anfitrião. Antes que lhe dessem o nome de Héracles, que significa "glória de Hera", ele foi chamado Triseleno, ou filho da Lua triplicada pelo deus para exaltar a força do menino que, segundo Diodoro, desde antes de seu nascimento já se convertera no maior orgulho do Pai dos Céus e, portanto, em objeto dos ciúmes incontidos de Hera, que nunca relaxou seus esforços para destruí-lo desde o momento em que seu marido anunciou à assembleia do Olimpo que aquele que nascesse ao despontar da aurora, acima de todos os descendentes de Perseu, seria o chefe dos argivos.

Héracles, nexo entre a rivalidade dos deuses e as aspirações de todos os mortais, transformou-se a partir de então no herói por excelência, quem não somente derrota todos os artifícios de

Hera, mas se faz digno da imortalidade, que lhe é conferida em recompensa por seus trabalhos.

Alcmena, Hera e Héracles formam um triângulo simbólico no cenário helênico. Mulher, deusa e herói fisicamente superdotado reúnem entre si o repertório de qualidades e defeitos que antecedem o estado de consciência que permite a todos os seres circunscrever sua situação no Olimpo e no mundo. Em que pesem suas diferenças, são unidos pela mesma confusão de funções com respeito ao ideal de humanidade apenas elucidado através dos mitos e ao processo espiritual mediante o qual os gregos chegaram a construir uma poderosa civilização a partir da ideia de destino, desde seus estados mais primitivos até a experiência organizada da educação, por meio da qual elevaram suas capacidades a um grau muito superior. Em razão daquilo que envolve o nascimento e posterior desenvolvimento de Héracles, ou Hércules – como foi modificado seu nome mediante o filtro latino –, percebemos que a veia de curiosidade que sobreveio na mais alta conquista da lógica e da abstração filosófica procede da luta essencial entre o poder da vontade, a vontade de atuar e o poder de modificar os elementos primários da conduta e da adversidade, indivisíveis da dupla figura da sobrevivência e da morte. Parte daí a carga vital, criadora e plástica que encerra os mitos, a verdadeira fonte de nosso pensamento inclinado à busca de uma grandeza inseparável da vontade altíssima de um povo que aprendeu a esculpir seu destino a partir de um sentimento de dignidade profundo e quase instintivo.

Alcmena é a mulher seduzida por um deus que carece de vontade para determinar seu destino; Hera tampouco consegue governar plenamente o seu, nem mesmo com sua divindade, pois sua história transcorre entre desvarios de seus ciúmes humanizados e penhores divinos, quase sempre submetidos às ações de Zeus, seu marido e regente supremo; e Héracles, um dos maiores heróis da Antiguidade, precisa de uma força sobre-humana para vencer as provas que o tornarão digno não do controle de sua própria vida, mas da imortalidade, por meio da qual honrará para sempre com fidelidade o Pai dos Céus que o gerou.

O tempo dos mitos, anterior ao da tragédia – quando os homens aprenderam a lutar com todas as forças da alma contra o destino e a reconhecer sua própria potência –, nos lega a lição de como se trama a vida a partir das profundezas do medo. E o medo foi a primeira coisa que os heróis se atreveram a desafiar antes de pretender igualarem-se às entidades superiores e muito antes de qualquer germe de inteligência educada. Experimentavam um medo diferente daquele padecido por nossas mentalidades mais complexas; era algo muito mais apegado ao instinto e desprovido de expectativas, que agora se tingem de melancolia. A necessidade de lutar para viver alijava-os não somente de padecimentos imaginários, mas canalizava sua enorme energia para imaginar acontecimentos e personagens extraordinários. A natureza acolhia-os, mas também os intimidava por sua profusão de tormentas, raios, centelhas, secas, furacões e eclipses, assim como pela abundância de feras e de elementos desconhecidos, contra os quais tinham de se bater mesmo que auxiliados pela magia ou pela bondade dos deuses.

E é isto que mais se ressalta na figura do herói e de sua força: magia, proteção divina e os feitos de valentia temerária, atributos que fizeram de Héracles um modelo de arrojo para qualquer guerreiro. Um modelo que, em seu caso, começou a se manifestar desde antes de seu nascimento quando, por causa do orgulho manifestado por Zeus diante dos outros olímpicos, Hera enlouqueceu de ciúmes e ideou um ardil para impedir que o filho de Alcmena nascesse na aurora e se tornasse, segundo o anunciado, o chefe de todos os argivos. Conseguiu de Zeus a promessa de que, se na casa de Perseu nascesse algum príncipe antes do anoitecer, seria este o rei supremo, ainda que o deus tivesse anunciado o cetro em favor do filho de Alcmena.

Em um abrir e fechar de olhos Hera deixou o cume do Olimpo, conforme registrou Homero na *Ilíada,* chegando a Micenas, onde sabia que em casa de Perseu estava Nicipa, esposa de Esteleno, em seu sétimo mês de gravidez; induziu-lhe o parto para que o prematuro se adiantasse ao produto de Zeus e governasse por direito próprio o povo de Argos, já que era, tanto por via materna como paterna, descendente direto do nobre Perseu. Logo a seguir correu a Tebas a fim de sentar-se de pernas cruzadas defronte a alcova de Alcmena, amarrou toda a roupa dela com uma série de nós e lhe entrelaçou todos os dedos a fim de dificultar o trabalho de Ilítia, a deusa do parto, até que o prematuro Euristeus, filho de Nicipa e Esteleno, já estivesse dormindo placidamente em seu berço.

Cheio de desgosto porque o nascimento de Héracles fora assim atrasado, Zeus não teve outra escolha senão cumprir sua promessa, a fim de mitigar o furor de Hera. Agarrou pela cabeleira sua filha mais velha, Atê, quem lhe impedira de descobrir as manobras de sua esposa, e a fez girar pela cabeça até lançá-la à terra, enquanto gritava irado que, como castigo, nunca mais lhe permitiria pisar outra vez no Olimpo. Em uma das versões do mito, para não violar a palavra empenhada, Zeus convenceu sua esposa de que seu filho Héracles ascenderia à divindade caso realizasse doze trabalhos, os quais seriam indicados pelo próprio Euristeus quando passasse a reinar sobre todos os povos argivos. Uma outra interpretação assegura que, ao ser acometido por um violento acesso de loucura, Héracles assassinou a esposa e os filhos e acorreu a Delfos em busca de uma forma de apaziguar o remorso. O oráculo lhe disse que, a fim de expiar seus crimes, deveria realizar as doze memoráveis tarefas impostas por Euristeus, nas quais se alicerçou a lenda de sua imortalidade.

Qualquer que seja a versão mais acertada, o inegável é que Alcmena repudiou Héracles desde o instante de seu nascimento; seu irmão gêmeo Íficles, ao contrário, amou por ser filho do matrimônio,

ALCMENA

abandonando o primeiro por trás das muralhas de Tebas. Vigilante desde seu trono no Olimpo, Zeus espreitava minuto a minuto todos os movimentos do menino. Vingador e matreiro, fez com que Hera fosse dar um passeio ao redor dos limites de Tebas em companhia da já instruída Atena, a fim de que, aparentemente por causalidade, se deparassem com a criança. "Olhe, querida Hera, que criança saudável e robusta!" – disse Atena a sua maternal companheira que, em vez de simplesmente lamentar o abandono da criança, tomou-a ao peito para amamentá-la. Héracles chupou o seio com tanta força que a deusa atirou-o de seus braços, atravessada pela dor. Expeliu então um jorro de leite tão vigoroso que ascendeu ao firmamento para finalmente se converter na Via Láctea. Foi então que percebeu o ardil de Zeus, e ali mesmo o menino recebeu seu novo nome em louvor a Hera, porque esta, a despeito de si mesma, lhe havia transmitido com o leite o alento imortal.

Condenada a participar de sua criação, Hera teve de recolher o pequeno à chamada "planície de Héracles" e aceitar o estrategema de Zeus, embora isso não mitigasse seu rancor pelo herói, pois desde então o perseguiu de todos os modos para descarregar, através das obras que lhe eram impostas, todo o ciúme que a incitava contra Zeus.

Alcmena, por sua parte, depois de amamentar os meninos, reforçou a divindade do gêmeo Héracles quando, os meninos adormecidos cada um sobre seu próprio escudo de bronze recoberto com velos macios, foram ameaçados por um par de serpentes de escamas azuladas que Hera lançara desde o umbral da porta, com a intenção de provocar-lhes a morte. Íficles chorou de medo ao notar que os olhos dos ofídios lançavam chamas enquanto escorria veneno de suas presas. Héracles, por sua vez, esperou calmamente que as cobras se aproximassem o suficiente para agarrá-las, segurando uma em cada mão e estrangulando as duas mediante um único aperto.

Diante da cena, não duvidou mais Anfitrião: Íficles era seu próprio filho, enquanto Héracles era filho de Zeus. Pelo menos reconheceu que o deus não possuíra Alcmena com violência, ainda que as considerações amorosas que teve com ela ao assumir-lhe a própria figura não se devessem a nenhuma amabilidade, senão ao interesse de gerar o primeiro homem que ascenderia à imortalidade por seus próprios méritos. E se Zeus a escolhera, fora justamente por ser virtuosa e firme em suas convicções, porque assim como sua vontade era inquebrantável, também cumpria sua palavra, como seria devido mesmo se se tratasse do melhor dos deuses.

Das numerosas relações entre os deuses e os mortais, nasceram os fundadores míticos das linhagens helênicas. Hesíodo cantou em seus versos que aquelas mulheres, as melhores de todos os tempos, abriram seus cintos a fim de se unirem aos deuses. Alcmena, por seu aspecto físico e por sua personalidade, seria a mais insigne de todas, não somente devido a seu vínculo com Zeus, mas também pelo nascimento de Hércules, "o defensor de homens e deuses contra a destruição". Em sua rápida aparição por meio do mito, Alcmena sugere o substrato moral e religioso que já se forjava na Idade do Bronze. Na virtude que rege sua vida individual se leem os indícios estruturais de uma sociedade camponesa que, com o heroísmo de seus melhores homens, empreendeu uma longa carreira até atingir a expressão mais elevada do pensamento humano.

DEMÉTER

Ainda que inferior em hierarquia a Afrodite, Atena, Ártemis ou Hera, Deméter gozava de uma posição especial no Olimpo, não por sua beleza ou inteligência, mas por representar a primavera, o que a transformara na padroeira das colheitas. Como Hera e Héstia, a deusa do lar doméstico, a deusa dos campos de cevada foi devorada ao nascer por seu pai Cronos e resgatada do ventre do Tempo por Zeus e sua mãe Reia. De sua relação incestuosa com Zeus, teve uma filha que, enquanto donzela, foi chamada Coré, e depois Perséfone, ao ser raptada nas colinas de Elêusis por seu tio Hades, o deus dos infernos.

Alguns dizem que Deméter pariu Dionísio, filho de Zeus; outros que foi Perséfone quem o concebeu no Tártaro, fecundada por Hades transmutado em serpente. No entanto, qualquer relação que se estabeleça entre Dionísio e Dione, a deusa do carvalho, com Io ou com a própria Deméter, deusa dos cereais, ou ainda com Perséfone, deusa da morte, justifica-se facilmente na medida em que o mito dionisíaco originou-se do protótipo de um rei consagrado que era abatido ritualmente pela deusa armada de um raio para ser devorado pela sacerdotisa durante as cerimônias anuais que se celebravam em sua honra.

A despeito desse provável vínculo com a deidade dos prazeres e do vinho, atribuem-se a Deméter alguns namoros deliciosos, como o que foi protagonizado com Poseidon quando, chorosa e desalentada, vagava em busca de sua filha e ele, transfigurado em um veloz corcel, correu atrás dela não exatamente para lhe proporcionar consolo, mas antes para desfrutar de sua reconhecida paixão.

Sabe-se que Deméter, cansada de indagar aqui e ali sobre o paradeiro da jovem, esqueceu-se de todos os seus flertes e casos amorosos com titãs ou com deuses e pôs-se a pastar, transformada em égua, junto ao gado de um certo Onco, supostamente descendente de Apolo, que reinava em um lugar da Arcádia chamado Onceium. Sendo Poseidon o segundo inventor dos arreios, depois de Atena, o protetor dos equinos e o indubitável precursor das corridas de cavalos, não teve dificuldades para reconhecê-la e imediatamente a cobriu sob a forma de um vigoroso garanhão. Dessa união forçada, como quase todas as empreendidas pelos deuses, nasceram a ninfa equina Despena e Árion, o célebre cavalo selvagem que se costuma associar a Pégaso e aos mananciais de água, ainda que outra versão diga que Pégaso foi gerado por Poseidon com Medusa. Impetuosa como era, a cólera da ultrajada Deméter foi de tais proporções que, desde então, foi adorada na região sob o epíteto de "Deméter Erínia", o que significa em nossa língua "Deméter Furiosa".

Pouca importância teria adquirido Deméter, a mulher de cabeça de égua, se não tivesse sofrido na pessoa de sua filha a agressão de Hades, também membro da primeira geração de olímpicos, gerado por Cronos e Reia, e que, de um dia para outro, decidiu que precisava de uma esposa e, sem deter-se diante de ninguém, tomou a inocente Coré a fim de entronizá-la no Tártaro, o que equivalia a interromper sua existência para fazê-la rainha dos mortos.

A figura de Deméter, apesar do símbolo de fecundidade que a envolve, está rodeada de complicados mistérios. Está relacionada com as fases da lua, com a sucessão das estações e com a consolação da maternidade sofredora. Seus iniciados celebravam ritos em sua honra, talvez associados com os ciclos de fertilidade e como uma forma de desafio às trevas, algo parecido a uma luta incessante contra a morte mediante o reinício da vida. Hesíodo lhe atribui um filho chamado Pluto, o símbolo da riqueza, fruto de seus amores silvestres com o gigante Iásio, o que fez supor aos mitógrafos que os gregos atribuíssem precisamente à agricultura a única e mais autêntica origem da riqueza.

Deméter, apesar de sua evocação sensual como égua apaixonada e de seus romances campestres com titãs e deuses, encarna uma maternidade tão temerosa e possessiva que até parece não ter sido seu irmão Hades o responsável por sua desolação e por suas maiores vicissitudes, mas sim o fato isolado de que sua filha empreendesse uma aventura sexual com seu tio, sem restrições ao lugar onde finalmente se celebraria o casamento, e que dessa aventura ela decidisse voluntariamente permanecer junto ao amado. O destino fizera Hades reinar no Tártaro, e o amor estava proscrito para ele. Mas o deus já se queixara de que não havia no mundo ou no Olimpo deusa, ninfa ou mulher que concordasse, por bem ou por mal, em compartilhar das profundezas do além-túmulo.

O fascínio de Hades pela donzela de formosos tornozelos quando esta bailava graciosamente sobre as pradarias floridas com suas amigas, as filhas do Oceano, é uma imagem até certo ponto comum nas fábulas gregas. Homero canta em seu *Hino a Deméter* que as donzelas brincavam contentes, colhiam ramos de açafrão, formosas violetas, lírios, jacintos, rosas e narcisos que a terra havia produzido por vontade de Zeus a fim de cativar as meninas de rostos corados. O que existe de diferente aqui, e o episódio que fortalece o mito, é a atitude da mãe, dessa deusa aparentemente feliz assentada em sua cadeira de ouro, exultante durante suas andanças ocasionais, sempre fecunda e sem tribulações até a hora em que algo íntimo, seu fruto mais precioso, não só lhe é arrancado como raptado da superfície da terra em uma apavorante carruagem puxada por corcéis negros para transportá-lo aos infernos onde habitavam os mortos.

Chorava Coré em seu cativeiro sombrio, saudosa da vida, e chorava a mãe enquanto a procurava por cada rincão do mundo. As duas jejuavam e chamavam uma pela outra até que, no intuito de prendê-la no Tártaro para o bem de seu amo, o jardineiro iludiu-a e fê-la comer os grãos nefastos da romã dos mortos, os quais a levariam a enamorar-se de Hades até incendiar-se de amor, ainda que o efeito do inferno fosse precisamente o de transformar seu coração em gelo.

Quando a deusa soube que sua garotinha havia desaparecido – assim narrou Homero –, partiu o diadema que usava sobre sua cabeleira divina, recobriu os ombros com um xale sombrio e lançou-se como um pássaro, por terra e por mar, em busca de sua filha perdida. Envelhecia de tristeza, mas ninguém lhe quis contar a verdade. Ninguém se atrevia a confessar que era o deus da morte quem havia raptado a jovem. Não houve pássaro que se dispusesse a levar-lhe uma mensagem consoladora e, desse modo, ela errou durante nove dias e nove noites, erguendo fachos ardentes para iluminar as profundezas das cavernas até que, finalmente, encontrou-se com Hécate que, cheia de compaixão, acabou por sussurrar-lhe a verdade. "Tua filha foi raptada", disse-lhe com voz trêmula. "Por quem?" – indagou a mãe desesperada. "Por Hades", respondeu-lhe a velha e, a princípio, Deméter não acreditou. "Ele é meu irmão, jamais me faltaria ao respeito de tal maneira."

Para confirmar a notícia, Hécate aconselhou-a a consultar Hélio, o Sol, que tudo vê e tudo recorda desde seu trono no teto dos céus. Convencida finalmente, Deméter se apresentou perante Zeus para reclamar-lhe justiça; mas Hades já se havia adiantado com rogatórias e súplicas perante a assembleia do Olimpo e, à maneira dos políticos de todos os tempos, alegou perante seus irmãos Zeus e Poseidon que também ele merecia ter uma esposa. "Diferentemente de vocês, deidades solares, eu estou condenado a viver nos confins mais obscuros e ali encontro somente mulheres

DEMÉTER

destruídas pela dor. Vocês repartiram entre os dois o céu e o mar. Vocês escolhem à vontade e se divertem com donzelas e com deusas. Eu, ao contrário, reino sobre a paisagem desolada das penumbras e suporto meu cetro em gélida solidão."

Responsável pela justiça, ordenador dos assuntos do Olimpo e do mundo, apresenta-se a Zeus um dilema terrível. Coré é sua filha, Hades seu irmão e Deméter sua amante, a mãe sofredora; e com nenhum dos três desejava inimizar-se. Confiando na orientação do destino, primeiro enviou Hermes com a missão de fazer com que Hades compreendesse que teria de encontrar outra jovem para desposar, sem provocar tantas contrariedades; logo depois, conversou com Deméter e pediu-lhe compreensão para colocar nas mãos do acaso os argumentos que solucionariam o enredo com equidade. Quanto à sua filha, mandou-a chamar de volta mediante a condição de que não tivesse provado do alimento dos mortos, que Ascálafo, o jardineiro do Tártaro, a tinha feito morder no instante de sua despedida, já nos portões do mundo inferior.

O desfecho ou a chave mítica encontra-se no momento em que Deméter aceita o trato com Zeus e com Hades, depois de se inteirar de que sua Coré já se transformara em Perséfone, apaixonada por Hades e virtual rainha do inferno, pois, a seu próprio pesar, havia comido dos grãos fatais. E foi desse modo que, ainda magoada, a deusa jurou estender sobre o mundo uma paisagem desoladora, reflexo do vazio que sentia na alma, de sua sensação de despojamento, de sua maternidade agredida. Deméter cria o inverno para espelhar sua tristeza. Assombra a Terra com a angústia de árvores sem folhas, campos ressequidos, flores emurchecidas, e multiplica as cenas de homens e animais morrendo esfaimados porque nada pode crescer contra a sua vontade.

Assim, antes que os deuses consigam persuadi-la a bendizer outra vez a terra a fim de devolver-lhe a fertilidade e o ciclo das colheitas, Deméter vaga como a sombra de sua sombra, banhada em

MULHERES, MITOS E DEUSAS

lágrimas e macerada em razão de seu prolongado jejum. Deméter erra pelos campos estéreis, sem rastro de sua frescura nem vestígio de sua fascinante jovialidade. Mãe amargurada, durante seu pesar reprime sua antiga sensualidade; ela mesma se transforma em Hécate e está agora muito distante de se parecer com a amante que agradara a Zeus. Deméter torna-se uma pobre sofredora, encanecida e profundamente marcada pela sensação de impotência que a domina. Em seu rastro, deixa as marcas desoladoras da pena e, tal como se proferisse uma oração, todos a escutam murmurando que nada, salvo o retorno de Coré, seria capaz de reanimá-la.

Sempre carregando um archote, é assim que a mítica Deméter presta seu tributo à morte de Coré e entra em acordo com Zeus que, para agir com plena justiça, decide que a jovem deverá repartir seu tempo entre o mundo dos vivos e o Tártaro. Como pagamento por ver Coré outra vez a seu lado, ainda que somente por alguns meses ao ano, tal como determinara o Pai dos Céus a fim de compensar sua infelicidade, Deméter se compromete a devolver o verdor da Terra durante esse período, tempo suficiente para que possam crescer as sementes; e concorda em fazer dos cultivos o recipiente exato dos ciclos de vazio e de vida. Os meses restantes, quando Perséfone volta a reinar sobre a mansão dos mortos, correspondem à estação hibernal, o período do frio em que o mundo se torna sombrio e desesperançado. No momento em que Perséfone retorna às pradarias, explode a primavera, florescem as plantas e tudo se dispõe para uma nova colheita. O mito conta ainda que, em testemunho de gratidão por haver recobrado sua filha, Deméter presenteou ao rei de Elêusis, filho de Triptólemo, com uma espiga prodigiosa cujas virtudes ele deveria transmitir, viajando em um carro alado, a fim de revelar o segredo de como domesticar a vegetação e difundir a arte da agricultura. Dessa forma, Elêusis, a capital da Ática, foi consagrada a Deméter, porque, segundo o mito, foi de um de seus prados que Hades roubou Coré e donde a própria deusa jurou se vingar criando o inverno e a semeadura da morte, caso os deuses não lhe devolvessem a filha.

Segundo outra versão, Deméter se encontrou com Hécate, a deusa-lua, e juntas foram ver o deus-sol, o poderoso Febo ou Hélio, para que este lhes descrevesse os pormenores do rapto. Ainda que o Sol tenha admitido que testemunhara o feito, não lhes disse onde ocorrera exatamente tampouco quem era o deus responsável.

Diante do silêncio abominável de Hélio, Deméter abandonou o mundo dos deuses, irada e aflita. Àqueles que estavam congregados no Olimpo, jurou nunca mais regressar, nem sequer recordar-se deles. Era desse modo que, durante o festival da semente, a deusa era invocada, velando seu luto à beira de um poço, chamado o Poço da Virgem, esperando ali até que alguém se dispusesse a vir informar-lhe onde poderia encontrar a donzela.

Durante os festivais, costumava-se recordar que Deméter, enquanto permaneceu em Elêusis, aguardando notícias, serviu como ama envelhecida em uma mansão próxima ao Poço da Virgem, seu principal santuário, onde se parecia com Hécate na sua velhice, uma Hécate inseparável de Perséfone.

Nenhum camponês ignorava a condenação da terra feita por Deméter. Em um desfile, representava-se a imagem sombria daquele ano em que não brotaria qualquer fruto da terra até que os sofrimentos obrigassem a Zeus e a todas as divindades a irem, uma após outra, suplicar a Deméter que aplacasse sua ira.

Não obstante, Deméter conseguiu que a libertada Perséfone, acompanhada por Hécate, volvesse a seu lado no Olimpo durante os meses primaveris. De volta à glória, a Terra reverdeceu e as flores brotaram com os grãos portadores da vida. É por isso que não são admitidos homens ou donzelas no ritual das tesmofórias, segundo é corroborado pela comédia de Aristófanes, *As Tesmoforiantes*.

Esse é um dos mistérios relacionados às súplicas erguidas à Deméter pela fecundidade dos cereais, realizadas em Atenas entre os dias 11 e 13 do mês de *pianepsion* (outubro/novembro), época da colheita, um cerimonial que se apartava da liturgia porque as tesmoforiantes sacrificavam leitões e revolviam seus restos com terra a fim de fomentar-lhe a fertilidade.

Durante aqueles dias, as mulheres dormiam em tendas próximas aos santuários. Não podiam faltar os excessos carnais depois do jejum nem os atos dionisíacos alusivos, talvez, às andanças de Deméter pelas pradarias ou a seus prazerosos encontros sexuais. Entretanto, quase nada restou da essência desse culto. Secreto como era, o tempo levou consigo o mistério. A não ser por indícios trágicos, por algumas pinturas e pelas informações parciais de Xenofonte, não conheceríamos sequer esses elementos tão escassos referentes aos complicados rituais sagrados das mulheres da Grécia em honra de sua deusa.

CORÉ

Entre os gregos são abundantes os mitos relacionados ao amor. Os deuses praticam uma sexualidade ardorosa, inseparável da paixão e do uso de artimanhas, que incita os sentidos e gera rivalidades que, por sua vez, encadeiam outras histórias prodigiosas. Tudo começa em função de algo que parece insignificante, uma voz, a lufada do desejo, uma pequena brincadeira nas pradarias; depois o drama se desencadeia e se deixa correr, se perde no procedimento sempre incerto do ardor ou dos rompantes imprevisíveis daqueles mais afetados por ele, quase sempre mulheres. Cada episódio toma rumos inesperados e, de tão fantásticos, seus enredos são ouvidos até no Olimpo, como o ar que geme nas penumbras do outono.

E é dessa matéria que se formou a potência helênica, da mesma paixão que nutre o medo da morte. Seus mitos espelham um incessante vaivém entre a baixeza e a grandeza, entre a dor e o prazer, entre a força e a debilidade, entre a ordem e o caos; e ocorre que foram eles que representaram com maior lucidez a verdadeira condição humana. Por meio de suas histórias nos internamos em todos os escaninhos da conduta, apreendemos o sentimento de orfandade que nos leva a afirmar a existência de um poder superior e descobrimos que, quanto mais humanizados e multifários, seus deuses nos ensinam que não pertence a um único poder o caminho da liberdade ou da tolerância, mas que mais humano é o homem quando pode criar entidades que abarquem todas as possibilidades do sonho e da razão. Antes de outras civilizações, os gregos souberam

MULHERES, MITOS E DEUSAS

também que a humanidade tende mais à loucura insana que ao amor divinizado, mais à perversidade que à prudência e mais ao poder excludente que às normas ordenadoras.

É por isso que os mitos exacerbam nossos próprios sentimentos, porque foram forjados no calor da luz daqueles dias em que a criatura humana somente entendia revelações e mensagens consagradas; e isso transcorreu quando ainda em suas veias corria a matéria divina, e o corpo manifestava seus dons ao avivar a conduta por meio da chama da paixão.

O homem, devoto da magia, inclinava seu corpo com simplicidade perante os poderes supremos ao perceber que algo de diferente ocorria em seus recantos mais recônditos. Era abrasado então pelo seu veio interior e só encontrava sossego ao descarregar seu fervor.

Mundo de magia, de jogo, de agressão e de brutalidade, somente mediante as fábulas se percebe o alcance desse simbolismo em que se acham mesclados o furor e a imaginação. Basta recordarmos alguns mitos para nos darmos conta de como os assuntos entre os próprios deuses, e entre deuses e homens, eram sanguinários e, ao mesmo tempo, criativos, quando era possível se acreditar em raptos mágicos e em acordos sensatos, em gestações heroicas ou em partos portentosos.

Coré, por exemplo, gerada por Zeus e Deméter, despertou a paixão do tenebroso Hades quando passeava com suas amigas, tocando flauta por alguma campina, cantando e colhendo flores primaveris. E como não se ia dela afeiçoar esse barbudo deus da morte e ímpio senhor do mundo inferior, se jamais mereceu para si nenhum culto, templo ou tributo por causa de sua fama assustadora de senhor das sombras. Descobriu então sua sobrinha Coré, fresca, rosada, jovial e em tudo diferente das mulheres que habitavam seu reino de tristeza e desesperança; e por meio dessa paixão ficou demonstrado que o amor é possível até mesmo no reino inerte do além-túmulo. Reconheceu nela a sensualidade de Deméter aliada ao vigor supremo de Zeus. Observou como era diferente dentre as demais moças e não teve dúvidas de que deveria raptar Coré para aquecer a frialdade de seu coração, para suportar a seu lado a paisagem das trevas e para suavizar o horror que o espetáculo constante da morte provocava até mesmo em sua alma divina.

Hades a espreitava a distância e, às vezes, se aproximava. Coré não lhe dava grande importância, pois as donzelas são precisamente donzelas devido à sua inocência e candura naturais. Todavia, o deus do mundo inferior, enamorado dela, foi até o Olimpo e postou-se diante de Zeus para que este lhe permitisse desposá-la. O hábil deus, que se encontrava então acompanhado de Apolo, respondeu-lhe que não daria nem negaria seu consentimento, pois não ignorava as dificuldades inerentes a tal situação. Não somente teria de se haver com Deméter, como tampouco poderia permitir que sua própria filha fosse condenada a reinar no Tártaro. Ao mesmo tempo, negar esse favor a seu irmão, o mais temível dos filhos de Cronos, acarretava o perigo de derramar sobre o mundo a força que Hades exercia sobre os mortos. A figura de Coré representou, desde então, um dos piores dilemas para o Pai dos Céus. Uma vez que era justamente ele o supremo responsável pela justiça, Zeus considerava que tinha a obrigação de satisfazer a todos, inclusive a si mesmo, porque esse julgamento comprometia seu dever paterno. Incapaz de encontrar uma resposta, deixou o veredicto final a cargo do destino, ainda que sabiamente tenha anteposto a condição de que, se em sua permanência forçada no Tártaro Coré não provasse da romã letal, poderia regressar livremente com sua mãe. Assim como na vida, o incerto, neste caso, determinou o curso dos acontecimentos.

E foi assim que se posicionou Zeus perante a rogativa de Hades, sem conceder nem negar nada. Em situações como esta, era costume que o Pai dos Céus impingisse mensagens dobradas e triplicadas até desatar o nó do conflito entre aqueles que se consideravam agredidos, sem perder seu poder de arbitragem nem sua

MULHERES, MITOS E DEUSAS

capacidade de comando, pois ele mesmo, transmutado ou não para realizar seus caprichos sexuais, costumava envolver-se em ultrajes complicados, em enredos apaixonados ou mesmo em crimes não desprovidos de intrigas, seja com deusas, seja com mulheres. Não obstante, agora que se tratava do destino conjugal de Coré, era óbvio que, devido à dupla autoridade paterna e divina de Zeus, Deméter jamais lhe perdoaria caso permitisse que desposasse seu próprio irmão, justamente o mais abominável de todos, uma vez que se tratava nada mais nada menos que do próprio deus dos infernos.

É compreensível que nada fosse pior para as expectativas de uma jovem excepcionalmente bela que a de ser forçada a viver nesse mundo subterrâneo, guardado por monstros como Cérbero, que estavam ali para impedir a entrada dos vivos, da alegria e dos prazeres do coração. Eventualmente, Orfeu e Héracles conseguiram penetrar vivos nesse reino tenebroso, porém isto aconteceu somente porque conseguiram enganar os monstros que lhe guardavam a entrada. Um deles foi lá para recuperar sua amada e o outro para resgatar a Perseu, e ambos conheceram em sua viagem os pormenores do silêncio e da sombra; mas o inferno era, por melhor que se quisesse encará-lo, o lugar mais abominável possível para uma jovem que somente merecia ser iniciada nos jogos do amor e do desejo.

Hesitante diante do dilema de não ofender poderes opostos, de uma parte o que lhe solicitava Hades e da outra a prevista indignação de sua antiga amante e mãe da jovem, Zeus preferiu não se comprometer com nenhum dos querelantes. Isso permitiu a Hades raptar a donzela enquanto ela colhia flores quiçá na Sicília, em Hermione, em Pisa, em algum lugar florido de Creta ou até mesmo em Elêusis, conforme asseguravam os sacerdotes de Deméter quando discutiam a mística trajetória de sua mãe.

Dona dos segredos do leito, indiferente aos laços do matrimônio e famosa por suas estripulias amorosas com o titã Japeto, por quem se interessara ao conhecê-lo durante as bodas de Cadmo e Harmonia, Deméter perdeu a alegria para sempre ao inteirar-se de que sua pequena Coré havia desaparecido. Assim, decidiu empreender sua busca pelas regiões mais distantes. A mãe desolada andou por nove dias e nove noites de local em local, sem comer nem beber, por vezes chamando por seu nome, tal como se o vento pudesse levar sua voz para comover os infernos; só que estes não se comovem jamais, tampouco existe em suas gélidas profundidades qualquer remorso que encontre retificação, nem mudança na atitude radical das Moiras.

Deméter, quebrantada, perguntava aqui e ali sobre o paradeiro de Coré. Descrevia seus cabelos dourados, o sorriso jovial da quase menina que apenas tinha entendimento para compreender o horror que havia selado sua vida. A deusa suplicava por piedade, ameaçava e rogava, mas ninguém lhe dava sequer uma pista do que acontecera, ninguém admitia haver testemunhado o rapto, ninguém reconhecia saber onde e como Coré colhia flores quando o malévolo deus estendeu suas mãos ossudas para recolhê-la à sua carruagem escura. A velha e misteriosa Hécate, cuja presença costumava ser antecipada pelo latido dos cães, foi a única que, por meio de um tenebroso sussurro, disse ao ouvido de Deméter que acreditava tê-la ouvido gritar angustiada em algum prado. "Um rapto, um rapto!" – foi o que assegurou ter escutado Coré gritar, porém, apesar de se apressar, não chegara a tempo de salvá-la.

Desesperada de tanto vagar, Deméter viu amanhecer o décimo dia e proferiu a ameaça de impedir que a terra produzisse frutos e alimentos caso sua Coré não lhe aparecesse sã e salva. Foi então que Triptólemo, o rei de Elêusis, ou talvez seu pai Queleu, temeroso de que seu povo sofresse as consequências da fome e da penúria, revelou à deusa o nome do raptor, que finalmente veio a ser confirmado por Hélio, que tudo vira desde seu trono solar. Previamente, um pouco antes que ela desencadeasse os efeitos de sua fúria, Zeus enviara Hermes com uma mensagem ao Tártaro: "Se não devolverem Coré, estaremos todos perdidos"; e outra para Deméter: "Poderás ter tua filha de volta sob a condição de que ela não tenha provado do alimento dos mortos".

Não obstante, havia transcorrido tempo suficiente para que Coré fosse enganada e comesse seis grãos da romã dos mortos, os quais, além de desprendê-la da vida, fizeram com que se apaixonasse por Hades, a tal ponto que não quis mais saber de separar-se dele. Como tudo ignorava a respeito da decisão tomada por Zeus, a jovem não parou de chorar até que viu os emissários divinos que vinham buscá-la no carro de Hermes. Calculista, Hades apenas observava e esperava. Nem bem Hermes a ajudava a subir à carruagem dourada, um dos jardineiros gritou que a donzela não podia ir embora dali porque ele mesmo a havia visto comer as sementes. Hades ordenou então a Ascálafo que subisse à parte traseira do carro e os acompanhasse a fim de testemunhar perante Zeus em nome da justiça.

Ao ficar sabendo que tudo estava perdido, Deméter jurou nunca mais voltar ao Olimpo. Tampouco revogou sua maldição, e disse que viveria só para vingar a dor de sua filha por meio de um inverno interminável.

Diante de tal dilema, Zeus foi se aconselhar com Reia, sua mãe, bem como a de Deméter e de Hades, pedindo-lhe orientação e ajuda. Suplicou-lhe que persuadisse Deméter e buscou, por meio de sua intervenção divina, um acordo que fosse justo para todas as partes envolvidas, pois a essa altura nem mesmo para um deus era possível fazer retroceder o tempo nem devolver as coisas ao estado em que se achavam antes do rapto. Finalmente concordaram que Coré, casada com Hades e agora com seu nome mudado para Perséfone, passaria três meses por ano como rainha do Tártaro, e nos nove meses restantes subiria à Terra para reunir-se com sua mãe, mediante a condição de que sempre que subisse permaneceria acompanhada de Hécate, que doravante se converteu em sua guardiã.

Agradecida, ainda que não plenamente satisfeita, Deméter criou as estações do ano, regulou o ciclo das colheitas e passou a ser chamada Deusa do Pão e Senhora das Sementes. Perséfone, por sua vez, foi entronizada no Tártaro, aprendeu a amar seu marido Hades e vagou durante o período indicado pelas pradarias do Mediterrâneo, onde ainda se respira seu alento perfumado e se escuta seu canto primaveril.

Para Robert Graves*, Coré simbolizou os grãos verdes, os mais tenros e alentadores; Perséfone a espiga madura; e Hécate o cereal colhido e guardado nos celeiros. Isto é, o mito interpõe Deméter ao binômio Coré/Perséfone, ou donzela/rainha do inferno, o que equivale a um simbolismo silvestre e a uma crença univocamente associada ao cultivo da terra.

Assegura Robert Graves que o rapto de Coré por Hades centra o mito na trindade helênica de deuses que se unia forçosamente à tríplice deusa pré-helênica e que concentra os relacionamentos mais importantes: Zeus com Hera, Zeus ou Poseidon com Deméter e Hades com Coré.

Nos tempos mais primitivos, esses vínculos remontavam à usurpação pelos homens dos mistérios agrícolas ou de fecundidade femininos; disso decorre que o episódio em que Deméter anuncia que não mais haverá de proporcionar cereais aos homens porque não lhe devolveram Coré não é senão uma outra versão da intrincada conjura de Ino, filha de Cadmo e Harmonia e esposa de Atamante, este também vinculado ao mundo tenebroso, a fim de destruir as colheitas e as obras realizadas pelo cônjuge detestado.

Aplicado ao cerimonial litúrgico da Grécia, o mito de Coré explica por que os camponeses primitivos costumavam enterrar

---

* Robert Ranke Graves (1895-1985), escritor e mitólogo britânico, célebre pela trilogia romanceada sobre a vida do Imperador Cláudio. [N. de T.]

uma boneca feita de cereais no inverno, para desenterrá-la depois, no início da primavera. Esse costume sobreviveu no campo durante toda a época clássica e, com algumas variações, nas zonas rurais da região balcânica até a Idade Média.

Perséfone significa "aquela que traz desalento". Em Atenas, também era conhecida como Parsaffata, que significa "aquela que traz a destruição". Com esse mesmo simbolismo passaria ao acervo mitológico dos romanos, pois, para eles, Prosérpina era "a terrível" ninfa que durante os ritos realizava sacrifícios ao deus sagrado. O título de Hécate, por sua vez, equivale a "um centenário" e se refere aos cem meses lunares de um reinado, provavelmente o de Perséfone no inferno, e à colheita cem vezes desfrutada.

AFRODITE

No princípio dos tempos, Eros foi incubado pela Noite a fim de realizar o prodígio da criação. O Amor foi precedido pelos portadores do destino e outros símbolos adversos relacionados com o esquecimento, o temor, a abominável velhice, a insídia e o ódio. Até então a luz não iluminava essa região escura da existência; portanto, a fim de afirmar seu sentido vivificador, a potência noturna engendrou uma entidade complementar, o Afeto, para que servisse de guia positivo às cumplicidades e de contraponto às dores que provocam o pranto.

Antes mesmo que existisse a totalidade dos seres animados, sentia-se a ausência de símbolos para combater a fome, a violência, os crimes e as demais ações aziagas daqueles seres tenebrosos, netos e descendentes do Caos, cuja obra no mundo até hoje provoca tristeza e acarreta o vazio que se percebe no coração nas ocasiões mais infelizes. O vigor inigualável de Eros, relacionado com agitamentos revolucionários ou de renascimento interior, criou um dos sentidos mais profundos do ser: pôs em movimento a vida, ativou os sentidos e provocou o despertar das emoções tanto nos pequenos seres como nos heróis. Perturbou a ordem desde então e, representado como uma Ker alada, uma Fúria semelhante à Velhice e à Peste, ainda realiza suas travessuras, disparando ao acaso suas flechas douradas a fim de incendiar de amor suas vítimas, sem distinção de sexo ou de idade.

Existem aqueles que dizem que Eros, cujo nascimento antecipou ao de todos os deuses, foi contemporâneo da Terra e do Tártaro durante o primeiro impulso do Caos; outras vertentes o consideram fruto dos amores de Afrodite com Zeus, ou que, segundo versões que se foram somando umas às outras com o passar do tempo, foi filho do Arco-Íris e do Vento Oeste, o que acentua seu caráter simbólico ao relacioná-lo com a inocência perfeita e com os jogos da luz que alegram o ânimo para recompensar as tormentas.

Sua liberdade indômita, contudo, se parece com a das criaturas noturnas que não respeitam a nada nem a ninguém. Seu maior gozo consiste em romper a tranquilidade. Diferentemente das demais entidades, o Amor transmite em sua eterna infância o símbolo de uma enganosa candura que mascara o inesperado com essa inocente perversidade que, eventualmente, altera todo o íntimo de suas vítimas, quando caem em estado de desamor ou sofrem o pânico que costuma perturbar a esperança dos amantes.

A Eros pertence a unidade. Foi através dele que se tornou possível o primeiro abraço, o do Céu e da Terra, que propiciou o nascimento de todos os seres divinos e humanos. Emblema da perfeita harmonia, foi graças a ele que tomou impulso a fecundidade, que a arte da sedutora Afrodite embelezou com inúmeras atitudes que colocam os amantes em situação de alerta frente a quaisquer males que possam diminuir ou prejudicar seu estado de adoração mútua. Eros e Afrodite governam juntos o secreto e o público. São indiscretos, intimidadores e deliberadamente perturbadores. Com aparente ingenuidade, contempla-se a jovem formosa e o menino alado como um par de criaturas inofensivas; porém, são capazes de sacudir até as pedras e de remover as mais duras camadas protetoras do coração.

Ela com seu cinto mágico; ele com seu arco e suas flechas na aljava; os dois se acompanham a fim de cativar de acordo com seus caprichos, ainda que finjamos negar sua influência em favor da conveniência e da segurança. No começo, seu poder é sutil: tão só um estremecimento aqui, um suspiro que brota acolá, a curiosidade que aviva ao reconhecer o ser amado e a fagulha levíssima que rapidamente se incendeia como lenha seca; depois disso, irremediavelmente asseteados, os enamorados sucumbem ao estrondo e o mundo parece se tornar pequeno para satisfazer sua paixão. Surgem armadilhas, interpõem-se obstáculos ou as doses de amor são mal repartidas para impedir a reciprocidade ou arrastar à morte àqueles que não conseguem consumar seu furor. Para os raros afortunados, o destino lhes outorga a graça de restaurar a unidade sob a condição de que a libertina Afrodite não retire seus dons dos casais que alcançaram a estabilidade.

Quando se faz a corte, os corpos se embelezam, os sentidos se apuram com o desejo de agradar e todos os movimentos se revestem de doçura. Se Eros funde, Afrodite aproxima; é ela que provoca o desejo, desdobra atenções que divinizam os amantes e os fazem se sentir eternos, leves, belos e únicos. Confiantes no inesgotável poder da deusa, alguns se descuidam dos riscos que espreitam no caminho das convenções, e é então que ocorrem as reações indesejadas: se cedem à frivolidade, perpetram o caos; outros não compreendem as leis do Amor até que o sofrimento os ensine a se relacionar com sabedoria para cultivar o sossego dos pares que, em momentos de reconhecimento sexual, de transformações internas e de satisfações harmônicas, absorvem o elixir afrodisíaco. A maioria não deslinda jamais a questão amorosa, nem chega a compreender seus desvarios. Para eles, é mais simples ceder à tentação do combate do que persistir nos corredores emocionais que os dois que se amam são levados a percorrer. Por essa razão, a insídia reina à vontade quando fracassa a sedução, e as entidades noturnas se apoderam dos mortais sem trégua.

Adorados pela magia envolvente de seus dons, Amor e Afrodite concedem ou negam seus favores aos mortais; os desafortunados partem desta vida sem conhecer o ressaibo dos prazeres sensuais. Também suscitam ciúmes, desencadeiam tragédias e revolvem as consciências adormecidas daqueles que acreditam possuir para sempre seu cônjuge, até descobrir que as travessuras de Eros provocaram a destruição de seu pequeno universo doméstico.

Afrodite, a mais desejada e temida, inseparável de seu cortejo de cupidos, incorporou-se à assembleia dos deuses não por compartilhar com eles uma mesma origem, mas pelo secreto atrativo de seu cinto mágico, que fazia com que aqueles que a vissem se enamorassem dela até entrarem em delírio. Não satisfeita com o seduzir nem com o desnudar-se provocador da túnica, a mais bela de todas as criaturas tentava homens e deuses com um sem-fim de artimanhas e sortilégios que agora chamamos "afrodisíacos". Jamais se importou com a fertilidade, pois para isso existiam as deusas protetoras do matrimônio e da família; tampouco praticou virtudes domésticas, e à sua identidade não corresponde qualquer tipo de amarra. Afrodite é para a liberdade o que o calor significa para a chama. Em seu nome multiplicaram-se os aromas, as carícias, as poções, as texturas, as sementes, as invocações, os encantamentos, qualquer coisa ou recurso, contanto que se pudesse assenhorear até do mais profundo alento do ser amado.

Eterna infiel, desleal e batalhadora, a portadora do amor se caracteriza por sua argúcia ardilosa. Sua magia inclui o mistério da transformação e, apesar da raiva que desperta em outras mulheres e deusas, somente ela é capaz de administrar a paixão e manipular a humanidade a seu capricho. Ela cura, restaura, une os diferentes, embeleza o feio, encontra metades perdidas, reconcilia, ilumina, enfeitiça o instinto, torna cego o mais lúcido dos seres humanos e lhe prodigaliza satisfações que não podem ser substituídas por quaisquer outros deleites.

Companheira natural de Ares, suas relações com o deus da guerra confirmam que batalhar e amar são paixões afins, assim como o impulso e a ação. Incontroláveis os dois, ambas as divindades tramam a história dos homens e arrastam em seus múltiplos avatares as inconstâncias que costumam acompanhar o poder. Escolheu por esposo o incauto Hefestos, filho de Hera; e imediatamente lhe pôs chifres. Feio e trabalhador, seu domínio sobre a forja e a bigorna de nada serviram para apagar sua claudicância e muito menos para esconder sua deficiência. O pobre Hefestos a amava acima de tudo no mundo; mas a volúvel Afrodite ia e vinha por muitos leitos e outros tantos campos floridos, semeando deleites no reino dos instintos.

Foi desta maneira que suscitou guerras históricas, tais como a sempre lembrada Guerra de Troia. Inspirou as maiores tragédias e crimes espantosos. Em seu nome caíram reinos e homens que se tinham na conta de guerreiros temíveis. Até hoje há mulheres que, à maneira das antigas gregas, a invocam com devoção. Rogam por suas graças em voz alta. Renunciam a tudo a fim de compartir seu poder ou, em casos extremos, recorrem ao misticismo com o objetivo de alcançar da divindade aqueles dotes que os seres humanos sozinhos não são capazes de obter.

Seu mito é um dos mais perduráveis porque, ontem e hoje, um mistério indecifrável envolve a deusa da beleza. Tão odiada quanto invocada, Afrodite está sempre presente, sempre à espreita da paixão, sempre sedutora, sempre certeira.

A interpretação de Hesíodo ilumina o mito de Afrodite com símbolos de sensualidade que a colocam acima de qualquer fantasia antiga ou moderna sobre a versatilidade do amor. Escreveu em sua *Teogonia* que, na primeira geração dos deuses, quando Gaia deu à luz Urano, em tudo semelhante a ela mesma, esperava que o deus do céu a protegesse por todos os lados e servisse, além disso, como um seguro assento para a felicidade dos deuses. Mas o astuto deus, que na mitologia grega não se destacou por suas façanhas nem ganhou importância igual à de seus descendentes olímpicos, só demonstrou verdadeira grandeza quando, cheio de amor, se deslocou durante a noite e abraçou Gaia, estendendo-se sobre ela; foi prontamente

MULHERES, MITOS E DEUSAS

definido como a primeira deidade masculina, fundando assim a rivalidade sexual e o afã de domínio.

Além disso, Gaia gerou por si mesma, sem o auxílio do delicioso amor, as grandes montanhas, que seriam a morada das ninfas, e o mar estéril de ondas impetuosas. Só mais tarde decidiu unir-se a Urano, pois o cosmos não contava com outra coisa que não fosse produto de sua própria criação. Do matrimônio entre o Céu e a Terra nasceram Oceanos, Ceos, Crios, Hipérion e Japeto – um nome que talvez inspirasse o de Gepeto, o amoroso carpinteiro que construiu Pinóquio e criou com ele um dos últimos mitos da idade contemporânea –, do mesmo modo que Reia, Têmis, Mnemósine, Febe, a coroada de ouro, e a amável Tétis. Ao final de tão grande estirpe nasceu Cronos, o mais astuto e temível de todos, o deus que se encheu de ódio contra seu próprio pai porque este emprenhava sua mãe vezes sem conta, mas não permitia que os filhos saíssem de seu ventre e ela, a Terra, a fim de protegê-los, os escondia debaixo de suas dobras mais profundas.

Antes de conceber o furibundo Cronos, a Terra engendrou três ciclopes de peito altivo e dotados de um único olho circular localizado entre as sobrancelhas, chamados Brontes, Estéropes e o violento Arges, os quais dariam como presente a seu jovem sobrinho Zeus o trono e o raio – suas divisas supremas – quando este empreendeu a luta contra seu pai, o Tempo. Frutos também de Gaia, perturbadores por sua maldade, Cotos, Briareu e Giges foram os monstros de cem braços e cinquenta cabeças que decidiram o triunfo de Zeus sobre os titãs, aliados de Cronos. Tais gigantes, do mesmo modo que as Fúrias, nasceram quando o sangue do castrado Urano fecundou a Terra, que mais tarde daria à luz outro monstro, Tífon, produto de suas relações com seu filho Tártaro.

Antes que existisse Afrodite, Urano impedia os partos de Gaia para que sua terrível progênie não visse a luz do dia nem o desafiasse. Inchada e dolorida, a Terra suspirava, mas isso não impedia que engravidasse mais uma vez. Lamentava-se entre juramentos e vinganças malignas, enquanto o Céu assumia o domínio, orgulhoso de suas más ações, até que cansada de se sujeitar às suas normas, forjou uma foice para atacá-lo e instigou seus filhos a enfrentarem-no, a fim de fazê-lo pagar por todos os ultrajes que havia cometido.

Contudo, Cronos foi o único que atendeu ao chamado materno e, armado com a foice bem afiada, lançou-se contra seu pai em uma emboscada. Esperou que Urano se estendesse outra vez sobre sua mãe durante a noite escura e rapidamente, de um único golpe, decepou-lhe os órgãos genitais. Não obstante o corte certeiro, escaparam algumas gotas de sangue que se derramaram sobre a Terra quando o membro foi atirado ao mar, as quais fecundaram novamente Gaia, fazendo com que esta procriasse as poderosas Erínias, os grandes gigantes e um gênero de ninfas que os gregos denominaram melíades.

O membro decepado de Urano ficou ali, vigorosamente embalado pelas ondas, lançando uma espuma que se alargava cada vez mais com o vaivém das águas. A espuma navegou primeiro até a ilha de Citera, depois as correntes marinhas orientaram-na até Chipre, em cujas praias se formou a partir dela uma formosa mulher, cingida com a mais bela coroa e que tomaria o nome dessa mesma espuma: Afrodite, ainda que depois a chamassem também Citéria, pois foi nessa ilha que ela primeiro desembarcou da concha em que navegava desnuda, em busca de uma morada.

Embora insignificante, a ilha de Citera foi um ponto referencial de passagem nos tempos antigos. Dali Afrodite transladou-se para o Peloponeso e depois para Pafos, em Chipre, onde se instituiu a principal sede de seu culto. Acompanhada de Eros, por onde passava e pousava os pés brotavam flores, e as Estações, filhas de Têmis, adornavam-na com vestes de cores cambiantes. Rodeada por uma sugestiva revoada de pombas, emblema da lascívia, a nascida da espuma fazia-se acompanhar de seu condizente servo Hímero

MULHERES, MITOS E DEUSAS

até quando foi levada ao Olimpo, onde se incorporou à tribo dos deuses, que não tardaram em torná-la também divina, apesar da aversão que provocara nas deidades femininas.

Padroeira do amor, da beleza, do desejo e, por extensão, da fertilidade, Afrodite inspirou desde então a intimidade, as traições amorosas, os doces sorrisos, o prazer, o afeto e a mansidão, que eram chamados de titãs por seu pai Urano quando este queria injuriá-los.

Dentro da natural confusão mitográfica, considera-se também Afrodite filha de Zeus e Dione, a deusa dos carvalhos, em que se aninhavam as pombas e os pardais. O certo é que seu vínculo com a espuma celeste – que serpenteia revigorada pelo movimento das ondas – embeleza sua posição de sedutora sem par. Amante infatigável, não se lhe conhece repouso sexual. Escolheu como esposo a Hefestos, o ferreiro coxo construtor das armas dos aqueus, ainda que, mesmo antes que os esponsais se consumassem, sua paixão se inclinasse para o impetuoso Ares, o contendor patrono das guerras, com quem gerou Fobos, Deimos e Harmonia, que fez passarem por filhos de seu matrimônio.

Se Afrodite não tivesse permanecido por tempo demais no leito de Ares, os raios de Hélio não os teriam delatado. Cego de ciúmes, Hefestos forjou uma rede de bronze de trama tão fina, imperceptível e resistente como a de uma teia de aranha e a amarrou por todos os lados do tálamo nupcial. Afrodite regressou da Trácia cheia de desculpas para justificar sua ausência tão prolongada. Porém Hefestos, em vez de manifestar desagrado, anunciou que ele mesmo estava para sair em férias por um longo período na ilha de Lemnos, sua preferida. Segundo o previsto, Ares não tardou em atender ao chamado de Afrodite e imediatamente os dois se prontificaram a continuar seus amores sem imaginar que cairiam enredados na armadilha ardilosamente estendida a seu redor.

Quando quiseram levantar-se, os amantes se deram conta de que, desnudos e surpresos, teriam de esperar pelo regresso de

Hefestos para serem libertados. E, enquanto o coxo se demorava, acreditando que os faria sofrer mais prolongando sua ausência, os dois se aproveitavam da oportunidade inesperada em nome da paixão.

Encolerizado, o ferreiro não se contentou em corroborar o adultério de sua mulher, mas chamou ainda a assembleia dos deuses em altas vozes para que todos testemunhassem sua desonra. A lição, todavia, não se fez esperar: divididas por pudor ou porque já percebiam o brotar de uma sedução íntima, as opiniões emitidas perante o enredo dos amantes não satisfizeram o esposo traído. As deusas, por sua vez, demonstrando o falso pudor com que administravam a seu convir uma fragilidade dissimulada, negaram-se a presenciar tal discussão e preferiram ficar mexericando em seus próprios aposentos.

Os deuses quase não davam atenção às queixas de Hefestos porque todos se deleitavam com as formas saborosas da bela Afrodite, invejando a sorte do aprisionado e sorridente Ares. O ferreiro gritava que não deixaria sua esposa em liberdade até que lhe devolvessem todos os presentes que dera a seu pai Zeus para que intercedesse em favor de seu infeliz casamento. Enquanto o insultado vociferava espumante de ódio, sem que ninguém lhe respondesse a favor ou contra, Apolo começou a sussurrar dissimuladamente aos ouvidos de Hermes:

– Escuta, mulher alguma é melhor que Afrodite. O caso de Ares não é prisão, nem nada, pelo contrário, é um prêmio invejável... Não gostarias de estar em seu lugar, apesar da rede?

Hermes jurou por sua própria cabeça a Apolo que não com uma, mas até com três redes, qualquer que fosse o castigo, mesmo à custa da desaprovação de todas as deusas, trocaria de lugar com Ares na cama com Afrodite, nem que fosse por uma única vez. O comentário fez os dois rirem tão estrondosamente que o quarto estremeceu, e Zeus, com fingida solenidade, para não precisar devolver os presentes recebidos, ditou sua sentença: não competia a ele, o Pai dos Céus, nem a nenhum dos deuses olímpicos ali presentes, intervir nos assuntos particulares entre marido e mulher. Se alguma vergonha havia, era de Hefestos, por estar a exibi-la nua aos olhos de todos, logo nos braços de um amante tão aguerrido, vigoroso e, a olhos vistos, muito mais competente do que ele, pois Ares mostrava-se vitorioso e até mesmo divertido em uma situação tão ridícula. Hefestos, por outro lado, tão orgulhoso de sua rede invencível, portava-se como uma comadre vulgar ao proclamar sua desgraça aos olhos de todos, além de que, cúmulo de todas as tolices, ainda se atrevia a requerer a devolução de seus presentes sem recordar que os deuses jamais devolvem qualquer oferenda que lhes seja feita, muito menos o cobiçoso Pai do Céu.

As situações mais dramáticas costumam coincidir com as de maior ridículo. Afrodite, presa ao leito com seu amante pela rede do laborioso Hefestos, à vista de todos os deuses, constitui uma das cenas mais divertidas da mitologia grega. A partir dela se desprendem numerosas aventuras da deusa e outros acontecimentos reveladores da natureza dos imortais. Para Ares, por exemplo, não representavam qualquer afronta as reclamações e insultos do esposo ofendido. Sendo ele o deus da guerra, ainda mais se divertia com seus acessos de raiva e, sem se dar ao trabalho de separar seu corpo do de Afrodite, aproveitava a vulgaridade da ocasião para fanfarrear ou desafiar o infeliz Hefestos, passando-o por bobo, já que os cuidados que prodigalizava sua infiel esposa certamente não eram dos mais honrosos.

Parado em total silêncio, de um dos lados da cama, Poseidon enamorou-se de Afrodite ao contemplá-la desnuda, mas fez o possível para que ninguém percebesse. Sentiu que um fogo o devorava, seu membro cresceu de desejo e não passava mais nada por sua mente senão a obcecada intenção de se unir também com ela, mesmo a preço dos maiores castigos. Senhor dos cavalos, deus do mar e dos terremotos, também conhecia os tremores imprevisíveis; fustigado pelos ciúmes que secretamente sentia de Ares, aparentou estar do lado de Hefestos e tomou a palavra para expor a todos uma solução que acreditava ser conveniente.

– Já que Zeus se nega a atender ao esposo agredido – disse Poseidon diante dos amantes que continuavam na cama – e tampouco concorda em devolver os presentes que Hefestos lhe ofereceu a fim de ganhar seu apoio ao desposar Afrodite, eu me encarregarei de pressionar Ares para que pague o equivalente e satisfaça assim a honra ofendida.

– Sim, como não, assim ficará muito bem. Eu realmente desejo esta satisfação – concordou o desafortunado Hefestos em um tom tão lúgubre que deixava bem claro aos ouvidos de todos a dor do apaixonado ofendido. – Mas se Ares não cumprir sua parte, como é de esperar, então tu mesmo deverás ocupar o lugar dele na rede e, conforme jurei ainda há pouco, não poderão sair dela nem tu nem Afrodite, até que eu me considere totalmente desagravado.

Sábio como era, Apolo soltou uma gargalhada ao escutar uma ameaça tão ingênua:

– Ficar na rede, tu disseste? Em companhia de Afrodite? Meu pobre Hefestos – disse-lhe o belo, virtuoso e maduro Apolo –, mas então não te dás conta do que estás propondo?

– É que ele não pode acreditar que Ares não cumpra o seu dever – apressou-se a intervir Poseidon, com aparente nobreza. – Porém, se assim for, se Ares faltar com a palavra e sair por aí a continuar com sua velhacaria, eu estou disposto não somente a cumprir seu dever como também a desposar Afrodite, a fim de resgatar-lhe a honra e protegê-la de novas espreitas.

Então os deuses que ali se achavam congregados deliberaram, sempre movidos pela simpatia que lhes despertava a apetecível Afrodite, decidindo que Hefestos deveria libertar seu rival Ares para que este regressasse à Trácia sem causar maiores problemas,

MULHERES, MITOS E DEUSAS

ao passo que Afrodite deveria retornar a Pafos, sua ilha nativa de Creta, a fim de que a espuma que a havia gerado renovasse sua virgindade quando se banhasse no mar.

A indiscrição de Hefestos, para sua desgraça, marcou-o como o maior e mais ingênuo cornudo na história de todos os tempos. Já totalmente esquecida do episódio, Afrodite banhava-se em suas águas primordiais e flertava como se nada tivesse acontecido, enquanto Hefestos continuava sofrendo no calor de sua forja. Logo Hermes foi visitá-la a fim de lhe confessar seu amor e adulá-la com doces palavras. Afrodite, como era seu costume, desprendeu o mítico cinturão para se deitar com ele durante toda uma noite sobre as areias mornas das praias cretenses, e juntos geraram Hermafrodito, essa criatura estranha, exposta a cultos e interpretações acomodatícias, que se distinguiria por seu duplo sexo desde que, segundo as versões mais remotas, foi amado por Salmácis, a ninfa da fonte em que costumava se banhar. Cativada por sua beleza sem par, a náiade suplicou aos deuses para que fundissem seus corpos num só, a fim de que seu abraço perdurasse para sempre. Os deuses atenderam seu rogo e da fusão de Salmácis com Hermafrodito surgiu a quimera bissexual, que em parte recorda o mito platônico dos seres que foram divididos em metades complementares.

De acordo com o combinado, e uma vez que Ares jamais cumpriu o trato, assim como Hefestos nunca chegou a se divorciar de Afrodite, esta também acedeu às solicitações de Poseidon, com quem procriou Rodos e Herófilo. A tempo, Homero também cantaria em seus *Hinos* outros namoros memoráveis da deusa, como o protagonizado com o formoso e libertino deus Dionísio, do qual nasceria a uma criatura monstruosa, o próprio emblema da fealdade, que mal conseguia caminhar tão grandes eram seus genitais. Desse menino, chamado Príapo, contam-se muitas lendas; a mais difundida relaciona-se com as eternas ciumeiras de Hera que, incomodada pelas inúteis solicitações sexuais de Zeus a Afrodite, vingou-se nesse filho dela dotando-o do mais obsceno dos aspectos, para que ninguém esquecesse os efeitos da luxúria da deusa nascida da espuma. No entanto, pacífico como era, Príapo converteu-se no jardineiro por excelência, ofício em que honrava sua mãe. Desde então, ele é representado trazendo suas ferramentas de jardinagem, com as quais se dedicava ao cuidado das flores primaveris.

Alguns mitógrafos asseguram que Zeus, irritado pela indiferença de sua filha adotiva, levou-a a enamorar-se perdidamente de um mortal, não obstante as exigências de sua condição de deusa. Certo é que, no mito afrodisíaco, conta-se que Eneias talvez fosse filho de Afrodite, fruto de seus amores com o troiano Anquises, rei dos dardânios e neto de Ilo, a quem ela enganou entrando à noite em sua choupana, disfarçada de princesa frígia. Ataviada com uma suave túnica vermelha e calçando sandálias de um tecido tão fino que mal se percebiam, Afrodite amou o troiano com grande ardor sobre um leito forrado de peles de ursos e leões, enquanto ao seu redor zumbiam acalentadoramente milhares de abelhas.

Ao despertar nos primeiros raios da aurora, a deusa revelou ao monarca sua verdadeira identidade, impondo-lhe um juramento de silêncio para que ninguém soubesse que se havia deitado com ele. Horrorizado, Anquises recordou-se que contemplar a nudez de uma deusa acarretava terríveis castigos, inclusive a morte, e lançou-se de joelhos perante ela, suplicando-lhe que tivesse piedade. Ardilosamente, Afrodite fingiu que se deixava convencer a perdoá-lo e logo lhe anunciou o nascimento de um filho, que se destacaria por suas ações heroicas e alcançaria grande fama. Homero recorda que, passado o primeiro espanto, Anquises reassumiu sua personalidade normal, e certa vez, quando bebia com alguns companheiros, foi perguntado se preferia dormir com uma mulher real, bonita e mortal como eles, ou com uma deusa, quem sabe a própria Afrodite, ao que ele respondeu parecer-lhe absurda a pergunta, pois havia conhecido o prazer de ambas as situações e qualquer comparação seria um verdadeiro disparate.

Vigilante dos atos humanos e divinos, Zeus mantinha sempre um olho aberto sobre os assuntos do mundo e escutou claramente as palavras jactanciosas que eram proferidas pelos troianos. Nem bem Anquises acabava de alardear seu feito, caiu entre ele e os demais bebedores um raio do Olimpo, que seguramente teria lhe causado a morte não tivesse Afrodite interposto seu cinturão para proteger o amado. De repente, tudo estremeceu. Choveram chispas e fagulhas para todos os lados, e ainda que a deusa tivesse desviado o raio maléfico, a sacudida atingiu o infeliz falastrão de tal maneira que nunca mais pôde caminhar ereto, tampouco desfrutar dos prazeres do leito.

Afrodite, movida ainda pelos rescaldos de sua paixão, nunca deixou de manifestar sua preferência pelos troianos durante a memorável batalha contra os gregos e, inclusive, continuou visitando Anquises até que o nascimento de Eneias viesse a termo. Ao trazê-lo ao mundo, porém, seu desejo apagou-se magicamente, desapareceu seu interesse e nunca mais pôs os olhos no amante.

Inesgotáveis, as façanhas de Afrodite se revelam em suas horas olímpicas e, posteriormente, em todas as aventuras dos amantes. Sua figura enfeitiçante é invocada por guerreiros e reis, por pastoras e pelas mulheres mais refinadas. E ali se encontra Afrodite à espreita, seduzindo com sua beleza perfeita, com a mão sempre colocada à altura do cinto a fim de soltar a túnica nas ocasiões mais imprevistas.

AS GÓRGONAS

Feitas de luz e de trevas, belas ou horrendas, aguerridas, insidiosas, sensuais, feiticeiras, amáveis, piedosas ou batalhadoras: a mitologia helênica abarcou todos os aspectos do comportamento humano ao discorrer sobre mulheres ou deusas. Toda conduta e todos os sonhos encontraram o depositário adequado para simbolizar a diversidade da vida e, em seu conjunto, formaram um vasto dicionário de nomes, rostos e idades que perdura através dos séculos como a mais elevada lição de humanidade. Ninfas, virgens, mães, amantes ou quimeras, os gregos cultivaram o costume de dotar cada uma com individualidade própria a partir das primeiras gerações de deuses, talvez para sublinhar sua certeza de que cada ser é único e insubstituível, porque foi chamado a consumar uma missão determinada pelo destino antes mesmo de seu nascimento.

Há um signo distintivo de cada caráter, mas também um atributo que qualifica o personagem, o que faz da literatura grega um passeio exuberante por vozes e condutas que definem a vida. Assim como Circe é a feiticeira de lindos cabelos, a primeira Aurora surge com dedos cor-de-rosa; Nemertes tem a mesma inteligência do pai, e as cinquenta irmãs que nasceram de Nereu, um dos deuses do mar, e de Dóris, filha de Oceano, distinguem-se umas das outras por suas bochechas ou por seus tornozelos, ou ainda pela delicadeza e habilidade com que praticam suas tarefas domésticas.

Também divindades do mar, Fórcis e sua esposa e irmã Ceto, por sua vez, geraram as Graias de belos pômulos, grisalhas de nascimento, a quem homens e imortais chamaram anciãs. Também tiveram Penférides, de túnica sem igual; Ênio, do manto de açafrão; e as três Górgonas, que habitavam o limite da noite junto às Hespérides de voz harmoniosa, cuja tarefa consistia em vigiar a macieira de pomos de ouro que Gaia presenteara a Hera por ocasião de seus esponsais com Zeus. As Hespérides também guardavam a Árvore de Ladon, o dragão abatido por Héracles, da qual procediam as maçãs que eram atiradas a bel-prazer pela ágil caçadora Atalanta, quem se recusava a casar a menos que aparecesse um homem capaz de vencê-la na corrida, e que condenava os pretendentes derrotados a morrer. Hipômenes aceitou o desafio; compadecida, a própria Afrodite veio aconselhá-lo e lhe presenteou três maçãs de ouro, como um subterfúgio para distrair a competidora. Deixando-as cair a intervalos pelo percurso, Atalanta não resistia à tentação de parar para recolhê-las e acabou perdendo a corrida.

Segundo Hesíodo, coube às Górgonas Esteno, a poderosa, Euríale, a grande viajante, e Medusa, a rainha desventurada, encarnarem a monstruosidade feminina. As duas primeiras eram imortais e livres da velhice. A terceira, a mais astuta, era mortal. Com ela deitou-se, no mais macio dos prados, entre flores primaveris, o suave Poseidon, deus do mar de cabelos azulados, filho de Cronos e de Reia. Tão perturbadora quanto aberrante, converge em Medusa todo tipo de insinuações que costuma provocar tanto a rejeição de nossa cultura judaico-cristã como a atração do mistério. É a deusa do sexo, e pela abundância de sangue que brota de sua cabeça coroada de serpentes também simboliza a fecundidade. É por isso que a seus encontros amorosos com Poseidon juntavam-se alusões a campos floridos ou a lugares onde, por causa do coito ali celebrado, a relva costumava crescer em abundância.

Narra Hesíodo em sua *Teogonia* que, quando Perseu cortou a cabeça de Medusa, brotaram de seu pescoço o imenso Crisaor e o cavalo alado Pégaso, cujos nomes se devem ao fato de Crisaor já trazer em suas mãos uma espada de ouro e Pégaso haver nascido junto às fontes de Oceano. Ao abandonar a terra em pleno voo, o cavalo de asas aproximou-se dos páramos dos imortais e habitou desde então a morada de Zeus, ajudando-o a carregar o raio e o trovão. Da união do próprio Pégaso com Calírroe, filha de Oceano, nasceu Gérion, o monstro de três cabeças morto por Héracles junto aos bois por ele guardados em Eriteia, animais de fronte larga que foram arrebanhados no mesmo dia e conduzidos até a cidade sagrada de Tirinto.

A fecunda e tenebrosa Ceto, mãe das Górgonas, engendrou em uma caverna outro monstro feminino em nada parecido com mortais ou deuses, a divina Equidna, uma criatura de mente vigorosa, metade uma jovem de rosto lindo, faces formosas e olhos vivazes, metade uma serpente terrível, enorme, brilhante e selvagem. Imortal e pérfida, Equidna é a eterna jovem retida para sempre embaixo da terra no país dos arimos. Mais tarde, Ceto aceitou a corte de Tífon, o transgressor insolente, e pariu nada menos que o cão Orto, companheiro de Gérion, e depois o selvagem Cérbero, o cão de cinquenta cabeças e voz brônzea, insaciável e feroz, que guardava o portão infernal. Em terceiro lugar, Ceto gerou a Hidra de Lerna, a perversa mãe de Quimera, que exalava um fogo indomado, enorme, tão violenta como rápidos eram seus pés. Hidra foi criada pela deusa Hera, que ficou imensamente irritada com o brutamontes Héracles porque este filho de Zeus tutelado por Atena finalmente matou sua protegida com a ajuda do belicoso Iolau.

Nesse universo de monstros e personagens noturnos, as Górgonas representam uma forma auxiliar da luta dos filhos da Terra contra o poder incontido dos deuses. Criaturas aladas, com serpentes em vez de cabelos e mãos de bronze, sua deliberada fealdade se acentuava pelo nariz achatado, pela cara redonda e pela comprida língua exposta entre ferozes caninos de javali. Reinterpretadas ao longo do tempo, evocam as deformações da consciência consideradas, em psicanálise, pulsões pervertidas: sociabilidade, sexualidade e espiritualidade.

Célebre por sua capacidade de transformar em pedra qualquer coisa ou ser que contemplasse, Medusa sobreviveu até os dias do Renascimento não somente como emblema protetor das armaduras e máquinas de guerra, mas pelo forte sentimento de culpa que provoca em quem contempla sua cabeça decepada, o rosto do inconsciente que impede qualquer gesto reparador. E não basta a visão da verdade, não é suficiente enfrentar-se a culpa, é necessário resistir a ela porque, em seu horror implícito, o espanto da própria descoberta paralisa a quem se contempla através dela. Quiçá por seus efeitos inibidores mais ocultos, sua cabeça foi sepultada sob um túmulo na ágora da cidade de Argos, onde se acreditava em sua dupla capacidade de intimidar amigos e inimigos.

Sobretudo a partir do século 5 a.C. o rosto de Medusa começa a se humanizar. Torna-se a jovem alada com cabeça de serpentes de quem Héracles roubou um dos fios de cabelo para presenteá-lo a Estérope, um dos três ciclopes nascidos de Gaia e Urano, também chamado Relâmpago. Diz-se que esse fio de cabelo tinha a virtude de produzir tormentas e que foi utilizado para defender a cidade de Tegeia de um ataque inimigo. Em numerosos relevos e em algumas estátuas aparece, inclusive, uma medusa de belas feições no instante de sua morte.

Sujeita também às interpretações de inúmeras versões, a mítica Medusa permanece, no entanto, vinculada à guerreira Atena, a quem responsabilizam por seus poderes funestos. Inclusive se chegou a supor que Palas, o gigante caprino alado, era o verdadeiro pai de Atena, e que esta agregou o nome da fabulosa criatura ao seu quando, após Palas tentar violá-la, esfolou-lhe a pele, com a qual fez a égide que sempre a acompanha; e também lhe arrancou as asas que, desde então, carrega nos próprios ombros. Outros helenistas asseguram que a pele de seu escudo não era de Palas,

AS GÓRGONAS

mas que fora esfolada da górgona Medusa depois desta ter sido decapitada por Perseu.

Belas durante algum tempo, as Górgonas habitavam o país hoje conhecido como Líbia, no extremo ocidental das terras banhadas pelas águas do pai Oceano e, desde sua origem, simbolizam o inimigo que deve ser vencido. Aparentemente, a perseguição constante de Atena contra Medusa proveio de um de seus olímpicos ataques de ciúmes, quando certa noite a Górgona se deitou com Poseidon no recinto de um de seus templos. Furibunda, a deusa transformou-a em um monstro alado de olhos deslumbrantes, com a língua permanentemente pendurada por entre presas de fera. Armou-a com garras afiadas e ornamentou-lhe a cabeça com serpentes em vez de cabelos. Depois a condenou a converter em pedra todos os homens nos quais pousasse seu olhar, de tal modo que a simples evocação de seu nome já era suficiente para causar horror.

Robert Graves associa as Górgonas com a deusa tríplice primordial. Diz-se que usavam máscaras no intuito de espantar os estranhos, a fim de afastá-los dos mistérios que encerravam seus rostos. O certo é que, para Homero, só existia uma Górgona, refundida no Tártaro sob a forma de um espectro tão medonho que causou horror em Odisseu. Consta, no entanto, que os padeiros da Grécia pintavam máscaras de górgona em seus fornos para impedir que os intrometidos bisbilhotassem e deixassem passar as correntes de ar que poriam a perder toda a fornada.

São muitos os atributos conferidos à decapitada Medusa. Aparentemente, Atena presenteou a Asclépio, o fundador da medicina, duas redomas de vidro contendo o sangue derramado do pescoço da Górgona ao se desprender a cabeça no momento do decepamento. Com o líquido retirado das veias do lado esquerdo, podia ressuscitar os mortos; com o sangue brotado do lado direito, matava instantaneamente. Também se acreditava que o sangue fora repartido entre a deusa e o médico, de tal modo que

Asclépio utilizava-o para curar enquanto a deusa manipulava-o para destruir e instigar as guerras que depois ela mesma tutelava; dizia-se ainda que Erictônio* havia recebido das mãos da deusa duas daquelas gotas para matar e curar, e que ele mesmo havia atado os recipientes com cintas douradas a seu corpo de serpente, a fim de prodigalizá-los segundo sua própria conveniência.

O mítico Perseu, executor de Medusa, ofereceu a cabeça desta como presente a Polidectes para ajudá-lo a se casar com Hipodâmia, uma vez que o jovem não tinha cavalo nem ouro para competir com a riqueza de seus rivais. Atena, inimiga jurada de Medusa, tendo escutado a conversa entre ambos, propôs-se a ajudar o herói guerreiro, no intento de consumar sua vingança. Conduziu-o primeiro a Dictérion, na ilha de Samos, a fim de que reconhecesse Medusa entre as máscaras das Górgonas que ali se costumava exibir. A seguir, fez-lhe a advertência de que nunca a olhasse de frente, mas somente em reflexo, e presenteou-o com um escudo brilhantemente polido que serviria para espelhá-la. Hermes entregou-lhe uma foice fabricada de diamante para decapitá-la; depois de gravar bem as instruções, Perseu dirigiu-se ao pé do monte Atlas para roubar o único olho e o único dente de que dispunham as três Graias, irmãs das Górgonas, muito parecidas com cisnes, com a promessa de devolvê-los desde que lhe informassem onde moravam as ninfas de Estígia, criaturas das quais deveria obter um par de sandálias aladas, um surrão mágico para guardar a cabeça cortada e o elmo preto da invisibilidade pertencente a Hades.

No momento em que as Graias passavam o olho e o dente umas para as outras, Perseu deslizou por detrás de seu tríplice trono e lhes arrancou as peças das mãos com a maior facilidade, logrando

---

* Rei lendário de Atenas, Erictônio era um ser híbrido, metade homem, metade serpente. [N. de T.]

a seguir a informação requerida. Depois disso obteve das ninfas as sandálias, o surrão e o elmo e dirigiu-se à outra margem do mar, encontrando as três Górgonas adormecidas entre restos de homens e animais que haviam sido petrificados por Medusa e que se haviam desgastado com as chuvas e o vento. Manteve os olhos fixos sobre o reflexo no escudo, conforme o haviam instruído, e cortou a cabeça de Medusa com um único golpe de foice. Para seu assombro, no mesmo instante brotaram do cadáver o cavalo alado Pégaso e o guerreiro Crisaor, com uma espada de ouro desembainhada na mão, ambos completamente desenvolvidos. Como ignorasse que eles haviam sido gerados por Poseidon no templo da ofendida Atena, apressou-se em guardar a cabeça no surrão mágico e fugiu espavorido até pôr-se a salvo nas terras do sul, apesar de Esteno e Euríale, acordadas por seus novos sobrinhos, terem se levantado e acorrido em sua perseguição. Medusa, desde então, permaneceu escondida no mistério até associar-se com o novo enigma apresentado pelo animal marinho que leva seu nome.

ÉRIS E AS ERÍNIAS

Alguns dizem que Éris e seu irmão gêmeo Ares foram concebidos por Hera quando a deusa tocou certa flor que, no que se refere ao deus homicida, poderia ser o malmequer ou cardo branco, enquanto que para gerar a Discórdia tocou a flor sombria ou abrunheiro, da qual a deusa também chamada Disputa veio a absorver o veneno da cizânia. Dona de humores perversos, Éris tem nas Erínias – ou Fúrias – sua contrapartida perfeita quando incute na alma os mais terríveis castigos a uma conduta lesiva. Éris se apresenta e se faz perceber cada vez que surge um problema; todavia, tal como as Hárpias, as Erínias transformam-se em cães ou em serpentes: desafiam, ladram, mordem o coração e semeiam o terror na consciência. Se Érisé movida pelo simples prazer de provocar altercações, as Fúrias aparecem como instrumento da vingança divina perante as falhas humanas. A Discórdia, segundo Homero, apresenta-se apequenada a princípio e depois se encrespa; em seguida, vigorosa e agressiva, ergue a cabeça até o céu e arrasta o resto do corpo pelo solo envenenando tudo o que encontra em seu caminho.

Filhas do sangue do castrado Urano – a substância que fertilizou Gaia –, as poderosíssimas Erínias acossam intimamente cada criatura, aguilhoam a consciência com remorsos e, quando querem realmente infligir castigos, infundem no espírito estados cambiantes de autodestruição que podem variar de um mero sentimento de culpa até as mais complexas expressões de autodesprezo. Diversamente de Éris, que manipula o repúdio para coroar sua discórdia com manifestações de ódios públicos, as Erínias encarregam-se de velar, desde o interior da mente, pela manutenção da ordem e pela prevalência da lei natural. Além disso, elas também ratificam os excessos doentios, geralmente na esfera privada, apesar da influência dos outros deuses e acima de qualquer reserva da vontade que os homens interponham para aplacá-las quando o tormento rouba-lhes o sono ou lhes impede o sossego. Vingadoras do mal, primeiro proíbem e advertem; mas se não forem atendidas, condenam sem limites e aniquilam o ser até suas mais íntimas profundezas com a eficácia do remorso.

Não houve quem escapasse de suas sanções no passado. Mesmo hoje, ninguém consegue se furtar a elas. As Erínias instigaram Édipo desde o momento em que ele conheceu a verdade sobre seu duplo crime e lhe moveram as mãos para que arrancasse os próprios olhos com a vã intenção de afastar de si a visão delas e da carga de culpa que lhe apresentavam. Só conseguiu vencê-las no final de sua vida quando, na paz da alma recobrada pela mediação de outros deuses, expiou, entre sofrimentos e doses de lucidez, as trevas que até então lhe atormentavam a consciência.

Para se libertarem dos sofrimentos que lhes provocavam as Erínias, os homens inventaram o ato da confissão como via de compensação ou, talvez, de permuta de um sacrifício por outro. Mas as Erínias cruzaram os séculos, poderosas e inamovíveis, até se alojarem na alma do homem contemporâneo, marcado por sua personalidade culpável. Foi então que surgiu a psicanálise, e a humanidade explorou os meandros da conduta para mitigar, fosse pela ciência, fosse pela religiosidade, o seu vigoroso furor. Por isso não é diferente o sofrimento de Orestes, que despertou contra si as Erínias por ter dado morte a Clitemnestra, sua mãe e irmã de Helena de Troia, do padecer de qualquer mulher sem nome que assassina seu próprio filho movida pela perfídia de Éris. As Erínias seguiam Orestes como cães de caça, sem lhe conceder um só instante de paz; à filicida de hoje elas acossam com o silêncio da serpente letal e com uma potência que em nada é menor àquela que, entre nós, moveu as mãos de Jorge Cuesta[*] para primeiro se mutilar de maneira horrenda e depois se enforcar na mesma banheira em que, de permeio a um rio de sangue, buscou uma forma de expiação para seu possível tormento incestuoso.

As Erínias, deidades de signo dual, ao serem vencidas pela bondade e pela purificação interior, assumem o nome de Eumênides, um eufemismo para Benévolas, quando a razão, simbolizada por Atena, reconduziu a consciência à harmonia. Alecto, Tisífone e Megera são os nomes das três Fúrias em sua modalidade de espíritos cruéis, que rastejam no mundo inferior e não cessam de torturar os criminosos.

E se Ares, o deus trácio, desde tempos imemoriais ama as batalhas pelo simples prazer que elas lhe causam, Éris dá ocasião para os combates por meio de rumores, instilando os ciúmes ou despertando outras paixões perversas. Nenhum dos gêmeos toma partido ou prefere uma facção a outra, pois seu maior contentamento é justamente o ódio. Isso foi atestado pela *Ilíada* quando Éris, por não ter sido convidada para as bodas de Peleu e Tétis, apadrinhada pelo legendário Teseu e da qual participavam as outras deusas, decidiu se interpor à conversa amistosa entre Hera, Atena e Afrodite fazendo rodar a seus pés uma maçã de ouro na qual inscrevera a legenda "à mais bela", fato que se converteria na causa inicial da Guerra de Troia, ocorrida uma geração depois.

Tampouco Pirítoo, rei dos lápitas e filho de Zeus, que sob a forma de um garanhão correu ao redor de Dias antes de seduzi-la, convidou qualquer dos gêmeos para seus esponsais com Hipodâmia, a domadora de cavalos – não obstante tenham comparecido, além de

---

[*] Engenheiro químico, poeta e ensaísta mexicano nascido em 1903, na cidade de Córdoba, Estado de Veracruz. Sua obra, publicada em revistas e periódicos, só foi reunida e editada após sua morte. Cuesta se suicidou em agosto de 1942. [N. de T.]

seu amigo Teseu, rei de Atenas, os demais deuses olímpicos –, porque recordou o dano que Éris havia provocado nas bodas de Tétis e Peleu; no entanto, a Discórdia acabou por se vingar. Apresentaram-se ao banquete mais hóspedes do que podia comportar o palácio, e seus primos, os centauros, juntamente com Nestor, Ceneu e vários outros nobres tessálios, foram se sentar às mesas colocadas sob a proteção da abóbada de uma caverna próxima à sombra de grandes árvores.

Diz-se que, desacostumados ao vinho, os centauros sentiram pela primeira vez seu aroma e, cativados por sua fragrância, recusaram o leite azedo que costumavam tomar e que lhes fora servido. Apressaram-se, então, a encher suas guampas de prata e beberam o licor derramado dos odres, sem misturá-lo com água, até perderem os sentidos. Quando a noiva foi com seu séquito saudar os que comiam e bebiam na caverna, Eurito se levantou de um salto, furibundo, derrubou a mesa com violência e agarrou Hipodâmia, arrastando-a pelos cabelos. Os outros centauros seguiram seu exemplo nefasto e, depois de quebrarem as mesas e vociferarem, puseram-se a violentar coletivamente as moças e os rapazes que se divertiam no interior da caverna.

Indignados, o rei Pirítoo e seu paraninfo Teseu, coberto com sua pele de leão, acorreram para salvar a noiva. Cortaram ambas as orelhas e o nariz de Eurito em sinal de vingança e o arrojaram para fora da caverna com a ajuda dos outros lápitas. Comandada por Éris e Ares, iniciou-se uma feroz batalha que durou até o anoitecer, com um pavoroso saldo de mortos e feridos. Essa é a origem da legendária inimizade entre lápitas e centauros, a quem Homero descreve como "feras peludas", e a seus vizinhos, os lápitas, como "esmigalhadores de pederneiras"*.

---

* Espécie de quartzo, que emite uma fagulha ao ser percutida por metal ou outra pedra, usada desde a Antiguidade para acender fogo. O apelido foi dado por Homero porque lançaram pedaços imensos de pederneira contra os centauros. Como essa rocha é friável, esmigalhava-se ao bater no alvo ou quando caía no chão. [N. de T.]

As obras de Éris são tão imemoriais como incontáveis. Moveu a mão de Caim para assassinar por inveja seu irmão Abel com uma queixada de jumento. Marcou com rancor a história de José e seus irmãos. Impediu a consumação dos amores de Julieta e de Romeu, por causa dos rancores e disputas entre Capuletos e Montecchios. Encheu de injúrias a boca de Salomé para que decapitassem João Batista, por despeito. Éris esteve também na língua de Herodes ao condenar à morte os inocentes a fim de eliminar o Rei dos Reis e, mais tarde, imbuída de sua sede de conflitos, agitou a multidão para crucificá-lo quando fez Pôncio Pilatos lavar as mãos em público, como sinal de sua covardia.

No entanto, esses crimes inumeráveis não ficam impunes porque detrás da Discórdia avançam as Erínias, agitando os espíritos com seus pavorosos sentimentos de culpa, os quais, quando não provocam a autodestruição e ainda mais mortes, tendem a fomentar alicerces civilizadores para expiar com atos de redenção as faltas que se debatem nas consciências contra o vigor dos imperativos morais.

Ainda que poderosos, os gêmeos Éris e Ares não são invencíveis. Reinam agora em um mundo cada vez mais turvo e inquieto, mas contra eles se interpõem a luta da razão e o império da ordem jurídica. Anuladas em parte pelo fanatismo e pelo desejo de exclusão, as Erínias não parecem ter lugar na consciência dessa humanidade distraída com perseguições e movimentos de ódio; contudo, as Fúrias da consciência persistem em sua obra vingadora porque, enquanto existirem a Discórdia e os crimes dela inseparáveis, elas se manifestarão com seu veneno letal para nos injetar remorsos e tormentos interiores.

Outros deuses da Antiguidade foram olvidados ou seus atributos dissipados nas conquistas humanas; de Ares, Éris e das Erínias, ao contrário, temos notícias a cada minuto, no público e no privado. Não existe homem que não tenha sido tocado por eles nem consciência que não se debata, em maior ou menor grau, contra o influxo da dissensão ou da culpa. Aí estão, sempre à testa da conduta humana, animando as lutas entre a ordem e o caos, entre a perversidade e o sossego da alma.

AS MOIRAS

Filhas de Nix e de Cronos, o mais jovem dos titãs, as Moiras estão envolvidas pelo mistério que costuma ser acompanhado de intimidação e de tremor a cada vez que pensamos no destino. Também foram chamadas Parcas ou Fiandeiras, por causa da imagem que sugere que ao nascimento, à vida e à morte corresponde sua tríplice tarefa de fiar, medir e cortar o fio da existência.

Vestidas as três de branco, as Moiras exercem o supremo poder da Necessidade, ou a Parca Forte, ao qual até mesmo os deuses estão submetidos, ainda que Zeus atribuísse a si mesmo o direito de chefiar suas tarefas. Cloto, Láquesis e Átropos residiam no Olimpo e eram companheiras das nove Musas, com as quais costumavam cantar e dançar presididas por Atena e, aparentemente, só aceitavam as pressões de Apolo, o deus da profecia, de quem se acreditava ter o poder de influir sobre o destino.

Ainda que todos os autores concordem que são as Moiras que "dão à luz", que repartem a sorte das pessoas, governam suas vidas e determinam a morte de cada um, existem diferentes versões sobre sua origem, sobre o exercício de suas funções e as relações que mantinham com os demais deuses. Para Hesíodo, as velhas fiandeiras são filhas de Nix e, alegoricamente, de Zeus e Têmis, a Justiça. Cloto é a fiandeira que segura a roca; Láquesis é a trançadora do fio; e Átropos, a menor em estatura e a mais terrível, é a implacável que corta a linha com sua abominável tesoura. Das três, esta era tida como uma fúria cega, pois, ainda que todas as divindades se opusessem unanimemente, era ela quem determinava o "até aqui e não mais além", segundo respondeu Telêmaco, filho de Ulisses, quando Nestor expressou o desejo de ser ajudado por Atena para se tornar um senhor livre, conforme se lê na *Odisseia*. Salvo milagres posteriores, tal como o realizado em Lázaro, não sabemos de nenhuma entidade que possa devolver a vida a quem tenha falecido nem retornar no tempo a fim de modificar o passado. Esses são os domínios obscuros das Moiras, pois são elas as responsáveis pelo cumprimento do destino de acordo com o final que corresponde a cada um.

Acreditava-se que era Zeus quem avaliava a vida dos homens e que, ao informar às Fiandeiras suas conclusões, podia intervir para salvar ou condenar quem julgasse merecedor, mudando o fio da vida no fuso de Cloto ou quando era medido pela vara de Láquesis; ou ainda que era capaz de influenciar Átropos no movimento letal de sua tesoura; mas os fatos demonstram que nem ele, que a si mesmo chamava "Senhor das Parcas", ao pretender a soberania suprema sobre todos os homens – motivo por que Láquesis deixara de ser mencionada nos cultos celebrados em Delfos –, estava acima do rigor da morte. Esse é o motivo pelo qual as Moiras têm prioridade na obra de Hesíodo, e seu domínio não somente parece intocável em Heródoto, nos poetas trágicos e até mesmo em Platão, mas permeia o pensamento romano sob a figura das Parcas – Nona, Decuma e Morta – que, invariavelmente, infiltram com sua misteriosa obscuridade os enigmas de todo o Medievo até alcançar nossa civilização, com a mesma certeza que levou a deusa Atena a declarar que "a partir do momento que a Determinação assim decidiu, nenhuma divindade salva da morte a criatura humana".

Foram inúteis os rogos de Tétis a Zeus em favor de seu filho quando soube que a maléfica Moira havia determinado sua morte precoce. Com notória impotência, Zeus se lamenta pela cegueira de Heitor, que nem sequer desconfia de quão próximo se encontra seu

AS MOIRAS

fim. O deus observa todos os seus movimentos, desde o momento em que veste a armadura de Aquiles, e, não obstante sua compaixão suprema e sua vontade de fazê-lo sucumbir em grandeza e glória, segue a distância sua inevitável carreira para a morte. Sabe que Apolo vai abandonar seu protegido no momento em que o poder do destino se manifestar, e que nada mais tem a fazer frente à Necessidade senão acatar o que indubitavelmente seria uma catástrofe.

O nome das Moiras era pronunciado com reverência, com a ideia da mortalidade e a certeza de se referir ao sentido mais elevado da consumação do destino. Cheios de vaidade, os homens supuseram poder dirigir seu próprio destino, que o fado seria tão flexível quanto a temeridade juvenil ou como a falsa prudência daqueles que acreditam adiar as sentenças das Moiras evitando perigos desnecessários. Dessas pretensões e das tentativas de novos deuses ou de inventos científicos riem-se as Parcas, como se riram quando Apolo pretendeu embriagá-las para salvar da morte seu amigo Admeto.

Segundo Robert Graves, o mito das Moiras parece arraigado no costume remoto de bordar as insígnias da família e do clã nos cueiros do recém-nascido, ainda que, na realidade, essas entidades, ou as três Parcas, formem a tríplice deusa Lua, motivo pelo qual adotaram as túnicas brancas e o fio de linho que, na versão desse culto referente a Ísis, eram consagrados à grande deusa. De fato, Moira significa "uma parte" ou "uma fase". A lua tem três fases ou três partes ou três pessoas distintas em uma só: a lua nova, ou a deusa donzela da primavera, durante o primeiro período do ano; a lua cheia, equivalente à deusa ninfa do verão, ou o segundo período; e a lua velha, a velha deusa do outono, considerado o último período.

Os heróis homéricos se referem à Moira ou Aisa como se a grande deusa determinasse o destino em colaboração com os demais deuses. Porém, cedo ou tarde confirma-se que o fado é tão inamovível quanto fiel ao comprimento do fio medido por Láquesis, a trançadora. Homero representa o fado como um fio enrolado em cada homem, precisamente porque em suas evocações poéticas ele jamais se descuida das funções das Fiandeiras, as únicas responsáveis pelo acontecer dos destinos, conceito que abrange todas as interpretações existentes a respeito da boa e da má sorte.

A Necessidade, ou destino inevitável, era chamada Ananke. A partir da crença em seu determinismo ou em sua possível flexibilidade, as Idades inventaram crenças e formas diversas de se vincular aos deuses com a ingênua intenção de alterar o poder opressivo que ela representava. Chegou-se, inclusive, ao extremo de se vislumbrar a existência de uma vida feliz depois da morte, a fim de mitigar o efeito tremendo que a certeza da finitude produz sobre a consciência. Existem também numerosas doutrinas mais refinadas que recorrem à fórmula de uma subsistência em substância, de uma eternização do espírito, de gozar da glória de Deus ou de padecer um castigo sem calendário pelas faltas cometidas neste mundo.

Os sacrifícios erguidos contra a ação das Moiras são tão abundantes quanto inúteis, de tal modo que o único alívio que a razão pôde conceber a fim de tornar suportável a ideia da morte é essa abstração da vida depois da vida. Os deuses, desde tempos imemoriais, atuam do lado da vida. Quando reinam nas trevas ou estabelecem ligações com o mundo inferior, suas ações adquirem nuances de estranhamento ou caem em certa tentação de repetir às avessas os feitos da existência, pois, que mais não seja inverter o conhecido e o temido, nem as entidades sagradas têm poder para produzir outros destinos.

Tanto mais amamos nossa presença no mundo quanto mais claro temos em mente o significado da morte, o fim último e definitivo. Na Glória ou no Inferno, tal como ocorria em relação ao Hades, nada podem fazer os deuses em favor dos mortos, pois estes foram subtraídos do tempo pelas Moiras, e sua mobilidade já não é regida por nossa certeza de estarmos no presente, de recordarmos o passado e de aguardarmos o futuro. As Moiras os assinalaram, mediram e cortaram conforme os fios exatos e precisos da Necessidade.

Detrás das Moiras e de seus enigmas prevalece um mesmo implícito frente ao incognoscível. A teogonia órfica considera-as filhas de Urano e Gaia; para Epimênides, Cronos e Eunomia são os pais não somente das Moiras, mas também de Erínia e de Afrodite, pois as Fiandeiras tinham seu templo no bosque de Sicion, dedicado à deusa, onde, por sua mediação, consagravam oferendas para os deuses da Terra e para os que habitavam embaixo da terra. Para outros poetas, Eunomia, a Ordem; Diké, o Direito; e Irene, a Paz, são suas irmãs, também filhas da Noite. É por essa razão que aparecem tão frequentemente em companhia dos velhos poderes da ordem, ao lado de Erínia e, acima de tudo, acompanhadas por Têmis, como se pode ver na *Ilíada*.

Seja qual for sua origem, para além de uma multidão de irmãs e de vínculos com inúmeras divindades – e apesar das diferentes formas com que as diversas gerações pretendem dominar ou vencer o destino –, das Moiras pode-se dizer ainda o que Hesíodo escreveu sobre elas: vigiam com semelhante rigor as infrações dos deuses e dos homens e não sossegam até que o transgressor receba o que lhe é devido.

DA TRAGÉDIA À HISTÓRIA

CIRCE

Uma das figuras mais fascinantes do mundo homérico é Circe, hábil em toda sorte de encantamentos e quem dava à espécie humana muito pouco valor. Por outro lado, amava a luz, e em honra dela colocara o nome de Aurora [Eos] na ilha em que reinava, abundante em carvalhos e outras espécies de árvores. Tecia e, às vezes, cantava nos terraços de seu palácio, situado em uma clareira do bosque cercado por leões e lobos que não haviam nascido de feras, mas homens que haviam sido transformados em animais pela força de seus feitiços.

Irmã de Eetes, o deus da mente perversa, Circe era uma poderosa deidade de fala humana. Conhecia o vigor secreto das ervas e praticava os mais delicados deleites do erotismo. Sua sensualidade também a levou a desfrutar os prazeres gastronômicos e a perceber, sem dificuldades, os desejos de seus visitantes através dos matizes de suas vozes e da profundidade de seus olhares. Sua devoção pelo esplendor provinha da linhagem paterna, assim como de sua mãe aprendeu a dominar as palavras, pois que, afamada como era por seus formosos cabelos, Circe era filha do Sol, que deu a luz aos homens, e sua mãe foi Perseis, ninfa gerada pelo Oceano.

Foi em sua ilha de Aea ou Eeia que desembarcou Odisseu [Ulisses] quando navegava para o leste em busca de seu reino de Ítaca, depois de atravessar suas últimas peripécias na terra dos lestrigões, povo que morava em outra ilha, governada por Lamo e cujo porto estreito era resguardado por dois promontórios rochosos;

alguns situam tal país em algum ponto a noroeste da Sicília, onde se sentia tão de perto a manhã e a noite que os pastores que conduziam seus rebanhos para casa ao pôr do sol cruzavam no caminho com aqueles que se dirigiam aos campos na hora do amanhecer. Lá abundavam as fendas e os perigosos penhascos, a partir dos quais Ulisses e seus homens seriam atacados com pedras pelos selvagens antes que pudessem lançar ao mar suas naves. Hábil como era para arquitetar artimanhas, o herói pôde se salvar porque conseguiu cortar com a espada o cabo que prendia seu navio, enquanto exortava seus homens a remar com todas as suas forças a fim de evitar serem arrojados ao Hades.

Depois de uma longa viagem e ocupando o único barco que não fora destruído por aqueles vorazes canibais, Ulisses e os homens que lhe restavam vieram a atracar no amplo porto de Eeia, em cuja praia ficaram estendidos durante dois dias e duas noites, cheios de dor e vencidos pelo cansaço. Quando os primeiros raios da aurora anunciaram a chegada do terceiro dia, Ulisses subiu a uma atalaia a fim de ver se descobria a presença de mortais, e ao cabo de longos caminhos que atravessavam o espesso azinhal divisou uma cortina de fumaça que subia do local em que se erguia o palácio de Circe. Ali começou o episódio mais apaixonante de sua odisseia, aquele menos descrito por Homero em seus cantos e, ao mesmo tempo, o mais sugestivo sobre o sentido de pátria e sobre a batalha travada na alma do herói entre a paixão e o passado.

Já eram muitas as peripécias sofridas para que se descuidassem ao chegarem a regiões desconhecidas; mas não faltaram os imprudentes que, em sua insana curiosidade, se atreviam a descurar dos conselhos de Ulisses de conter seus impulsos e observar os arredores com cautela antes de colocarem suas vidas em risco. O curioso é que reincidiam em todos os casos e que, por causa de sua ousadia, os veteranos que acompanhavam Ulisses foram caindo um a um até deixá-lo praticamente sozinho nas últimas etapas de seu legendário périplo. Em Eeia, quando tiraram a sorte para decidir quem ficaria cuidando do navio e quem sairia a explorar a ilha, tocou justamente a Euríloco, o companheiro mais íntimo de Odisseu, colocar-se à testa dos 22 tripulantes que empreenderam a marcha em meio a soluços desconsolados.

Passo a passo, por entre azinheiros e carvalhos, subiram pela encosta até alcançarem o ponto mais elevado onde se encontravam as edificações de Circe, em um sítio protegido; ali rondavam leões e lobos sacudindo as caudas, os quais, em vez de atacá-los, se erguiam sobre as patas traseiras e os acariciavam. Desconcertados, os navegantes se indagavam que coisa era essa que lhes queriam dizer aquelas feras ao se comportarem daquela maneira, pois o natural seria que tentassem devorá-los e não que lhes lambessem as mãos. Seja como for, eles os seguiram até a clareira do bosque e encontraram Circe sentada em frente ao tear na mais pacífica das atitudes, tecendo uma tapeçaria imensa, divina, brilhante, sutil e graciosa, tal como correspondia ao labor de uma deusa. Cativados por seu canto bem afinado, começaram logo a gritar para chamar--lhe a atenção, acreditando tratar-se de uma donzela indefesa. No entanto, cheio de desconfiança, Euríloco se manteve na retaguarda sem se deixar fitar nos olhos pela mulher de belíssimos cabelos. Sorridente, de permeio às fórmulas da mais obsequiosa cortesia, Circe convidou os homens a comerem à sua mesa e os levou consigo para o interior do palácio.

Euríloco relatou a Ulisses que todos a seguiram sem discutir, como se não soubessem o que estavam fazendo, e que ela os fizera se assentar em poltronas magníficas para oferecer-lhes queijo e bolos de farinha, mel silvestre e o forte vinho de Pramno*, no qual

---

*   Pramne ou Pramme era uma pequena cidade da Ásia Menor, nas cercanias de Esmirna, hoje na Turquia. Produzia um vinho doce e capitoso, extremamente afamado na Antiguidade. [N. de T.]

se ocultava a erva que os faria se esquecer de sua pátria. Vorazes como eram, os homens acabaram com os manjares e de um só gole beberam o perverso licor, por cuja influência não somente se esqueceram totalmente da pátria como também, ao serem tocados pela vara mágica de Circe, começaram a se transformar em porcos, até que perderam completamente sua aparência humana. As cabeças, os pelos, as patas e a maneira de andar tornaram-se idênticos aos dos suínos, ainda que sua mente continuasse intacta e totalmente humana. Por isso choravam com a mesma tristeza dos homens, ao mesmo tempo que guinchavam à maneira dos porcos; foram depois encerrados em um chiqueiro, no qual comiam as bagas de sanguinho, as abelotas de carvalho e os frutos de faia que Circe lhes lançava.

Euríloco somente se salvou do feitiço porque não se aproximara da mulher de lindos cabelos. Vira de fora tudo o que ocorrera, olhando por uma janela ou observando as pocilgas a distância, para não ser capturado pela deusa de mente perversa. Seus olhos se enchiam de pranto ao anunciar aos companheiros que haviam permanecido no batel a amarga fortuna de seus amigos. Intimidados pelo relato, alguns quiseram lançar o barco ao mar de imediato para não compartilhar de semelhante ruína, e até mesmo Euríloco suplicava a Ulisses, invocando o nome de Zeus, prostrado no solo e abraçado a seus joelhos, que não o fizesse voltar ao palácio de Circe, porque a perita em venenos era também senhora das ilusões e, segundo acreditava, fizessem o que fizessem, ninguém poderia ser libertado de seus encantamentos.

Ulisses não era homem que se furtasse aos desafios. Escutou o relato de Euríloco em todos os seus pormenores e consolou-o como pôde; mas não concordou que devessem fugir da ilha, nem que abandonassem à própria sorte os que haviam sido transformados em bestas. Ao contrário, sentiu-se tentado pelo desafio e disse ao amigo que podia permanecer ao resguardo da nave enquanto ele

CIRCE

partiria, armado somente com sua lança, para empreender a difícil aventura de derrotar a deusa; subiu a ribanceira a partir do mar e tomou o caminho ao longo do vale sagrado até aproximar-se da mansão de Circe, sem levar consigo o apoio de nenhum valente. Muito longe, a grande distância do ponto em que Ulisses parara a esquadrinhar o terreno, alguns de seus marinheiros se lamentavam pelo que supunham ser o seu destino inevitável, outros se resignavam, sentindo já perto de si as profundezas do Hades, enquanto os demais esperavam secretamente a intervenção de algum deus que se interpusesse entre aquela mulher que dispunha de um conhecimento tão rico sobre os venenos e o herói de Troia. E como tudo em Homero está povoado de magia e de encantamento, no meio de um dos mais cerrados renques de carvalhos veio esperar por Ulisses o portador do caduceu de ouro, o grande Hermes, que para a missão assumira o aspecto de um jovem lanugento, um adolescente em sua idade mais cheia de graça.

Narra-se que o deus estendeu a mão e apertou a de Ulisses, interrompendo-lhe o passo para que não mais avançasse, e lhe dirigiu as seguintes palavras:

– Como vais atravessar sozinho estas brenhas, infeliz, desconhecendo o país e sem saber onde pisas? Teus amigos que entraram na casa de Circe estão encerrados nas pocilgas, transformados em porcos. Por acaso vieste com a intenção de salvá-los? Nem sequer tu mesmo voltarias de lá; ao contrário, ficarás preso onde eles estão e não haverá para nenhum esperança de regresso. Detém teu passo, Ulisses, e escuta a solução para livrar-te de tantos males que acabariam não só com tua glória, mas até com a recordação de ti, sem falar de tua esperança de algum dia poder ver de novo tua pátria.

Acedendo docilmente ao chamado do deus, Ulisses deteve o passo e escutou, como escutavam os homens naquela época as revelações superiores. Soube por Hermes que existia na região uma raiz muito salutar, que lhe permitiria conservar o controle de sua mente e abolir o efeito daquela erva que fazia com que os homens se esquecessem de sua pátria.

– Agora vou te explicar – disse o adolescente divino – os truques maléficos de Circe. Ela vai preparar um veneno que porá na comida que te vai servir, porém, mesmo assim, não conseguirá te enfeitiçar. Serás defendido pela poção que te darei, mas sob a condição de fazeres o seguinte: quando Circe te mandar correr brandindo sua vara mágica, deves sacar da bainha a faca afiada que trazes presa ao flanco e saltar sobre ela, tal como se pretendesses matá-la. Imediatamente verás que, assustada com tua resistência, convidará a te deitares com ela. Não recusarás aquele leito divino a fim de que ela liberte os teus homens, e a ti, te acolha em sua moradia; porém, deves exigir-lhe que profira o grande juramento que só fazem os deuses, de que não tramará uma nova armadilha, que mais não seja para garantir que não te privará de tua força e vigor tão logo te veja desarmado.

Dito isso, o divino Argifonte entregou ao herói uma erva com flores da cor do leite e raiz preta, ensinando-o também a distinguir a planta para que esta não lhe faltasse. Os deuses a chamavam *Molu*, e era dura e muito resistente a sair da terra, mas fácil de arrancar para a mão sagrada. Assim, sem lhe dizer mais nada, Hermes partiu de regresso ao Olimpo sobrevoando a ilha e seus bosques, enquanto Ulisses, movendo-se em sentido contrário, se encaminhava para o palácio de Circe com o coração agitado por mil inquietações.

Quando Ulisses, ainda angustiado, pisou o umbral da deusa de formosos cabelos, Circe saiu a recebê-lo com suspeitosa solicitude. Ia rodeada de sedutoras donzelas e seguida por feras tão dóceis que pareciam suas mascotes. Lentamente, como se cumprisse um ritual, enrolou sua tapeçaria, guardou os fios de cores brilhantes e os novelos de lã em suas cestinhas e o fez entrar no recinto quando já despontavam os primeiros raios da aurora. Como estava situado no cume do monte, de cada canto do palácio se divisava um arvoredo

CIRCE

cerrado precedido por um pântano e cercado pela franja azulada de um mar tão manso que custava crer que há tão pouco tempo os ventos tivessem reduzido a estilhaços algumas das naves de Ulisses, enquanto arrastava outras delas para terras desconhecidas.

A deusa leu no porte e nos gestos do herói a sua fadiga. Adivinhou também sua ansiedade e a urgência que sentia para desfrutar da acolhida doméstica, pois vagava há anos, presa da confusão e dos enredos com que o envolviam os seres olímpicos. Quanto mais próxima vislumbrava a pátria, tanto mais longe se afastava de Ítaca, ao mesmo tempo que perdia homens e navios diante dos perigos mais inusitados; agora expunha-se à tecelã de feitiços a risco de transmutar-se ele mesmo em porco ou de ficar indefinidamente enredado em suas teias de erotismo.

Circe convidou Ulisses a sentar-se em uma poltrona marchetada de tachas de prata e sob seus pés colocou um tamborete cujo estofamento tinha sido bordado por ela mesma. Sem desperdiçar mais tempo, misturou em uma taça de ouro um vinho saboroso com a beberagem maligna, destinada a fazer com que seu hóspede se esquecesse da pátria. Ele, precavido e consciente de que sob sua beleza sedutora a maga praticava desígnios perversos, cheirou disfarçadamente a flor do conjuro e recordou-se ao consumi-la da advertência de Hermes. No momento em que Circe tocou-o no ombro pretendendo transformá-lo também em porco e conduzi-lo à pocilga para juntar-se a seus amigos, Ulisses sacou da faca e lançou-se ameaçadoramente sobre ela, como se fosse matá-la. Os dois se fitaram frente a frente e, antes que proferissem qualquer palavra, um halo de amor envolveu-os mesmo contra a vontade de ambos.

Nunca antes a deusa se havia ajoelhado, como o fazia agora perante Ulisses, a chorar aos pés de homem algum. Abraçou-lhe os joelhos com evidente aflição e perguntou como havia conseguido resistir ao feitiço que havia sido praticado com tanta eficácia sobre todos os outros mortais.

– Por acaso és tu aquele astuto Ulisses que, segundo a previsão do Argifonte do báculo de ouro, haveria de chegar em seu barco negro em seu retorno do cerco de Ílion? És então o anunciado, cuja mente indomável desafiaria meu poder? Baixa tua espada, Odisseu, para que subamos os dois ao leito sagrado até que, unidos em descanso e amor, aprendamos a confiar um no outro. Depois eu tecerei minha tapeçaria, te deleitarei com meu canto e gozarás em sossego sobre uma colcha confortável na qual receberás minhas atenções e poderás se recuperar até que estejas preparado para retomares tua rota.

Ulisses deixou que ela falasse e esperou. Circe fez-lhe uma profusão de promessas estendendo ao redor dele os fios de sua magia proscrita; mas ele recordou que todas as feiticeiras acabam por destruir ao amante, uma vez que, em meio aos gozos, lhe tiram o sangue para guardá-lo em pequenos odres e, da noite para o dia, não restam mais que ossos e pele ressequida ao redor de uma alma estéril que, sem nenhuma potência, desce indefesa até o Hades. Assim, prevenido, o herói recorreu mais uma vez à sua astúcia a fim de encontrar uma maneira de dobrá-la.

– Mas como, Circe, pretendes de mim que seja terno contigo se converteste meus homens em porcos e a mim mesmo, a quem já fizeste provar a beberagem que faz olvidar a pátria, me convidas cheia de dolo a subir a teu leito? O que desejas é me pegares desarmado a fim de me prenderes com outras artimanhas. Não concordarei com teu desejo até que me dês tua palavra de honra e te comprometas, por meio do juramento dos deuses, de que nunca mais irás tramar um novo ardil em prejuízo meu.

E foi assim que, de permeio a rituais sagrados, Circe empenhou o juramento em nome de todos os deuses benditos de devolver à forma humana não somente os companheiros de Ulisses, mas todos os demais desgraçados que mantinha em cativeiro sob a forma de bestas, e ainda jurou que jamais faria coisa alguma que pudesse

CIRCE

prejudicá-lo enquanto estivesse adormecido. Confiando na palavra suprema da deusa, o herói se deixou conduzir por suas servas, ninfas filhas das fontes, dos bosques e dos rios as quais, em meio a grande agitação, lhe preparavam a indumentária de gala. Uma estendia pelos troncos belos tapetes recobertos de púrpura; outra colocava diante dele mesas de prata cobertas de cestas; outra mais, depois de misturá-los com perfeita harmonia, servia os vinhos com notas de mel em belas vasilhas. Enquanto a encarregada da água limpava as gotas que haviam sobrado das ânforas, a vigia do trípode mantinha, a distância, aceso o fogo sob a pequena caldeira. Quando percebeu a fervura da água no bronze, Circe convidou Ulisses a se banhar a fim de livrar seus membros do cansaço desgastante, e ela mesma, com grande habilidade e experiência, encarregou-se de lavá-lo e depois ungi-lo com óleo brilhante.

Por melhores que tivessem sido os banhos que Ulisses havia provado de mãos luxuriosas até então, o da deusa se distinguia por abundantes deleites que nele despertavam sensações adormecidas, não obstante sua mente permanecesse sempre alerta contra o perigo. Com um olho observava a túnica e o esplêndido manto cor de púrpura com que Circe o vestia aparentando grande respeito e reverência e com o outro vigiava os alimentos que as donzelas estavam encarregadas de lhe servir. Deixou-se descansar mas sem se atrever a provar dos manjares, pois sua mente continuava ocupada prevendo calamidades que, no mínimo, poderiam reduzi-lo a um prisioneiro dos encantos da deusa feiticeira.

Ao notar que Ulisses continuava tomado de grande tristeza, a tecelã instou-o novamente a confiar em seu juramento divino; mas ele replicou que não se poderia esperar dele atitude diferente se seus amigos permaneciam enfeitiçados nos chiqueiros em vez de estarem sãos e salvos a seu lado. Circe, ansiosa para despertar-lhe o amor através de seu poder, dirigiu-se até as pocilgas para libertar os homens conforme haviam acordado e, como sinal de que estava

135

disposta a cumprir sua palavra da melhor maneira possível para levar o herói para seu leito e talvez retê-lo consigo, não só lhes devolveu a humanidade como até os rejuvenesceu por meio de um novo filtro. Um por um iam-se erguendo os navegantes, maravilhados não somente por sentir que haviam recuperado seus corpos e tinham novamente o controle de todos os seus movimentos, mas por retornar com aspecto e vigor juvenis.

Como era próprio dos heróis homéricos, os homens romperam em pranto e, sem deixar de gemer, se congregaram ao redor de Ulisses para tomar-lhe as mãos em sinal de agradecimento. Diversamente aos costumes de nosso tempo, a Antiguidade se caracteriza por figuras másculas que soluçam, pranteiam e derramam lágrimas abundantes quase que por qualquer motivo. É a mulher, ao contrário, que domina suas emoções, conserva sua firmeza perante a dor ou, em seu desassossego, pode gritar e se indignar, mas dificilmente se abandona aos extremos sentimentais em que incorrem os homens, sejam eles guerreiros, deuses ou reis. Circe, sem descer de seu pedestal de deusa, quando muito se comove pelo grupo de humanos cuja aflição reforça seu desejo de volver à pátria; mas por condescender e agradá-los, lhes impinge outra amostra de seu poder oferecendo a Ulisses ocultar-lhe o tesouro, os cordames e as provisões em uma caverna até que tenham reparado o barco e estejam em condições de velejar e empreender a viagem.

– Arrastemos primeiro o barco para a terra – disse Ulisses a seus homens que haviam permanecido escondidos no batel. – Levemos depois o tesouro e os cordames para uma gruta próxima daqui; a seguir, preparem-se todos para me acompanhar ao palácio de Circe, onde encontrareis nossos companheiros, que lá estão comendo e bebendo fartamente.

Receoso, Euríloco descreu não de Ulisses, mas dos ardis da feiticeira, pois os tendo enganado uma vez, poderia ela enganá-los duas vezes, só que desta servindo-se da voz de Odisseu e sob o

CIRCE

encantamento de apetitosos festins servidos por ninfas. Assim, em vez de segui-lo, como todos os companheiros já se aprestavam a fazer, Euríloco alertou-os a tomarem cuidado com aquele enlevo aparente, pois já eram bastantes os sofrimentos que haviam passado até chegarem a estas praias sem que precisassem acrescentar ainda mais um por esta imprudência.

– Recordem-se – disse-lhes – de todas aquelas loucuras que levaram à morte nossos companheiros quando perdemos o rumo; recordem-se do ciclope, dos ventos furiosos, da destruição das naves... Lembrem-se da pátria distante e das famílias que os esperam. Por muitos que sejam seus males, qualquer morte é odiosa para os pobres humanos... É melhor perseguirmos as vacas do deus Sol e escolhermos as mais saudáveis para fazer sacrifícios aos deuses. Se finalmente conseguirmos atracar em Ítaca, nossa terra paterna, a primeira coisa que devemos fazer é erigir novos templos. Prefiro morrer boquiaberto sobre as ondas do que despedaçar minha vida nesta ilha terrível.

Mas Euríloco lhes falou em vão enquanto permanecia na popa, porque os demais empreenderam a marcha atrás de seu líder, ansiosos pelos banhos, pelas túnicas e pelos mantos aveludados com que Circe e suas ninfas os esperavam. E foi assim que começou essa aventura que duraria alguns anos na ilha de Eeia, sem suspeitar de que, se para uns não haveria regresso, para outros aguardavam as maiores dificuldades e talvez até a morte.

Aquela que se pensava a princípio ser apenas uma estada de passagem em sua rota para Ítaca, prolongou-se indefinidamente porque Ulisses finalmente sucumbiu aos encantos de Circe. Não que o houvesse enfeitiçado com qualquer substância arcana, mas a deusa utilizou seus liames de amor a fim de mantê-lo preso a seu leito, enquanto que aos demais, para que não protestassem, recomendava massagens e longos sonos até que se recuperassem do abatimento provocado pela recordação tenaz de tão más jornadas.

Segundo o calendário de Homero, um ano durou a paixão do herói pela deusa; de seus amores, foram frutos os nascimentos de Ágrio, Latino e Telégono, sobre quem pouco evocou a memória poética, já que a história se concentrou em Odisseu e no mito de seus encontros felizes com Circe em meio a banquetes de uma infinidade de carnes e de vinhos deliciosos nessa ilha de Eeia onde, além dos porcos consagrados particularmente à deusa Morte, alimentados com as vagens que cresciam nos arbustos de Cronos, existia um cemitério semeado de salgueiros dedicados a Hécate.

Através da *Odisseia* veio saber-se que, passado um ano, quando retornou a estação em que os dias fazem-se mais longos, os homens vieram a Ulisses para se queixarem, pois em suas almas sentiam os furores de uma profunda melancolia. Enquanto estiveram reunidos ao cair da tarde, comendo pedaços de carne salgada em torno do líder, o que havia sido escolhido para falar em nome dos demais explicou que haviam decidido que já era tempo de Ulisses voltar de novo sua mente para a pátria, posto que, se era certo o decreto divino de que deveriam se salvar e regressar à própria terra, não deveriam adiar mais sua partida, por mais que estivessem gozando na ilha dos mais acolhedores cuidados.

Ao imaginar a despedida, foi como se um raio trespassasse o coração de Ulisses; sentia saudades da pátria, mas sabia, no mais íntimo de sua alma, que amava a deusa e que, perante um dilema tão extremo, não seria ele quem decidiria, mas o destino que tudo prescreve e, ainda no momento do gozo, nos condena a sofrer, talvez porque não exista recompensa que não custe alguma renúncia. Apesar do aguilhão da dor, nada disse a seus homens sobre o padecer que sofria. Em um grego era raro o silêncio, e mais raro ainda em um herói que sozinho já padecera tanta tristeza, já que tudo se ventilava em corrilhos e a intimidade era algo incomum. Muito deve ter doído a Odisseu prometer-lhes que apelaria à palavra de deusa para pedir a Circe que cumprisse sua promessa de que os ajudaria a empreender a viagem de retorno, mas ele o fez nessa mesma tarde.

Nem essa noite nem a seguinte foram períodos tranquilos para Odisseu, porque em seu coração crescia a angústia de uma paixão que teria de esquecer se quisesse continuar sua trajetória. Nenhuma notícia recebera de Ítaca durante sua ausência tão prolongada. Talvez suspeitasse que ainda o aguardava Penélope, espantando os pretendentes que o davam por morto; mas a risco de encontrá-la casada de novo e de que seu filho Telêmaco jamais viesse a conhecer o alcance de suas façanhas, já que havia crescido enquanto ele guerreava com os aqueus, o herói oscilava entre permanecer e retornar. A intensidade de seu apego à ilha de Eeia era, no mínimo, igual à da sua incerteza. Secretamente, ele sabia que Afrodite não outorga duas vezes a fortuna amorosa e que, ao lançar-se ao mar, empreenderia a rota inexplorada daqueles que abandonam, um rumo que o marcaria pelo resto da vida. Foi desse modo que, ao subir mais uma vez ao leito lavrado de Circe, abraçou os joelhos da deusa implorando clemência:

– Enfim chegou o tempo para que cumpras, ó Circe, tua antiga promessa de ajudar em meu regresso à pátria. Sinto-me impelido pelo desejo de retornar, assim como meus homens, cujas súplicas quebrantam minha alma com seus lamentos infindos cada vez que me deixas a sós com eles.

Sem que renunciasse à sua dignidade de deusa, surgiu em Circe uma tristeza que lhe era desconhecida. Queria conservá-lo junto a si como seu amante e enfeitiçá-lo com seus atributos supremos; mas o traço de humanidade que desvendava dentro de si mesma a seu próprio pesar invalidava sua tentação de recorrer a artimanhas para retê-lo prisioneiro de novos encantamentos. Não conseguia entender o que era capaz de provocar tantas saudades em seu amado por uma Ítaca tão distante, o que pretendia ele recuperar em um leito já frio ou quais rebanhos reclamaria para si depois de ter partido para batalhar há tantos anos, já que as forças ainda não declinavam em seu corpo nem este era sulcado pelas cicatrizes da memória.

– A contragosto não haverei de te manter a meu lado – disse-lhe a deusa. – Ó Laértida*, Ulisses astuciosos descendente dos deuses! Tampouco irás permanecer em minha casa descontente. Tu me humanizaste o coração, ao mesmo tempo que deixaste intacta minha condição superior. Vejo teu futuro e vejo o meu. Vejo a distância e o mar que se estende entre tua pátria e a minha. Vejo a tristeza como uma névoa e, não obstante, serei eu quem guiará teu caminho para impedir que cometas novos erros. Partirás, sei muito bem, mesmo que não te dê um regresso fácil nem livre de provações que os deuses interponham em teu caminho.

Disse-lhe depois que, ao lançar-se ao mar, o primeiro que deveria fazer era consultar o adivinho Tirésias para que este lhe previsse a sorte, ainda que, para tanto, uma vez que o profeta se encontrava encarcerado na região dos mortos, devesse Ulisses se atrever a descer com seu negro navio ao escuro palácio onde habitavam Hades e a horrenda Perséfone, diante de cujo trono nenhum vivo havia chegado antes.

– O sopro de Bóreas conduzirá teu navio – explicou-lhe – até que tenhas atravessado o oceano e divisado os bosques de choupos e salgueiros inertes. Ali ancorarás teu batel e sozinho, tal como eu te ordeno, te dirigirás ao pé de um penhasco de onde brota uma cachoeira ruidosa, na confluência do rio das Chamas com o rio dos Prantos. Ali abrirás um rego a teu redor e nele derramarás uma libação para todos os mortos, vertendo primeiro uma mistura de leite e mel e depois outra de vinho doce com água; por cima,

---

* "Filho de Laerte". Era comum entre os gregos designar uma pessoa ou um deus por um adjetivo derivado do nome de seu pai ou outro antepassado. [N. de T.]

CIRCE

espalharás farinha de trigo branca e os honrarás longamente. Sacrificarás um carneiro jovem e uma ovelha preta a Perséfone e a Hades, orientando suas cabeças em direção ao Érebo. Deixarás que o sangue escorra inteiramente e penetre no valo que abriste à tua volta e, enquanto aguardas a chegada do cego Tirésias, a quem Perséfone prodigalizou sensatez e razão entre todos os mortos, afugentarás com tua espada a toda e qualquer alma que pretenda segui-lo. Vira teu rosto na direção oposta ao rio e não contemples a turba de homens privados de vida. Então ordena a teus homens que acendam fogo sob as rezes mortas invocando aos deuses e, sobretudo, não permitas aos residentes do Hades que te toquem nem toquem o sangue imolado até que te hajas encontrado com o sábio adivinho.

Ao alvorecer, a própria Circe revestiu Odisseu com uma túnica e um manto novos e, para despedir-se dele, abriu os cofres em que guardava seus ornamentos mais preciosos. Cingiu-lhe a cintura com fios de ouro e cobriu sua cabeça com um velo de lã, para que sua tristeza não perturbasse a algazarra dos que partiam. Nenhum deles, até então, sabia que sua meta era o Hades, a fim de solicitar-se um oráculo à alma de Tirésias. Ao se inteirarem de tão macabra aventura, romperam em prantos e todos se puseram a se retratar em vão. Arrancavam os cabelos de tanto pesar, clamavam a Odisseu por piedade e rasgavam-se as vestes; mas por mais que gemessem, de nada lhes adiantou: através de Tirésias aguardava a voz do destino, e tudo estava determinado para que fosse aceita sua palavra.

Obrigados por Odisseu, finalmente todos embarcaram, menos o imprudente Elpenor que, embriagado, dormira no telhado de Circe e, ao despertar aturdido, caiu de cabeça no solo.

– Pensar – disse Ulisses – que chegaria Elpenor caminhando ao Tártaro antes que eu com minha nave! O herói prometeu-lhe uma sepultura digna e então se lançou ao mar impulsionado por um vento suave proporcionado pela deusa.

MULHERES, MITOS E DEUSAS

Lá atrás permaneceu Circe, olhando do alto de uma penedia o afastamento de seu amado, sentindo tanta dor na alma quanto em sua humanidade recém-adquirida. Chorava como choram as mulheres abandonadas, uma vez que, sendo maga, estava consciente de que cedo ou tarde, e depois de superar novas dificuldades, Odisseu e seus homens voltariam à pátria e jamais regressariam. Quando suas noites se fizessem tão longas e frias que não existiria Penélope nem quaisquer espaços capazes de fazê-lo sentir-se em casa, ele se daria conta em Ítaca do que havia perdido na ilha de Eeia. Choraria a ausência de Circe com saudade profunda. Vagaria envelhecido gritando por seu nome, suplicando aos deuses por outra oportunidade, até que se recolhesse a seu leito e, finalmente, encetasse sua última viagem.

Para Circe, ao contrário, nem a morte lhe era permitida, pois as deusas não morrem, as deusas não descem ao Tártaro. Vagaria em círculos com seus fios dourados e, durante as tardes, teceria novos mantos em seu tear. Ao despontar da aurora, percorreria os caminhos de areia contemplando as águas que não lhe haviam deixado mais que a sombra de seu amado Ulisses e, algumas vezes, no decorrer dos séculos, se transmutaria em outra divindade menos sensível aos delírios humanos.

MEDEIA

A vida de hoje, semeada como se encontra de tragédias e de comicidade, nos impede de ver as Medeias, as Circes, as Jocastas ou Electras da Antiguidade em sua dimensão de mulheres: uma verdadeira potência em luta contra as determinações dos deuses, que preferiu a dor, o enfrentamento ou a morte à humilhação de se render à fatalidade. Levaram às costas o fardo de seu passado, os nomes e as façanhas de seus pais e avós, as obras de seus maridos ou amantes e, como se fosse pouco, também os feitos de seus irmãos e filhos. Verdadeiros mananciais da memória do porvir, seus corpos deveriam ser tão fortes quanto sua vontade ou seus ventres; e suas palavras ou sua intuição, a espada não esgrimida para lutar por sua honra ou pela conquista do bem-estar que a sociedade lhes impedia de obter por si mesmas.

Nosso mundo superpovoado e inclinado à homogeneização da conduta também distrai a imaginação a fim de valorizar o significado de uma Medeia de poderosa individualidade, que foi gerada pela oceânide Ídia. Segundo algumas versões, era neta do Sol, o fogo por excelência, a luz mais perfeita, o temível Hélio, e filha de ninguém menos importante que o rei da Cólquida, Eetes, o deus da mente perversa, irmão da feiticeira Circe, por quem Odisseu se apaixonou em uma das etapas de seu périplo de encantamentos.

Outros consideram-na filha de Eetes e Hécate, a misteriosa deusa que, por sua vez, segundo Hesíodo, foi filha dos titãs Perseis e Astéria e irmã de Leto. Não menos revelador que seu parentesco com Tétis e o Sol, pais de Circe e de Eetes, descender do ventre de Hécate equivale a se vincular à única divindade feminina a quem se permitiu conservar seus poderes durante o reinado de Zeus, o senhor dos Céus e chefe dos olímpicos. Diodoro considerou Hécate a padroeira de todas as sibilas e, de acordo com a tradição, era a fonte por excelência das bênçãos conferidas aos homens. Prodigalizava riquezas, vitórias e sabedoria; guiava os navegantes e lhes dava boa sorte; tornava segura a mão dos caçadores em direção ao alvo e aplicava suas artes para corrigir em favor de seus escolhidos as tortuosidades com que se divertiam os outros deuses.

Sem a intervenção de Medeia, que dominava a arte dos encantamentos herdada de sua mãe, careceria de sentido a aventura dos argonautas, esses heróis que navegaram sob o comando de Jasão, o legítimo rei de Iolco, na Tessália, violentamente destronado por Pélias, descendente do deus Poseidon e da ninfa Tiro, de quem a profecia anunciava que seria assassinado por um descendente de Éolo, que, por sua vez, apareceria diante dele calçado com uma única sandália. Protegido e criado pelo centauro Quíron, Jasão aprendeu com ele todas as habilidades necessárias a um guerreiro e recebeu seus cuidados nos momentos mais difíceis em que o herói deveria consumar suas façanhas.

O presságio que recaíra sobre Pélias cumpriu-se quando, já adulto, Jasão retornou a Iolco a fim de reclamar sua herança real. Nessa ocasião, o herói se deteve diante do usurpador calçado com uma única sandália, pois havia perdido a outra ao vadear um rio com uma anciã em seus braços, que não era outra senão a olímpica Hera astuciosamente disfarçada de velha. Espantado por reconhecer aquele sinal, Pélias prometeu lhe restituir o trono desde que primeiro recuperasse o célebre tosão de ouro, o velo do carneiro que havia transportado Frixo e Hele e que, guardado por um dragão que nunca dormia, permanecia estendido na alameda do deus Ares, situada na Cólquida, justamente a região dominada pelo malevolente Eetes.

Ao perceber que não teria outra saída senão aceitar a difícil empresa que lhe era imposta por seu inimigo, Jasão enviou arautos para difundir a notícia por toda a Grécia, conseguindo reunir cerca de cinquenta heróis tessálios. Embarcaram no porto de Pagasse em um navio por eles batizado *Argos* – que em grego significa "rápido" – em honra de seu construtor e companheiro de travessia, razão pela qual vieram a ser identificados como "argonautas", dando início, assim, a uma das mais fascinantes aventuras da mitologia helênica. Ninguém sabe com exatidão quem ou quantos eram aqueles homens, porque os "registros" que foram conservados divergem consideravelmente entre si, de acordo com a época em que se inscreveu ou se reelaborou a lenda. Os apontamentos de Apolônio de Rodes e de Apolodoro concordam que o navio tinha lugar para cinquenta remadores, com talvez mais uns cinco espaços destinados a médicos e quem sabe ao próprio Jasão.

A começar por Héracles, considerado o homem mais forte que já existiu e agora divinizado, entre os membros mais importantes do grupo encontravam-se os Dióscuros Castor e Pólux, filhos de Zeus e Leda, assim como seus primos Idas e Linceu, que também eram gêmeos. O timoneiro Tífis aceitou a missão em obediência a uma ordem recebida de Atena, que lhe havia ensinado a arte da navegação, ainda que ele tivesse de ser substituído por Ergino, filho de Poseidon, quando morreu na terra dos mariandinos. Não podiam faltar Orfeu, o músico trácio que, além de marcar a cadência para os remadores, os prevenia contra a sedução das sereias, e pelo menos três adivinhos notáveis: Idmon, Anfiarau e o lápita Mopso. O arauto da expedição era Etálides, filho de Hermes. Seguiam ainda os dois filhos de Bóreas, Zetes e Calais, o lutador Policeudes e Periclímeno, filho de Neleu, e Acasto, que se uniu a eles à última hora. Na impressionante lista de nomes relacionados a reis e deuses, Apolodoro inclui o de Atalanta, a única mulher da tripulação; porém, desafortunadamente, se desconhece qual tenha sido seu desempenho durante a expedição.

Com respeito à construção e às características do barco, há belas histórias que denotam a importância da aventura porque revelam, mais uma vez, como os deuses intervinham nos assuntos humanos. Escolhida com o cuidado mais minucioso, a madeira foi trazida do monte Pelion enquanto Argos era ajudado passo a passo na construção da nave por Atena, para que as medidas das tábuas resultassem num conjunto perfeito e suas dimensões garantissem a segurança necessária para resistir aos embates de Oceano e do vento. A própria deusa talhou a figura de proa em um cepo cortado de um carvalho sagrado de Dodona e conferiu-lhe o dom da palavra, a fim de que fosse capaz de profetizar e advertir com antecedência aos navegantes sobre os perigos que teriam de enfrentar.

Antecedido pelo indispensável sacrifício em honra de Apolo e após escutar pela voz profética de Idmon que os augúrios eram favoráveis e que todos regressariam sãos e salvos – exceto ele mesmo, que pereceria durante a viagem final por causa de uma ferida infligida por um javali –, os heróis lançaram o barco ao mar na praia de Pégasas assistidos por uma grande multidão.

Todas fascinantes e dignas de figurar entre as grandes narrativas, as peripécias dos argonautas começam quando, em sua primeira escala, ancoraram na ilha de Lemnos. Ali descobriram que os habitantes, em sua totalidade, eram mulheres: uma maldição lançada por Afrodite fez com que todas exalassem um odor fétido e repulsivo por não adorá-la, levando-as a exterminar todos os homens porque estes as haviam rejeitado e ido procurar as mulheres das ilhas vizinhas – com exceção de Toante, o rei da cidade de Mirina, de quem a filha Hipsípila apiedou-se e decidiu poupar-lhe a vida entregando-lhe a espada com que deveria matá-lo. Sob o pretexto de se purificar perante o deus por causa da matança da noite anterior, Hipsípila levou seu pai até a praia ao amanhecer, desde o templo de Dionísio, onde o havia mantido oculto. Conduzido por sua filha, Toante saiu na carruagem ritual habilmente disfarçado com os atavios dionisíacos e conseguiu fazer-se ao mar em uma barca desconjuntada que, segundo Apolodoro, permitiu-lhe desembarcar em Cisinos, uma das Ilhas Cícladas, que na época se chamava Ênoe. Quando as outras mulheres descobriram que o monarca tinha sido salvo, humilharam publicamente Hipsípila e a venderam como escravizada. Longe de serem violadas ou maltratadas, consoando o costume da época, as lemnitas valeram-se dos argonautas para gerar seus filhos. De fato, segundo escreveu Diodoro, a própria Hipsípila se uniu a Jasão e procriaram Euneu e Nebrófono, o que indica que a travessia era longa e indefinido o período de escala em cada lugar, como costuma acontecer nos mitos, sempre atemporais e alheios ao curso normal dos calendários.

Diodoro incluiu Héracles e Polifemo no empreendimento de Jasão, ainda que seus destinos se apartassem ao aportarem em Mísia, pois Hilas, amante do herói, ao se separar do grupo em busca de água doce, foi raptado pelas ninfas locais, enamoradas por sua beleza. Ao escutarem seus gritos, Héracles e Polifemo acudiram em seu auxílio com as espadas desembainhadas, acreditando se tratar de algum ataque de piratas. Nesse ínterim, a nave acabou zarpando e os três desapareceram desse relato.

Medeia entra em cena quando, após contornar inúmeras dificul-dades, durante as quais os homens tiveram de combater até mesmo as hárpias, a expedição costeou o Termodonte e o Cáucaso para chegar à Cólquida pelo rio Fásis. Acostumado a interpor os mais terríveis obstáculos a homens e heróis, Eetes comprometeu-se a entregar o tosão – ou velocino – de ouro desde que Jasão conseguisse vencer um certo número de perigos que pareciam insuperáveis, lembrando os doze trabalhos de Héracles. Exigiu-lhe, por exemplo, atrelar ao arado um par de touros selvagens com cascos de bronze que lançavam fogo pelas bocas, e com eles arar um campo que deveria ser semeado com a metade dos dentes do dragão que Cadmo havia recebido de Atena, dos quais surgiriam homens armados prontos a atacá-lo.

Enquanto Jasão se perguntava como poderia atrelar semelhantes touros, Medeia se agradou dele e, temerosa de que o pai o destruísse, prometeu-lhe às escondidas aplicar seus poderosos encantamentos para ajudá-lo, desde que prometesse se casar com ela e levá-la consigo para a Hélade.

Para Diodoro, Medeia era uma princesa de sentimentos humanizados: por essa emoção que se infiltrou em sua natureza divinizada, apaixonou-se à primeira vista por Jasão, tornando-se, em seu delírio, capaz de praticar as ações mais atrozes. Sujeitas ao desejo, ao butim e à fadiga dos homens, as mulheres eram repudiadas com a mesma arbitrariedade com que eram desposadas, mercantilizadas e confinadas; e não havia deuses, poderes nem autoridade que as libertassem do sentimento de absoluta indefensabilidade. Daí decorre a atualidade de Medeia e da dor que a levou a empunhar a adaga uma e outra vez até dirigi-la contra seus próprios filhos quando, desprezada pelo trapaceiro Jasão e exilada de Corinto por Creonte, convenceu-se de que seu mundo carecia de esperança.

Tema de uma das mais comoventes tragédias de Eurípides, já que as que lhe dedicaram Ésquilo e Sófocles se perderam, a personalidade de Medeia tornou-se conhecida de maneira fragmentada, como peças isoladas de um quebra-cabeças que evoca lendas, mitos e façanhas reconstituídas daqueles heróis que enfrentavam seres e situações extraordinários. O perjúrio de Jasão completa o binômio dramático de uma mulher que teve de compreender que não importava quão poderosa fosse sua magia, quão elevada sua linhagem, quão incondicional sua entrega ou quão ilimitada sua crueldade, bastava ser desprezada no leito para ver esvaecer seu semblante e perder a posição que ocupava no mundo.

A primeira Medeia é a mulher do desafio temerário: uma donzela flechada por Eros que atraiçoa seu pai com o objetivo de cativar o estrangeiro que deverá mostrar seu valor frente às forças da escuridão, sob a proteção de Hera e de Atena. Ao escutar as exigências de Eetes para entregar o tosão de ouro e receber de Jasão a promessa de que, em nome de todos os deuses, lhe seria fiel por toda a eternidade, Medeia preparou um unguento com o sumo cor de sangue do açafrão de caule duplo que, esfregado durante um dia no corpo de Jasão, em seu escudo e em sua lança, protegeria-o dos touros no bosque sagrado de Hefestos, de tal modo que não poderia ser ferido pelo aço nem pelo fogo. Revelou-lhe ainda que, enquanto semeasse os dentes do dragão, deles brotariam homens hostis, já de armas em riste para atacá-lo. O que deveria fazer era observá-los em conjunto a distância – ela insistiu – e esperar que se agrupassem para então atirar pedras nos homens que estivessem no centro da tropa; isso provocaria uma confusão que os levaria a lutar entre si, e depois ele poderia exterminar os sobreviventes.

Enfurecido pela vitória do herói, Eetes não somente se negou a cumprir a promessa como também, em vingança por sua derrota, propôs-se a incendiar o *Argos,* a fim de destruir sua tripulação. Adiantando-se ao pai, Medeia conduziu Jasão ao lugar em que se encontrava o tosão de ouro, no templo secreto, e após adormecer o dragão por meio de outra de suas prodigiosas beberagens, apoderaram-se dele sem o conhecimento do rei, enquanto os argonautas atacavam os soldados que investiam contra o navio. Fugiram no meio da noite burlando a vigilância e lançando a nave ao mar. Medeia assumiu um duplo comando para conseguir sair do país, levando consigo seu irmão Absirto na qualidade de refém.

Como não existe tragédia sem a intervenção dos deuses, além de haver pelo menos quatro ou cinco interpretações diferentes de suas consequências, consideramos que a de Medeia se desencadeou quando Eetes navegou com sua frota no encalço dos argonautas, enfurecido pela ousadia de sua filha. Quando ela percebeu que a esquadra se aproximava, assassinou e esquartejou o próprio irmão e pôs-se a lançar, um por um e sem a menor piedade, os pedaços às águas, arremessando-os a distância e em direções opostas a fim de obrigar seus perseguidores a retroceder. Exasperado, Eetes ordenou a seus remadores que se detivessem para recolher os membros de Absirto, perdendo de vista o inimigo enquanto recuperava o que lhe restava do filho. Tanta era a sua dor que, depois de enterrar os fragmentos em Tomos, enviou um grande número de colcos no rasto do *Argos,* com a advertência de que, caso não conseguissem trazer Medeia de volta, seriam condenados à morte.

Parece até que os imortais estivessem observando atentamente o que ocorria na Terra e que, tomados por certo tédio, buscassem qualquer desculpa para entrar em ação, pois nem bem se diluía o sangue do jovem na cena da traição quando o Olimpo foi sacudido por um estremecimento. Os deuses dividiram-se contra ou a favor dos acontecimentos, de acordo com as rivalidades não tão secretas que abundavam entre as entidades. Irritado pelo assassinato do filho mais novo de Eetes, Zeus enviou ventos tão furiosos que os argonautas desviaram de sua rota para Iolco quando costeavam a embocadura do rio Erídano, em meio a uma grande tempestade. Ao remarem diante das ilhas Apsírtides, os navegantes souberam que a cólera do deus não cessaria se não seguissem pelo mar da Sardenha até a ilha de Eeia, que se localizava ao largo da Ausônia, o primitivo nome que os gregos atribuíam à Itália, a fim de suplicarem a Circe que os purificasse do crime cometido.

Uma após outra foram-se sucedendo desgraças durante seu acidentado regresso. Os argonautas prosseguiam cheios de medo, mas não sucumbiam a ele. Ao passarem perto das sereias, Orfeu cantou com uma voz tão doce que conseguiu resistir à melodia subjugante de suas rivais. Apenas um de seus companheiros, chamado Bute, arrojou-se ao mar para nadar em direção a elas, e teria se afogado não fosse a intervenção de Afrodite. Mas ainda que tenha sido salvo, foi alijado da aventura porque a deusa colocou-o na terra de Lilibeu, onde permaneceu para sempre, unido a uma mulher daquela região.

Os demais continuaram até desembarcar na ilha de Corcira, onde Alcínoo reinava sobre os feácios. Por uma dessas casualidades comuns na mitologia grega, os argonautas perderam sua nave. Uns se refugiaram junto aos montes Ceraunios; outros tomaram o rumo da Ilíria e colonizaram as ilhas Apsírtides; e uma minoria apresentou-se perante o rei a fim de arranjar seu retorno. O casamento de Jasão ainda não se havia realizado porque, conforme seria comprovado mais tarde, ele não tinha um verdadeiro interesse nesta princesa bárbara e, sem dúvida, já vinha pensando em um meio de descumprir sua promessa em qualquer das escalas do trajeto, quando já não precisasse de seus feitiços e se sentisse a salvo. Não obstante, quis o destino modificar seus planos, uma vez que Alcínoo, que já havia sido avisado pelos mensageiros de Eetes, prontificou-se a devolver Medeia caso esta ainda fosse virgem. Intimidado perante a possível vingança que recairia sobre ele, Jasão pediu o auxílio de Areteia, a esposa do rei, e ela providenciou para que os esponsais do herói e de Medeia fossem celebrados secretamente em uma caverna chamada Crátis. Ao despedir-se deles, Areteia presenteou Medeia com doze escravizadas, para que distraíssem os viajantes das tribulações de sua jornada.

Como se tivesse sido previsto em pormenores pela rainha dos feácios, esse serviço não se fez esperar porque, durante a noite, enquanto navegavam pelo caminho dos cumes Melântias, Apolo surpreendeu-os lançando raios de luz em meio à tormenta. Com extrema dificuldade conseguiram ancorar em uma ilha a qual chamaram Ánafe, porque havia sido revelada pelo deus de maneira inesperada. Depois de levantarem um altar em honra de Apolo, ofereceram-lhe sacrifícios e celebraram um animado banquete antes de prosseguirem viagem para Creta. Quanto mais complicada era a travessia, tanto maior a necessidade que tinham de Medeia. Suas artes superavam o vigor das armas e sua astúcia era maior que a valentia dos argonautas. Ela enfrentou sozinha um homem forjado no bronze que, segundo se afirmava, era um presente de Hefestos ao rei Minos para conservar a ilha em segurança. Sua tarefa consistia em atirar rochas imensas três vezes ao dia contra todos os barcos estrangeiros; também devia percorrer todas as aldeias de Creta três vezes por ano, de maneira pausada, mostrando as leis de Minos inscritas em placas de bronze. Homem ou touro, aquela criatura chamada Talo era animada por uma única veia ardente que o atravessava internamente do pescoço até os tornozelos, onde a circulação era interrompida por um alfinete de bronze. Os argonautas foram atacados por ele com pedras; porém, a habilidosa Medeia conseguiu se aproximar dele e aplicar um de seus filtros, provocando-lhe um súbito acesso de loucura. Dizem que prometeu fazê-lo imortal e que, enquanto a criatura delirava, aproveitou-se para arrancar-lhe a haste, causando assim sua morte. O certo é que Talo perdeu o líquido ardente que o animava e tombou ao solo ante a admiração dos colcos.

Quatro meses durou a aventura até finalmente retornarem a Iolco, onde descobriram que, ao saber que Jasão retornava com o tosão de ouro para reclamar o trono que por direito lhe pertencia – ainda que não tivesse demonstrado um interesse particular em arrebatá-lo a seu tio –, o desconfiado Pélias, para amedrontá-lo, ordenou que matassem seu pai. Em vez de aceitar a sentença, Éson pediu a seu meio-irmão, o usurpador Pélias, a graça de se suicidar sobre o altar de sacrifícios bebendo lentamente o sangue do touro imolado, o que fez com que sua própria esposa o amaldiçoasse ao se enforcar ela mesma e deixar em total orfandade o pequeno Prômaco, a quem Pélias matou ao golpear-lhe a cabeça contra o pavimento do palácio, antes que os argonautas desembarcassem no porto de Pégasas e fossem apresentados os novos direitos de sucessão.

Medeia se comprometeu a dominar a cidade sozinha e, assumindo o aspecto de uma anciã enrugada, apresentou-se como uma sacerdotisa e ordenou às sentinelas que a deixassem passar.

MEDEIA

Assombrados por tão estranha aparição, os guardas abriram as portas de Iolco para que Medeia entrasse com suas doze escravizadas, também estranhamente ataviadas, e despertasse nos moradores um frenesi religioso tão descontrolado que, quando ela retirou seu disfarce diante de Pélias, jurou-se, pelo poder de Artemísia, que aquela mulher dominava o segredo do rejuvenescimento.

Conforme fora disposto, Jasão se apresentou diante de Pélias com o velocino oracular e sagrado que fora levado ao país de Eetes pelo rei Frixo, sobrinho de Minos, quando estava a ponto de ser sacrificado sobre o monte Lafístio. Os dois se encararam como se trocassem sentenças pelo olhar. Nada lhe disse Pélias sobre o fim de seu pai nem sobre a maneira como se enforcara sua mãe; e muito menos revelou o assassinato que tão impiedosamente praticara contra seu irmãozinho. Tampouco Jasão lhe reclamou algo; mas os dois souberam que, muito acima das palavras, a Moira se estendia sobre suas cabeças como se as unisse com um fio de sangue.

Diomedes – nome original de Jasão – retirou-se e aguardou. Com o juramento de vingança apertado entre os dentes, navegou até o istmo de Corinto acompanhado por seus seguidores mais fiéis, segundo lhe aconselhara Medeia; ali, depois de pendurar o velocino de ouro no templo de Zeus, oferendou seu navio como sacrifício a Poseidon. Nada parecia alterar o cotidiano em Iolco. As mulheres iam e vinham das fontes a seus lares, do campo a seus recintos sagrados; os homens caçavam, aravam a terra, construíam suas moradas, navegavam no inverno ou lutavam contra seus vizinhos, enquanto Pélias gozava dos benefícios de um poder que não lhe pertencia.

Depois de passar uma noite atroz em companhia das Fúrias, Jasão entendeu que havia chegado o momento em que deveria agir. Aproximou-se de Medeia e pediu-lhe que não poupasse artimanhas para acabar com Pélias. Tudo estremeceu. O odor de tragédia envolveu-lhes os corpos, e Medeia olhou para suas próprias mãos por um instante e lhe pareceu que estavam tingidas de sangue.

MULHERES, MITOS E DEUSAS

Na última parte da lenda de Jasão e dos argonautas, Medeia libera suas paixões até comprovar que em suas veias corria a mesma matéria perversa de Eetes, de quem ela era a única descendente viva e, portanto, herdeira legítima do reino de Corinto. Sobrinha de Circe, ela domina a feitiçaria e a arte de persuadir; neta do Sol, intimida com sua presença; perita em produzir ilusões, recorre às suas próprias habilidades para convencer as filhas de Pélias de que, assim como haviam visto que ocorrera com ela mesma e com o bode que argutamente substituiu no tacho por um cabrito travesso, ela seria capaz de devolver com suas poções a juventude ao velho monarca, sob a condição de que primeiro o esquartejassem e depois aferventassem os pedaços em um caldeirão com ervas poderosas que ela mesma lhes forneceria. As incautas cumpriram as instruções passo a passo, não sem receio; mas acabaram convencidas, cheias de terror, que Pélias jamais sairia do fogo, nem jovem, nem inteiro. Apavoradas com o que haviam acabado de fazer, enquanto Medeia entregava o cetro a Jasão, as Pelíadas correram em busca de seu irmão Acasto, que havia acompanhado os argonautas contra a vontade do próprio pai, e se confessaram culpadas involuntárias do atroz homicídio.

Ante o agravamento da trama em torno da conquista do poder, alguns escreveram que Jasão, desinteressado de uma aldeia tão modesta, cedeu a coroa a Acasto e que, importunado pela reação de sua gente, retirou-se com Medeia a fim de reinar em Corinto, a cidade fundada por Sísifo e povoada por homens nascidos de cogumelos, dedicados à navegação e ao comércio, e que era interinamente governada por um certo Bunos, já que o trono havia permanecido vago até que Medeia o reclamasse; outros narradores dizem que o casal foi expulso e exilado por Acasto, que tomou para si o governo de Iolco. Mas todas as versões coincidem ao apontar Corinto como o país de origem de Eetes e ao afirmar que Jasão e Medeia viveram felizes ali durante cerca de dez anos. Jasão, porém, nunca deixou de suspeitar que Medeia, em uma de suas irresistíveis práticas de encantamento, havia envenenado alguns coríntios a fim de lhes arrebatar a coroa. Tomando isso como pretexto, e aproveitando a oferta do rei Creonte para receber em casamento sua filha Glauce, Jasão concordou em desposá-la por cobiça, após repudiar Medeia publicamente.

Mesmo que fosse muito ambicioso, crê-se que, na realidade, o herói externou o cansaço que sentia de sua princesa bárbara. Repeliu suas magias perversas, se bem que, em sua ingenuidade, nunca imaginou que ele mesmo viesse a ser afetado por elas; insistiu que seu juramento de fidelidade fora feito mediante coerção e que, portanto, não era válido; além disso, com ou sem protestações, sua vontade era desposar Glauce. Desprezada, infeliz e vilipendiada, Medeia recordou-lhe em altos brados que, daquela lista de triunfos que o afamavam, o herói devia a ela sua vingança contra Pélias e o trono de Corinto. Jasão admitiu que isso era verdade, mas que desde então os coríntios tinham aprendido a respeitá-lo, enquanto que a ela apenas temiam, ainda que se desmanchasse em prantos nos últimos dias e não comesse nem desejasse seguir vivendo. Impotente, a abandonada gritou que só não lhe agourava uma morte horrível porque ainda o considerava seu amo e senhor; mas maldisse seus filhos, frutos de um ventre maldito; a seguir, fingiu se submeter e, em um dos primeiros discursos feministas da história, inferido pelo poeta Eurípedes, disse que, dentre todos os seres que no mundo têm alma e mente, as mulheres eram certamente os mais infelizes:

– [...] antes de tudo, temos de comprar o próprio marido,
com grande desperdício de esperança e de bens
a fim de darmos um amo e senhor a nós mesmas.
E, creia-me, esse é o pior de todos os males.
Separar-se do marido é escandaloso para a mulher,
mas não prejudica em nada a reputação do homem.

Quando eles se aborrecem em casa,
saem às ruas para se distrair.
No entanto, quando somos nós a fazer o mesmo,
eles não nos deixam sair,
alegando que temos de cuidar dos filhos.
Asseguram eles que, permanecendo em casa,
as mulheres evitam inúmeros perigos,
enquanto os homens, pobrezinhos,
têm de se afastar a fim de combater nas guerras.

Abatida, ela grita que preferiria encetar três guerras a parir, mesmo que fosse uma única vez. Mais tarde, depois de indagar a Creonte por que a expulsava de seu lar e de sua terra, somente lhe pediu um dia de clemência antes de partir para o exílio.

– Tu me dás medo, Medeia – respondeu-lhe Creonte.
Teu olhar é terrível e estás irada com teu antigo esposo.
Vai embora com teus filhos o quanto antes,
pois temo que inflijas algum dano a minha filha,
posto que és versada em toda a sorte de malefícios! [...]

A repudiada tramou sua desforra depois de invocar aos deuses e lhes recordar a ingratidão daquele que burlava um juramento que tinha sido feito para toda a eternidade. Outra vez repreendeu seu marido, mas este ratificou sua perfídia:

– Aonde poderia ir, ó Jasão? Diga-me tu, por favor! – assim lhe rogava Medeia.
Para a casa de meu pai, a quem atraiçoei por amor de ti?
Juntar-me às filhas de Pélias, às quais induzi a dar morte ao sangue de seu próprio sangue?
Oh, que desamparo o meu!

Eis que me condenas, Jasão, a me afundar no interior da pior das tristezas...

Sua alma ardia em fogo e sua pele se arrepiava enquanto corria, desgrenhada, clamando pelo auxílio dos imortais.

Que falta de vergonha!
Que covardia!
Por que tocou às mulheres a sorte do calar e do concordar, de sofrer a ignomínia dos maridos?

Durante toda a noite lamentou sua dor, ecoada pelas Erínias. Ao alvorecer, planejou um ato de desagravo que o mundo jamais esqueceria enquanto existissem palavras para descrever uma traição. Primeiro agradou sua rival e, como prova de boa-fé, fez-lhe chegar às mãos um presente de casamento transportado pelos príncipes da casa real, sete meninas e sete rapazes, que ela havia gerado com Jasão. Glauce, comovida ante a aparente nobreza da mulher a quem destituía a contragosto, declarou a suas escravizadas que nunca houvera em Corinto uma coroa mais bela nem uma túnica tão fina quanto aquela, cuja seda branca refletia um brilho intenso. Mas quando colocou o vestido impregnado de um misterioso veneno e pôs na cabeça o diadema de ouro, surgiram de cima a baixo e em volta de seu corpo chamas tão violentas que abrasaram também seu pai Creonte, quando este tentou ajudá-la a se jogar de bruços na água. O fogo se expandiu para todas as dependências do palácio até reduzir a cinzas dezenas de convidados importantes; e teria consumido também a Jasão, caso este não tivesse saltado a tempo por uma janela situada a perigosa altura.

Foi em meio a tal mortandade que Zeus enamorou-se de Medeia, pois admirava sua têmpera. Ela o recusou, talvez porque em seu íntimo não havia mais lugar para abrigar o desejo, mesmo que se tratasse do senhor do Olimpo. Vigilante da eterna luxúria do marido, Hera agradeceu a Medeia pela atitude que havia tomado e prometeu a imortalidade a seus filhos caso os imolasse sobre o altar de seu templo. Consumado seu ato horrível, a donzela fugiu para Atenas em um carro puxado por serpentes aladas que, oportunamente, conduziu-a ao avô, o Sol, depois de entregar o reino de Sísifo a mãos que lhe eram leais.

Ninguém sabe exatamente quantos descendentes de Jasão foram mortos ou como foram sacrificados. Alguns acreditam que Medos, o primogênito, salvou-se porque estava sendo educado pelo centauro Quíron, no monte Pelion, e que anos depois viria a se tornar o rei da Média. Outros supõem que Medos não foi concebido por Jasão, mas por Egeu, em Atenas, com quem Medeia prometeu se casar e dar uma grande descendência caso a ajudasse a se vingar antes de cometer o crime contra seus filhos.

É inegável que, após uma das vinganças mais cruéis de que se tem notícia, os coríntios responderiam à crueldade com maldade ainda maior. Chamavam-se Eríopis, Mérmero, Feres, Téssalo, Alcímenes, Tisandro e Argos os filhos remanescentes de Medeia que, aparentemente, foram arrancados do templo de Hera pelos coríntios, enfurecidos pela morte de Creonte e Glauce, para serem apedrejados publicamente e terem seus restos deixados às aves de rapina.

Para expiar esse crime institui-se desde então o costume de levar uma vez por ano sete rapazes e sete donzelas vestidos de branco e com as cabeças raspadas ao templo de Hera, situado no alto de uma colina onde, dizem, por ordem do Oráculo de Delfos, foram enterrados os despojos das crianças. A deusa, sem dúvida, cumpriu sua promessa: seus nomes ainda são conhecidos e, portanto, permanecem na imortalidade, da mesma maneira que o mundo nunca esqueceu a paixão de Medeia.

Apolodoro assegura que depois de todos esses eventos Medeia se casou com Egeu e que, por haver conspirado contra seu enteado

Teseu, saiu de Atenas em companhia de seu filho Medos, o qual, depois de se bater vitorioso em numerosas batalhas e fundar o reino que leva seu nome, morreu em uma expedição contra os hindus. Ela voltou à Cólquida em segredo e, ao saber que seu irmão havia despojado Eetes de seu trono, matou-o e restituiu o cetro a seu pai.

Tentado pela fantasia, Eurípedes acomodou a lenda a seu espírito trágico; ou talvez o tenha feito porque, como repetiram as más línguas, foi subornado pelos coríntios com 15 talentos de prata para que reduzisse a culpabilidade que recaía sobre eles como símbolo de ignomínia, afirmando que foram somente dois os filhos sacrificados pela mãe e que os demais, exceto Feres e Téssalo – que tiveram tempo para fugir – pereceram no palácio durante o incêndio. Téssalo deu seu nome à região da Tessália, que veio a governar, enquanto Mérmero, filho de Feres, herdaria de sua avó a inclinação para o envenenamento.

Com respeito ao fim de Jasão, sabe-se muito pouco. Há quem o acuse de perdoar o assassinato, embora não pudesse absolver a ambição de Medeia em favor de seus filhos. Crê-se que, tendo ele perdido o favor dos deuses, em cujo nome havia jurado fidelidade a Medeia e depois faltado com a palavra, errou de cidade em cidade, odiado por todos os homens. Fatigado, com a derrota no corpo e a cicatriz do sofrimento na alma, retornou a Corinto já ancião para se sentar no istmo, à sombra do *Argos,* a fim de recordar as glórias passadas e lamentar sua desgraça. Tomado pelo desespero, tentava se enforcar com uma corda atada à proa do barco quando, despedaçada e em ruínas, a nave tombou sobre ele sem que ninguém lamentasse sua morte. Passado um certo tempo, Poseidon tomou uma das traves da popa do *Argos* e colocou-a entre as estrelas, como sinal de que a nave era inocente.

Medeia não morreu. Filha e neta de deuses, fez-se imortal e reinou nos Campos Elísios, onde, segundo versões muito remotas, foi ela, e não Helena, quem se casou com Aquiles.

ANTÍGONA

Devido à tragédia que a acometeu desde antes de seu nascimento, o destino de Antígona é um dos mais comoventes de todos os tempos. Inspirou a obra de Sófocles, que durante séculos foi considerado um exemplo de literatura perfeita. Sua história, amplamente conhecida, contém os principais elementos necessários à compreensão da conduta humana; talvez seja por isso que tanto nos fascina quanto intimida. Antígona, a segunda dos quatro filhos gerados por Édipo em união com sua mãe Jocasta, resulta filha, neta e irmã de seus próprios pais, sendo ao mesmo tempo instrumento purificador de uma terrível mancha que recaiu sobre Tebas e que, depois de desencadear uma série de mortes a partir do momento em que a verdade veio à tona, se foi dispersando como um sinal inequívoco do retorno da lucidez. Sua dor nos alcança não só como um símbolo de liberdade de consciência, mas de devoção filial, de desafio feminino às amarras sociais, de amor fraterno e até mesmo de autossacrifício, que a fez preferir a morte a sujeitar-se à cruel sentença de Creonte, o tirano de Tebas; dessa Tebas de olhar sempre atento à passagem do infortúnio e obstinada em mostrar seus segredos ignóbeis à hora profunda do meio-dia.

Filha de uma cidade abrasadora, onde as sombras vigiam os rumores das casas e os dormitórios ventilam a obscura sanção das Moiras, o drama de Antígona caberia em umas poucas linhas, ainda que, pelo cúmulo de tantas e tão variadas interpretações, se fariam necessários vários tomos para abarcar o universo inspirado por sua dupla paixão pela vida e pela virtude. Tudo ao redor acusava a secura das rochas enfaradas de sol. Tudo exibia a tentação do sangue, e até mesmo a paisagem parecia desenhada com raios de ódio, amassada como a argila, atormentada como os túmulos de antanho, violenta como o tirano e rarefeita como a cegueira humana frente ao odor que exala a vingança ou trescala a consciência culpada.

Duas são as versões predominantes sobre a história de Antígona. Uma deriva do antigo mito procedente do século 3 ou 4 a.C., que testemunha a derribada de seus pais perante a revelação do duplo crime cometido por Édipo; mas Antígona, longe de se afundar em desespero, se engrandece diante da dor de uma Jocasta que prefere se enforcar a reconhecer seus próprios atos em plena luz do sol e conviver com a culpa de haver desposado e entronizado seu filho Édipo, o próprio assassino de Laio, seu pai e antecessor no governo de Tebas. O sofrimento de Édipo é tão intenso que não consegue morrer, ainda que a vida lhe seja insuportável. A verdade deixa-o cego, mas mesmo arrancando os próprios olhos com os broches de sua mãe e amante, os deuses lhe aumentam ainda mais a lucidez. Desterrado, abandonado à perseguição das Fúrias, dirige-se em seu exílio a Colono, em busca do sossego que lhe permitirá morrer na paz recobrada no fundo da alma. É Antígona sua guia, sua filha e irmã caçula, depositária do amor familiar e designada para celebrar o primeiro ritual libertador de seu clã fatídico; um ato que haveria de consumar contra a determinação das leis da cidade e até mesmo dos deuses pátrios.

Coberta de suor, exausta e abatida pelo silêncio dolente de sua viagem, Antígona compreende o desastre que lhe sobreveio e quais são as distâncias que lhe estende o destino entre o castigo e a fatalidade. Contempla em Édipo os enleios de que é capaz o inferno e, na decomposição de sua Tebas remota, adivinha a inocência perdida. Teseu lhes oferece hospitalidade em Colono, todavia ela recusa as vestes limpas e um lugar na carruagem pública para regressar à sua terra depois de instalar em segurança seu pai cego.

ANTÍGONA

Em busca deles chega a Colono a jovem Ismene, trazendo o relato de como seus irmãos Etéocles e Polinice estão em disputa pelo trono. Édipo os maldiz prevendo que acabarão por dar morte um ao outro, como finalmente aconteceu depois de uma cruenta batalha, que não era outra coisa senão o resultado de uma guerra civil. É Creonte, irmão de Jocasta, que herda o cetro de Etéocles e ordena que os corpos daqueles que qualificou como inimigos de Tebas, incluindo o de Polinice – que foi proclamado traidor – não recebam sepultura porque, segundo o costume da época, evitavam assim que seus espíritos descessem ao Hades para completar seu castigo neste e no outro mundo. Esta é a decisão que transita entre a consumação da tragédia de Édipo e o princípio da tragédia de Antígona, decisão que, por sua vez, procede do sangrento final dos dois irmãos gêmeos em sua luta pelo poder.

Em outra das versões, incluída a peça teatral de Sófocles, Antígona, abatida, empreende o regresso a pé. Em seu rosto pode-se ler a fatalidade. Atravessa três obstáculos até entrar em Tebas por uma porta dissimulada nas muralhas, coroada por cabeças cortadas. Observa o desastre, os corpos caídos, as lanças e facas dos tebanos que haviam participado da batalha. Procura Polinice por entre os cadáveres, desliza por entre ruas candentes e só para diante dos terraços em que as mulheres ressoam aquela desgraça tingida de ódio. Tudo cheira a sangue derramado, a corpos decompostos, a aço incandescido pelo sol sobre as pedras e a couro das sandálias que aparecem atiradas por toda parte.

Logo adiante, arrastada pela tristeza, reconhece o cadáver desnudo de Polinice, que jaz na maldição do esquecimento. Longe da glória, morto também, está honradamente estendido seu irmão gêmeo, Etéocles, quem tampouco reinará sobre a tão cobiçada cidade. Divididos pela ambição, estão agora unidos pelo mesmo silêncio: a solidão da morte. Antígona inclina-se sobre o cadáver de Etéocles e chora pelo irmão, companheiro de sua tragédia, apesar de sabê-lo culpado de um sofrimento que não será apagado pelos séculos. Volta para o lugar em que se encontram os despojos de Polinice e, impelida pelo vigor de sua linhagem, levanta com dificuldade este corpo que lhe é disputado pelos abutres. A distância, do alto das muralhas, o tirano observa a cena e ordena a seus soldados que a persigam, para que não dê sepultura ao irmão. Antígona não dá atenção à vociferação e se demonstra indiferente às ameaças. Enfurecido, Creonte repete as sanções que, movido pelo ódio, proclamara anteriormente. Ela nem sente o peso do morto. Caminha desgrenhada, com manchas de poeira no rosto e com os farrapos endurecidos pelo sangue ressequido. Logo cai uma escuridão tenebrosa e a noite se apodera da cidade. Dezenas de olhos se ocultam para segui-la e todos pressentem o furor do castigo. Os deuses se esquivam a participar. Ninguém intervém, e até Ismene, tocada pela mais profunda compaixão, hesita ante a bravura de sua irmã.

Na tragédia de Sófocles, após sepultar o cadáver de Édipo no solo da Ática, sob a proteção de Teseu, Antígona retorna a Tebas a fim de realizar os ritos funerários em honra de Polinice, que ainda jazia insepulto a céu aberto. Pela metade da noite, quando sozinha cobria a sepultura com os ritos que deviam ser celebrados em honra do falecido, os guardas a detêm por haver violado as leis da cidade. Creonte a condena a morrer enterrada viva em uma caverna, apesar dos rogos de seu próprio filho, Hemon, prometido em casamento a Antígona e condenado assim a partilhar de sua desgraça; e das súplicas de Ismene, que até esse momento se furtara a participar da trama.

Em meio a cenas dilacerantes, o coro acusa Creonte ao mesmo tempo em que o céu de Tebas se cobre de nuvens e é sacudido pelos rumores da advertência divina. Como Édipo anteriormente, Antígona contempla a verdade e não retrocede. Seu coração se impacienta, mas suas mãos continuam a cingir as dobras da mortalha. Sabe que, se sobreviver, permanecerá como uma morta viva, carregando o peso de sua consciência e condenada a suportar uma mancha que, de qualquer maneira, a condenará a entretecer vida e morte. Desesperado perante a dureza de Creonte, Hemon lhe jura que se matará também e compartilhará até o final a sorte funesta da amada. A mãe de Hemon chora. O povo testemunha essa luta contra o destino e, alternadamente, cala-se e eleva as vozes em um lamento de comiseração; o coro se oculta, aparece outra vez e espelha em seus sussurros dolorosos o sacrifício da donzela. Antígona não titubeia e confirma o que declarou perante o tirano: a decisão de sepultar Polinice está de acordo com as leis dos deuses, mesmo que estas não estejam escritas, e não obedecerá ao decreto de Creonte porque seria o mesmo que atentar contra sua própria família. Seu dever familiar, nessas circunstâncias, era o de garantir ao irmão repouso no Hades, e isso estava acima de qualquer lei imposta pela cidade. Enraivecido, Creonte exige obediência à ordem por ele determinada e confirma sua atroz sentença ao enfrentar a persistência de sua sobrinha.

Tirésias, o adivinho cego, prevê a fatalidade. Insiste uma, duas e até três vezes, instando com o rei para evitar a injustiça, mas Creonte está surdo e cego, coberto de ofuscação e dominado pela desavença. Um frio que traz consigo o odor da morte se estende sobre o solo de Tebas enquanto Antígona marcha a caminho da caverna, acompanhada por vozes compadecidas, a fim de assumir o destino que lhe foi traçado. Tirésias persiste em lançar terríveis ameaças a Creonte por desafiar as leis divinas, e não recua em sua decisão de impedir a qualquer preço a desgraça que recairá sobre a cidade. Aqui se desespera o amante; ali Ismene reclama ao tirano o direito de compartilhar a culpa e o castigo de Antígona; mas ele se recusa e a expõe diante de todos como uma demente. Cresce a tensão característica das tragédias, em que convergem a fatalidade e a lucidez e se travam as batalhas da vontade contra as determinações do destino. É a luta radical das forças ocultas da escuridão contra os poderes visíveis da claridade, e a prova de que, acima de qualquer tentativa de modificar o rumo do destino por meio de uma força de vontade superior, irremediavelmente triunfará o poder dos deuses.

Assim se desencadeia a sucessão de acontecimentos trágicos, a partir do autoritarismo obtuso de Creonte e das inúteis advertências dos demais para que anulasse sua sentença. Em Creonte está o núcleo de uma batalha mortal entre o fado e a inconformidade humana; nele recai também a esperança de um triunfo da razão; mas ele não cede, muito pelo contrário, confirma uma vez e outra mais sua função de instrumento divino até que, comovido por tantas súplicas entremeadas de ameaças terríveis, decide finalmente ir até a caverna e libertar sua prisioneira.

O tirano pôde prever tudo, exceto a poderosa vontade de Antígona, que preferiu se enforcar a morrer sob as condições que lhe foram impostas. Junto dela estava o fiel Hemon, abraçado ao cadáver da amada aguardando a própria morte a fim de compartilhar o destino funesto de Antígona. Assim que o avista, Creonte repreende violentamente o filho por havê-lo desobedecido como rei e como pai. Hemon, movido pela dor, saca da espada para atacá-lo, mas falha e então volta a espada contra si mesmo. Horrorizado, Creonte retorna ao palácio para descobrir que, desesperada, também sua esposa Eurídice se havia suicidado.

CASSANDRA

Filha de Príamo e da dorida Hécuba, Cassandra foi mais celebrada por Homero por sua beleza do que pelo seu dom divinatório. Em seu nome misturam-se as desventuras de ver o futuro e a de não ser acreditada, além do duplo infortúnio de ser amada e castigada por um deus e de ser amada e conduzida à morte por um herói, eventos que a inclinaram para a tragédia pela dupla senda das vinganças divinas e das crueldades humanas.

Comparada a Clitemnestra, sua rival e assassina, encarna o modelo de mulher que, desde seu nascimento, vive sujeita aos caprichos dos demais e que vê reverter-se contra ela qualquer iniciativa pessoal que envide empreender. É o drama de uma feminilidade que atravessa os séculos com o emblema de sua palavra inútil e de sua voz não escutada. Profetisa dos desastres iminentes, é também a portadora de uma verdade que anula a si mesma pelo mesmo fato de que é proclamada por quem a invoca, o que redunda em maiores desgraças para ela e para a tentativa de ordem que poderia representar uma voz de alerta frente a injustiças, que costuma se converter naquilo que alguns consideram ser a fatalidade, enquanto outros o qualificam como a própria lógica do erro.

Não obstante sua atuação secundária na *Ilíada*, é em torno de Cassandra que ocorrem os desenlaces mais significativos do canto homérico. Junto com Hécuba, sua mãe e rainha de Troia, constituiu a principal presa de guerra dos gregos, a ponto de engravidar de Agamenon e dar à luz dois filhos, os gêmeos Teledamo e Pélops, o que agravou a fúria de Clitemnestra, a quem sobravam motivos para odiar seu esposo, especialmente por haver imolado sua filha Ifigênia; mas também por havê-la desposado à força quando, comandante das tropas invasoras, matou Tântalo, seu primeiro marido; tudo isso também provocaria o ódio dos filhos gerados com ela, Orestes e Electra, protagonistas de algumas das tragédias mais complexas da Antiguidade clássica.

Desventurado como poucos, o destino de Cassandra é o dessas mulheres a quem nunca compete decidir, e na única oportunidade em que podem fazê-lo tomam uma atitude equivocada. E para ela tal ocasião determinou sua desgraça: Apolo enamorou-se dela e, como prova de sua paixão, outorgou-lhe o dom da profecia, que ela recebeu ao mesmo tempo em que rechaçou o deus com grande violência. Célebre transgressor, em vez de despojá-la do poder que lhe conferira, Apolo condenou-a a augurar sempre a verdade, mas sem que ninguém jamais a acreditasse, o que resultou num castigo pior que o infligido pelas divindades da Grécia arcaica àqueles que caíam em desgraça perante eles, já que, quando queriam oprimir os homens, normalmente começavam por cegá-los para que, em sua ofuscação, encontrassem a própria perdição.

Todos nós fomos vítimas dessa cegueira alguma vez. É a forma comum em que incorrem as pessoas quando optam pelo pior. Tal é o caso de Agamenon quando não aceita o princípio de entendimento proposto pela assembleia, para que devolvesse a seu pai a escravizada Criseida a fim de aplacar precisamente a ira de Apolo; ainda mais porque ele receberia uma compensação pela redução desse espólio, o mais conflituoso ao longo da contenda troiana, já que não somente piorou a situação dos gregos diante do inimigo, mas criou entre eles a famosa dissensão proveniente da cólera de Aquiles.

Longe de raciocinar e se reconciliar com Aquiles, Agamenon ameaçou despojá-lo de sua própria escravizada, Briseida, o que acabou se cumprindo com a mediação de dois arautos quando, a contragosto, foi obrigado a devolver a primeira jovem a Crises, o ultrajado sacerdote que exigiu de Apolo uma reparação à altura das ofensas que sofrera em mãos gregas. A discussão enrudeceu não tanto pelo que pudessem significar as duas escravizadas, mas pelo enredo de rivalidades e caprichos entre os dois comandantes. As consequências da decisão tomada por Aquiles, de abandonar o combate e se encerrar em sua tenda, deixando desconcertados os demais guerreiros gregos, seriam muito mais nefastas do que o herói poderia pensar naquele momento.

Por outra parte, dos dezenove filhos e filhas gerados pelo rei de Troia, Cassandra será aquela cujo destino mais se assemelhará ao doloroso fim de sua mãe, e quem compartilhará com ela o símbolo das perdas, até consumar sua história de despropósitos ao ser entregue a Agamenon como presa de guerra e profetizar sua própria morte às mãos de Clitemnestra. Qual a figura de Hécuba, a de Cassandra vai e vem entre diversas tragédias, sobretudo as de Eurípides, seja como voz sempre desatendida, como vítima maculada no templo, como testemunha das derrotas troianas ou como escravizada do comandante grego em seu retorno a Micenas. Isso sem contar ainda a pena adicional de saber que sua irmã, Polixena, mantida em cativeiro por Aquiles, teria de ser imolada sobre a tumba deste porque, segundo afirmavam os intérpretes, assim exigiu a sombra do herói.

Se Hécuba esteve marcada para sobreviver à morte de Príamo, seu esposo, e de quase todos os seus filhos, entre os quais Heitor, Heleno, Troilo, Páris, Creusa, Polixena e a própria Cassandra, coube a esta última, a infeliz amante de Apolo, ostentar o estigma de anunciar catástrofes em meio aos assombros e à insensatez que envolviam o conteúdo de suas palavras. Ela foi a única que, tendo subido a um dos torreões da fortaleza de Pérgamo, distinguiu no caminho o velho Príamo e o arauto da cidade, de pé no carro puxado por mulas que transportava o cadáver de Heitor e que era

MULHERES, MITOS E DEUSAS

guiado pelo próprio deus Hermes. Em vão anunciou à sua gente a derrota de Troia e, em sua solidão, comprovou como se cumpriam as previsões de seus delírios proféticos.

Durante a tomada da cidade, foi violada por Ajax, o Lócrio, filho de Oileu, quando a encontrou no templo de Atena, abraçada à estátua da deusa. Brutais como eram os gregos com os vencidos, Ajax arrastou-a para fora, maculando assim o recinto sagrado. Para expiar o sacrilégio ao Paládio, a estátua sagrada de Atena, os lócrios foram obrigados pelos sacerdotes a enviar duas donzelas à Troia durante mil anos, a fim de servirem como escravizadas à ofendida Atena, com a advertência de que, se fossem capturadas durante a viagem pelos habitantes de qualquer região antes de chegarem ao templo, deveriam ser executadas como castigo. Esse costume perdurou até o século 2 a.C., e mesmo em nossa época ainda existem vestígios litúrgicos de tal expiação.

Finalmente, na composição dos motivos do duplo crime executado por Clitemnestra concorreram quase todos os elementos trágicos, inclusive o da morte da indefesa Cassandra: ciúmes, rivalidade, vingança, confusão e a soma de todas as paixões de que se valem os deuses para cegar os seres humanos.

Clitemnestra conspirou com seu amante Egisto para matarem Agamenon e Cassandra assim que estes chegassem a Micenas. Para evitar qualquer surpresa, escreveu uma carta a Agamenon pedindo-lhe que acendesse um facho no alto do monte Ida, a fim de anunciar a queda de Troia. Ela, por sua vez, para evitar que o marido lhe preparasse alguma armadilha, organizou uma rota de fogueiras no cume dos mais altos montes que, ao serem acesas, retransmitiriam o aviso até a Argólida, através do cabo Hermeu, situado na ilha de Lemnos, e dali pelas montanhas de Atos, Macisto, Messápio, Citéron, Egiplancto e Aracne. A vigilância se completava em seu próprio palácio, em cujo teto instalou um dos mais leais servidores de Agamenon, que ali permaneceu por um ano completo invadido pelos mais tristes pressentimentos, encolhido como um cão olhando na direção do monte Aracne. Foi ele quem, em meio à mais profunda escuridão, divisou a luz esperada e correu para despertar Clitemnestra.

Fiel à sua natureza de aparências, ela simulou felicidade oferecendo sacrifícios em sinal de agradecimento aos deuses. Egisto, enquanto isso, mantinha em alerta dois homens postados em uma atalaia para que lhe informassem os pormenores do desembarque. Ele preparou o crime enquanto Clitemnestra mandava estender um tapete de púrpura para que Agamenon o trilhasse até o banho que havia sido arranjado pelas escravizadas. Tomada de um arroubo profético, Cassandra previu a tragédia e permaneceu no exterior do palácio, procurando passar despercebida. Dizia a quem quisesse ouvir que cheirava sangue no ar, mas ninguém a escutava. Que a maldição de Tiestes recairia sobre ela mesma e sobre Agamenon – era o que repetia inutilmente –, mas os demais estavam entretidos com a festa de boas-vindas e, como o deus lhe anunciara, ninguém ali a escutou.

Nem bem Agamenon saíra do banho para se dirigir ao banquete, Clitemnestra jogou-lhe um cobertor na cabeça, a fim de cobri-lo. Antes que ele pensasse em esboçar qualquer defesa, embrulhou-o em uma malha tecida por ela mesma, no formato de um grande saco, que o imobilizou da cabeça aos pés. Surgiu então Egisto para matá-lo com uma espada de dois gumes, satisfazendo assim a ira expectante de sua cúmplice. A própria Clitemnestra, cheia de ódio contra o marido, encarregou-se de cortar-lhe a cabeça com um machado e proferir contra ele as últimas palavras de desprezo, com a firmeza de quem longamente esperou para retalhar um corpo tão repulsivo. Sem se dar ao trabalho de fechar os olhos ou a boca da cabeça decepada de Agamenon, limpou em seus cabelos o sangue que lhe salpicara os braços e depois correu desaprumada em busca de Cassandra, levando na mão uma faca.

E, do lado de fora, por entre as árvores que cercavam a casa, rolou também a cabeça de Cassandra, enquanto o próprio Egisto se encarregava de assassinar seus dois filhos gêmeos.

SAFO

Longe de esclarecer seu mistério, o tempo tornou Safo símbolo da homossexualidade feminina. Um símbolo tão difícil de esquadrinhar quanto a verdadeira causa que levou Anacreonte a afirmar maliciosamente que o nome da ilha de Lesbos, onde ela nasceu e viveu a maior parte de sua vida, conotava a paixão mútua das mulheres que ali se congregavam sob a tutela de uma dama da alta linhagem, a fim de adquirir as bases de uma vida feliz e decorosa para si mesmas, para seus maridos e para a sociedade em geral.

Safo pressente sua solidão a distância, e em suas palavras sente-se a imensa ternura por meio da qual, ante as moças do *oikos*[*], ela esvaziava sua íntima desesperação. Desfrutou o amor dos homens. Conheceu o fingimento das que reconhecem o galanteio do abismo. Perguntou às estrelas qual era seu destino. Em suas noites insulares provou o sabor acre de uma feminilidade demasiado pesada para as delicadas donzelas, e intimidante para os varões acostumados à rudeza. Presa ao cerco do ensino, cumpriu a sanção do oráculo e, ainda que nunca tenha recorrido a Delfos, soube com clareza o que significava conhecer-se a si mesma.

Safo apercebeu-se de muitas coisas que não se conheciam em seu tempo. Conheceu, por exemplo, a estreiteza daquela paisagem cercada de água por todos os lados, a asfixia que ilumina a dor, a

---

[*]   Casa, moradia, por extensão, pátria. Em grego no original. [N. de T.]

divindade que consagra a linguagem e o vigor inefável da poesia. Talvez nunca se tenha interessado pela glória, porque em seu corpo adivinhava os sinais de sua irremediável transitoriedade. Sorria diante das meninas que experimentavam novos modos de agradar, e nelas reconhecia o que nunca havia sido, o reflexo daquilo que nem tentou ser. Percebeu a ameaça que se acha contida no diferente. Imaginou a redenção do prazer. Esquecida do próprio gozo, amou o orgulho de Girino e até se inclinou para beijar-lhe os pés. Em tempos de amor, pressentiu o crepitar da fogueira interior, e Átis ensinou-lhe a entreter a infelicidade. Como Circe, ela também explorou o abandono quando algum "Ódio", sob outra denominação, cruzou sua vida, e é de se crer que, sob o vigor de sua voz, a poetisa fosse dominada por um temor inaudito ao desconhecido.

Como era comum em outras partes da Grécia, em Lesbos gozavam de grande prestígio as instituições educativas para mulheres – que em nossos dias têm sua contraparte nos internatos para as adolescentes, ainda que estes não imitem a devoção pelas artes que era praticada na Antiguidade, nem neles exista a liberalidade com que aquela cultura mostrava seus sentimentos. Dificilmente se encontrava uma jovem de boa família que não houvesse recebido as regras e o refinamento da perfeita mulher casada. Havia inúmeros agrupamentos religiosos denominados *thiasoi*, nos quais eram treinadas com especial rigor aquelas moças destinadas a se casar com os filhos da nobreza, comerciantes enriquecidos e heróis de guerra. Assimilavam princípios e tradições; desfrutavam de seleta companhia e cultivavam segredos de amizade talvez infiltrados de amores sutis, pois, em sua *Ode a Afrodite*, Safo pede para ser liberada de um amor feminino, enquanto que, em sua *Ode à mulher amada*, declara sua paixão por uma garota cujo olhar a comove profundamente; ao mesmo tempo, o jovem sentado a seu lado parece-lhe um deus em sua indiferença. Se tais exclamações são frequentes em sua poesia, em passagem alguma de sua obra se encontra uma referência explícita às relações físicas entre elas.

Concentradas na aprendizagem da música e da poesia, tudo estava disposto para incorporá-las com suavidade às exigências da sociedade, que não eram nada simples. Para isso contribuíam as tradições lésbias de valorizar o companheirismo, honrar os deuses com danças e cantos e manter contatos variados com seus vizinhos, os jovens lídios, famosos por sua elegância. Resulta daí que os versos líricos de Safo sejam mais intensos que seus epitalâmios compostos para interpretação coral em ocasiões festivas e igualmente apresentem maior força que suas canções dedicadas a homens ou a deuses.

Seus cantos festivos para casamentos gozavam de grande prestígio em função de sua radiante espontaneidade. Com poesia despedia algumas de suas discípulas, e com poesia mitigava a iniciação destas na complicada vida a dois que, desde o século 7 daquela era, se completava com uma singular devoção entre o homem e o jovem ou entre a mestra e a aluna, relação esta que, apesar de refletir expressões de afeto que possam nos parecer desmedidas, não implicava necessariamente ligações sexuais. Essa forma de aliança preparava para a vida, buscando imitar uma existência ideal e apaixonada. A literatura helênica está repleta de tais exemplos, até que Platão, muitos anos depois, se encarregou de definir os termos da amizade, do amor e da ligação espiritual.

É impossível determinar exatamente o período em que as jovens permaneciam sob a tutela de Safo. As relações íntimas de ódio e amor que refletia em seus versos denotam o trânsito da puberdade à adolescência, porque era comum que o casamento fosse realizado muito antes que os noivos completassem 20 anos. As meninas constituíam sua audiência e estava previsto que deixariam seu círculo diretamente para a celebração de seus esponsais, o que torna pouco provável a suposição de que Safo fosse uma sacerdotisa rodeada de formosas jovens com as quais praticava rituais eróticos em honra de Afrodite e das Musas, como escreveu maliciosamente o poeta Anacreonte, uma geração depois.

Em seus versos de despedida, Safo celebrava os noivos comparando-os a ninfas e heróis; isso confirma que, estando a vida coletiva das jovens dos *thiasoi* sob a especial proteção de Afrodite, as meninas expressavam um afeto apaixonado entre si e para com a mulher que as tutelava; e Safo, nesse sentido, professava um cálido apego pelas adolescentes que, ao se casarem, deixavam de ser "jacintos nos montes" para se converterem em "flores plantadas no solo", ou seja, que a partir do momento em que arcavam com as preocupações e dissabores da vida matrimonial, para a qual haviam sido preparadas, as donzelas perdiam seu estado anterior de pureza perfeita.

Foi assim que ela cantou ao encaminhar para as bodas uma das jovens de seu *thiasoi*, e é assim que lemos estes versos que começavam com o louvor do noivo antes de se dirigir à noiva:

Parece-me igual aos deuses o homem
Que vejo sentado frente a ti
Ouvindo absorto tua doce voz
E o riso encantador que, a mim,
Perturbou o coração dentro do peito.
Apenas te contemplo e a voz me falta
A língua parece partir-se
E um fogo sutil recorre pele adentro;
Já nada veem meus olhos e zumbem meus ouvidos,
Corre o suor pelo meu corpo e trêmula
Sinto-me toda; como a relva do prado
Quedo-me verde e como morta.
Porém a tudo é preciso superar...

Se pouco restou da obra de Safo, muito menos de sua biografia. Nasceu por volta do ano 590 a.C., perto de Mitilene, capital da ilha de Lesbos, na época ocupada pelos eólios; por Heródoto sabemos que seu pai chamava-se Escamandrônimo e sua mãe Cleis, nome que daria também à sua formosíssima filha, provavelmente loura, a quem dedicou pelo menos uma canção na qual a comparou à luz de uma tocha. Segundo a própria confissão, não era bela; Plutarco, todavia, apelidou-a *a bela Safo*, enquanto Platão, que muito admirava sua força poética, foi o primeiro a chamá-la *Décima Musa*. Ela descreveu a si mesma como uma mulher pequena, morena e não muito graciosa. Oscilava entre sentimentos doces e amargos, e não ocultou os transtornos que, em determinadas ocasiões, lhe provocava Eros. De fato, sua lenda começou a se difundir graças aos extremos que ora deixavam-na repassada de dor, a ponto de desejar a morte por causa de um abandono, ora enchiam-na de um gozo exagerado. Apaixonada, sensual e inclinada a certa melancolia, a qual sabia expressar com singeleza, Safo permaneceu, contudo, estoica por disciplina, e tão brilhante quanto extraordinariamente sensível.

Perdeu seu pai quando tinha 6 anos e manteve ligações muito estreitas com seus três irmãos, a quem mencionou várias vezes em seus cantos. Orgulhosa do fato de um deles [Lárico], devido à sua elegância e beleza, ter sido escolhido para servir o vinho nos banquetes cerimoniais, testemunhou em seus versos a importância que representava para um jovem da cidade receber uma distinção como esta. Com relação a Cáraxo, ao contrário, descreveu a vergonha que trouxera à família quando se apaixonou por uma hetera grega chamada Dórica, que conheceu em uma de suas navegações a Naucrátis, na costa egípcia, onde comerciava com o vinho de Lesbos. Por ela, esta amante misteriosa, Cáraxo sacrificou seus bens e incorreu em desvarios tais que, ao descrever o acontecimento, Heródoto a confundiu com Rodópis, uma cortesã de origem trácia que foi durante algum tempo escravizada do comerciante Jadmon, o homem sâmio de Efestópolis, e companheira de servidão do fabulista Esopo. Graças a seus encantos, Rodópis acumulou grandes riquezas, e com a décima parte de sua fortuna mandou erigir a si mesma um monumento em Delfos. Mas seria demasiado forçado vinculá-la a Cáraxo.

Safo casou-se com um próspero comerciante da ilha de Andros, ainda que desse matrimônio só tenham restado os versos dedicados a Cleis, "formosa como flores de ouro", por quem sua mãe "daria a Lídia inteira". Morto ou abandonado, seu marido Quérquilas se apagou de sua biografia. Ainda jovem Safo partiu para o exílio na Sicília, talvez por causa de distúrbios políticos ocorridos em Lesbos, e lá lhe ergueram um monumento no século 4 a.C., o qual foi roubado muito depois por Verres, um governador romano conhecido por sua cobiça. Safo regressou mais tarde para Mitilene, onde permaneceu pelo resto de sua vida.

Os interesses de Safo não se concentravam em questões de família, mas eram tomados pelas tarefas da escola e com o ofício de tutelar as jovens, que considerava um ministério sagrado. De fato, a poesia orientava e refinava suas vidas. Foi com esse espírito que escreveu e conviveu entre as meninas que formou e amou, e com quem sofreu e se alegrou. Assegurou que a atividade das Musas favorecia o triunfo da sensibilidade, da ordem e da graça sobre a torpeza, a desordem, o acaso e a vulgaridade; por isso nunca devia se infiltrar em seu círculo um sentimento de luto; ao contrário, quando perdiam um ser querido, as jovens deveriam cultivar o silêncio, conforme cantara em seus versos a Cleis quando esta chorou pelo desaparecimento de alguém que lhe era próximo.

Safo escreveu no dialeto eólio ou em lésbio vulgar, inventando tanto os harmoniosos versos sáficos como as estrofes eólicas, espécie de harmonia para canto acompanhado por um instrumento chamado *pectis*. Dos nove livros que escreveu, só perduraram dois poemas completos: *Ode à mulher amada*, que foi compilado por Longino em seu *Tratado do sublime* e traduzido para o latim por Catulo em seu poema 51; e *Ode a Afrodite*, resgatado por Dionísio de Halicarnasso. Os fragmentos de muitos outros poemas que conhecemos confirmam que se cumpriu sua esperança de ser recordada através dos séculos não pelo clima de escândalo que a envolve, mas por sua reputação entre os poetas de maior importância da lírica grega.

Desconhecem-se as datas de seu nascimento e de sua morte. Um célebre relato, talvez proveniente de uma comédia grega, afirma que Safo se apaixonou por um certo Faon. Quando este a desprezou, a poetisa precipitou-se do rochedo de Lêucade, uma ilha situada na costa oeste da Grécia.

Essa mulher, diria mais tarde Marguerite Yourcenar, amargurada por todas as lágrimas que, fortalecida por sua coragem, não se permitiu nunca derramar, percebeu que a todas as suas amigas não podia oferecer mais que um acariciante desamparo.

OLÍMPIA

Se estudássemos Alexandre, o Grande, somente por sua origem materna, encontraríamos um veio mítico que o aparentaria com os heróis. Olímpia tinha mais orgulho de seus vínculos divinos que do filho que a tornaria famosa. Provinha de uma casa real, reconhecida inclusive pelos gregos, que ostentava Aquiles como o iniciador de sua linhagem. Ao se casar com Felipe – rei macedônio célebre tanto por suas vitórias militares como por suas orgias alcoolizadas com pajens, meretrizes, bailarinas e sibilas –, avigorou a força de um poder que, desde os dias decantados por Homero, parecia destinado a engrandecer a memória do legendário Heleno, filho de Príamo de Troia e fundador da estirpe dos caônios do Épiro.

Órfã muito cedo, Olímpia foi tutelada por seu tio Arribas, irmão do falecido Neoptólemo e seu herdeiro no trono de Molosia, que determinou entregá-la em casamento a Felipe enquanto reservava para si a mais velha de três sobrinhas, e para sua corte de efebos favoritos, o jovem Alexandre, cujo nome real herdaria o famoso macedônio. Intrincada como é a história dos gregos, a de Olímpia encabeça um dos mais apaixonantes e sangrentos episódios da luta pelo poder na Antiguidade, não só por seu enredo de parentes, domínios e batalhas militares, mas também pela fábula que ata o destino de tantos homens e mulheres que naquela região dos Bálcãs sonharam um mundo de façanhas heroicas capaz de rivalizar com os prodígios efetuados pelos deuses.

MULHERES, MITOS E DEUSAS

Estando a história inclinada a destacar os enfrentamentos armados do poder, ou a se deter sobre os efeitos visíveis dos declínios ou das conveniências dos poderosos, desde sempre as narrativas da aventura humana foram marcadas pela omissão e pelo esquecimento. Uma aventura que não seria tão grandiosa ou complexa em seu desenvolvimento se nela não interviessem nos momentos culminantes as intrigas e paixões enfeitiçantes das deusas e das mulheres. Se observarmos o Olimpo, ali estão Afrodite, Atena, Hera, Deméter e Perséfone para demonstrar que nenhum aspecto significativo da existência foi alheio aos interesses e olhares femininos. Por elas os deuses firmaram alianças ou sistemas de encobrimento; por elas os homens encheram-se de coragem; e toda a descendência de heróis, ninfas, deidades menores e seres privilegiados espelhou, cedo ou tarde, as marcas do furor amoroso, das argúcias guerreiras ou dos desígnios nem sempre sutis da imaginação feminina.

No caso da tragédia, a arte e a inteligência careceriam de alicerces para orientar os árduos caminhos da conduta se não considerassem as tribulações de Electra, Jocasta, Antígona, Medeia, Andrômaca, Hécuba, Penélope, Helena, Ifigênia ou Clitemnestra, a cuja profundidade emotiva devemos as mais comovedoras lições de humanidade. E o que seriam os mitos sem o arco de permanente tensão que entremeia a fecundidade primordial, o pensamento, a religiosidade, o mistério e a morte que se estendem entre a feminilidade, o sonho criador e a ordem do universo?

Umas mais vigorosas, outras menos visíveis ou perturbadoras, as sombras de algumas mulheres perduram através dos séculos acima da sucessão de idiomas, credos ou culturas graças ao fogo com que forjaram sua passagem pela vida. Olímpia não passou inadvertida em sua jornada, ainda que na memória de gerações sua grandeza tenha sido progressivamente filtrada até que reduzida a uma cruel personagem que tingiu de sangue e minou, com sua insídia, o helenismo que se achava em gestação. Tudo isso porque ela

OLÍMPIA

amava o mistério, tanto quanto o domínio mundano e os prazeres provenientes do leito, dos altares sacrificais, dos cenários teatrais e da culinária. Quando falava, imprimia à voz tons próprios de reis e marechais, e mesmo em seu modo de andar, de olhar e de excitar os homens com suas danças singulares, percebia-se o hábito de se igualar às divindades.

Sendo ela mesma uma sibila, invocava as forças das trevas a fim de incrementar sua índole temerária pela via dionisíaca, da qual também se dizia descendente direta e credora de atributos olímpicos. Jamais desperdiçava ocasião nem recursos para se infiltrar em assuntos tidos como privativos aos varões. Não que desprezasse as outras mulheres, sequer considerava-as possíveis rivais, já que os alvos de seus olhares começavam onde se dissipava a imaginação das demais; no máximo lhes administrava venenos ou poções de variada eficácia segundo sua avaliação do potencial risco de suas influências na hierarquia sucessória de Felipe, cujo trono considerava destinado por desígnio supremo para seu filho Alexandre. Quando reconhecia a cobiça de alguma outra mulher, aplicava procedimentos pouco sutis para anular quaisquer de suas argúcias. Não se intimidava perante monarcas, sacerdotes ou generais porque, em seus acessos de ira, explodia em um furor comparável ao dos titãs e, se falhava o ímpeto despertado por sua cólera, manifestava-se a insinuância absorvida de suas serpentes ou o sistema de alianças contra inimigos comuns para multiplicar suas vinganças.

Para Olímpia não existiam derrotas honrosas nem pequenos triunfos. Sua vida amorosa esteve semeada de façanhas que até mesmo nos dias de hoje nos pareceriam inauditas. Entre seus atrevimentos noturnos se destaca a fábula de como foi concebido Alexandre enquanto o cônjuge real participava de uma batalha, graças à intervenção da magia.

O próprio Felipe, não obstante sua absoluta crueldade, chegou a temê-la, pois mesmo do alto do orgulho guerreiro da

MULHERES, MITOS E DEUSAS

Macedônia não havia quem ousasse duvidar de suas habilidades e ligações sobrenaturais. O certo é que, em um ambiente regido pelos preconceitos, pelo destino e pelas traições, é bastante crível que a religiosidade se mesclasse ao manejo arbitrário de artimanhas, e que as conveniências ajudassem a suprir conchavos políticos mediante a força de predições domésticas ou, em casos mais complicados, pela intervenção de oráculos que abarcavam desde as mensagens indiscutíveis do fado até a interpretação dos sonhos e dos presságios, segundo os critérios sempre cambiantes dos profetas, feiticeiros ou sacerdotes.

Mulher excepcional, Olímpia foi e continua sendo o que se chama personalidade. Para ela eram muito pequenas as tarefas de tecer, reproduzir-se, manter o lar e se ocupar das intrigas entre rivais e possíveis pretendentes ao trono. Não obstante ser a sexta de uma longa lista de esposas e concubinas de Felipe, fez valer seus direitos reais por meio do assassinato de seus inimigos ou engendrando no coração de Alexandre um profundo desprezo pelos caprichos do monarca, mediante a escusa de que o rei Felipe pretendia fazer seu meio-irmão Arideu seu sucessor no trono da Macedônia. Surgiu a suspeita de que foi por meio de suas atividades perversas com ervas e feitiçarias que Arideu, filho de uma bailarina estrangeira e primogênito de Felipe, perdeu o vigor e o controle de suas faculdades até ficar reduzido a um pobre infeliz sem vontade própria que, aos olhos de todos, era totalmente inadequado para assumir o governo.

Sofisticada e sensual, Olímpia passava as tardes divertindo-se com suas amadas serpentes. Aproveitava-se da embriaguez de seu marido para recolher boatos ou arquitetar murmurações ferozes que logo serviam para substituir os comandantes nas batalhas, prepostos e governadores, bem como para redistribuir bens e terras, espólios de guerra, escravizados e armas. Sem a menor dúvida, mantinha estrita vigilância sobre o tesouro de seu *oikos*, ou lar. Seguramente também se assentava junto ao trono real durante as cerimônias e participava dos escandalosos banquetes que eram servidos na corte, do mesmo modo que Helena o fizera na Lacedemônia, e supõe-se até mesmo que, quando não estava bailando para seduzir os convivas, atrevia-se a tomar a palavra arrogando-se atribuições que ultrapassavam de muito seus deveres de rainha.

Ciumenta e aguerrida, nenhum relato a descreve junto à roca ou ao cesto de novelos de lã, objetos que, tanto entre damas como escravizadas, constituíam a imagem da condição feminina em uma Grécia que oscilava entre a barbárie característica dos macedônios e as mais elevadas conquistas da razão ateniense.

Seus subordinados tentavam explicar os atrevimentos daquela mulher que dormia com serpentes dizendo que ela era única por sua origem de nobre linhagem e que, desde menina, deleitava-se com os jogos do poder. O fato é que, acima das questões mundanas que empanaram sua fama de poderosa sibila, a mãe de Alexandre, o Grande, amava o poder tanto quanto o perigo. Esposa do mais prestigiado conquistador do século 4 a.C., entendeu que se nada era mais respeitável para os gregos que trazer nas veias o sangue dos deuses, então ela teria de encontrar um modo de fascinar os macedônios com a história de um nascimento privilegiado.

É provável que essa sua natureza, herdada de deuses, guerreiros e heróis, fosse determinante na formação militar e na reconhecida capacidade estratégica de Alexandre, pois é sabido que Felipe, por duvidar de sua paternidade, rejeitou o menino durante sua primeira infância e que, antes de ser educado pelas mais altas inteligências da Grécia, Olímpia cultivou no espírito do pequeno a ideia de que o mundo lhe pertencia por direito supremo. De fato, não se reconheceu em Alexandre influência mais perdurável nem mulher mais amada que sua própria mãe, ainda que, com o incremento de suas riquezas e diante do somatório de reinos que engrandeciam sua coroa, ela praticasse sua crueldade por meio de procedimentos cada vez mais sanguinários, o que lhe granjeou uma tal quantidade de inimigos que veio a morrer como havia vivido, sem que no final se soubesse quantas foram as mãos que participaram de seu assassinato.

Olímpia era perita em insinuar-se como as cobras. Talvez por isso Alexandre tendesse a preferir ataques de surpresa. Assegurava suas vitórias mediante ataques indiretos pelos flancos e nos momentos mais inesperados, debilitando assim seus adversários por atingi-los em seus pontos mais vulneráveis, evitando, ao mesmo tempo, a mortandade habitual que nas batalhas dizimava os melhores regimentos.

Bacante apaixonada em extravagantes sessões de voluptuosidade, sibila e intrigante poderosa, Olímpia significaria muito mais que um vínculo conjugal do Épiro com o filho de Amintas[*] e seria muito mais que uma rainha circunstancial da Macedônia que conseguira impor-se na corte, apesar de ser a sexta na lista de casamentos reais. Antes de desposá-la, Felipe sucedeu no trono a seu irmão mais velho, Pérdicas, quando este, por defender os direitos portuários e a soberania macedônica, perdeu a vida junto com quatro mil soldados seus em combate contra os invasores ilírios comandados pelo rei Bardílis, em uma matança descomunal. Desde então aquela carnificina foi chamada "o desastre bélico", e a data e os pormenores foram inscritos em tábuas de pedra, para que ninguém esquecesse do acre sabor da derrota.

Homem indubitavelmente afortunado, não era a Felipe, porém, que correspondia a coroa, mas aos filhos de seu irmão; mas os sucessores eram demasiado pequenos quando ocorreu a tragédia, e Felipe era demasiado poderoso para ignorá-lo ou para desperdiçar suas qualidades de comandante em uma situação tão aziaga. Em casos como este, em que os poderes mudavam de rumo e o sangue instaurava filiações inesperadas, o mundo estremecia de expectativa

---

[*]   Felipe II e Pérdicas eram filhos de Amintas II, aliado de Esparta, que reinou de 396 a 370 a.C. [N. de T.]

e todos ficavam pasmados ante o sinal do destino. E o destino, pelo menos nesta eventualidade, inclinava-se a favor da valentia, do arrojo e do afã de conquista; a história chegava finalmente à margem de sua súbita expansão, ao lance mais vigoroso, uma vez que a Macedônia, de tribo batalhadora e vizinha rural da deslumbrante Grécia, elevava-se agora a símbolo de uma época e de um poderoso império que situava a pequena cidade de Aegae como nova capital, que não somente substituiria secularmente a Pela, mas tornar-se-ia necrópole real e sede de importantes banquetes com monarcas e embaixadores.

Ainda que Teopompo tenha dito que a Europa nunca havia produzido um homem como Felipe, tanto em Pela como na corte de Aegae, confirmou-se que sua esposa Olímpia não lhe era em nada inferior, nem sua flama sucumbia ante o brio soberano. Felipe era Felipe, um universo em si mesmo, combativo como ninguém, respeitado da Grécia à Sicília, mas ao se defrontar com ela sua fama se ofuscava, e quando estavam a sós parecia apenas a luz de um pavio junto a semelhante fogueira. Pois que Olímpia era uma chispa capaz de abrasar o próprio Olimpo, uma cobra à espreita da vítima e, quando se deitava com um homem rústico que lhe houvesse resistido, era carícia e furor que se deslocava pelo amante como água sobre a rocha.

Prová-la, diziam os mais impetuosos, era façanha maior e mais prazenteira que os deleites do poder e até mesmo superior às vitórias bélicas. Sua pele desnuda parecia crepitar e, versátil como era, cheia de contrastes como as felinas que da sensualidade saltam à fúria, ela intercalava calmaria e resplendor, momentos de fulgor e plácidos passeios ao luar. Se algum incauto simplesmente a roçasse ou interrompesse seus rituais amorosos, enchia-o de insultos e o expulsava a pancadas. Caprichosamente perdoava, distendia-se e reinventava o ritual segundo as normas mais aleatórias. Invocava Eros com as coxas tensas e erguia os mamilos como dois pequenos fachos noturnos. Lenta, muito lentamente se fundia e, por um instante, seu rosto se iluminava. Quão formosa era então Olímpia, como encantava! Desde seu íntimo emitia um sonido estranho, entre o ronronar e o sussurro. Inebriante era a sua respiração e o suor que sulcava seu corpo, fazendo-a resplandecer. Pouco a pouco ia engrossando a voz e a elevava como as espirais de um caracol para que o mundo se assombrasse com o canto sexual da sibila.

De índole noturna, Olímpia se inclinava para o mistério e só amava os desafios, aquilo que se julgava inexequível ou destinado apenas aos heróis. Era temida e exercia essa atração característica dos poderes malignos, um fascínio que a história transformou na marca do abismo.

Essa era a secreta potência de Felipe, seu alimento prodigioso; dali provinha talvez o vigor que o converteria no protagonista das *Filípicas* de Demóstenes – quem, ao negociar a paz em Pela acompanhado pelos embaixadores de Atenas, ao ver o pequeno Alexandre recitar durante o banquete primeiro alguns versos de Homero e depois, com um de seus amigos, interpretar uma cena de Eurípides, diria que o filho do rei era aplicado, mas tão absolutamente ridículo como o *Margites* de Homero. Também era dali, de sua atribulada relação com a sanguinária Olímpia, a origem dos famosos acessos de loucura do monarca macedônio e da espiral de ciúmes que, ao término de sua vida, haveriam de reduzi-lo à sombra embriagada de sua sombra, a um fugitivo desesperado, a um amante nostálgico do ardor e, finalmente, a um vulgar violador de jovenzinhas, consequências da insegurança que a esposa lhe despertava; não obstante, e apesar de suas reações descontroladas, Felipe nunca se apartava demais de Felipe nem se esquecia do alcance absoluto de seus poderes. Os gregos podiam aborrecê-lo por seu barbarismo e até mesmo lhe desejar uma morte humilhante, mas jamais diriam que fosse um inimigo menor ou um contendedor simplório.

OLÍMPIA

Certo é que Felipe era Felipe, o grande estrategista; mas Olímpia era feita de fogo, tal como sua espessa cabeleira vermelha. Olímpia possuía dons inusitados. Reluzia por baixo dos cobertores. Amanhecia com o orvalho. Alvorecia. Seus olhos verdes queimavam, seus braços ondulavam como serpentes e suas pisadas ressoavam em espaços proscritos como se nas plantas dos pés levasse consigo o rumor de um exército. Suas pupilas traspassavam a pele e arrancava segredos com um único piscar de olhos, ou então se assenhoreava do sossego e dos corações dos homens. Gerada com a matéria de Dionísio, em seus sonhos mesclavam-se o espírito do Egito ancestral, a sede insaciável das bacantes e uma indisfarçável paixão pelo enigmático Nectanebo, herói a quem os deuses fizeram desfrutar sua intimidade para que no mundo se soubesse do que são capazes os homens quando se juntam o furacão e a fogueira.

Nectanebo, governante destronado de Mênfis em pleno expansionismo persa e secretamente exilado na Macedônia, ostentava na fronte a luz daqueles capazes de inquirir a alma. Era belo, mais formoso que os núbios, e seu caráter temperado pela derrota dotava-o de uma grandeza sólida, tão sólida quanto o antigo olival que admirava ao amanhecer, e de uma ousadia característica daqueles que provaram o raro deleite da iluminação mística. Assim era Nectanebo, diferente dos macedônios e de todos os gregos, ardente como as regiões do Nilo e um sedutor digno de Minos. Estudava as coisas do mundo em concomitância às suas revelações proféticas e preparava tintas, beberagens e até mesmo maquinário para complicar ou melhorar a existência, para medir o tempo ou para facilitar com papiros que podiam ser enrolados o registro daquilo que até então era inscrito em rústicas tabelas. Inventava remédios para doenças raras, curava febres e, em especial, mitigava as apreensões provocadas por Eros. Dizia-se que Nectanebo conversava com os deuses tratando-os por "tu"; que auscultava os enigmas do pensamento e, acima de tudo, conhecia as debilidades humanas e a profundidade devastadora do irracional sem sentido.

Perdido o poder temporal, Nectanebo decidiu cultivar os deleites e esquadrinhar os enigmas do tempo. O poder, pensava ele, não deve se limitar à Terra nem depender de um trono real. O poder é um símbolo, tão inacessível quanto as águas do Nilo; feroz e magnético, como a vastidão do deserto, e indiscutível, como a capacidade de comando que se divisa em certos olhares. Disso sabia Nectanebo muito bem, pois reis ou escravizados, sem distinção, reconheciam o poder em seus olhos; uns, os mais modestos, porque baixavam a vista quando, sem necessidade de proferir palavras de aquiescência, acatavam-lhe as ordens; outros, mais graduados, lutavam frente à sua figura elegante contra a tentação da obediência, mas, querendo ou não, acabavam por se submeter, ainda que parecesse ao final estarem agindo assim por escolha própria. Nectanebo perdeu o domínio sobre Mênfis e sobre o governo do Alto Egito, mas ninguém foi capaz de lhe arrancar a força criativa nem o dom da palavra no mais sagrado vigor do verbo.

Acima da força profética dos adivinhos e interpretadores de sonhos, o egípcio estudava os precipícios do silêncio e praticava com maestria a arte da sugestão. Também por isso intimidava, porque sua voz nunca estava vazia e preenchia com nomes as aflições daqueles que o escutavam. Nectanebo falava a todos com verdade e isso causava grande espanto. Dizia diretamente, com os olhos postos sobre o rosto amigo ou inimigo, as coisas que os demais costumavam calar por torpeza mental ou covardia. Ele era terrível, murmuravam as línguas, de povoado em povoado, mas secretamente invejavam a graça com que Amon o havia distinguido. Longe de se envaidecer de sua eloquência, Nectanebo considerava a linguagem sagrada. Sua palavra era somente a ponta visível de um universo de luz, o primeiro e fraco albor de uma aurora ainda muito distante.

Sussurrava invocações arcanas ao oferecer sacrifícios e deliberadamente exagerava a sua excentricidade para que as murmuradoras falassem de estranhas travessias que ele realizava sozinho e que depois selava com as escrituras. Diz-se também que inquiria cadáveres e que dissecava seres vivos.

Ao intuir Nectanebo no mais fundo de suas pupilas, Olímpia soube que esse era um homem de verdade. Cada vez que ele se aproximava, ela estremecia por dentro. Ele a farejava a distância, e ela ansiava pela respiração dele. Ela se ruborizava, e ele se dispunha a cortejá-la tal como se fosse uma donzela. Aproximavam-se por meio das vozes, mas seus corpos tremiam por debaixo das túnicas. Tocavam-se com as pontas dos dedos, e a paixão explodia até cegá-los. Então a fogueira se inflamava e os deuses do Egito e da Grécia se congregavam em Pela sobre o leito da rainha.

Assim, enquanto Felipe guerreava, Olímpia se entregava a uma vontade superior, convencida de que ia fundir em seu leito o sonho e a realidade, a mensagem sagrada de Eros e as trevas dominadas por Osíris.

Ele mesmo apaixonado e imbuído de um verdadeiro frenesi, Nectanebo provava a sensação de se estar assenhoreando do universo. Amon manifestava-se ao amanhecer, depois que ele oferecia a Rá os sacrifícios que lhe eram devidos, e junto das oliveiras o deus lhe revelava seus desígnios promissores. Com devoção, Nectanebo contemplava a linha do horizonte e, lentamente, com pontual religiosidade, desdobrava seu manto como se na envergadura estivesse contido o resumo de sua derrota. Jurava aos deuses transformar seu sangue em um vocabulário de nomes para que ninguém, nunca mais, atentasse contra a memória de seu povo vencido:

Meu sangue se transformará em letra
e o Egito se elevará ante os homens
como emblema da memória;

Em troca do poder das armas,
Seu novo poder viajará no tempo
E desafiará o esquecimento...

O poder de Nectanebo era o verdadeiro poder. Aventurava-se na luz. Por esse motivo o mundo para ele parecia estreito e sua razão se fazia sentir tão inesgotável quanto o mistério do pensamento. Com Olímpia a seu lado, todas as artes se entregavam a ele e sua voz se aclarava, como se insistisse para que a palavra saísse de sua boca.

Poeta, astrólogo e matemático, decifrava enigmas, reinventava nomes, aceitava o destino do homem e manejava as armas com destreza. Era vingador e valente; era sábio como os sábios de então, uma época em que se considerava a razão como substância divina e o conhecimento como um presente de Apolo. Nectanebo era, na verdade, diferente de guerreiros e reis, de sacerdotes e magos, e também dos homens comuns talvez porque tivesse sido chamado a engendrar o mais admirado e odiado dos conquistadores, o primogênito de Olímpia e Felipe, cujo nome reinaria efetivamente através dos tempos, transformado em símbolo.

E símbolos era o que mais possuía o singular egípcio, e ele estava disposto a defendê-los com a própria vida. Para Nectanebo, nada era mais importante que um sinal que, sendo o que era e sem desgastar seu mistério, significava também o que os demais entendiam. Por isso amava a magia e entesourava desígnios como outros entesouram objetos. Com precisão distinguia os indícios e as diferentes manifestações dos deuses. Ponderava a carga de divindade que cada um expressava ao falar, ao se mover, ao orar, ao comer e ao amar, e com rara aptidão diferenciava os diversos estados de humanidade como se fossem estações de luz, desde os corpos opacos, miseráveis ou insignificantes até a fogueira deslumbrante, essa substância de Rá que Dionísio descobrira enquanto vagava da Síria ao Egito e que prodigalizara em sua passagem, como a hera e a vida, sempre em estado de exaltação e ao som da flauta e do tamboril.

Perito em arrancar segredos do passado, Nectanebo soube que os magos haviam anunciado que em algum tempo futuro, mas certamente em língua grega, o grande Amon e o deus da loucura congregariam suas forças em um ventre estrangeiro para gerar um ser com espírito de fogo e cabeça de leão, coroado com a hera das mênades, um mortal que descobriria finalmente o caminho que conduz à imortalidade.

Em uma mentalidade tão ligada à simbologia, nada mais óbvio que repetir o costume de perseguir enigmas tanto nos grandes momentos como nos pequenos detalhes de sua própria existência. Nectanebo decifrava até seus sonhos ou perseguia fábulas ao despertar, como se neles buscasse a fonte de uma certa sabedoria ou um segredo na imagem que lhe fora apresentada. Ocorre que, em uma mentalidade tão inquisitiva, o todo e a parte eram princípio, indício ou conclusão de uma outra realidade, à primeira vista recôndita e inacessível, que eternamente conduz ao movimento das vozes, ao trânsito dos nomes e à invenção de linguagens que vão criando figurações, signos diferentes e, sobretudo, novos nomes.

Por essa invocação dos símbolos e pelo alto sentido que a voz adquiriu durante seu exílio, Nectanebo cultivou a faculdade de enxergar o que era invisível para todos os demais. Assim, antes mesmo que o mais experimentado cidadão pressentisse que algo ia suceder, ele já havia associado, conjeturado e antecipado, não o porvir, mas o rumo mais provável da realidade. Por essa faculdade e pela graça de seus demais atributos, era não somente um monarca nostalgizado em seu reino vencido, mas também um mago e um poeta capaz de distrair sua saudade com outros poderes e, acima de tudo, era o eleito de Amon para a realização de grandes empresas.

Com o passar do tempo, Nectanebo tornaria ainda mais misteriosa sua fama por causa da inequívoca paternidade de Alexandre da Macedônia.

Ajudado pela magia, Nectanebo purificou o ventre de Olímpia por meio de um meticuloso ritual, e preparou seu próprio espírito para gerar um ígneo descendente. Logo depois, ao confirmar que a Lua, os augúrios e os sonhos estavam ao seu lado, perfumou os cobertores com azeite de Tischepe e ordenou às escravizadas que providenciassem duas fontes com maçãs do amor a fim de adocicar os aromas da câmara real. Fez-se ungir com óleos e madeiras do Oriente e, quando o sândalo despertou seus sentidos, isolou-se para meditar em um lugar onde somente o trinado das aves fazia coro aos movimentos das ramagens. Em plena solidão, apresentou oferendas ao mais antigo dos deuses e cantou hinos ao maior dos nove, mentor de todos os deuses e criador do sempre, das estrelas de cima, dos homens de baixo, das árvores, dos mananciais e da verdade.

Meditou diante da caverna em que costumava ocultar beberagens, instrumentos e ervas e esperou a indicação do destino ao cair do entardecer. Nada falava a respeito aos habitantes da Macedônia, porque lhe era muito doloroso invocar a ascensão dos persas e as crueldades praticadas por Artaxerxes contra os egípcios; porém, a cada momento, Nectanebo nostalgizava o Nilo e as trevas de Osíris, ansiava pelo poder de Rá e seu furor majestoso, especialmente quando seus raios se estendiam nos primeiros albores da aurora e todos os seres vivos se incorporavam como que trazidos de um sonho remoto e cheio de esperança. Lutou até o final para defender seu cetro e o diadema coroado com as duas serpentes de Buto; combateu o invasor quando não era mais possível alcançar qualquer unidade no Egito, já que, como lhe haviam anunciado os deuses de antanho, esse período de tirania e de derrotas internas consumava o fim da supremacia faraônica. Não se vislumbrava qualquer sinal no horizonte senão o que indicava o advento de uma época em que os velhos reinos mudariam de línguas e de deuses, de leis e de aspirações, e até mesmo de costumes na maneira de vestir, de se alimentar e de amar.

Nectanebo, último representante de uma história que se perdia para sempre no passado, soube que não havia regresso para os de sua condição. Estava condenado a desaparecer na memória do Nilo. Quem sabe as marcas de seu esplendor ficariam petrificadas em monolitos semeados no deserto, donde perpetuariam os credos com os símbolos de sua derrota para servir de lição e lembrar do que foram capazes os homens ao sonharem em se igualar aos deuses. No recolhimento de seus poderes secretos, Nectanebo consumaria seu destino, não por si mesmo, mas por meio do vigor de seu sangue. Tal foi a recompensa que, no desenlace que levaria à sua extinção, Amon-Rá preparou ao fundir-se com Zeus e escolher o ex-governante egípcio como portador da semente que geraria o descendente do carneiro solar e do senhor do raio.

Pesava no espírito de Nectanebo a ausência da eternidade que pairava sobre as paisagens de seu adorado Egito; porém, ao invocar suas divindades mais amadas, recuperava os nomes daqueles que velavam durante a noite para preservar o curso do calendário. Por intermédio dos emissários de Amon-Rá soube, no recôndito de seu templo, que não ele, mas sua semente seria eleita para consagrar a memória de um novo reino verdadeiramente vasto e formado por várias línguas, que uma jornada de amor envolta por fórmulas mágicas seria como um rio que flui por entre vales, montanhas e dunas até se fundir nas águas imemoriais. Surge daí sua dupla intenção de seduzir Olímpia como homem e fecundá-la como deus, por atributo de Amon, pois de seus encontros nasceria uma criança que haveria de sacudir o teto do universo.

Concluído o ritual do holocausto, Nectanebo adornou-se com um macio velocino de carneiro e com sandálias entretecidas de folhas de palmeira e couro fino. Sobre a tiara branca de altas plumas que colocara na testa, deslizou os cornos dourados do barbudo Amon até lhe chegarem às têmporas, e o turbante azul representativo do faraó divinizado. Cobriu sua túnica de linho

MULHERES, MITOS E DEUSAS

com o manto de serpentes bordadas e se encaminhou para render tributo ao grande Dionísio, levando cetros de ouro e ébano nas mãos, mais seu báculo ornado. Sua respiração era como fogo, sua chama interior erguia-se bem alto e era digna de Amon a oferenda nupcial que, em nome de Zeus, resguardava em um cofre de gemas preciosas. Escura como estava a noite, contemplou mais uma vez as estrelas e, pela última vez, recordou os mistérios de sua Mênfis remota.

Assim, ardente de amor, o egípcio adentrou-se ao leito sibilino de Olímpia e, pouco a pouco, os amantes se entregaram ao delírio embriagador de um vinho forte. Ela dançou em honra do arroubo dionisíaco imitando as contorções dos sátiros, enquanto Nectanebo se consumia de desejo. Ele a espreitava em franca luxúria, e ela se contorcia com violência. Entre mascaradas e evoluções rítmicas a executante agradava seu deus e, com maestria, representava um grou em voo, uma serpente ondulante ou um temível leopardo até desencadear a própria loucura e cair em delírio. Mistura de luz e de sombra, cada um oferecia à expectativa do outro não só o relâmpago divino com tudo mais que fora aprendido em seu peculiar sacerdócio, mas também o produto de uma paixão que não se esgotava na simples perquirição dos sentidos. Passaram dos gestos cerimoniais e da simulada bestialidade ao descobrimento da mais delicada sensualidade, que ambos sabiam sagrada, até que a fadiga encaminhava-os gradualmente ao sono para abandoná-los, estendidos ali, em um sossego que para os dois era incomum.

Assim a cativou Nectanebo, plenamente fiel aos desígnios e aos ditames de Eros, em períodos intercalados de frenesi, suavidade e purificação durante os quais sobejavam estranhas danças rituais, unguentos afrodisíacos e vapores de ervas trazidas do Egito e da Babilônia, onde já naquela época se praticavam cuidados e técnicas de embelezamento do corpo. Amaram-se os dois durante vários

OLÍMPIA

dias e várias noites, com a certeza de que era o deus, apossado das feições e do corpo de Nectanebo, quem gerava no ventre da soberana macedônia aquele que teria tão feliz fortuna.

A gestação de Alexandre está cercada de magia, de sonhos proféticos e de indícios afortunados que comprovam como a história reflete um caudal de imaginárias depuradas até a obtenção de um homem, de um povo ou de um acontecimento moldado à altura do mito. Fruto do rio de vozes e figurações sobrepostas à memória que se ampliou com seu nome, Alexandre, o Grande, é, na realidade, a sombra decantada de um prodígio anunciado e o conquistador de um mundo reinventado pelas lendas. Como acontecera com sua mãe em seu tempo, também ele se transmutou em uma potência desconhecida e, acima das máscaras de sua índole batalhadora, ficou reduzido a um enigma até hoje não decifrado.

Sem dúvida, Nectanebo soube através dos oráculos que se cumpririam folgadamente os proclamas de sua grandeza. O que não suspeitou, apesar de seu empenho em educar o menino desde a mais tenra infância, é que seu filho, que passaria à história como descendente de Olímpia e de Felipe, lhe causaria a morte ao jogá-lo em um poço, talvez por acidente. Desse modo, e também ao se envolver depois no assassinato do próprio Felipe, Alexandre da Macedônia ascendeu ao trono já com a marca da tragédia na fronte.

Semelhante aos relatos das origens de certos deuses, Alexandre, o Grande, nasceu de um parto confuso em um lugar impreciso dos Bálcãs. Reflexo exato dos delírios de Olímpia e das convulsões que auguravam as reacomodações políticas do mundo, Alexandre foi o símbolo antecipado de sua própria grandeza mesmo antes que sua mãe celebrasse suas bodas com Felipe da Macedônia. Ela sonhara que uma coluna de fogo nascia de seu ventre, tal como as chamas efetivamente determinaram o signo de seu destino.

Depois, influenciados outra vez pela paixão materna e pela dúvida de certa paternidade misteriosa, ainda que vinculada a

Dionísio, crescem com ele a fábula do conquistador invicto e o emblema universal do poder.

Acontece que desde muitos anos e tribos passadas já se sabia que o filho de Olímpia seria o escolhido para fundar uma nova era e que, com suas façanhas, viajaria o poderoso símbolo da máscara dionisíaca, ao qual sua mãe não somente rendeu tributo como consagrou sua vida desde a mais tenra infância.

Em uma época de superstições e de terríveis enfrentamentos bélicos, era impossível conceber um destino sem a influência do fado ou um homem virtuoso, no sentido grego do termo, sem a proteção divina. Um homem, um verdadeiro homem, não se entregava à bebida, por exemplo, somente para se embriagar em um ato da mais óbvia vulgaridade, ainda que em seu sangue habitasse a intenção mais enlouquecedora; mas convencionava a explicação de sua conduta, todas as suas atitudes e até mesmo o desejo mais selvagem a supostas orientações supremas, assim como ao guerrear ou ao amar justificava sua valentia ou suas derrotas mediante o que fora determinado pelas entidades olímpicas.

Nada que se movesse por baixo do teto dos céus escapava ao controle da vontade suprema. Menos ainda em se tratando da gestação dos heróis ou de seres agraciados por suas virtudes. E desde o momento em que os augúrios o anteciparam e a magia contribuiu para propagar sua lenda, Alexandre tornou-se herói, talvez o último da estirpe homérica. Suas façanhas e até mesmo seus caprichos mais desordenados marcavam as diferenças entre o fim do tempo mítico, regido unicamente pela vontade dos deuses, e o começo de uma época entre nós denominada histórica, desde que o homem decidiu impor sua razão acima dos poderes supremos.

Foi precisamente através de Olímpia, sua mãe, que se congregou o caráter de três épocas que haveriam de fundar a civilização moderna. Por meio delas, inclusive, se conservaram indícios trágicos no pensamento e nos temores que caracterizaram o conquistador desde que os presságios anteciparam sua gestação e sua morte. Isso se notava nos privilégios conferidos a adivinhos e sacerdotes, em todas as suas possessões, pela fé religiosa rendida ao destino e que, segundo ele, representava a vontade do Olimpo.

O símbolo mítico, dominante em sua biografia, acompanha-o não somente ao longo da vida, mas se prolonga muito além de sua morte através dos relatos descomedidos de suas primeiras testemunhas e nas palavras que celebravam sua glória por meio de contos inverossímeis de suas façanhas. Seu temperamento ígneo não é, certamente, uma casualidade nem uma característica destoante do ambiente de ódio e vingança que exasperava suas ações no exercício do poder. Ele era filho dos augúrios e da ampliação da coroa de Pela porque assim fora anunciado pelos profetas de Amon, no oráculo de Siwa, após Alexandre ter viajado pelo deserto da Líbia em companhia de seus marechais.

É óbvio, além disso, que Eros reprimiu Felipe com sua languidez e que em Olímpia exacerbaram-se os poderes de gestar e de produzir não apenas um descendente excepcional, mas atitudes tão incomuns como sua maneira de celebrar Dionísio durante orgias muito mais intensas do que era usual em sua época. Profissional da impiedade, a verdadeira Olímpia, aquela que nos legou a história, sabia se ocultar com máscaras, pois se apropriou do êxtase dionisíaco talvez para carregar na própria alma, purificando-o e transformando-o mediante oferendas rituais, o legendário crime das mulheres denominadas *mênades,* suas antepassadas míticas no culto frenético que costumavam praticar algumas sacerdotisas em honra de Dionísio.

Seja qual for sua verdadeira origem, prevalece na esposa de Felipe a insígnia do fogo de Sêmele, filha de Cadmo e Harmonia, amante de Zeus que concebeu Dionísio. Diz-se que Sêmele, antes do parto, rogou ao deus que se lhe manifestasse em todo o seu es-

MULHERES, MITOS E DEUSAS

plendor e morreu abrasada pelo fogo divino que ela mesma acendeu. Foi esse mesmo fogo que também inflamou o leito de Olímpia quando esta concebeu Alexandre e que nutriu sua crueldade como soberana até que ela mesma fosse reduzida a um corpo despedaçado em meio a um charco de sangue. Trata-se, portanto, da mesma chama que, somada ao furor, haveria de convertê-la na maturidade em uma mênade tão sanguinária e terrível que se chegou a afirmar que não havia quem não lhe desejasse uma morte à altura de suas atrocidades, como finalmente lhe sucedeu.

Uma fábula remota assevera que Felipe se enamorou de Olímpia não no Épiro, de onde se diz que ela era originária, mas muito antes, no templo de Samotrácia, onde se apaixonou pela menina órfã que só tinha o irmão Arimbas por família. Acordado o matrimônio com o tio e protetor dos meninos, Olímpia e o rei da Macedônia se reuniram no leito nupcial. Ele estava encantado com seus cabelos vermelhos e com o perfume de jasmim que se desprendia de sua pele por baixo da túnica. Os adivinhos já haviam advertido de que essa criatura era dotada de algum dom fora do comum, pois tanto seus olhos verdes como seu modo de andar enfeitiçavam a todos. Falava com uma firmeza incompatível a sua condição feminina, tomava decisões como se fosse um homem e, segundo o depoimento dos melhores guerreiros, nunca demonstrou a menor covardia.

Ao se deterem um diante da outra e se roçarem de leve durante o pacto cerimonial, caiu um raio sobre o ventre dela, precedido por um estrondo. Todos se recolheram em atitude suplicante, exceto aqueles que estavam próximos da porta, que saíram gritando, espavoridos. Olímpia, ao contrário, permaneceu ereta diante do clarão, senhora do poder e dos sinais propiciatórios. Diz-se que chegava a tocar a flama com as mãos, tal como se quisesse apossar-se de suas virtudes recônditas. Murmurava frases que talvez fossem religiosas enquanto seguia com o olhar o curso ascendente das labaredas.

Logo depois, para assombro das testemunhas que ainda ignoravam do quanto era capaz, bendisse o mistério da própria potência e se apresentou perante o esposo com toda a majestade de uma rainha. Em consequência da queda dessa mesma centelha multiplicaram-se brasas ao seu redor, mas prodigiosamente, sem que lhe queimasse sequer o vestido nem que se abrasasse a lenha na lareira, o fogo sagrado se dissipou como veio, com um estalo olímpico.

Consumado assim o matrimônio, os esposos partiram para a Macedônia e ela assumiu desde então sua natureza ígnea. Vadia durante a noite, entronizada durante o dia, Olímpia começou a desfrutar o contraste entre o temperamento dócil, durante o ritual de libação, e o delírio dos transes em que, tal como um jorro de vinho, se lançava sobre as chamas pelo simples prazer de fazê-las crescer com seu próprio furor. Eram os meses da iniciação, quando Dionísio arrebatava seu espírito e lhe mostrava as perdições dos prazeres recônditos. Não deixou de provar qualquer excesso, tampouco existia em toda a região pessoa ou ação que pudesse escandalizá-la. Não por acaso Alexandre, anos depois, na Trácia, faria correr o vinho puro sobre o altar de Dionísio para fazer uma oferenda à força ardente e, aproveitando o ensejo, para reconhecer sua própria raiz efervescente através da personalidade materna.

Antes de seu nascimento, como era de se esperar, ocorreram vários presságios. Um deles, entre os mais comentados, manifestou-se durante um sonho de Felipe em que ele, com suas próprias mãos, enclausurava cuidadosamente o ventre de Olímpia e, no momento em que o selava, ficou marcada na pele a cabeça de um leão. Tal indício, a princípio, segundo os leitores de sonhos, não parecia ser afortunado porque, ao despertar, Felipe sentiu tal angústia que mal conseguia balbuciar. Suspeitava de sua carga nefasta e não deixava de repetir a si mesmo as infidelidades de Olímpia, mas ainda assim quis reverter a mensagem a seu favor, muito embora o aguilhão da dúvida já estivesse de antemão cravado nas licenciosidades da sibila, e ele preferiu aceitar a versão de que seu sonho lhe anunciava o nascimento de um descendente e herdeiro excepcional.

Os sonhos eram considerados revelações do mais alto valor, pois se acreditava que as noites facilitavam a manifestação de poderes superiores; assim, Felipe consultou um por um a todos os intérpretes, mas longe de se dissipar sua incerteza, esta até mesmo piorou. Alguns dos profetas efetivamente interpretaram o sonho como um sinal de infidelidade e lhe recomendaram maior vigilância sobre a intimidade conjugal, sobretudo quando saísse em expedições para fora da Macedônia, a fim de evitar que Olímpia se atrevesse a fazer passar por seu um descendente alheio. Aristrando de Telmiso, ao contrário, bem mais otimista ou talvez menos informado sobre as veleidades da soberana, augurou o privilégio de um grande nascimento considerando que, segundo ele disse, o vazio não é selado: selamos somente um recipiente já cheio. Se Felipe em seus sonhos selava o ventre de sua esposa, isso significava que Olímpia já se encontrava grávida de um menino feroz e valente, eleito pelos deuses para a realização de uma missão superior pois, como um leão, se anunciava desde suas origens um rei valoroso, que se imporia à vontade de seu pai e monarca, mesmo contra seus próprios desejos.

Esse sonho demarcou o início do desfile de antecedentes mágicos que cercaram a biografia clandestina de Alexandre da Macedônia; a partir dele foi sendo empreendida essa aventura mítica e divinatória que atravessaria sua vida em meio a uma rica sucessão de presságios que conduzirão, invariavelmente, às profundezas de uma religiosidade desaprumada com a qual se deslinda o verdadeiro poder de sua mãe Olímpia.

ESTATIRA

Perturbadora da cabeça aos pés, a mulher de Dario, rei dos persas, era tão bela que se acreditava ter sido moldada diretamente pelos deuses. Era a mais perfeita mulher da Ásia, segundo se dizia, e o próprio Alexandre Magno o comprovou quando a capturou em Issus e a manteve cativa junto com a mãe e os filhos do poderoso monarca rival. No devido tempo se soube que estava grávida, mas nem sua prenhez nem sua hesitação diminuíram a perturbação que causava naqueles que, por sua vez, não resistiam à tentação de estabelecer odiosas comparações com Barsines e Parisatis, donzelas ainda, talvez geradas por Dario no ventre da própria Estatira, ainda que se creia terem nascido de outra de suas muitas esposas legítimas. A descendência do rei costumava ser contada em dezenas e até centenas de filhos de cujas alianças matrimoniais provinha o costume de repartir generosamente cetros e terras conforme as pressões locais, que costumavam ser aliviadas com o estreitamento de alianças políticas alicerçadas em uniões de sangue real.

Depois da batalha de Issus e antes de enfrentar, no célebre cerco de Arbelas, ao exército persa – que no dizer dos cronistas superava com grande vantagem, tanto em número como em qualidade, as tropas macedônias –, Alexandre mandou tratar as cativas com a maior reverência e lhes fornecer o que havia de melhor em suas luxuosas tendas, ainda que alguns eunucos a serviço das damas persas tenham conseguido fugir durante a debandada dos derrotados. A respeito dessa batalha, uma das mais renhidas entre os dois

MULHERES, MITOS E DEUSAS

monarcas, os cronistas escreveram que os reis nunca chegaram a lutar corpo a corpo; mas que nela tombaram cerca de trezentos mil bárbaros, enquanto morreriam somente uns cem soldados do lado grego, principalmente dentre os chamados de Amigos do Rei, isso porque Alexandre dispôs seus arqueiros ao longo de uma linha que cobria o flanco oposto ao curso do rio, estratégia que fez com que os persas surpreendidos fossem empurrados às águas caudalosas do rio, atirados contra as lanças eriçadas [da falange macedônia] ou se deparassem com a oportuna astúcia da cavalaria, que atacava por onde menos se esperava.

Maltratado, alternando esperteza e temor, e graças às mudas previamente estabelecidas em que trocava seus cavalos cansados, Dario pôde empreender fuga até a Média, resguardado por seus guerreiros, mas sem o aparato real que constituía seu séquito e deixando para trás o escudo e o arco imperiais que, pela pressa de salvar-se, ninguém se atreveu a resgatar. Em Arbelas, Alexandre também se apropriou de elefantes e de carros de guerra em tão grande número que os adivinhos atribuíram ao eclipse lunar, ocorrido no mês de memacterion*, o sinal da preferência do destino por quem logo haveria de cingir sua fronte com a coroa mais cobiçada do universo.

Não obstante seu poder de desposar ou reduzir Estatira à escravidão, segundo lhe garantia o antigo direito do vencedor sobre os cativos, Alexandre conteve seu impulso e preferiu a glória à satisfação de um desejo; longe de submetê-la, tratou-a com toda a reverência devida a uma rainha. Sua pele era suave como os aromas enfeitiçantes, e ostentava a graça que somente uma persa adquiria por atributo supremo. Havia quem chorasse ao vê-la, enquanto

---

* Mais exatamente maimakterion, o quinto mês do ano no calendário ático, correspondendo aproximadamente ao período de 23 de outubro a 24 de novembro. [N. de T.]

ESTATIRA

outros preferiam morrer a seguir padecendo sob o aguilhão do desejo que os acossava simplesmente por contemplar a vivacidade de seus olhos ou a brancura finíssima de suas mãos manicuradas pelos eunucos. Era famosa a elegância das mulheres medas, ainda que, ao se fundirem os reinos da Média e da Pérsia imperial, agregassem a suas qualidades a harmonia da dança e a delicadeza elaborada com que eram educadas em seus haréns.

Muitos dos persas mais abastados, suspeitando a derrota ou, pelo menos, intuindo a avançada helênica, enviaram de antemão suas bagagens e mulheres para Damasco, na Síria, onde Dario também colocou em segurança a maior parte de seus tesouros. Desse modo, nos cofres de seu exército não se encontraram mais que uns 3 mil talentos[*], ainda que fosse comum lançar-se à guerra com pompa e magnificência. Pouco depois, o macedônio recuperou os tesouros escondidos por intermédio de Parmênion, o que lhe permitiu repartir o botim entre generais e capitães, segundo seus méritos e por hierarquia de nobreza.

Ao tomarem conhecimento de que o manto imperial, a tenda, o escudo e o arco de Dario estavam em posse de Alexandre, as prisioneiras romperam em prantos e rasgaram suas vestes em sinal de luto, como se ele já tivesse morrido, motivo pelo qual o vencedor mandou imediatamente um de seus principais ajudantes de ordens, por nome Leonato, comunicar em cada uma das tendas por elas ocupadas que não somente Dario continuava vivo e empreendera a fuga, mas que poderiam continuar usando seus adornos régios, seu nome dinástico e os serviços da criadagem real, não obstante seu cativeiro. E que se o grande rei quisesse recobrá-las, mandou dizer Alexandre por intermédio de um de seus numerosos e singulares correios, deveria se apresentar perante ele em pessoa, prestar-lhe

---

[*]   Unidade de medida de peso e moeda corrente na Antiguidade Clássica. [N. de T.]

vassalagem e reconhecê-lo como o único governante da Ásia e dono de todas as possessões que outrora eram suas.

Fosse em tempos de guerra ou de paz, as mulheres da nobreza persa viajavam em carros faustosos, com suas joias, mobiliário e cofres entalhados e engastados com pedras preciosas, além de uma verdadeira coorte* de escravizados e protegidas pela escolta dos chamados "cem mil imortais", uma tropa de elite que conservava sempre o mesmo número de homens, já que imediatamente se incorporavam outros em substituição aos mortos ou feridos. O costume de se apossar das mulheres com as insígnias de sua fortuna e acompanhadas de todos os seus descendentes deu origem à mestiçagem que haveria de se elevar a símbolo de tolerância e se converteria em um dos princípios mais perduráveis de conservação dos usos e costumes pátrios.

Era só porque Alexandre trazia em suas veias matéria divina que ele continha seus acessos de ardor perante Estatira. Não acariciava o vestido entremeado de fios de ouro que ondulava sobre seus seios, nem se deleitava aspirando os regalos secretos que sugeria seu comportamento treinado para agradar; tampouco se atrevia a tocar suas sapatilhas de seda, nem tentava embriagar-se com o fragrante sândalo de sua cintura. Ao contrário, esmerou-se na vigilância da honra da rainha persa para engrandecer por meio dessas ações sua fama de grego e de civilizador, o que facilitava as rendições dos reis bárbaros, alegando que, sendo ele mesmo um rei e superior ao que havia caído em desgraça, considerava-se incapaz de humilhar os parentes do soberano derrotado, ainda que, durante suas noites mais agitadas, se imaginasse enlaçado pelos cabelos de Estatira em longos sonhos orgiásticos.

---

*   A coorte era uma das dez divisões de uma legião romana, formada por aproximadamente seiscentos legionários. [N. de T.]

ESTATIRA

Agora sabemos que, na realidade, a renhida epopeia asiática mascarou o escasso interesse que o general macedônio geralmente demonstrava pelas mulheres. Como tantos seres fugazes, Estatira coincidiu com um pestanejar da história que a fixou na cronologia alexandrina por causa de sua beleza. Desapareceu da narrativa juntamente com sua sogra, com as filhas e filhos de Dario, com a carga de baús e de joias, com seu séquito avultado e os dois ou três eunucos comedidos que lhe aliviavam a solidão durante o tempo que permanecia nos acampamentos reais, até que finalmente veio a morrer de parto, talvez em seu castelo real de Susa onde, sem glória nem façanhas, concluiu seu trânsito pela memória persa. Quando, em meio a excessivas demonstrações de luto, chegou um eunuco ao refúgio onde se encontrava o monarca fugitivo trazendo-lhe a triste nova da morte de Estatira, chorou Dario e choraram as carpideiras e sua corte já reduzida, entre murros no peito, esfregação de areia no rosto e arranhões na face. Foragido como se achava, escondendo-se entre as planícies e as montanhas da Bactriana, Dario teve pelo menos o consolo de saber, por intermédio de testemunhas de confiança, que sua mulher partira deste mundo sem ter sido maculada por seus captores; que recebera da parte de Alexandre um tratamento de rainha e que tantas foram as atenções que este lhe prestara que ele não guardou rancor pelo macedônio, ao contrário, bendisse-o por sua nobreza, ainda que ele o houvesse privado de seus carros de guerra, de sua família e de seus tesouros, apesar de ter-lhe despojado, de tomar-lhe os cetros, a fama de grande guerreiro e a glória imperial.

Calístenes assegura que Estatira efetivamente morreu de parto, ainda que não na segurança do castelo de Susa, mas ao término da batalha de Arbelas, pouco depois de ser capturada. Salvo por alguns detalhes congruentes com o comportamento macedônio de respeitar a nobreza das mulheres dos vencidos, a história não registrou os relacionamentos mantidos por Alexandre com os parentes do rei persa até os acontecimentos transcorridos depois de seu regresso da campanha da Índia, em 324 a.C., durante os meses imediatamente anteriores à sua morte e pouco depois de visitar o túmulo de Ciro quando, animado por sua ideia de unidade imperial, organizou as chamadas "bodas de Susa", com a intenção de estabelecer laços de sangue entre gregos e persas para assim assegurar a fusão de seus interesses mútuos, como se as duas culturas se tivessem desposado por virtude da tolerância.

Com luxo e solenidade, seguindo os costumes da região e sem ofender os deuses locais, Alexandre celebrou seu matrimônio e o de seus oficiais e governadores mais próximos, mantendo um estrito apego à hierarquia e ao novo poder que já se calcava nas leis gregas. Ele desposou Barsines, filha mais velha de Dario, e depois a mais nova, Parisatis, igualmente formosa, ainda que se saiba que sua única descendência proviria de Roxane, uma jovem bactriana com quem já se havia casado anteriormente. A Heféstion, seu jovem amante e oficial de maior confiança, Alexandre designou Dripétis, também filha de Dario e irmã legítima de suas próprias esposas, porque queria que os filhos de seu amigo mais fiel fossem também seus sobrinhos. A Crateros entregou Amastrines, sobrinha de Dario, que havia compartilhado o cativeiro das mulheres nobres na província de Sogdiana. A Pérdicas sorteou Atropátis, filha do sátrapa da Média, região ainda poderosa e que lhe despertaria maior cobiça. Artacamas e Artonis, filhas de Artabasso, um dos irmãos de Dario e talvez o mais destacado por sua valentia e senso político, foram dadas em casamento respectivamente a Ptolomeu, futuro rei do Egito, e a Eumenes, o cronista real, o que confirma a intenção de igualar as qualidades do comando e do pensamento na câmara conjugal. A filha mais jovem do príncipe bactriano Espitamenes foi destinada a Nearco, o navegador que percorrera o rio Indo e autor de fábulas memoráveis; as demais, no total oitenta donzelas da nobreza persa, em nada desmerecidas frente às outras, foram

ESTATIRA

repartidas com equidade entre os mais ilustres gregos, tessálios e macedônios sob o juramento de honra de que defenderiam como própria a nova pátria que deveriam gerar em seus ventres.

Comenta Aristóbulo que, durante a cerimônia, foram dispostos assentos para cada consorte conforme o costume dos persas, e que logo após o banquete os homens conduziram suas esposas para se assentar a seu lado e celebrar as libações rituais em taças de ouro, trocando promessas em favor da felicidade mútua; que primeiro as mantiveram à direita e as beijaram em sinal de harmonia, repetindo o que o possuidor de todos os cetros da Ásia já fizera com suas duas noivas. Depois os esposos se retiraram a fim de consumar suas bodas em palácios e câmaras suntuosamente adornadas. Alexandre presenteou-lhes com generosidade; além disso, acreditando que assim fortaleceria os laços sobre os quais pretendia estabelecer sua política de governo, ordenou que os mais de dez mil macedônios que formavam a guarnição de Susa se unissem também a mulheres asiáticas e fundassem famílias dignas de sua memória e de suas aspirações superiores.

Não haveria melhor maneira de enriquecer suas conquistas e de concretizar um sonho imperial, insistiu Alexandre, do que unir no leito e por meio de uma procriação consagrada o melhor dos povos, a fim de prolongar o saber dos filhos de seus filhos durante gerações e assim perdurar seu legado através dos tempos como uma poderosa força criadora, enraizada na sabedoria de Atenas, no vigor macedônio e na grandeza já derrotada da célebre Babilônia.

SISIGAMBIS

A notícia da morte de Alexandre Magno correu por toda a Ásia com o tom espantoso de um mau agouro. Ensombreou a Babilônia, Pela e Mênfis. Navegou pelo Eufrates carregada de calamidades, de temores expressados nas mais diversas línguas e de crimes que se iam somando a focos de rebelião que logo explodiriam em guerras civis. O emblema funerário elevou-se sobre montanhas inescrutáveis e se expandiu pelo deserto mediante sinais que se espalhavam no horizonte. Quando não se propalavam as vozes de aldeia em aldeia, as próprias aves levavam consigo o rumor funerário para apregoá-lo nas cornijas dos templos como recados de um deus. Quem não imaginasse um desastre no país ou no governo, pressentia uma hecatombe, e os adivinhos anunciavam revelações a seu bel-prazer. A notícia era tão impactante que dava ocasião aos mais aguerridos para tramar assaltos ao poder nos domínios imperiais ou ratificar antigos poderes de mando em áreas desprotegidas pelo exército, até tornar-se fonte de mexericos nos haréns.

Foi assim que tiveram livre curso os pormenores de sua agonia e das acirradas disputas em torno da tiara imperial até chegar aos ouvidos de Sisigambis o aviso de que o monarca exalara seu último suspiro. Ainda não se esfriara o corpo do soberano quando a mãe e os demais parentes de Dario começaram a pranteá-lo com genuína aflição e sem dissimular seus temores pelo destino de suas famílias perante as conveniências de um governo que havia começado a se desintegrar. Agora as mulheres recém-desposadas em Susa e seus filhos sobreviventes ficariam sem resguardo nem governante justo; talvez se reduzissem a uma ruína esquecida, mera sombra de um passado abolido, cônjuges sem o amparo das leis recém-instituídas ou de guerreiros nos quais pudessem confiar. Seu futuro, nefasto por qualquer lado que se olhasse, era pressentido como tão incerto quanto os sonhos de mestiçagem unificadora que levava consigo para a tumba o mais renomado dos conquistadores.

Sisigambis trazia na memória o jugo dos caídos à custa de crimes e injustiças que se multiplicavam ao redor de um trono vazio, enquanto que em seu coração suspeitava as perseguições que não tardariam em repetir as crueldades que julgava abolidas. E se os deuses davam as costas àqueles que podiam defender-se sozinhos, esgrimindo suas próprias armas, nenhuma esperança se vislumbrava para aquelas guardiãs da antiga nobreza da Pérsia que, graças à generosa compreensão de Alexandre, puderam sobreviver cheias de honras e de dignidade. Na Ásia se respirava um tal ar de desequilíbrio que Sisigambis pôs-se a gritar pelos corredores do palácio que aqueles que restavam de sua linhagem permaneceriam cativos para sempre, entre muros tingidos do sangue da antiga e da nova raça. Abandonadas e viúvas em sua maioria, apesar de sua juventude, as grávidas continuariam gestando em vão a estirpe mais miserável do universo.

Um sonho sem deuses, um reino sem guia, uma mãe que duas vezes esteve condenada a verter sua angústia sobre um mesmo manto imperial. Em sua tristeza não havia espaço para suportar outro cadáver amado. Ainda chorava o passamento de Dario, filho de seu sangue, e a essa morte juntava-se agora a do escolhido de Amon e Zeus para resguardar o passado e seu porvir. Plangente por Dario, não via em Alexandre um inimigo, mas um portador de bondades em um novo reino ao qual ela havia se incorporado como prisioneira. A velha lamentava-se aos gritos por sua pátria e por sua estirpe. Retalhava suas roupas, se arrancava os cabelos com lastimosa aflição ou se arranhava as faces com punhados de areia, como se com isso pudesse diminuir o pesar de sua alma e a certeza de que estava predestinada à fatalidade. Soluçava até perder o fôlego e se contorcia no chão, suplicando aos fados em grego e a suas próprias deidades em outras línguas para que também levassem sua vida, que não a deixassem sofrer a experiência de ser mais uma vez despojada. Sua perda não era ordinária, mas representativa dos maus bocados que o acaso costumava reservar às maiores vítimas do poder, às mulheres e sua prole, em geral recolhidas nos haréns e sobre as quais recaíam todos os abusos da abjeção.

De tão inchados, cabia em seus olhos toda a tristeza asiática. Já não derramava lágrimas, mas o pesar de uma genealogia subtraída às leis e aos bens da fortuna. "Casta desnuda do tempo, herança desventurada, ventre infeliz o meu, o de minha mãe e o de minha avó... agora também se maculam os ventres de minhas filhas e netas. Somos o sangue maldito, o rosto da desesperança, a raiz da dor, o alimento dos funerais." Nada restava para ela e seus filhos neste mundo, nada, porque seus descendentes vivos estavam marcados pelo infortúnio de seus antecessores e até mesmo aqueles que estavam por nascer levariam na fronte o selo de dois monarcas perdidos e de uma mitra tão cobiçada quanto causadora de lágrimas inesgotáveis. Pela mesma tiara choraria a mãe de Ciro em seu tempo, assim como as mães de Xerxes e de Artaxerxes e as dos outros Darios traspassados pelo aço ou derribados pelo veneno; tantas mães, filhas, irmãs e esposas a cujo desfile sombrio juntavam-se agora Dripétis, Barsines e Estatira, à frente das dezenas de desposadas em Susa com a esperança de fundar uma ordem pacífica. Sisigambis clamava agora não só por seu filho assassinado, mas também porque a enfermidade lhe tirara seu único protetor. Chorava a realidade que se apresentava perante suas netas e o fim de sua única certeza.

A seu lado Dripétis, viúva recente de Heféstion, estampando no rosto os estragos do próprio sofrimento, recrudescia sua dor com

MULHERES, MITOS E DEUSAS

o desconsolo adicional de suas irmãs recém-casadas com Alexandre e agora também viúvas. O desassossego das mulheres aumentava por tudo quanto pressentia para elas a avó, agora que não tinham mais ninguém para velar por sua subsistência. E Sisigambis apertava em seu coração a desgraça de uma família inteira, a derrota de seu país, a incerteza de um continente sem rumo, a iminente divisão de um reino à deriva, a sanha que somava o poder vingador de seus próprios deuses à tragédia lançada sobre sua pátria pelos costumes dos gregos.

A tristeza por Alexandre reacendia dores passadas, sofrimentos recentes, exéquias intermináveis. Sisigambis nasceu com o sinal da morte na testa. Primeiro perdeu Dario da maneira mais cruel, depois Oxíatres e o caçula de seus filhos varões; em seguida sua nora Estatira, durante o cativeiro em Arbelas, além de cunhados, sobrinhos e irmãos derrubados pelas mãos dos gregos nas mais cruentas batalhas. Agora tinha de presidir o duplo funeral de Heféstion e Alexandre, heróis amados e esposos de suas netas, que jamais conheceriam a gravidez nem a segurança conjugal. Quem haveria de cuidar das meninas? Onde encontrar um segundo Alexandre, outro eleito para manter e ampliar o reino arrebatado sobre seu féretro? Mais uma vez cativas, outra vez prisioneiras; de novo o reino estava vencido e outra vez surgia o espetáculo de sangue ao redor dos tronos da Pérsia. A quantas mulheres como ela o destino reservava um tal cúmulo de infortúnios? O macedônio fora generoso com elas após a morte do grande rei; mas agora não haveria sequer quem se interessasse em contemplá-las. Nenhum marechal as protegeria.

E chorava a velha entre espasmos sem lágrimas, pois a morte desperta uma certa memória lúgubre para que toda a dor se congregue em um alarido de vulnerabilidade. Assim recordou também Sisigambis os seus oitenta irmãos degolados num mesmo dia por Ochus, o mais cruel de todos os governantes da Babilônia, ele

SISIGAMBIS

também pai do mesmo número de filhos homens que fizera sacrificar numa única jornada para satisfazer sua ambição monárquica, eliminando seus sucessores mais próximos.

Dos sete filhos que tivera, somente um restava a Sisigambis. A morte levara todos os outros, sem a menor compaixão e da maneira mais cruel; inclusive Dario, a quem ninguém podia deixar de admirar de tão formoso que era, sobreviveu três dias à brutal traição para que fosse mais agudo seu sofrimento, mais infame seu assassinato, mais dilacerantes as punhaladas contra ele desferidas.

A anciã arrolava o escuro destino de seus parentes. Um mais cruel que o outro, mais sanguinário, e mediante infâmias de cunho tribal. Na realidade, Sisigambis era a mártir de uma história que confirmava a merecida fama de bárbaros atribuída aos persas. "Temperados com sangue... Moldados com escória e lançados ao mundo para exaurir o vaso do ódio, a cratera do desprezo e sua ânfora de sofrimento."

Logo Sisigambis fixou o olhar em algum ponto de seus lamentos e caiu em profundo mutismo. O silêncio sobreveio como advertência entre ela e as viúvas que a rodeavam. Cobriu a cabeça com o véu de luto, afastou de si o neto e a neta que trazia apertados contra os joelhos e, paralisada pela dor, renunciou à luz e recusou todo o alimento para se embrenhar solitariamente na furna de sua aflição. E ali permaneceu para sempre, imóvel, atravessada pelo sofrimento.

Dizem que expirou ao quinto dia porque, tendo-se sentido com forças para sobreviver a Dario, sem dúvida envergonhou-se de sobreviver também a Alexandre.

CLEÓPATRA

A sétima de uma peculiar sucessão de Cleópatras, aquela que elevou o nome herdado de sua filiação macedônica passaria à história como enlace de duas grandes culturas: a alexandrina, que declinava sob o fardo de uma grande desmoralização dinástica; e a romana, que florescia tutelada por uma avassaladora expansão territorial que marcou o tempo dos Césares como a época imperial por excelência. O século anterior ao nascimento de Cristo foi marcado pelo domínio das legiões e pela absorção espiritual do helenismo, por traições ferozes e pelo estabelecimento das leis fundadoras da civilização contemporânea, que impuseram a supremacia do latim sobre o grego como língua hegemônica de um pensamento inclinado a reordenar todo o Ocidente.

Foi uma época exorbitante em todos os sentidos: no religioso, pela luta de credos, deuses e movimentos messiânicos que favoreceram a expansão do cristianismo; no militar, por guerras de conquista associadas a focos de insurreição republicana; no artístico, pelo surgimento de uma estética deslumbrante que reconheceu no mármore e na escrita as expressões de prosperidade que contrastaram com o recolhimento espiritual posterior da Idade Média; e no âmbito social e político, pela feroz batalha pelo poder em que se tornaram tão comuns os venenos, os punhais e as intrigas de esposas, mães ou amantes, bem como os enfrentamentos de irmãos contra irmãos e de filhos contra pais.

Por uma rara coincidência da história, Cleópatra defendeu e perdeu seus domínios quando era mais vigorosa a intervenção feminina nas questões políticas do Oriente e do Ocidente. Talvez a isso se deva o fato de sua fama ter ofuscado a das Arsinoes, Cleópatras e Berenices que a antecederam naquele mesmo Egito que divisava o Mediterrâneo somente a partir de Alexandria, mas que nunca conseguiu ocidentalizar o Nilo. De seu pai herdou seguramente a paixão pelo saber e pela beleza, porque os ptolemaicos se entregaram com similar energia à dissipação e ao cultivo do espírito, o que lhes conferiu uma fama contraditória, mas bem merecida, de civilizadores e insubstanciais.

Diferentemente de seus antecessores, não há episódio na biografia de Cleópatra que seja desvinculado da política. Além da sensualidade inerente à sua educação privilegiada, foi acima de tudo uma estadista disposta a fazer qualquer coisa a fim de não renunciar às suas possessões, inclusive se infiltrar nos aposentos de César envolta em uma grande colcha que o siciliano Apolodoro fez enrolar e amarrar muito bem para que de nada suspeitassem os guardas. Segundo Plutarco, este foi o primeiro estratagema adotado por ela para seduzir o conquistador e gerar um filho com ele, acreditando que assim, pela consanguinidade, conservaria seu poder, objetivo que, para desgraça sua, alcançou apenas temporariamente, não obstante apregoasse aos quatro ventos que Cesário era filho do amor e sucessor legítimo de um trono praticamente dominado pelos romanos, sem a menor possibilidade de restauração.

Quando Cleópatra nasceu, Ptolomeu XII Auletes, seu pai, completava doze anos no poder, e talvez porque se distraísse tocando flauta em meio a atrozes conflitos internos e ameaças externas, conseguiu governar durante quase trinta anos sem demasiados sobressaltos nem tendo de tomar decisões das quais dependesse o futuro da pátria. Nessa época, Alexandria era um poço de sublevações que tingiam o Nilo de sangue com a mesma velocidade com que se esvaziavam os cofres pela combinação de futilidades e devassidões escandalosas. Na realidade, seu pai, sua mãe, seus avós e quase todos os seus parentes possibilitaram a Auletes governar sem rivais nem aspirantes ao trono, porque uns e outros se foram aniquilando entre si, como se fossem impulsionados por leis secretas. Impopular em seu reino empobrecido, sujeito às manipulações de seus credores, passou seus últimos anos exilado em Roma, mas permaneceu rei e faraó do começo de seu governo até o fim da vida. Conservou o direito de designar seu sucessor, nomeando Cleópatra corregente com seu irmão menor, Ptolomeu XIII, com quem estava casada para todos os efeitos legais, conforme costume adquirido pela dinastia ptolemaica segundo o qual mulher alguma poderia governar sozinha. Contudo, esse menino que mal ingressara na adolescência deixar-lhe-ia o controle absoluto ao falecer, diz-se, envenenado por ela, durante a ridícula guerra que se travou em Alexandria logo após a campanha empreendida por Júlio César, quando se encontrava no Egito em perseguição a Pompeu.

Imediatamente após os funerais de seu primeiro corregente, Cleópatra desposou Ptolomeu XIV, ainda mais moço que o anterior, a fim de cumprir as formalidades do poder e diminuir as pressões que exerciam contra ela sua irmã Arsinoe e os partidos que lhe faziam oposição.

Diferentemente de outros monarcas da dinastia ptolemaica, nada sabemos sobre como transcorreu sua infância. Os sábios, professores e filólogos que haviam dado fama a seu reino haviam sido expulsos ou perseguidos muitos anos antes. O ânimo intelectual espelhava a corrupção de uma nobreza que dilapidava o restante de seu esplendor em Atenas, Creta ou Roma, mas os remanescentes se negavam a sucumbir, tal como a Alexandria de mármore que fora sonhada trezentos anos antes por seu célebre fundador. Afundado em fantasias dionisíacas e leal ao costume de oferecer templos e inscrições como tributo a deuses fatigados, Auletes, também pai de Berenice IV, da última Arsinoe e dos corregentes que governavam em conjunto com suas irmãs, morreu angustiado por tanta violência, com os olhos fixos no sol do Egito, ao mesmo tempo que alguém lhe narrava como uma multidão havia linchado um romano, abertamente e em uma das ruas de sua amada cidade, porque aquele havia matado um gato, animal emblemático e sagrado desde os primeiros dias faraônicos.

Diferentes versões asseguram que a mais alta dignidade recaiu sobre Cleópatra porque ela ostentava o talento característico das rainhas macedônias. Entronizada aos 18 anos, Cleópatra recebeu um reino fragmentado pelas antigas ambições dinásticas de sua família, por insurreições frequentes e pela presença vigilante do Império Romano como uma sombra inextinguível. Aferrada ao sonho de Alexandre, o Grande, cuja lenda a obcecava, orgulhava-se da aura civilizadora dos lágidas bravios e assumiu o propósito de dignificar o prestígio cultural de seus antepassados. Graças à sua defesa dos livros resguardados na famosa biblioteca, agora bastante reduzida, em pouco tempo passou a ser tão respeitada quanto os primeiros Ptolomeus e, contrariando todas as expectativas, assenhoreou-se de seu império e se fez temida por seus rivais orientais e pelos romanos em virtude de seu voluntarismo militarizado.

Conseguiu reunificar seu reino até quanto lhe foi possível. Trajava as vestes sagradas de Ísis para reconquistar a confiança do povo egípcio e, tal como a deusa, profetizava e proclamava oráculos. Sua figura impressionava em desfiles e cerimônias cada vez mais faustosas; saudava a multidão não como rainha, mas como deusa e senhora do Nilo profundo. Governou, seguindo a ordem, com cada um dos pequenos Ptolomeus, e na mesma sequência os fez matar sob hábeis expedientes até conceder o lugar de cônjuge real ao filho que gerou com Júlio César. Cesário, por sua vez, finalmente acabaria por compartilhar o destino fatal de sua pátria. Em plena adolescência, elevado à dignidade de "rei dos reis" em um dos mais desesperados atos políticos de sua mãe, sucumbiu ao inimigo depois da última derrota de Cleópatra, então esposa de Marco Antônio, um grande colecionador de erros militares.

A aura de mistério que envolveu a soberana não é menor que o vasto anedotário que haveria de caracterizá-la através dos séculos em razão de sua mítica audácia. Antes que se completasse um ano do nascimento de seu filho, acompanhou César em seu retorno a Roma e ali permaneceu até que o sangrento assassinato do monarca a fizesse retornar ao Egito, uma vez que foi obrigada a se submeter ao triunvirato.

Cleópatra conhecia como ninguém o temor que o ocultismo egípcio por ela representado infundia na Itália, e se valeu dele para impressionar os invasores ao se fazer acompanhar de um séquito que, por sua redobrada extravagância, extrapolava as mais atrevidas fantasias do império dos césares, quando os romanos absorviam o velho espírito helênico com a urgência dos novos ricos que experimentam os mais diversos atavios antes de reconhecerem quais roupas lhes são mais adequadas.

Ainda que arraigadas no culto a Serápis e nas primeiras explorações científicas de Alexandria, as superstições asiáticas seriam absorvidas com tal profundidade que, ao transferir seu saber para o saber de Roma, o ar europeu impregnou-se do exotismo que viria a nutrir o melhor do espírito medieval. Do helenismo procede uma curiosidade inclinada a inquirir mais além do aparente e do visível, como se em cada ato do pensamento se repetisse a necessidade atávica de desafiar um enigma resguardado nos olhares de babilônios ou de egípcios, possuidores da quimera e do arcano. Por isso estremeceram as testemunhas ao divisarem Cleópatra a caminho de Roma, navegando o Mediterrâneo à testa de uma esquadra naval luxuosíssima; e foi por isso que tão receosos ficaram dela quando, a seguir, na rota que tomou por terra até a *villa* de Júlio César, do outro lado do Tibre, a cada passo a rainha do Egito exprimia sua força como um halo sobre-humano que aniquilava todas as vontades.

Sem dúvida apaixonado por ela, além de envaidecido pela visita da extravagante soberana, bígamo aos olhos de todos, César não era

MULHERES, MITOS E DEUSAS

César ao lado de Cleópatra, mas uma vontade totalmente dócil a seus desejos, um governante curvado pela parte mais vulnerável do homem: essa paixão que, segundo aconselhavam os deuses, nunca se deve infiltrar nos negócios de Estado porque, ainda que ilumine o ânimo e predisponha o corpo ao ardor, cega o discernimento e distrai a vontade das questões mais transcendentais. Era isso que diziam os inimigos do ditador ao constatar que seu líder não somente se impressionava demais com sua hóspede, mas permitia que os dissidentes avançassem até limites perigosos.

Como se fossem poucos os problemas que já tinha de enfrentar César, não faltavam aqueles que, persuadidos de que não era possível que por si mesmo ele tivesse se sujeitado publicamente aos perigosos caprichos da ptolemaica, asseguravam que os egípcios o haviam envenenado, que o soberano era presa de encantamentos e que comprometia a segurança do império, pois sua falta de juízo não se poderia dever senão à argúcia oriental de quem se aproveitava dos prazeres eróticos para salvar sua coroa e consolidar, assim, a resistência do Médio Oriente. Daí o perigo político que, entre tantas campanhas militares e crises de liderança, piorou ainda mais as dissensões romanas. Bastava observar o deslumbrante séquito de donzelas, sacerdotes, eunucos, soldados e a infindável procissão de escravizados a serviço de uma Cleópatra que foi recebida com honras faraônicas pelo próprio César, para que Roma inteira estremecesse de pavor ao respirar o sândalo oriental em sua própria terra.

Todos estavam convencidos de que a misteriosa monarca, dona de um nariz descomunal, representava Ísis na Terra, e que os poderes tenebrosos do Egito nela encarnados vingar-se-iam sutilmente, revertendo o expansionismo romano. Os mais ardilosos difundiram o boato de que Cleópatra, por meio dos direitos de sucessão de seu filho recém-nascido, pretendia na verdade asse-nhorear-se de Roma e converter Alexandria em segunda capital de um império semelhante em grandeza ao de Alexandre, o Grande, mas que o superaria pelas conquistas do pensamento. A soberana aspirava a um novo Estado, estendido do Oriente ao Ocidente, resguardado pelo exército romano e amparado pelo alto prestígio dos civilizadores ptolemaicos: o primeiro daria as armas, os outros a herança dos antepassados e a inteligência educada. Particularmente as mulheres não cessavam de murmurar que ela não descansaria enquanto não os submetesse a todos, e que aproveitaria em seu favor a menor debilidade que descobrisse na República. Aquela era uma questão de Estado, e os protagonistas, a exemplo de povos em confronto, só poderiam se bater em termos de poder contra poder, sem assumir entre si arriscados compromissos sexuais que, de resto, eram comuns também em uma Itália bastante inclinada a crimes passionais.

Cleópatra, rainha deusa, soberana sagaz e muito mais habilidosa que seus antecessores, embrenhava-se nas entranhas de seus dominadores para afrontar-lhes não com a intenção de impressioná-los, mas com o objetivo de vigiar mais de perto todos os movimentos antiorientais. Atrevia-se a desafiá-los exibindo no próprio Tibre seu concubinato entronizado com o maior de seus heróis. Assim era a rainha dos reis, tal como na etapa final de sua regência, dez anos depois, quando se autodefiniria durante uma cerimônia de caráter imperial em que consagraria seu relacionamento amoroso e político com Marco Antônio no Egito: aliava-se no particular com os mais fortes para defender a coisa pública.

De sangue altivo, deusa perante os homens e ardente como as areias do Egito, acompanhava desde seus aposentos na *villa* de César como se desatavam as forças nefastas no Senado, enquanto sua perturbadora influência se expandia naquela cidade que logo se interessava em fundar bibliotecas ou que se adaptava sem dificuldades ao calendário alexandrino de 365 dias e aos modelos de irrigação egípcia trazidos por Júlio César. Famosa por seu talento, imbuía-se das diversas línguas mais do que as aprendia e, se aceitava a presença de intérpretes, o fazia unicamente por questões de protocolo.

Tão contraditória como o decurso do helenismo e a história da dinastia ptolemaica, a intrincada relação entre César e Cleópatra inflamou de paixão as discussões do Senado. Durante aqueles meses vertiginosos, Júlio César se atreveu não só a reconhecer a paternidade do filho como a oferecer matrimônio à mãe, mesmo sabendo que recairiam sobre ele a acusação de bigamia e a pior condenação jurídica, porque os casamentos entre patrícios e estrangeiros eram totalmente proibidos em Roma. Não obstante, do mesmo modo que o faria Marco Antônio anos mais tarde, o ditador vislumbrou nessa aliança uma forma de salvaguardar sua posição e a si mesmo na costa mediterrânea. Delirante, mandou erigir uma estátua de ouro da amada nada mais nada menos do que no templo de Vênus Genetrix; político, advertia sobre a possibilidade de colonizar mais facilmente o Egito; porém, no caso de vir a ser derrotado por seus opositores locais, não ignorava ser Alexandria um refúgio soberano praticamente seu, o qual saberia defender com a força agregada de sua poderosa rainha e amante.

Mais do que o passo lento dos camelos e a sofisticada vestimenta da hóspede régia, os senadores farejaram o alcance de sua vontade soberana. Nos idos de março* de 44 a.C. acabaram com os sonhos imperiais do famoso ditador, mas não com ela. Morto o poderoso Júlio César a facadas, deixou atrás de si na República os furores da violência encarnada em seu brutal assassinato. Com a esquadra em estado de alerta e bem menos solenidade do que a exibida em sua chegada, a soberana embarcou para empreender a derradeira estação de seu destino, não sem antes medir forças com o triunvirato e, três anos depois, no ano 41, contatar Antônio em Tarso, na Cilícia, para dar ao novo líder filhos gêmeos, um menino e uma menina, como produto de seus amores invernais.

---

* Os idos correspondiam ao 15º dia dos meses de março, maio, julho e outubro e ao 13º dia dos demais meses no calendário romano. [N. de T.]

CLEÓPATRA

Em que pese o costume de guerrear e de se arrebatar territórios que ampliavam ou reduziam domínios desde a Grécia até o Oriente Médio, os sucessores de Alexandre, o Grande, esquecidos do empenho primordial que animara o conquistador a idealizar um grande Estado, compactuavam, atraiçoavam e se destruíam mutuamente sem imaginar que, em pouco tempo – apenas algumas décadas antes do nascimento de Cristo –, acabariam colonizados por Roma e veriam seus cetros curvarem-se ante o jugo do implacável Otávio. De nada lhes serviriam as alianças, por mais desesperadas ou estratégicas que parecessem, tampouco lhes ajudariam pactos ou concordatas, porque a belicosidade que imperava a seu pesar acabaria por igualá-los no esquecimento gradual de suas conquistas, ainda que deles sobrevivesse a memória de sua obra espiritual mais nobre, aquela que, no fim das contas, tornar-se-ia a substância civilizadora de Roma.

Uns com maior dignidade que outros, mas sempre rivalizando entre si, os portadores do helenismo resistiram até o último alento contra a investida imperial. Grécia, Macedônia, Creta, Rodes, Cirene, Síria, Antioquia, Babilônia, Ecbátana... Os reinos caíam e se levantavam em intervalos agônicos até reconhecerem que seu destino se transformaria definitivamente com o emblema do monoteísmo engendrado na Judeia. Em Jesus, Deus, filho do homem e redentor, encarnar-se-ia o reconhecimento fundamental da consciência humana, por meio da qual seriam abatidos o pensamento mítico e o último rescaldo de uma Antiguidade tutelada por divindades do tempo, do destino, da natureza e da vida. Dos reinos helênicos perdurou, todavia, seu remoto desejo criador, e foram assimiladas a curiosidade e a sapiência que haviam herdado da Babilônia.

O princípio do fim ocorreu quando, em Alexandria, Cleópatra determinou a sucessão soberana em favor de Cesário, virtual corregente com apenas 4 anos de idade, e cujo cetro custaria a vida de seu tio, o último dos Ptolomeus coroados, além de exacerbar gradual e irremediavelmente a fúria de Otávio contra ela e contra seus estratagemas amorosos.

Apesar de tudo, Cleópatra conservou arrojo suficiente para recorrer ao costume familiar de destronar seus parentes para impor a corregência pretendida, a qual poderia significar uma estirpe diferente; e demonstrou-se temerária ao se aventurar no desconhecido com o objetivo de salvar sua coroa. Primeiro César e depois Antônio não seriam apenas casualidades amorosas, mas decisões de uma mentalidade hábil em atar e desatar suas relações segundo sua conveniência. É até provável que na sua trajetória com Antônio se interpusesse o amor; mas ainda que na morte se fundissem dois destinos afins, em seu relacionamento predominou a figura do mando, como se unidos pudessem consolidar o grande império que Roma também almejava para si.

A tática militar adotada por Cleópatra para garantir seu cetro não era de se menosprezar, mas os tempos eram difíceis para todos e, embora igualados em debilidade por causa de suas respectivas guerras civis, a República avantajava-se sobre os reinos asiáticos pelo espírito de suas leis e pela organização superior de suas legiões. A posição de Cleópatra perante os nativos sublevados piorou devido ao estado de tristeza em que, durante sua longa ausência, havia caído um Egito famélico, atacado por pragas, consciente de sua desventura e vítima da má conservação dos canais que regulavam as inundações cíclicas de suas terras, das quais dependia toda a sua produção agrícola.

Talvez tenha até pranteado César, ainda que aprimorasse os trâmites diplomáticos e sua destreza para se acercar de Antônio durante o período em que este ocupou o poder supremo, terminando por empreender com ele uma das aventuras mais fascinantes da história. Brutal como foi o assassinato de Júlio César, as cenas de traição em nada desmereciam as práticas sanguinárias de egípcios, gregos, macedônios, babilônios ou sírios. Cleópatra era perfeitamente capaz de tolerar esse crime, e até mesmo esquecê-lo, sob condição de não renunciar a seus planos expansionistas.

Excessivo tanto em recompensas como em castigos, Marco Antônio tinha a têmpera exata para se inflamar de amor por Cleópatra; um amor que, segundo Plutarco, despertou nele muitos afetos até então ocultos ou inativos. No mais, dizem seus biógrafos, essa experiência arrasaria com o que de saudável tivesse em seu comportamento reservado. Assim, entre aproximações e tentativas, ao se encontrar com ela na Cilícia no ano de 41 a.C. – por mediação de Délio, um mensageiro a quem bastava fitar os olhos para adivinhar-lhe a sagacidade –, Antônio a intuiu mais do que a viu navegar pelo rio Cidno em uma galera cuja popa era folheada a ouro...

... e que trazia velas de púrpura estendidas ao vento, e era impelida por remos com pás de prata, movidos ao compasso de sons de flautas, oboés e cítaras. Ela navegava assentada sob um dossel de ouro, adornada com os mesmos atavios com que se retrata Vênus. Assistiam-na de ambos os lados, abanando-a, belos meninos parecidos com os Amores. Tinha criadas de grande beleza, vestidas com as mesmas roupas com que se costumava representar as Nereidas e as Graças, algumas de pé junto ao timão, outras junto aos cabos que firmavam as vergas. Sentia-se a brisa perfumada de muitos aromas deliciosos. Uma turba acompanhava o navio ao longo de ambas as margens, enquanto muitos outros desciam das cidades a fim de gozar também de tão incomum espetáculo, ao qual rapidamente acorreu toda a multidão que estava na praça, até quedar-se Antônio sentado sozinho em seu tribunal...

Um aguilhão fora cravado em seu espírito, diria Plutarco, e os fados fizeram o resto. Um após outro se foram sucedendo eventos cada vez mais fascinantes, cada vez mais capazes de roubar o ímpeto do general romano e de afastá-lo do bom caminho de seus negócios até ofuscá-lo perigosamente, não só pela via de seus conflitos maritais – que certamente não deveriam ser desconsiderados, pois na intimidade estava enquistada a semente política e quase não era possível fazer ou imaginar nada, dentro ou fora de Roma, que não fosse afetado substancialmente pelos modos do poder. Ainda mais em se tratando de Antônio, por sua posição militar contraposta à de Otávio e pela debilidade dos laços que mantinha com os membros do Senado.

Ainda que a rivalidade entre Antônio e Otávio já tivesse se manifestado durante a vida de Júlio César, depois dos idos de março sucederam-se acontecimentos de tanta intensidade que o dramatismo de seu desenlace torna-se perfeitamente explicável. Não há dúvida de que Cleópatra, à força de artimanhas e carícias eróticas, persuadia Antônio a desatender seus negócios e deixar em mãos de outros as questões mais inadiáveis. Os amantes preferiam se divertir juntos, passar o tempo na ribeira, nas proximidades de Canopo e Tafosiris, a se separar e empunhar a espada contra o inimigo à espreita, segundo Plutarco. Por esse motivo, primeiro Antônio perdeu milhares de homens no coração da Ásia, depois cometeu erros injustificáveis e parecia mesmo que apenas lhe interessava agir em função dela, sem se separar de seu extravagante universo. Por isso, acossado pelos guerreiros partos entre planícies e montes, fugia mais do que lutava, e quando estava só, como o bom leitor que se afirma ter sido, recordava os dissabores de Xenofonte em *A retirada dos dez mil*, que em momento algum conseguiu emular. Na hora mais decisiva, retirou-se da batalha com a maior imprudência, abandonando a vitória às mãos de Otávio.

Além disso, abandonou Otávia, sua segunda esposa e irmã de Otávio, à mercê do ditame azarento de seu destino; ela, domiciliada em Atenas, jamais renunciou a seus direitos maritais nem perdeu ocasião para desacreditar Cleópatra. Famosa por ser tão bela quanto

CLEÓPATRA

talentosa, concentrou alianças, petrechos e soldados para combater sua inimiga em terra e no mar, e para recuperar o prestígio de um Antônio que, por sua alienação egípcia, era tido como envenenado, uma vez que, como já ocorrera com Júlio César, não eram explicáveis atitudes tão desmesuradas e até mesmo antirromanas, como a "partilha" imperial que fizera, em Alexandria, em favor dos filhos gerados com Cleópatra, envolvendo possessões perdidas pelos ptolemaicos que agora estavam em mãos romanas, ou ainda em litígio, mas de qualquer maneira alheias aos domínios egípcios.

Tanto Antônio como seus onze anos de paixão amorosa e política veriam naquela proclamação pública seu fim definitivo. Ficariam para trás todas as tentativas de reconciliação com Otávio, o seu triunvirato e o indubitável prestígio de que gozara no exército, pois ninguém ignorava sua generosidade nem sua camaradagem com a tropa, embora alguns alegassem que ele não esteve presente nas batalhas que lhe renderam maior glória, mas apenas os seus oficiais. Certo é que só se observa hesitação naqueles combates cuja direção conservou inteiramente e que, ao que tudo indica, foi por meio de seus lugar-tenentes que obteve seus triunfos mais notáveis. Assim, segundo demonstram os fatos, os erros de Antônio evidenciam seu infortúnio com relação a Cleópatra até culminar no enfrentamento fatal com Otávio na batalha naval de Actium que, por seu significado, também marcaria o fim do helenismo.

Condenado pelo Senado, impopular entre os seus, Antônio apostou em Cleópatra e perdeu para o destino. Narrado em breves linhas por Plutarco, o acontecimento que acelerou seu colapso ocorreu em 34 a.C., quatro anos antes de sua morte, diante de uma multidão reunida para o evento no ginásio de Alexandria, aos moldes do antigo Egito. Casado, então, com a monarca e com o poder local, Antônio mandou colocar dois tronos de ouro acima de uma escadaria de prata e, a seus pés, outros tantos para seus filhos

MULHERES, MITOS E DEUSAS

pequenos. Proclamou Cleópatra rainha do Egito, de Chipre, da África e da Síria meridional, e Cesário seu corregente.

Nesse momento, confirmou-se que Antônio estava completamente transformado pelos refluxos amorosos e pelos costumes do país, e que a própria Cleópatra, ao se autonomear "rainha dos reis", tombaria, na hora decisiva, sob o fardo de suas lembranças, vítima de traições e mentiras. Antônio suicidou-se com a adaga impelida por um Otávio que, não obstante haver acumulado vitórias imperiais e ter rendido o casal mais controvertido de seu tempo, não descansaria até apagar o último vestígio de oposição a seu governo, ainda que tivesse de pulverizar as pedras tocadas primeiro por Antônio e depois pela extravagante soberana.

Aos três filhos que tivera com Cleópatra, Antônio outorgou o título de reis. Os dois mais velhos, os gêmeos Alexandre Hélios e Cleópatra Selene – o Sol e a Lua –, foram considerados guias de um império ainda por vir, cujos nomes brilhariam com os ciclos dos dias. Durante esse escândalo, que passou para a história como "cerimônia das partilhas", coube ao menino batizado Alexandre a Armênia, a Média e o reino dos partos, quando estes fossem subjugados; a Ptolomeu, a Fenícia, a Síria e a Cilícia. Alexandre compareceu ataviado com trajes medas, com a tiara real e a cítara na mão direita; Ptolomeu usava os calçados, o manto e a coroa com diadema característicos dos sucessores de Alexandre, o Grande, insígnias também vigentes entre medas e armênios. Quando os novos soberanos se aproximaram para beijar seus pais, a cada qual foi imposta uma guarda pessoal formada por armênios e macedônios.

Convencida de que um país despojado de inteligência e cultura também careceria de dignidade, Cleópatra obteve junto a Antônio o confisco de parte do patrimônio da biblioteca de Pérgamo para ressarcir as perdas do acervo real, reduzido a cinzas quando do ataque de Júlio César a Alexandria, em um enfrentamento grotesco. Construiu ainda novos templos, placas e monumentos comemorativos. Em que pese o preconceito histórico, Cleópatra não era formosa. Seu poder sedutor provinha de uma extraordinária inteligência educada. Amava as artes tanto quanto o poder. Jamais separou os assuntos de Estado de suas paixões privadas; daí a escolha de César e Antônio para participarem de uma aventura que necessariamente os levaria a selar o destino do império com a mesma ambição de grandeza que distinguira Alexandre, o Grande, ao criar a urbe mais comentada daquela época.

Antes da morte trágica de Antônio, uma sucessão de presságios nefastos rondava-o na mesma medida que Otávio acumulava evidências de boa sorte e declarava guerra a Cleópatra. Numerosos e inauditos, os agouros começaram quando a cidade de Pisauro, colônia estabelecida por Antônio no mar Adriático, desapareceu em consequência de súbitos afundamentos do solo. Na cidade de Alba, uma de suas estátuas de pedra cobriu-se de suor durante muitos dias, um suor tal que nada nem ninguém conseguiu enxugar até que se tivessem realizado os funerais do próprio Antônio. Durante sua permanência em Patras, o templo de Hércules foi fulminado por um raio; em Atenas, o Baco da *Gigantomaquia* foi arrancado pelo vento, conforme escreveu Plutarco, e arrastado até o teatro por forças misteriosas. Estes dois últimos desastres agravavam o vaticínio: o de Hércules, porque Antônio se orgulhava de pertencer à sua linhagem; o de Baco, porque ele mesmo se fizera chamar de "o novo Baco", por causa de suas preferências e de sua vida licenciosa.

O sinal inequívoco, entretanto, foi produzido pelo mesmo furacão que arrastara a estátua, pois, com força ainda maior que a infligida contra Baco, arrancou de uma só vez os colossos atenienses de Eumenes e Atalo, também conhecidos como "os Antônios", enquanto todo o resto permaneceu no lugar. A nau capitânia de Cleópatra, batizada *Antônia*, atraiu a atenção dos adivinhos e profetas quando estes descobriram que algumas andorinhas se haviam aninhado em sua popa e que, de maneira brutal, outras vinham desde longe para expulsá-las a bicadas e matar seus filhotinhos.

A morte infiltrou-se no reino do Egito e dominou a alma de Antônio na célebre batalha marítima de Actium quando, derrotado por Otávio, seu rival e cunhado; abatido porque seu orgulho não lhe permitia apresentar-se vencido perante sua amada Cleópatra; e consciente de que, nessa hora, as forças do destino se haviam decidido em favor de Roma, ao atravessar o ventre com a própria espada para se matar, Antônio soube finalmente que não bastava a união de duas vontades excepcionais para modificar o destino. Não se lamentava por haver-se deixado fascinar por Cleópatra até as raias da loucura, mas porque, nas devidas circunstâncias, não soube raciocinar como soldado em suas batalhas nem defender sua paixão por estar entretido com seus devaneios eróticos.

Ao ser informado da tremenda dor que sentira Cleópatra ao saber do suicídio do amado, Otávio, apossado do governo egípcio e desde o palácio real de Alexandria, compadeceu-se dela e lhe permitiu dar sepultura a Antônio em terras do Egito, "régia e magnificentemente, com suas próprias mãos". Posteriormente, acreditando-a cativa em uma fortaleza erguida por ela mesma e à sua disposição, foi vítima do derradeiro ardil da soberana, a quem pretendia levar viva para expô-la vencida perante o Senado romano.

Segundo descreveu Plutarco, depois de se haver banhado e coroado, Cleópatra saiu para saudar a multidão. Em seguida, mandou que lhe servissem um fastuoso banquete para o qual, em meio a artimanhas para enganar os guardas encarregados de mantê-la com vida, pediu um cestinho de figos extraordinariamente grandes e formosos, no qual se ocultava a célebre áspide de cuja picada não se encontrou a menor evidência no corpo da monarca. Terminado o festim, Cleópatra mandou levar uma mensagem a Otávio, na qual lhe rogava uma sepultura junto a Antônio; assim que a leu, o general percebeu que, pelo menos nesta ocasião, havia sido vencido.

Correu até os aposentos que ela ocupava, mas, ao abrir as portas da câmara real, encontrou-a já morta, regiamente adornada sobre um leito de ouro.

Plutarco acrescenta, ainda:

Das duas criadas que a acompanharam fielmente desde a infância, a chamada Eira estava inerte a seus pés, enquanto Carmion, já vacilante e entorpecida, arrumava o diadema de sua ama que, mesmo moribunda, ainda lhe dizia com dificuldade: "ajeita-o da maneira mais bela, Carmion". Ao que a escrava respondeu: "Sim, Belíssima, tal como convém àquela que descende de tantos reis". Sem proferir qualquer outra palavra, também esta caiu morta a seus pés.

Otávio mandou matar apenas o filho mais velho de Antônio, gerado com Fúlvia, sua primeira esposa, quiçá para impedir futuras alegações sucessórias. Merecem crédito, porém, as suspeitas de que, além de Cesário, tenha ordenado a morte dos pequenos Alexandre Hélios e Ptolomeu, enquanto Cleópatra Selene seria poupada para viver sob a tutela de Otávia a fim de ser dada em casamento a um herdeiro cativo de algum reino limítrofe ao seu. Os demais membros da família, até onde se sabe, foram educados conforme os costumes da família do próprio Otávio.

Existe outra versão que assegura ter Otávia tomado a seu cargo os três filhos gerados por Antônio com Cleópatra, criando--os como seus, embora talvez não exatamente como os seus, já que sobre eles recaía a pecha de estrangeiros, condição tradicionalmente abominada pelos romanos.

Aos 29 de agosto do ano 30 a.C., Otávio proclamou oficialmente extinto o império ptolemaico. Desconcertados, os alexandrinos reuniram-se no cais do porto para render homenagem a sua última soberana. Nunca se havia sentido tão intensamente o movimento das ondas. Os ventos açoitavam a multidão. Até mesmo seus deuses se agitavam, e em meio a inusitadas rajadas de neve, o lugar se esvaziava. Sem se saber como nem por quê, alguém deixou cair nas águas do Nilo a vestimenta de Ísis com a qual, além de dar adeus ao Egito, também se despediu Cleópatra do mundo ao partir para a região dos mortos.

HIPÁTIA DE ALEXANDRIA

Areteia, filha de Aristipo, foi mulher de extrema erudição, e após a morte de seu pai, passou a dirigir a escola de Cirene. Não se tem notícia, todavia, de que escrevesse algum livro nem de que tenha sido perseguida por causa de suas ideias. Nicóstrata foi chamada de inventora das letras latinas, e sóror Juana acrescentou que foi também "doutíssima entre as gregas". Aspásia Milésia ensinou filosofia e retórica e foi professora do filósofo Péricles. Houve também outras mulheres que se destacaram na Antiguidade como poetisas ou pitonisas, hábeis na política, aguerridas nas batalhas ou ainda tão destras na música como sábias na arte de governar. Para algumas o destino reservou privilégios, enquanto outras foram recobertas pelo esquecimento ou pela sombra do menosprezo. A Hipátia, por sua vez, tocou o infortúnio de se sobressair por seu talento, de ser pagã entre cristãos e amiga do prefeito Orestes, que era rival de Cirilo, bispo de Alexandria, e de ser a primeira mártir feminina na história da filosofia.

Virtuosa, solteira e bela, Hipátia foi filha e discípula de Teônio, matemático e filósofo neoplatônico, e talvez a primeira mulher que se consagrou totalmente às ciências exatas. Havia muito tempo que, em sua Alexandria natal, desaparecera o antigo esplendor dos ptolomeus, ainda que perdurasse sua reputação cultural graças ao atrativo simbólico de sua grande biblioteca, reduzida por causa do incêndio provocado no porto durante a grotesca "guerra alexandri-na", encabeçada por Júlio César, e extinta depois graças às sucessivas pilhagens que só tiveram fim quando foi destruído o último livro de seu cambiante acervo, durante a ocupação islâmica do califa Omar em 639 de nossa era, data do ocaso definitivo do Egito.

Talvez Hipátia, tal como Cirilo, tenha nascido por volta do ano 370 e crescido cercada por pensadores judeus, alexandrinos ou gregos, justamente na época em que os cristãos, antes perseguidos naqueles domínios de Roma, se tornaram os novos perseguidores. Cansados de destruir velhos templos e de mutilar os narizes das estátuas antigas, ingressaram na etapa final de fustigar os seres pensantes. As ideias tornaram-se objeto de disputa na luta pelo poder; a religiosidade transformou-se em desculpa para que os prelados comandassem ataques contra judeus, dissidentes ou pagãos. Era o tempo da ira despertada em nome de deuses rivais, quando os bispos outorgavam à sua discrição atributos de santidade para afiançar a ortodoxia e estabelecer a genealogia da Igreja de Cristo. Era a hora dos teólogos e dos especuladores; dos exegetas, dos apologistas e dos anátemas tão implacáveis como os lançados pelo bispo Cirilo contra Nestório ao tomar posse da sede patriarcal de Constantinopla no ano de 428. Discípulo das doutrinas de Teodoro de Mopsueste e de Diodoro de Tarso, Nestório começou por negar a unidade das três pessoas em Cristo e a maternidade divina de Maria, o que suscitou um escândalo tão duradouro que, diante de sua negativa em se retratar perante Cirilo, ambos os patriarcas solicitaram a arbitragem do papa Celestino. Este convocou um concílio em Roma, que não tardou a declarar que Nestório incorrera em heresia e o ameaçou de deposição caso não se retratasse de seus erros dois dias depois do recebimento da sentença, que lhe seria entregue pelo próprio alexandrino. Afamado por sua perversidade, Cirilo acrescentou à carta do papa um princípio de fé aprovado especialmente para esse caso por um sínodo reunido em Alexandria, contendo uma lista de doze anátemas aos quais Nestório deveria abjurar. Complicando-se ainda mais a questão pelo prestígio de que gozava e pelo poder que exercia o furibundo Cirilo, o sínodo condenou Nestório e o depôs oficialmente de sua sede episcopal. Devido a essa ruptura e às que se sucederam por parte de seus seguidores, entre os quais se contavam diversos bispos da província de Antioquia, o cisma se propagou até a Caldeia e outras regiões da Ásia, onde subsistem até hoje os "cristãos de Santo Tomás", que a atual Igreja [Católica] situa entre os "irmãos separados" da ortodoxia.

Cirilo, bispo de Alexandria, a cuja natureza dominadora e impaciente foi atribuída a responsabilidade pelo brutal assassinato de Hipátia, dentre outras incontáveis acusações de atrocidades movidas pelo ódio que marcou seu episcopado, foi um dos primeiros patriarcas do Oriente precisamente por erguer a bandeira da ortodoxia, por seu profundo conhecimento e sua infatigável luta contra a heresia. Edward Gibbon, o ilustre historiador inglês, qualificou-o como "inimigo constante da paz e da virtude, homem audacioso e perverso cujas mãos eram maculadas alternadamente pelo ouro e pelo sangue". Primeiro dentre os teólogos gregos, seus sucessores consideraram-no inferior somente a Santo Agostinho entre todos os doutores ocidentais, ainda que sua doutrina fosse excessivamente difusa. Seus detratores confirmaram, tempos depois, que ele não conhecia a arte nem a simples elegância dos bons escritores, e que foi com ele, por meio de suas afetações e tergiversações ininteligíveis, que teve início o bizantinismo.

Caso tivesse sido salvo o panegírico que Suidas escreveu por ocasião da morte de sua mestra, poderíamos talvez confirmar que Hipátia foi vítima das dissensões entre o irascível Cirilo e seu rival Orestes, o governador da província que, se não foi amante da filósofa, foi pelo menos um de seus amigos mais íntimos. Nesse cenário de erudição e crueldade surgiu o neoplatonismo, ao lado de pensadores judeus e cristãos que, não obstante suas divergências mútuas, congregaram-se em torno da Escola de Alexandria.

No que se referia à religião, o neoplatonismo se opunha ao cristianismo; porém este, embora fosse causa de perseguições sangrentas durante séculos, acabou assimilando aquele, inclusive em seus aspectos mais condenados, como a teurgia, vertente pela qual fluía o legado oriental que alguns filósofos, entre eles Hipátia, mesclavam com atividades oraculares e mágicas. Era próprio da teurgia o uso de talismãs e a crença em um poder mais elevado que toda a sabedoria humana, segundo ensinava Proclo; esta concepção, por sua vez, inspirou o espiritismo, já que, desde então, se requereria a presença de um médium para se comunicar com o espírito. A simpatia universal da teurgia para com todos os entes, além do conjunto de seus mistérios, atraiu tantos crentes que, se a essência dessa doutrina viria a ser absorvida pelos alquimistas medievais e pelos espiritistas, sua carga de superstições fetichistas, paradoxalmente, seria transferida para o culto às imagens nos templos e para a devoção por relíquias, amuletos, medalhas, estampas e por uma variedade de objetos aos quais ainda hoje se atribui a capacidade de influir favoravelmente perante Deus ou perante o destino, a fim de se obter uma graça ou um pedido.

Herdeira da fusão do Uno e do Bem, Hipátia não se inclinou ao misticismo nem ao puro intelecto, típico de Plotino, tampouco se dobrou às especulações do neopitagorismo, tão em voga. Astrônoma, astróloga e matemática, acreditava na influência dos deuses ou dos demônios sobre os fenômenos naturais. Dirigiu a Academia de Alexandria e acolheu com simpatia as doutrinas orientais sem desdenhar do melhor da cultura helênica. Sinésio, que dedicou à sua mestra um emocionado memorial, converteu-se ao cristianismo e acabou sendo nomeado bispo de Ptolemais seis anos antes da morte dela. Segundo Suidas, Hipátia escreveu vários tratados ao estilo da Escola de Alexandria, todos agora perdidos, e foi muito admirada por seus discípulos.

Cirilo acusou-a de conspirar contra ele em conjura com o prefeito Orestes. Considerando um caráter tão vil como o do bispo, segundo descrevem os relatos da época, não é difícil imaginar rivalidades intelectuais ou demandas por domínio que o fizessem com frequência saltar do púlpito para lançar-se ao desafio. Insuflou uma multidão de cristãos contra Hipátia. Esta, seguramente perseguida por ele mais de uma vez, foi apedrejada por um grupo de monges fanáticos comandado pelo sanguinário patriarca com o intuito de intimidar seus adversários. Em seu livro *Decadência e queda do Império Romano*, Gibbon descreve em detalhes como, em um dia da Quaresma do ano de 415, os monges interceptaram a passagem de sua carruagem. Assassinaram brutalmente o cocheiro e arrancaram as roupas de Hipátia para humilhá-la desnuda aos olhos de todos. Maculada sua honra, destroçado seu corpo, levaram-na depois para o interior da igreja e ali a esquartejaram, separando a carne dos ossos com afiadas conchas de ostras.

Espavorida de horror, Alexandria nunca mais voltou a ser a mesma. Esse crime marcou o princípio do fim de uma época de saber e cultura.

Cirilo, por sua vez, ascendeu em reconhecimento e honra, alcançando grande influência sobre o papa Celestino. Sem o menor impedimento praticou sua barbárie instintiva simultaneamente às inclinações teológicas que inscreveram seu nome na patrística. Intrigava com a impiedade dos maiores perseguidores históricos e orava como pai espiritual da Igreja. Condenou e depôs São João Crisóstomo da sede episcopal de Constantinopla antes de arremeter contra Nestório. Suscitou conflitos políticos e religiosos até consumar sua merecida fama de campeão da luta contra a heresia. Não desperdiçou crueldade nem ocasião para impor sua beligerância. Elogiava sobremaneira Maria, Mãe de Deus, e entre seus escritos e epístolas, por meio dos quais comentava o Novo Testamento, nunca deixou de acentuar a heresia de Nestório. Morreu com os impulsos domados em algum momento de sua velhice. Beatificado [e depois canonizado] pela Igreja de Roma, São Cirilo encontra-se entre os padres imprescindíveis da Igreja Católica.

MULHERES, MITOS E DEUSAS

O nome de Hipátia, a maior de suas vítimas e um talento excepcional, foi apenas mais um entre as pagãs de Alexandria. Apaixonada pelo saber, neoplatônica inovadora, fiel ao sentimento de fraternidade que leu nas doutrinas tomadas ao orientalismo, acreditava, assim como os gregos, na inexorável tragédia humana. Matemática, confiou na harmonia universal, que consagrou em sua obra como astrônoma. Filósofa, comoveu-se com a dor da existência e morreu de olhos abertos. Um leve odor de umidade se fez sentir durante seus funerais, espalhado pelo vento noturno. Ao amanhecer, os alexandrinos respiraram uma poeira fina que cobriu a cidade como um véu de luto.

O AMOR

DALILA

Se tivéssemos a nosso alcance a versão filisteia da história de Sansão e Dalila, seguramente ele não nos apareceria como a vítima das artimanhas perversas de uma mulherzinha intrépida, conforme nos apresenta a narrativa bíblica, mas como o arquétipo do ogro quase invencível, possuidor de um segredo no qual reside sua força, e cujas maldades são finalmente vingadas graças à astúcia de uma mulher que tece uma trama ardilosa para atrair o vilão até descobrir a resposta do segredo de sua invulnerabilidade.

No tempo dos juízes e dos reis de Israel, dominava um rigor quase tedioso na administração das leis. Aqueles que proferiam as sentenças ostentavam uma gravidade tão inflexível que custa crer que um personagem como Sansão, envolvido em disputas pessoais, em aventuras amorosas e em pequenas fanfarronices, conseguisse se destacar em outra coisa que não fossem desavenças tribais. Contrário à imagem de um digno representante dos tribunais, tudo indica que Sansão somente obedecia a seus impulsos e, sem a menor dúvida, fazia justiça com as próprias mãos.

Muito mais congruente é a figura de um brutamontes arbitrário, que incendeia os trigais logo antes da colheita, que destrói vinhedos e olivais; um prepotente que transita da libertinagem amorosa à condição de matador de trinta homens, a princípio, e depois de outros mil – com a única ajuda de uma queixada de burro – por razões que nada tinham a ver com patriotismo, justiça ou altruísmo, mas somente porque se sentira ofendido. Exceto a indicação de que foi eleito por Deus, não há fatos que atestem sua condição de juiz consciencioso nos tribunais. Na Bíblia, só se encontram os dados referentes à sua força sobre-humana, porém nenhum juízo que avalize sua autoridade.

O caprichoso Sansão do *Livro dos Juízes* não concebe atos grandiosos nem realiza façanhas à altura de heróis análogos à sua condição superior. Tampouco se destaca por demonstrações de razão ou inteligência, mas se afama, sim, por sua instintiva condescendência e por sua brusquidão. Não há coerência entre o aviso sobrenatural, anterior ao seu nascimento, e seu posterior desempenho como contendedor musculoso que atravessa a vida cometendo impropérios até morrer na apoteose de seu vigor recobrado.

Em Dalila, ao contrário, reside o mistério. Ela é a depositária de uma astúcia mais apreciada no mundo antigo que a batalha frontal; também é ela que, possuidora de habilidades intelectuais que combinam sagacidade, destreza para se safar de problemas, senso de oportunidade e atenção vigilante, triunfa sobre o rude Sansão ao arrancar-lhe o segredo de sua ousadia. O episódio, todavia, é descrito de forma tal a atrair a simpatia para o vilão que, impunemente, roubava e assassinava os filisteus. Assim, em vez de acentuar o sentido de justiça que ele mesmo deveria demonstrar na condição de rei de Israel, o autor do texto sagrado relativiza seus abusos e diminui o provável significado libertador de Dalila: o de verdadeira heroína ante o inspirador do legendário ogro, o monstro ou mago que as lendas tornaram abominável em razão dos traços repulsivos de seu poder.

E é aí que reside o atrativo da única mulher que, na literatura popular ou sagrada, domina e submete astuciosamente uma força devastadora a partir de sua parte mais íntima, onde se oculta o segredo de sua superioridade sobre os demais. Não deixa de ser revelador que tanto na literatura épica como na mitologia apareçam unicamente homens dispostos a vencer uma sucessão de obstáculos mágicos até derrotar o maligno no local mais resguardado, justamente onde

DALILA

permanece a chave de seu poder; neste caso, os cabelos que Dalila finalmente faz cortar graças ao fato de que Sansão, além de tudo o mais, ignorava até que ponto era ele também vulnerável às armadilhas da sedução amorosa.

Se o relato proviesse de algum narrador filisteu, talvez a versão de verdugo e vítima fosse bem diferente. A lista de desmandos praticados por Sansão não condiz com a imagem do legendário herói bonachão que cai na armadilha preparada por uma prostituta que, mediante uma série de engodos, o conduz à humilhação e depois à morte. Não é absurda a possibilidade oposta, ou seja, a de uma mulher que está disposta a tudo, inclusive a morrer, no intuito de castigar uma ofensa grave que foi cometida pelo vilão. Contudo, em vez de destacar o significado libertador de quem, sem mais armas que sua destreza, se atreveu com o inimigo mais temido a fim de vingar o resultado de suas crueldades, magnificou-se a imagem de um escolhido de Deus que, para reparar a perda de seus olhos e aos gritos de *"Morra eu com os filisteus!"* derrubou as duas colunas que sustentavam o teto do edifício no qual se encontravam cerca de três mil pessoas, entre príncipes e gente comum do povo inimigo, motivo pelo qual se diz que foram muitos mais os que Sansão levou consigo ao morrer do que os que matou enquanto gozava de liberdade.

Pela ausência de escrúpulos e por sua natureza aventureira, Sansão contrasta com a figura forçada de uma Dalila que, aparentemente, o atraiçoa por dinheiro, como se o gigante musculoso só granjeasse simpatias a seu favor e não tivesse buscado na vida outra coisa que fazer o bem e distribuir a justiça. Como bem observou J. G. Frazer[*], a simpatia do ouvinte recai sobre o personagem vencido,

---

[*] James George Frazer (1854-1941), antropólogo escocês, famoso por sua teoria das três fases do pensamento humano: mágico, religioso e científico, exposta em seu longo livro *The golden bough* [O ramo de ouro], escrito entre 1890 e 1915, uma classificação adotada até hoje pela maioria dos antropólogos. [N. de T.]

MULHERES, MITOS E DEUSAS

porque ele aparece revestido das características amáveis de patriota e defensor de seu povo. Ainda que velhacarias, seus feitos são apresentados como aventuras maravilhosas de um herói que só desperta uma admiração compassiva. Dalila exerce o papel de carrasco, uma desalmada em busca de poder, amante falsa e ainda por cima prostituta, a causadora de todas as calamidades que recaem sobre um Sansão quase indefeso, quase idílico, exposto às artimanhas que o abateriam depois de atingi-lo em seu ponto mais sagrado.

De sua boca saem a primeira, a segunda e a terceira provas de legendária ingenuidade até se render à quarta vez, quando finalmente revela a verdade. Tanto na mitologia como nos contos de fadas e ogros repete-se essa deliciosa dualidade: ser ao mesmo tempo o personagem mais temível e o mais propenso a revelar a melhor maneira de ser destruído. Protagonista de uma inocência quase infantil, Sansão contraria sua condição de governador de Israel durante vinte anos. Diz primeiro a Dalila, no calor de seus abraços, que, se o atassem com um feixe de sete fibras frescas, que ainda não estivesse seco, perderia sua força e seria como um homem comum; quando os filisteus caíram sobre ele na alcova e o amarraram, o herói se libertou com um único puxão. Da segunda vez, disse a Dalila que, se o amarrassem com cordas novas, perderia sua força e seria como todos os demais; outra vez seus inimigos se puseram à espreita, aguardando o grito da mulher, e ele rompeu como se fossem um fio as cordas que lhe cingiam os braços. Uma vez mais se apresentou à iludida Dalila, e Sansão respondeu-lhe que, caso tecesse sete mechas de seus cabelos com a urdidura de um tear e as prendesse com um pino, ele se enfraqueceria e se tornaria igual aos outros homens. Outra vez confirmada a falsidade de sua resposta, Dalila redarguiu: "Como dizes que me amas se não está comigo o teu coração?"

Aborrecido com tantas discussões, o forçudo cedeu à astúcia da mulher e confessou que nunca passara navalha por sua cabeça,

246

porque estava consagrado a Deus desde antes de seu nascimento. Ela pressentiu que desta vez era a verdade, que era em seus cabelos que se ocultava o segredo e novamente chamou os príncipes filisteus. Dalila fez com que Sansão adormecesse em seus joelhos e então fez entrar o homem que cortou rente as sete tranças de sua cabeça, fazendo com que ele se debilitasse e logo se lhe desaparecesse a força. Ao grito de "Os filisteus vêm sobre ti, Sansão!", ele despertou convencido de que, tal como das outras vezes, saltaria sobre seus pretensos captores e os derrotaria; mas descobriu, com grande pesar, que a força do Senhor o havia abandonado.

Humilhado, os filisteus arrancaram-lhe os olhos, levaram-no acorrentado a Gaza e o prenderam, deixando-o a girar a pedra de um moinho no cárcere sem perceber que sua cabeleira recomeçava a crescer lentamente e, com ela, também sua força. Seus captores se divertiam, esquecidos de que em seus cabelos o gigante levava a chave de sua vingança. Dalila é o instrumento de uma derrota: cumpre o prometido e desaparece da lenda. Resta dela a sombra da sedução enganosa e, nas entrelinhas, a certeza de que os papéis relevantes na história dependem das versões que prevalecem das atuações dos seus personagens. É provável que em Dalila resida o antecedente vingativo da mulher humilhada, uma parente literária de Ulisses, célebre por sua sagacidade e possuidora de uma engenhosidade que lhe rendia mais vitórias que suas armas. É possível também, caso subsistisse uma versão filisteia, que se tivesse tratado de uma mulher valente que se atrevera a enfrentar o monstro que assolava seu povo, despojando-o e cometendo tantos crimes a ponto de exasperá-lo, fazendo-o recorrer ao mais antigo e seguro meio para derrotar o mais forte: o delírio amoroso.

SHERAZADE

Doce e cativante, Sherazade sentia a cada instante a beleza das palavras. Entendia como ninguém o segredo do ritmo, da entonação e da pausa para enfeitiçar os ouvidos cansados do tráfego e do ruído das multidões. De seus antepassados escutou relatos sobre gigantes perversos, navegantes intrépidos e lutas contra as forças obscuras que, à luz da Lua, ela perfumou com o jasmim trançado nas gelosias ao redor das fontes e envolveu com os gozos melódicos de amores intensos. Em seu auditório media o efeito de suas modulações precisas enquanto sua jovem irmã aplaudia ou se assombrava, comentava ou fazia coro para ensejar cenas enriquecedoras sempre que advertia sinais de aborrecimento ou de fadiga nos olhos do soberano. Por essa razão, Sherazade alongava seu canto ou o abrandava em matizes como se tecesse a paisagem rósea de sua pátria fictícia, pois se tratava de afiançar com a voz as virtudes da perfeita esposa que, longe de enganar o esposo com supostas traições, alegrava seu espírito com novidades e maravilhas. Essas histórias, além de permitirem à donzela comprazer ao monarca durante aquelas jornadas noturnas sem perder sua virgindade − o que também permitiu a ela não apenas salvar a própria vida, mas ascender à pequena eternidade da literatura −, curariam o coração infeliz daquele Barba Azul do Oriente, que mandava matar mulheres com a mesma facilidade que outros se desfaziam de ninharias.

Dizem os estudiosos que costumava recontar as lendas de modo a encadear as noites com contos inconclusos, dos quais extraía

MULHERES, MITOS E DEUSAS

novos contos para aplacar a misoginia criminosa do rei Shariar; e que arabizou uma herança multissecular por meio do ciclo de Haroun Al-Rashid, que dominaria o almanaque noturno da epopeia nacional do islã, acrescentam aqueles que insistem em ver modelos de autoridade e analogias exemplares por trás dos caprichos desse singular mandatário que distraía seu sedentarismo com disfarces e travessuras para melhor se inteirar do que acontecia em seu reino. O certo é que Sherazade quis provar o prodigioso alcance de seu gênio verbal e para isso escolheu o mais surdo dos ouvintes, convencida do poder vivificante da literatura. Por precaução, invocava o nome de Alá para consagrar sua aventura e, noite após noite, até somar mil e uma, desentranhava o reflexo de uma humanidade engrandecida à luz da magia. Uma humanidade anedótica, porém tingida pelo encantamento, pela compaixão e inclinada ao resgate de tradições que levam na figura daquele gorducho com cara redonda de uma lua do ramadã o emblema de uma cultura concentrada na crença purificadora do verbo.

Ainda que parecidos com o restante da humanidade, esses homens e mulheres que povoam o universo evocado por Sherazade pautam seus dias não pelo tempo regular que registra as tarefas idênticas de dias iguais a todos os dias, em povoações acostumadas ao tédio, à necessidade e à dor; mas pelo tempo sem ordem nem espaço determinados, no qual é possível ver sem ser visto, voar em tapetes mágicos, encerrar um monumental gênio maligno dentro de garrafas diminutas, vislumbrar revelações assombrosas através de uma bola de cristal ou triunfar sobre o impossível quando ao herói não se apresenta outra alternativa que a onipresença, o feitiço ou a morte.

Mistura de heroína e divindade, a filha do velho vizir desprezou as advertências do pai para domar a fera em seu próprio terreno e assim consumar, por meio do sortilégio verbal, a dupla façanha de triunfar sobre o poder absoluto e vivenciar ela mesma um fado à altura dos destinos de seus personagens. Memorialista sem par, Sherazade não duvida do alcance dos dons da fantasia; por essa razão, como se fosse pouca ousadia arriscar-se sozinha, leva consigo sua irmã Dinarzade para completar, segundo havia planejado, a gradual transformação de Shariar e de sua envolvente esterilidade palaciana no habitante do mais rico templo da narrativa e da poesia.

Ela falava a língua pehlevi, que procede à Pérsia de Zoroastro e aos Livros Sagrados, escritos no idioma zenda, ainda que o manuscrito de *As mil e uma noites* tenha sido recolhido como botim de guerra durante a conquista comandada pelo califa Omar no ano 18 da hégira, junto com o vasto império territorial e o patrimônio artístico da nação iraniana. Desde então, os árabes se juntaram ao caudaloso tempo de uma longa dinastia de narradores que, séculos depois, ofereceriam à curiosidade europeia um dos legados mais antigos da Índia e da China, do saber egípcio e desse mítico berço da humanidade que acabou por se chamar Arábia, na falta de um nome capaz de abarcar a mais exótica geografia do assombro e das maravilhas humanas, naturais e paradisíacas.

Dos deuses Sherazade obteve a graça do verbo, dos recitadores remotos as temáticas que haveriam de colocar seu nome no mais cobiçado templo da palavra. Eco de um Oriente que já era velho quando Alexandre Magno irrompeu na Índia, suas histórias de magos, rivalidades ou alianças, encantamentos e façanhas fantásticas formaram um rio de vozes que encheram de encanto *As noites árabes*. Mais belas que as odaliscas que deliciavam os haréns, as princesas que ornamentavam os contos da donzela persa sofriam apenas para acentuar mais sua futura felicidade ou se fundiam na vertigem da perversidade para exagerar sua grandeza.

Demasiado graciosa para ser real, Sherazade é um sândalo embriagador que distrai a mente de um caprichoso califa que conseguiu entender que a ordem e a vida tornam-se possíveis quando o natural e o extraordinário se fundem pelo poder de um conjuro. Ela descreve o enigma e sua solução; insinua a certeza do sobrenatural como remédio para situações-limite; recorre à superstição e aos princípios morais com idêntica desenvoltura e concentra na onipotência divina a lei intermediária que rege a intrepidez e o voluntarismo, quando se aquilata o valor dos sonhos. Por isso, celebra o desejo dos amantes que triunfam sobre a adversidade e soma engenhosidade à determinação dos que desafiam o domínio absoluto. Mestra do contraste e das alegorias repletas de mensagens, Sherazade destaca a superioridade daqueles que aprendem com seus erros ou representa, por meio de acontecimentos comuns, a paixão do poder naqueles que somente se deixam governar pelo caminho da fábula.

Apenas se distinguem os traços físicos ou o caráter de uma donzela que amou a palavra sob o céu noturno de uma mitologia oriental, que magicamente se atina à perfeita criatividade do islã. Sherazade é a palavra, o santuário da literatura perfeita e o espelho da lua oriental sob cujo esplendor se sustentam as sombras do único conto que perdura como arquétipo de todos os contos. Deusa intermediária entre a voz do adormecido e a linguagem da vigília, Sherazade é também a fiandeira que entrelaça com a mais perfeita poesia os fios do proibido e do permitido, do profano e do religioso, do cotidiano e do sobrenatural, da prosa e do verso, da dor e da felicidade, a fim de oferecê-los a todas as gerações como um ato de amor.

Tal como um fruto exótico, Sherazade é uma mulher ataviada com túnicas transparentes e sapatilhas de seda, que um dia decidiu se sentar frente a frente ao tirano sobre um rico tapete oriental para causar o prodígio de enviá-lo ao Éden e trazê-lo de volta ao trono transfigurado por seus relatos. Em um mundo desprovido de espelhos, tomou da lua o esplendor necessário para refletir o âmbar, os gostos açucarados que enriqueciam suas ceias, as andanças de cameleiros e de comerciantes que transitavam daquela Bagdá mítica ao deserto abrasador, do Ganges ao Tigre, do Nilo ao Indo. Refletiu a algazarra dos banhos e a treinada sensualidade dos haréns. Reuniu asintrigas de joalheiros e vizires e somou uma sabedoria remota ao enredo mais próximo de situações absurdas, tal como sucede na vida real. Assim, desde a corte dos califas, a mítica Sherazade derramou por todo o mundo os sabores e aromas da canela e do cardamomo.

Possuidora de uma beleza incomum, não foi por sua juventude nem pela harmonia de suas formas que seduziu o tirano, mas pela fascinante destreza para triunfar sobre o esquecimento e remover os sedimentos da memória, o que levaria seus sucessores, ao resgatarem suas histórias em caracteres poliglotas, a declarar que escrever é recordar. Para esse fim suas palavras vertiam em manuscritos, para fixar as folhas de um embelezamento que começava a se apagar na voz de rapsodos ou repetidores que recontavam lendas, epopeias e mitos ao modo dos roteiros homéricos.

Dominava a entonação, as cadências e as vastas e complicadas metáforas que costumam enfeitiçar os amantes das histórias fantásticas. Sua voz era um fio entre o mistério da invenção e as habilidades praticadas pelos *rawis** nos bazares, nas cafeterias e nos salões em que os homens do leste islâmico gastavam suas tardes cultivando, do paladar ao ouvido, o deleite de seus sentidos, quando o islã era sinônimo de beleza e de prazer.

Real ou fictícia, deusa ou heroína noturna que triunfa sobre o poder e sobre a morte, Sherazade é a voz fundadora da literatura e o santuário, para todos os tempos, da arte da palavra.

---

* Na tradição árabe, o contador de histórias que se apresenta nos bazares e casbás é chamado *rawi* (aquele que acalma a sede). [N. de T.]

ISOLDA

Amando e desamando, no abandono ou na plenitude, a humanidade atravessou os séculos clamando aos deuses por misericórdia a fim de mitigar os furores do coração. As aventuras dos amantes encabeçam a preocupação literária em todas as línguas, pois que pela paixão que cresce entre duas pessoas se expande uma espiral de emoções que, por estranho arrebatamento, se transmuta em fonte de outros delírios em que se misturam o devaneio, o afã pelo poder, um enorme horror à morte e a veemência que impulsiona o flechado [por Cupido] a passar por um renascimento interior dominado por forças súbitas que ele não reconhece como sendo suas.

Tanto entre os deuses como entre os homens há casais que mitificam as raras formas de amor que, precisamente por sua intensidade, chegam a cegar ou a deslumbrar, segundo o lado da paixão ou do mito que se viva. Com a infortunada Heloísa se empreende o culto ao amor-paixão urdido com rebeldia e religiosidade que, durante o Renascimento, se consagra no misticismo ao lado da máxima renúncia a todos os assuntos do mundo. Em contraste com esta vontade feminina que obedece às duras exigências de seu tempo sem se resignar, a Idade Média ocidental ideou uma Isolda delirante, que passa do sonho à realidade por obra de um encantamento que a conduz à morte quando, ao despertar do feitiço, o prazer se transforma em tormento; um tormento que é incapaz de suportar em estado de lucidez.

Isolda é a amante legendária que sai de dentro de si mesma e se aventura até o transbordamento de todas as emoções para se entregar ao amado por uma causa indutora, totalmente alheia à sua vontade. Seu delírio, provocado por um filtro de amor que bebe por acidente, expressa o fato obscuro e inconfessável de que toda paixão está vinculada à morte, ainda mais quando envolve um adultério, e supõe a destruição para aqueles que nela abandonam todas as suas forças, seja qual for o motivo que os tenha induzido a se fundir em êxtase, desumanização ou embelezamento tão desmedido que faça o desejo transcender todas as barreiras do permissível, a ponto de ser incapaz de encontrar na vida qualquer substituto ou solução que mitigue essa necessidade peculiar de se expandir no outro.

Muito mais que Heloísa ou Julieta, Isolda mitifica a paixão da noite. Nela concorrem os prazeres noturnos e a treva da ofuscação, uma violência primitiva e sagrada, o vazio e a pureza monumental do ser. Adúltera, se recobre de um véu que a impede de decidir por si mesma. Apesar de consumar a falta, Tristão continua comprometido com a missão que lhe confiou o rei, o que acentua o desejo pelo objeto proibido. O véu que os impede de retroceder é justamente o elixir que bebem sem saber que, com o primeiro gole, ela se apaixonaria não pelo marido, segundo o disposto, mas pelo homem errado, aquele que a conduz para um matrimônio arranjado, cujos despropósitos os conduzirá à morte, para completar a perfeita idealização de sua felicidade.

Entremeado de magia e de aventuras fantásticas que oscilam entre o enigma que fascina e a fatalidade que assombra, o mito parte de um episódio de morte do qual deriva o nome de um dos amantes. Tristão já nasce em desgraça e, não obstante seus atributos heroicos, a adversidade acompanha-o até o fim. Seu pai acabara de morrer em combate, e sua mãe sucumbe durante o parto. O rei Marc da Cornualha, irmão de sua mãe Blanchefleur, leva consigo o órfão para sua corte e o educa nos valores cavalheirescos, o que

ISOLDA

agrava o sentimento de deslealdade que estreita essa glorificação dramática de honra e de amor cortês.

A aventura começa quando, em sua juventude, após ser armado cavaleiro, Tristão vence Morholt, o gigante irlandês que se apresenta à corte de seu tio para exigir um tributo de jovens e donzelas. Na batalha, o rapaz recebe uma estocada envenenada da qual somente se poderá curar com o antídoto secreto que possui a irmã do ogro, a rainha da Irlanda que também é mãe de Isolda. Enfermo e sem outra companhia que sua harpa e sua espada, Tristão navega em busca do remédio em um barco sem remos e sem vela, que o conduz à terra inimiga.

É Isolda, a princesa real, quem o protege e cuida até curá-lo, mesmo que Tristão tenha evitado confessar seu nome e a origem de sua enfermidade. Anos depois, seu tio Marc encarrega-o de uma estranha missão: encontrar a dona do cabelo de ouro que lhe havia sido trazido por um pássaro como sinal de que deveria desposá-la. Impulsionado pela magia, Tristão se faz ao mar em busca da desconhecida, e em plena tempestade as águas lançam-no de novo às costas da Irlanda. Ali, combate o dragão que assolava a capital e, ferido, é novamente curado pelas mãos de Isolda, que desta vez não tarda a descobrir que o herói é também o assassino de seu tio Morholt. Para vingá-lo, a princesa desembainha a espada e se prepara para matá-lo enquanto o jovem se banha; mas, talvez cativada por sua beleza, baixa a lâmina ao ser informada de que a missão dele talvez lhe permita tornar-se rainha, como sonhava secretamente desde sua infância, mesmo que, para realizar esse desejo, tivesse de se casar com um homem bem mais velho, como Marc, e ocultar de sua mãe a identidade do enviado.

A paixão se desencadeia quando, juntos em alto-mar, os jovens descobrem um ao outro em um ato de perfeita adoração. O calor aumenta, os ventos desaparecem em uma calmaria e ambos são tomados pela sede. A aia de Isolda, Brangien, se engana de frasco e, em vez de água, dá-lhes a beber um vinho temperado que a mãe de Isolda havia preparado para garantir aos esposos três anos de plena harmonia.

A criada, presa de um profundo sentimento de culpa, aceita substituir a noiva na noite de núpcias a fim de salvar sua ama da desonra. Tristão se debate entre o amor e o dever, mas segue com seus encontros furtivos com Isolda. Antes de conceber uma solução, é denunciado por traidores e condenado ao desterro.

Como não existe mito desprovido de astúcia, Tristão consegue persuadir seu tio da falsidade das acusações. Não somente é perdoado, mas o rei lhe encomenda uma nova missão. Os inimigos dos amantes persistem em sua perseguição, e o anão Frocin, prevendo uma despedida, planeja surpreendê-los semeando "flor de trigo" entre os leitos. Tristão escapa de sobressalto da armadilha, mas de sua perna ferida caem umas gotas de sangue sobre a farinha espalhada no chão, as quais, quando Marc irrompe na alcova, lhe são apresentadas pelos barões como prova do adultério.

Como castigo, Marc envia Isolda para um campo de leprosos e condena Tristão à morte. Sempre com a magia a seu lado, o jovem consegue se evadir e libertar sua amada. Os dois fogem para o bosque de Morois, onde levam uma vida áspera e dura. Uma noite, enquanto dormiam, Marc os surpreende, mas observa com espanto a sua própria espada, que Tristão havia colocado desembainhada entre seu corpo e o da amada. Emocionado, considera esse sinal uma prova de castidade e se abstém de despertá-los, mas substitui a espada real pela espada de Tristão, antes de seguir viagem.

Passados três anos, desvanece-se o efeito do filtro de amor e os dois amantes recobram a lucidez. Tristão se arrepende, e Isolda passa a lamentar saudosa o bem-estar da corte. Ambos ficam desesperados. Sua linguagem não é mais a do ardor, mas a de quem deseja recobrar o que foi perdido de qualquer maneira que lhe seja possível, por mais que ainda se sintam confusos. Por intermédio do eremita Ogrin, Tristão oferece ao rei a devolução de sua esposa; este, convencido da inocência de ambos, outorga-lhes seu perdão e envia um cortejo real para reconduzi-la ao palácio. Temerosa por seu destino, Isolda suplica a Tristão que não a abandone, que permaneça no reino até se certificar de que Marc não lhe fará qualquer mal. Em troca, promete reunir-se novamente com ele ao primeiro sinal de saudade, sem que nada nem ninguém a detenha em seu propósito, "nem torre, nem muralha, nem castelo fortificado".

Feitiço ou não, as cenas que se seguem são próprias de dois que se amam e que fazem qualquer coisa para retomar seus encontros amorosos, a risco de que todos os que os vigiam ponham em dúvida a virtude da rainha. Uma e outra vez se reúnem clandestinamente em casa da sentinela do bosque; finalmente, Isolda, cheia de tribulação ao ser denunciada novamente pelos infatigáveis delatores, invoca e recebe um "juízo de Deus" a fim de provar sua inocência. Graças a um subterfúgio, no qual Tristão participa disfarçado de camponês, sua mão permanece intacta depois de segurar o ferro em brasa pelo qual jurou não ter estado jamais nos braços de qualquer homem que não fosse seu próprio senhor.

Após um sem-fim de aventuras, que variam de acordo com as distintas versões do mito, Tristão passa a crer que Isolda deixou de amá-lo. A sensação de abandono o impele a se casar, mais além dos mares, com outra Isolda, "por causa de seu nome e de sua beleza", a "Isolda das brancas mãos", a quem deixará virgem porque não consegue esquecer a sua Isolda, a loura, a de cabelos de ouro.

O desenlace sela para sempre o drama do amor e do desamor. Novamente ferido por um punhal envenenado, Tristão faz trazer a sua Isolda, a rainha da Cornualha, sob pretexto de que ela é a única capaz de curá-lo. Doente de ciúmes, a outra Isolda, a das brancas mãos, anuncia a Tristão em seu leito de morte que a vela hasteada no barco em que viaja sua amada é preta e não branca, o sinal de esperança que havia sido combinado. Tristão se deixa morrer de tristeza no instante em que a loura Isolda desembarca para salvá-lo. Em vão ela se lança pelos corredores do castelo para encontrá-lo ainda com vida. Em um dos episódios mais belos de todos os mitos, Isolda, a amada de cabelos de ouro, se abraça ao corpo inerte do amante e igualmente se deixa morrer de tristeza.

HELOÍSA

Há vidas que transcendem a vida por sua paixão, e sua intensidade merece ficar gravada na memória do fogo. O sofrimento dos legendários amantes do medievo francês, Abelardo e Heloísa, ultrapassou a imaginação que mitificou outros casais pelo poder da magia, do sonho e da morte. Este é um dos casos em que a realidade excede o vigor persuasivo da literatura; sobretudo no caso dela, porque elevou sua rebeldia ao nível da obediência sem jamais incorrer em resignação, porque amou com religiosidade e sem desperdiçar um instante para esperar seus infortúnios ao pé do altar.

Insuperável até hoje, Heloísa é o símbolo de uma força espiritual que transforma seu desamparo em perspicácia e suas orações a Deus em refúgio da palavra a fim de se purificar do desamor. Conquanto o suplício infligido ao prestigioso filósofo, coube a ela pagar com piedade o preço de uma entrega que começou entre leituras e logo depois explodiu na fogueira do ódio; uma entrega que transgrediu preconceitos, que despertou seu desejo de poder e de consumar o proibido com a certeza de que é no estar juntos que se preenche o sentido de ser, enquanto na separação dos amantes se sofre o verdadeiro inferno. Foi, então, a sua uma entrega tão profunda e tão disposta a abarcar a vida e a morte, que acabou levando-a a aceitar o hábito apesar de suas vacilações na fé; e a transformar seu próprio coração porque ele, dono de sua alma, assim lhe pediu em meio à tormenta, para sobreviver à perseguição provocada por sua desventurada união.

Jovem sobrinha de um clérigo de Paris, a aristocrática e excepcionalmente bem dotada Heloísa foi posta sob sua tutela depois de passar a infância em um convento de monjas. Seu drama se desencadeou por volta dos 18 anos de idade, quando, a pretexto de estudarem sob o mesmo teto, professor e aluna entregaram-se inteiramente ao amor durante meses de tanta volúpia que, doze anos depois, ao evocá-lo em sua célebre carta a um amigo depois de sua controvertida vida monástica, Abelardo reconheceu que seu ardor experimentou todas as fases do frenesi e que jamais evitaram nenhum dos requintes mais insólitos de que a paixão é capaz.

Quando Fulberto descobriu a situação dos amantes, somaram-se infâmias ao desconsolo do casal. A princípio, o tumulto familiar deixou-os insensíveis, pois até então o gozo da posse para eles havia se tornado mais doce. Também de origem nobre, ao ser convidado a orientar o aprendizado de Heloísa, Abelardo já era respeitado por sua cátedra e admirado por seu talento em Corbeil, Melun e na própria Universidade de Paris. Daí a gravidade do escândalo. Ao descobrir que estava grávida, Heloísa recusou o matrimônio com uma firmeza incomum a fim de não prejudicar a carreira ascendente do afamado filósofo que, mesmo então, já era alvo de muitos invejosos. Protegida por ele, fugiu para a Bretanha para dar à luz seu filho Astrolábio como mãe solteira, e, apesar de sua obstinada decisão em assumir as consequências daquilo que representava seu pecado, o casal foi obrigado pelo cônego a contrair matrimônio sob condições humilhantes para ambos, ainda que, em princípio, a família tenha aceitado manter a união em segredo.

A tragédia irrompeu quando Fulberto, tio de Heloísa, cego de ira porque considerou que a mácula sobre a honra familiar e sua reparação imperfeita os humilharia durante gerações, persuade os demais parentes para que, com a ajuda do servo infiel, que até então gozara da maior confiança de Abelardo, o mutilassem da maneira mais selvagem. Foi essa a represália ao afeto frustrado da sobrinha por um clérigo, para quem o matrimônio não era apenas algo mal-visto na época, mas que dele se esperava o celibato e a conivência de suas obras com a hipocrisia que reinava no século mais corrupto da Igreja Católica.

Abelardo, ferido no mais profundo de seu ser, atormentado pela paixão do saber e a paixão amorosa, conhece seu natural tormentório e não encontra outra solução afora o confinamento de ambos na vida religiosa. É este o motivo por que o filósofo obriga sua esposa Heloísa a ingressar no convento de Argenteuil e a "retirar-se do século". Ele, por seu lado, realiza sua vocação teológica tornando-se abade e protagoniza, até o último dia de sua vida, uma sucessão de importunações por parte do clero, que o faria vítima de uma das mais persistentes intolerâncias de que foram capazes os homens pensantes. Em sua *Historia calamitatum,* ele mesmo narrou os pormenores da tragédia. Nunca diminuíram as perseguições; ao contrário, somaram-se as vexações a novos escândalos originados pela inveja de seu talento. Apesar de nunca ter deixado de padecer uma vida errante e miserável, retomou seus trabalhos teológicos e perseverou em sua rebeldia filosófica.

Durante doze anos vive a seu modo a infelicidade do már-tir, até que, oculto por detrás da linguagem teológica, Abelardo empreende sua famosa aventura epistolar com Heloísa. Margens opostas do mesmo drama, cada um evoca seu celibato forçado com linguagens distintas. Ele se refere ao pecado e a incita a segui-lo em sua liberdade espiritual de castrado. Prior de Saint-Marcel, na Borgonha, apela por todos meios à força da razão, ao amor ver-dadeiro, à renúncia aos bens terrenos, ao amor divino; ela não crê na virtude, está dividida, sua fé vacila. O escândalo é um nó que a dilacera entre o espírito e o sexo, entre as exigências do claustro e o furor amoroso. Jamais se resigna; bem ao contrário, glorifica sua desventura, e assim como se volta para seu templo protestando contra Deus com lamentações de viúva, escreve ao amado de forma beligerante, desafia-o e recorda-lhe os lugares de sua paixão, as horas de fogo e sua ausência...

> Para onde quer que me volva aparecem diante de meus olhos aqueles deleites e despertam outra vez meu desejo... Até durante as solenidades da missa, quando a prece deveria ser mais pura do que nunca, imagens obscenas assaltam minha pobre alma e a ocupam mais do que o ofício divino... Longe de gemer arrependida pelas faltas que cometi, penso suspirando naquelas que não posso mais cometer...

É assim que ela escreve a Abelardo, sempre amante, esposa insatisfeita e decidida a dessacralizar a vida religiosa na qual ele mesmo a confinou. Longe de conquistar a paz, ela invoca seu sacrifício a fim de consagrar sua verdadeira paixão. Se Abelardo procura voltar os olhos para Deus, Heloísa reafirma o passado, traspassa-o com erotismo incomum, como se nas palavras buscasse a satisfação proscrita e com a verdade apaziguasse a maldição de um destino ao qual se submeteu por necessidade, mas nunca porque o coração lho ditasse. Clama por justiça a seus direitos de esposa e, desde a clausura de sua abadia, cede à fatalidade de sua absurda separação.

Quanto mais Abelardo persegue o rigor, quanto mais se inclina para o raciocínio lógico em busca de respostas teóricas, tanto mais Heloísa se confirma no poder de suas emoções. Assim transita da ternura à cólera, da compaixão à impotência, até cair na irracionalidade. Ele se integra com a ajuda da filosofia; ela se fragmenta, se desespera e finalmente se cala; retira-se em um silêncio dolente, depois de cumprir sua promessa de guardar para o futuro o testemunho de seu lamento:

> Prometo publicar nossa desgraça em vários idiomas a fim de envergonhar este século injusto, que não te compreendeu... Meu

cruel tio acreditou que eu não te amava por ti mesmo (como as demais mulheres), mas somente teu sexo: enganou-se totalmente ao privar-te dele; pois a minha vingança é amar-te cada vez mais...

A *Theologia* de Abelardo foi queimada como herética por decisão do Concílio de Soissons, no ano de 1121, além de suportar uma prisão preventiva na Abadia de Saint-Médard. Enquanto ele resistia às pressões eclesiásticas e às perseguições que o obrigavam a se refugiar em diferentes lugares, Heloísa funda e dirige, sempre atendendo aos pedidos de seu amado, uma nova ordem de monjas denominada *O Paráclito*, da qual Abelardo se tornaria abade e mentor das regras, inclinadas para o estudo do pensamento e das letras. Proveu as monjas de livros e hinos compostos por ele mesmo e, a partir de 1130, ambos empreenderam a célebre obra epistolar em que entremearam temas de amor e de religião.

Confirmada sua condenação pelo Concílio de Sens e ratificada depois pelo papa Inocêncio II, Abelardo partiu para o Mosteiro de Cluny, na Borgonha, onde, graças à mediação de seu abade, Pedro, o Venerável, fez as pazes com Bernardo de Clairvaux e pôde dora-vante se dedicar ao ensino. Já velho, viveu seus últimos anos como monge cluniacense. Seus restos mortais foram levados primeiro ao convento do Paráclito, a pedido de sua amada, e posteriormente, já no século 19, ao cemitério de Père-Lachaise, em Paris, a fim de serem reunidos aos despojos de Heloísa.

Se Abelardo esteve disposto a assumir sua escolha, Heloísa aparece como a figura desvalida, desprovida de vontade – ainda que nunca de entendimento –, em que pese o fato de nos momentos mais cruciais todos decidirem por ela: sua juventude entre monjas, sua paixão por Abelardo, a renúncia à sua maternidade, seu confinamento conventual e a condenação de padecer uma constante ausência, a ponto de afirmar que o vazio de Abelardo, mais que qualquer outro acontecimento, preenchera absolutamente sua vida.

MULHERES, MITOS E DEUSAS

Heloísa, mais que o seu amante, é a figura a ser observada. Heloísa e sua paixão mutilada; Heloísa enamorada e, não obstante, atacada pelo sentimento de culpa; enquanto Abelardo, em seu perfeito papel de amado, deixa-se querer e lhe recomenda canalizar seu fogo para o caminho da salvação.

O século lamentou-se pela fatalidade de Abelardo, e ele retribuiu à sua desgraça transformando em lenda a condenação de Heloísa, a amada que, confinada por sua paixão no convento de Argenteuil, encontrou na redação de cartas o único meio de recuperar o objeto de sua dor.

Uma natureza rebelde, uma mulher excepcional, Heloísa nasceu em 1098 e morreu a 15 de maio de 1164, sem quebrantar seu voto de obediência e jamais ter se resignado.

MARGARIDA

Antes que Georg Zabel mudasse seu nome para Johannes Faust, que vende sua alma ao diabo em troca dos prazeres desta vida, já escandalizava os aldeões nas tabernas com seus oráculos e afirmações. Alguns creem que viveu de 1480 a 1540, e que a lenda foi construída sobre um fundo de verdade. Ninguém então, em seu juízo perfeito, cobiçava a sapiência divina ou manifestava inveja pela criatividade praticada unicamente por Deus. Considerando os desconcertos habituais, as coisas se moviam com uma certa ordem: o Todo-Poderoso desvendava as verdades da fé e seus prelados estabeleciam o que era permissível aos sentidos e às fantasias. Assim se organizava a vida em comum e todos se curvavam com resignação aos ciclos naturais da existência. As disposições celestes eram acatadas com maior ou menor docilidade, e os assuntos terrenos vagavam entre o tédio, a resignação e o comedimento.

A ruptura de tal ordem, porém, ocorreu no momento em que um homem quis extravasar suas próprias capacidades. O renomado doutor Fausto não ignorava que Mefistófeles costuma despertar nas altas inteligências um grande apetite pela atividade fecunda, justamente aquela pela qual sentia uma inquietação crescente. Acreditava que o mundo seria insípido, enganosamente pacífico e adormecido se Deus não tivesse deixado esse demônio em liberdade para acionar uma parte das forças que anseiam sempre pelo mal, mas que, sem cessar, provavelmente sem pretendê-lo, acabam por conduzir ao bem. Foi assim que ele se aventurou em seus signos obscuros e decidiu entregar sua alma ao príncipe dos infernos em troca de fundar o que seria mais tarde chamado mito fáustico, arrastando em sua esteira a jovem Margarida, que perduraria para sempre como vítima ou contraparte do símbolo da curiosidade temerária.

Aventureiro malandro, apaixonado pelo saber, esse peculiar homem da ciência e professor particular costumava viajar de Gelnhausen a Erfurt, de Ingolstadt a Nuremberg e mesmo pelas regiões mais afastadas da antiga Germânia para impressionar clérigos, estudantes e taberneiros com predições extravagantes e notícias do universo ou do tempo. Seus interesses eram totalmente distintos daqueles que se costumava atentar naquelas aldeias medievais infiltradas de preconceitos, de superstições e de feitiçarias tão diversas e penetrantes que, em vez de se acostumarem à extravagância, imputavam aos seres um pouco diferentes a fama de irreais, possessos ou endemoninhados.

"Magister Georg Sabellicus, Fausto o Jovem. Fonte dos necromantes, astrólogo, mago de segunda ordem, quiromântico...". Era assim que redigira sua própria apresentação manuscrita em cartões de elaborado cursivo. Não havia quem lesse tais linhas e resistisse à tentação de escutá-lo. Até brotavam aqui e ali certas pessoas que juravam tê-lo visto partir na metade da noite, como foi afirmado em Leipzig, cavalgando nas ancas de seu cavalo *Pégaso*, cercado por sombras fantasmagóricas.

Escreveu o horóscopo do bispo de Bamberg e, em 1540, pouco antes de sua morte, sempre perseguido pela justiça em razão de seus numerosos delitos, vislumbrou acontecimentos tão pormenorizados e insólitos como a expedição dos Welser à Venezuela, a qual, segundo informou o cavaleiro Philipp von Hutten, "resultou tal e qual havia predito o filósofo".

Em poucas décadas, sua legendária celebridade captou a atenção de biógrafos e poetas. De simples relato popular, sua memória se foi convertendo em caráter dramático, figura trágica,

MARGARIDA

alegoria moral, fábula renascentista, símbolo do racionalismo e personagem mítico até se irmanar com as criaturas melancólicas dos *Oitocentos*, derivadas do romantismo, conhecido como "o mal do século". Fausto não seria Fausto, síntese dos apetites da juventude e do desejo insaciável pelo saber, sem que fosse complementado por Margarida, essa mártir do furor diabólico encarnado por Mefistófeles, que é destruída para satisfazer uma ambição que se acaba tornando igualmente purificadora.

Antes que Goethe revisitasse, no decorrer do século 19, os fundamentos bíblicos do universo e explorasse variações de Lúcifer e de Margarida em sua conhecida obra, era comum na Europa interpretar-se das maneiras mais distintas essa lenda de cunho claramente moralizador. A versão de Christopher Marlowe, contemporâneo de William Shakespeare e de Ben Jonson, foi encenada em vários países e chegou a ser comum adaptá-la em verso ou em prosa para o teatro de marionetes até que, recriada segundo as concepções de nosso tempo, a novelística e o cinema se apropriassem dessa trama, uma das mais sugestivas da literatura por conter uma grande variedade de elementos entre a vida e a morte, sempre complicados pela paixão, pela ânsia de poder e pelos desejos concorrentes de possuir e de saber.

Dramaturgo e aventureiro, o próprio Marlowe foi apunhalado em virtude de uma contenda amorosa aos 29 anos de idade. Peculiar como seu diabólico inspirador, sua força cênica não pode ser separada de seu próprio espírito fáustico, o mesmo que acometeria Thomas Mann e os criadores contemporâneos que descobrem em Fausto um veio inesgotável que costuma deixar de lado a enigmática Margarida, figura sombria que avança através dos séculos com uma feminilidade degradada às costas, triste e desamparada, uma personagem que nem os psicanalistas se atreveram a analisar.

Diferentemente de outros mitos que também envolvem enredos entre homens e deuses, este tem a inteligência e a sensibilidade como diretrizes centrais. Reduzida, a antiga divindade se humaniza por meio dos questionamentos de Fausto. Decresce o significado do absoluto e se reavaliam as dúvidas acerca dos atributos do homem. Dessa maneira, o signo fáustico é o da dignidade indivisa do humanismo e se transforma no símbolo mais elevado da curiosidade que suscita o descobrimento de si mesmo e do universo diante do desafio intimidante das regiões mais tenebrosas da alma.

Este é o drama da insatisfação que se aventura no desconhecido. Em Fausto oculta-se o tríplice desejo de sentir, conhecer e criar para se reconhecer no mundo, com a intenção de transformá-lo transformando a nossa natureza interior, ou seja, ao se firmar um desafio ao destino, o personagem masculino investe no sonho de triunfar sobre o tempo e no empenho perdurável de transcender às limitações da natureza; todavia, para atingir esse objetivo compromete a vontade de uma mulher que, em sua paixão, não encontra como recompensa nada mais que a dor e a morte.

O fáustico é, portanto, o grande mito de nossa civilização. Nele convergem a estreiteza da religiosidade remota e a amplidão do espírito renascentista. Filósofo, alquimista e mestre, no caráter do herói sobressaem a triste consciência de não poder ser mais do que se é, e o empenho de vencer a ordem que o coíbe. O trágico do Fausto mítico se encontra principalmente no tédio do qual padece: não importa quão profundamente se explore o desconhecido nem até onde ou como o diabo incite à transgressão porque, cedo ou tarde, o homem acaba por se deparar com o enfado. Para Goethe, o único antídoto para essa imagem de silenciosa obscuridade está nos afazeres da cultura, no movimento inexorável do espírito e no cultivo da arte de viver que, não obstante, não atendeu às possibilidades da mulher.

Foi por isso que Goethe criou um Fausto tão contrastante nas duas partes de seu drama, tão ávido de conhecer a ciência universal como seu próprio lugar no mundo. Seu espírito é aquele que exaure todos os gozos e curiosidades possíveis antes de sossegar seu ímpeto.

MARGARIDA

Mostrou as aspirações de um filósofo que entende que o valor da vida consiste na busca e no alcance do objetivo perseguido; consequentemente examinou as aspirações de um mestre que procura esclarecer a complexidade mediante o enriquecimento da linguagem. Demonstrou que procura compreender integralmente tanto o inculto como o científico fascinado pelo poder transformador da vontade sobre as coisas. Em Fausto encontramos ainda o artista que tem consciência de como suas aspirações são ilimitadas. É um sábio que aprende a viver por viver, satisfeito com sua insatisfação e sem padecer a dúvida sobre se sua própria história valia a pena ou não. O mito desentranha o herói que enfrenta as forças obscuras com as armas da razão e que não negligencia sua parte íntegra, arrogante, lasciva e contraditória. Fausto é obstinado, impulsivo, egoísta e tão extremamente humano que até mesmo seu descontentamento serve para engrandecê-lo.

Mito, pois, do ser total, o doutor Fausto é capaz de harmonizar suas atitudes espirituais para triunfar sobre o destino. O Fausto de Goethe reúne as peculiaridades daqueles que, tanto na história próxima como na remota, pensaram sua insatisfação vital como o desafio digno, por exemplo, de um Hamlet, de um Kepler, de artistas como Wagner ou do próprio Goethe, tantas vezes os objetos das ponderações de Thomas Mann. Daí o interesse por Margarida e a curiosidade não resolvida por entender em que consiste a intervenção feminina na mais inflamada luta contra os verdadeiros e mais perduráveis poderes do Bem e do Mal.

Tal como na história de Eva, Margarida é o instrumento de Lúcifer para dobrar a virtude e o talento masculinos. Depois de Satã, Mefistófeles é o dignitário mais temível do inferno. Desde a queda de Adão, o demônio acreditou como certa a condenação da criatura mais apreciada por Deus; mas em sua perversidade, impele o agente do progresso que oscila entre a suposta candidez e a debilidade; entre o afã da aventura e a claridade que, cedo ou tarde, outorga a

MULHERES, MITOS E DEUSAS

graça da razão; e entre o enganador mais astuto que acaba por ser enganado no momento em que sua presa descobre um caminho de salvação – neste caso, o das preces mais contritas.

Para Mefistófeles, a inteligência é perversa porque a mente tende a se inclinar à desordem. Especialista em tentações que vão do sutil ao grosseiro, segundo as qualidades do alvo eleito, sabe como é fácil infiltrar-se pela via sentimental e, se pode escolher, prefere o desafio racional, pois diferentemente dos sentidos, nele a argúcia se eleva ao nível de jogo pelo poder, sempre atraente para sua avidez de divindade.

Enquanto Fausto expressa ao longo do drama os estados de seu próprio espírito e submete à prova as ideias e os ideais de seu tempo, Margarida protagoniza a vertente lírica do amor sentimental que descobre na religiosidade o único canal para a redenção, depois de haver transitado por todos os escaninhos da mais perfeita arbitrariedade. Ela aparece no centro de uma tragédia que não é erótica nem cavalheiresca, tampouco de aventuras como as de *Dom Quixote*, muito menos de veleidades sensuais como as donjuanescas; mas de peripécias contra o próprio destino, as quais estabelecem a natureza do equilibrista e colocam em relevo as situações-limite. A Fausto pertencem a ânsia pelo conhecimento e a decisão de atuar com frenesi ao proclamar a ação como princípio do mundo; mas a seu pesar e incitada pelas beberagens de Mefistófeles, Margarida assume o papel anterior ao de Eva, porque deve ser enganada não somente pela palavra, mas com o auxílio de um elixir diabólico que submete sua consciência em favor do desejo.

Embora nunca se tenha dito, a tragédia encerra um duplo drama de violência e de imoralidade se considerarmos que, ao elegê--la como objeto de seu delírio senil, Fausto vê em Margarida uma jovem cheia de frescor que vivia em companhia de sua mãe e de seu irmão. O fato crucial do mito é o do filósofo rejuvenescido por Mefistófeles que enfrenta o apetite erótico com poderes diabólicos, típicos de quem a todo custo recusa sua realidade, e que seduz a jovem ao custo de um crime e de uma série de erros encadeados. Consciente do risco que ameaça sua filha, a mãe de Margarida é entorpecida por uma beberagem que lhe provoca a morte; seu irmão sucumbe igualmente ao enfrentar o amante implacável. Ao escapar da justiça, Fausto deixa Margarida no mais completo abandono; ela, por sua vez, novamente sem saber o que ocorre, cai em tal estado de desespero que, em plena gravidez, a conduz à demência e também ao crime.

O verdadeiro destino trágico recai, portanto, em Margarida, e não sobre aquele que voluntariamente pactuou com os poderes malignos. Sua indefensabilidade é absoluta, uma vez que ela ignora a causa que desencadeou sua própria desgraça e o fim sangrento de sua família. Ela, como costuma ocorrer, é usada e subjugada pelas paixões próprias de um homem decrépito. Simplesmente não dispõe de recursos para se opor aos caprichos masculinos. Na segunda parte do poema de Goethe, vemos como avança a cobiça de Fausto até convertê-lo em um ser desumano, carente de escrúpulos, insensível até mesmo durante aqueles primeiros impulsos amorosos que o aproximaram de Margarida. Depois do célebre incêndio da casinha de Filemon e Baucis, um dos episódios que selam seu processo autodestrutivo, ao doutor Fausto não restam quaisquer resquícios de racionalidade ou de nobreza. Está mais próximo da índole de Mefistófeles do que da condição de humanidade que pudesse fazê-lo retornar a um estado mínimo de ordem e de moralidade. Em seu afã de domínio, já não mais conduzirá o veneno diabólico com suas mãos, nem seu corpo lhe será suficiente para seduzir e causar calamidades; nessa etapa de sua vida, em franco declínio rumo à senilidade, apenas enreda os demais a fim de estender um dano sem fim, que nem sequer o satisfaz porque, em seu turbilhão, descobre que existem limites para a natureza humana, inclusive no que se refere à maldade.

Essa oposição entre a cobiça desmesurada e a fadiga que acaba pervertendo a imaginação através do tédio contradiz o propósito inicial do filósofo, o qual, ao oferecer a alma a Mefistófeles com o objetivo de ascender à plenitude da vida e do conhecimento, somente encontra seu lado execrável, não sua contraparte de bondade nem de aprazível sossego. Nesse sentido, o príncipe do inferno fracassa porque, cedo ou tarde, impõe-se o fastio sobre os apetites saciados. Talvez seja essa a causa de que, cansado de si mesmo e de sua própria dinâmica, se perverta para prolongar os efeitos do mal, como uma maneira de afastar o tédio.

O segundo Fausto renunciou à busca das sensações refinadas, características de sua condição intelectual. Não se interessa pelo sutil nem repara nas múltiplas possibilidades que o saber encerra. Agora corrompe os outros porque sua capacidade persuasiva é a única que alcançou seu ponto mais elevado de desenvolvimento. Aqueles que o acompanham obedecem-lhe as ordens com uma docilidade aterradora. Arrasa os inocentes, extermina de igual forma tanto anciãs como um jovem caminhante ocasional; cada episódio não faz senão conduzi-lo de volta a uma espécie de adolescência rebelde e pré-consciente, que demonstra absolutamente não haver valido a pena o preço que pagou por sua alma, porque o vazio é a única coisa que lhe resta. Um vazio estarrecedor que, novamente, implica Margarida, ainda que agora em seu papel de redentora, até fazê-lo despertar.

O Fausto enamorado da primeira parte apresenta, no máximo, um certo interesse por sua curiosidade e pelo desejo de oferecer tudo em troca de um instante de intensidade. Atrás dele, entretanto, cresce a vertente trágica de uma Margarida que, na ocasião devida, demonstra que o símbolo da feminilidade indefesa engloba todas as tentativas possíveis para assinalar os limites de uma existência que carece de voz e até de atrativos para o demônio. Na parte mais substancial de seu drama, não há diferença entre sua realidade e o destino de uma Heloísa histórica, confinada no claustro por Abelardo, seu amante filósofo e mutilado que foge dela para sublimar sua dor por meio do estudo e da celebrização. Cada uma a seu modo, ambas são vítimas dos poderes supremos, e as duas, por causa do amor, perdem família, rosto, liberdade e identidade por haverem amado homens maduros e sedutores, apaixonados pelo conhecimento.

Fausto e Abelardo, por sua parte, têm em comum o ímpeto lírico de seu pensamento criador, ainda que os diferencie a forma como se manifestou o agente externo de sua respectiva maldade: Fausto, até o momento em que, frente à morte, vislumbra os efeitos do mal que causou e se arrepende, graças à ajuda benéfica de Margarida, obedece ao desenrolar da ação concreta; Abelardo, por sua vez, se recolhe oportunamente para criar à luz de Deus, para pensar as condições de sua redenção a partir de uma cela monacal, na qual não faltam ocasiões para lutar contra a irracionalidade de teólogos e mestres invejosos de seu talento, abominando as ações concretas em seu processo retificador. Sua redenção é justamente a contrária ao fim fáustico, porque renuncia de antemão a Heloísa para purificar seu espírito por meio da lucidez verbal. Morre na solidão típica do pensador progressista e, se o amor selou a sua derrota, o conhecimento outorgou-lhe uma liberação voluntária que ele mesmo negou à mesma Heloísa. Ela, por seu lado, censura a Deus com a certeza de que não dispõe de meios para modificar sua própria condenação. Rechaça seu destino e lamenta a ausência do amado, inclusive aos pés do altar. Já Margarida é a vítima passiva, sempre insignificante, cujas orações contritas a fazem triunfar sobre o mal e lhe permitem salvar também a seu sedutor, não sem antes gerar dentro dele o sentimento de culpa que o levará a se arrepender. Alto modelo de feminilidade histórica, ela protagoniza a beleza e a virtude até ser prostituída pelo amante, e oportunamente descobre o perdão purificador.

Eva rediviva, Margarida é filha dos preconceitos. Representa a um só tempo a tentação e a esperança do outro. É também a depositária temporal da beleza provocativa da Helena homérica. Na realidade, a parte mais obscura do mito fáustico recai justamente sobre ela, na sua falta de ímpeto, na sua incapacidade de demarcar a justiça e na sua inépcia para se rebelar, o que torna o mito também um exemplo da negação intelectual feminina ao arrastar em seu destino a todas as outras Margaridas atemporais que, em sua fatalidade, perpetuam como improvável a concepção cultural de uma inteligência feminina lúcida, poderosa e atuante.

AS FADAS

FADAS E BRUXAS

Assim como no passado remoto os deuses inspiraram os mitos e encheram a vida humana com façanhas e heróis maravilhosos, as fadas e sua multidão de criaturas complementares, como os *goblins* e os *pixies*, iluminam a vida com episódios e símbolos que espelham o ser desde a perspectiva de um outro caminho: o da imaginação que experimenta conflitos excepcionais que incitam a se aventurar em um estado superior de existência.

Não se renasce através de seus contos nem se adquire por meio deles uma visão catártica da vida, tal como ocorre com a tragédia; porém, segundo escreveu Aristóteles a respeito dos mitos, o amigo das fadas é também amigo da sabedoria. Seu mundo contém a fantasia esperançosa com finais felizes, aquela que alivia a dor e ajuda a acreditar nos sonhos que estão associados ao renascer de quem permite ao leitor, independente da posição que ocupe, por mais modesta que seja, identificar-se com personagens libertadores.

Contraponto da tragédia, o conto de fadas pode interpor grandes obstáculos ao protagonista, e até mesmo expô-lo a perigos inusitados; porém, desfeito o encantamento, tudo parece ajustado para que até mesmo os sonhos não mencionados se acomodem ao curso benéfico de situações sem sobressaltos. Tal é o caso da Bela Adormecida que, ao nascer, foi ameaçada por uma fada ressentida que não havia sido convidada para a festa do batizado. Condenada a cair em sono profundo na flor da idade por ter tocado uma roca enfeitiçada, seu mal, todavia, já encerrava o remédio secreto do despertar pelo beijo de um príncipe, cujo amor desinteressado lhe permite renascer ao estado de felicidade digno de sua beleza e para o qual fora gerada.

Em que pese a falsa doçura que envolve essa história de disputas entre fadas boas e más, bem como de dons que conjuram castigos e de poderes que triunfam sobre outros poderes, imaginar a Bela Adormecida jazida em um ataúde de cristal que cresce junto com ela provoca tanto terror quanto uma Chapeuzinho Vermelho inocente que confunde o Lobo com a Vovozinha. Cada uma à sua maneira, essas protagonistas sensibilizam as crianças a perceberem mais claramente as mentiras sutis e despertam uma consciência precoce para a porção nefasta dos sentimentos ignóbeis que todos trazemos dentro de nós.

Acredita-se que as fadas regem o destino humano desde antes do nascimento; as bruxas, por outro lado, alteram a ordem e o bem-estar no instante em que se entregam aos mistérios da feitiçaria. Quando boas, as fadas são luminosas, geralmente sem marcas da idade no rosto, sensíveis à beleza e inclinadas a corrigir os problemas em que tenham intervindo outras criaturas extraordinárias. Por alguma razão discriminatória, as bruxas são representadas como velhas, mal-humoradas e feias, ainda que seja imemorial a crença em algumas de natureza sobrenatural que existem por si mesmas – tal como a necessidade do bem e do mal –, com a função de romper com suas intervenções a lógica habitual da vida. A esta espécie correspondem as figuras gigantescas ou com atributos cambiantes, como as que frequentam os *fens* ou pântanos e sobrevivem rodeadas de sombras. Ocasionalmente relacionadas a espíritos que vagueiam sem rumo, as mais temíveis personificam a tentação do poder e suas propensões mais obscuras.

A senhora Barford, em *História da lua morta*, é uma das últimas reminiscências druídicas que se aparenta com certa deusa primitiva da natureza. Esta, por sua vez, assume em nossos dias

FADAS E BRUXAS

aspectos tão diferentes que pode igualmente se revelar disfarçada de uma Celestina* de sujos ofícios, na literatura picaresca espanhola, ou transmutada em mulheres comuns da vida contemporânea, à maneira das norte-americanas ambiciosas que, representadas como verdadeiros monstros nas novelas de Truman Capote, exemplificam as típicas criaturas geradas por nosso sistema social.

Assim como nem todas as fadas têm escrúpulos, nem todas as bruxas permanecem restritas à perversidade ou aos assuntos malsãos. Há bruxas que praticam magia da luz e bruxas que praticam magia das trevas. Sua procedência reserva mistérios não revelados; entretanto, existem muitas lendas sobre seus cursos de magia e sobre o aprendizado de certas artes que vão desde o voo mágico até o conhecimento de elixires portentosos que, por seus efeitos, fundamentam a ciência que converte o modesto ferro em ouro ou que muda a forma ou a natureza de um animal, de uma pessoa ou de um acontecimento. Somente a Dama do Lago, na tradição arturiana, rompe cabalmente com os pressupostos de seu conhecimento intuitivo ao adquirir de Merlin os poderes sobre as pedras, os metais e a água, os quais praticou com argúcia na busca pelo Santo Graal.

Donas de uma potência terrível, as bruxas encarnam a sombra do rancor que subsiste no espírito humano. Os gregos antigos chamavam-nas Fúrias ou Erínias, enquanto os psicanalistas qualificam-nas como projeção dos elementos obscuros do inconsciente. Seja qual for a versão verdadeira, desde criança reconhecemos em

---

* Personagem central de *Tragicomedia de Calisto y Melibea*, escrita por Fernando de Rojas em 1499. Celestina é a alcoviteira, pintada com uma veracidade e acuidade surpreendentes; todos caem em suas redes, enquanto resmunga máximas filosóficas mais ou menos morais; a influência dessa peça foi tão grande que quase todas se transformaram em provérbios populares espanhóis. Cervantes, em um dos sonetos incluídos no *Dom Quixote,* afirma que a história de Celestina seria um livro divino, se não revelasse tanto da natureza humana. [N. de T.]

sua fealdade o fruto das rejeições, das frustrações e dos temores que resultam em dano aos outros quando os desejos malogrados mergulham a alma em uma atroz ansiedade que move seu ânimo contra todo o bem-estar.

Personificações do diabo na prédica cristã, as bruxas absorveram a herança das sibilas, magas e sacerdotisas, as quais consumaram seu mais alto êxito na cultura druídica ao lado de fadas que ideavam as cidades anglo-saxãs. Acentuaram-lhes a fealdade ao relacioná-las ao pecado; reduziram-nas à ponte emblemática entre o visível e o tenebroso, habitantes de um mundo intangível ou irreal, e a mera travessura da criação entre o humano e o sobrenatural, até diminuírem-nas à caricatura humanoide de Lúcifer. Ao tipificar a perversidade na mulher madura, que traz às costas a experiência e, seguramente, muitas tristezas não resolvidas, os moralistas impingiram a elas o maior preconceito antifeminino de nossa civilização.

Mesmo em nossos dias, com ideias próprias e juízos críticos, as mulheres que desafiam o diferente ou o proscrito ainda são qualificadas de bruxas, especialmente quando manifestam condutas contrárias ao preestabelecido, embora se tente camuflar esse termo com o de "velhas terríveis", aplicado àquelas inconformistas que provocam medo por causa de seus atrevimentos ofensivos às pessoas de boa consciência.

A bruxa de *Branca de Neve*, por exemplo, é a maligna por excelência de todos os relatos modernos: madrasta, invejosa da juventude de sua enteada, nostálgica por amor e, acrescente-se, uma solitária ególatra que explora no espelho as marcas do tempo perdido. Não se sabe se os ciúmes que lhe são provocados pela filha postiça avivam seu lado obscuro ou se, desde antes, essa condessa praticava com alguma torpeza os artifícios da magia que, não obstante, não lhe serviram para conservar a aparência de juventude que tanto desejava. O certo é que um dos elementos primordiais de *Branca de Neve* está contido na história de Basile[*] sobre uma jovem e formosa escravizada, de quem se diz que a mãe ficara grávida magicamente por haver engolido uma pétala de rosa e que desaparecera da história de maneira misteriosa, como costuma acontecer nos contos de fadas. O importante do relato é que, órfã precoce, Lisa é perseguida por sua madrasta por causa da rivalidade que esta sentia em razão de sua beleza, que julgava interferir no amor de seu marido.

Lisa morre temporariamente quando, ao se pentear, o pente enfeitiçado acaba cravado em seu crânio. Tal como Branca de Neve, permanece encerrada em uma urna transparente que cresce junto com ela, e todos sofrem com sua desgraça. Passados sete anos, seu tio e pai adotivo sai em viagem e a esposa, doente de ciúmes perversos, tira-a violentamente de seu caixão cristalino com a intenção de se desfazer dela. Contra tudo o que se podia imaginar, o pente escorrega então de sua cabeça e a jovem desperta instantaneamente, mais bela e viçosa do que nunca; a madrasta, longe de regozijar-se com o prodígio, decide escravizá-la.

Em seu regresso, depois de múltiplas peripécias, o tio/pai descobre que a jovem escravizada maltratada por sua esposa até quase provocar-lhe a morte não é outra senão Lisa, sua filha adotiva; imediatamente a liberta, recompensando-a com muitos presentes e um bom casamento. A maligna esposa, por outro lado, é expulsa de casa, da aldeia e da família, recompondo-se tudo de acordo com as leis de uma justiça triunfante, apesar dos odiosos ardis de uma madrasta enganadora.

Seguramente, do mesmo lugar em que brota uma bruxa salta também a potência sutil da fada, do Povo Pequeno ou dos Homens

---

[*] Giambattista Basile (1575-1632) publicou o *Pentamerone*, coletânea de contos de fadas, muitos dos quais foram adaptados por Perrault ou pelos irmãos Grimm. Todavia, não é certo que estes tenham tido acesso a Basile. É possível que tenham recolhido outras versões diretamente do folclore, tal como afirmavam. [N. de T.]

Verdes, o que permite criar, por meio de seus contos, uma lição moral que forma a mentalidade das crianças em torno de sentimentos de fidelidade, de justiça e de amor, que as inicia e acompanha na difícil aventura de viver. Desse modo, as fadas empreendem com elas o caminho da iniciação.

Quando os seguidores de pistas mágicas se deram ao trabalho de historiar as fadas, depararam-se com indícios discrepantes. Concordaram, ao menos, em um ponto: que elas pertencem a uma comunidade de imortais composta por um sem-número de espécies e de famílias que animam os bosques. Não cabem dúvidas quanto aos prodígios que operam ao intervir nos assuntos dos mortais. Ninguém questiona que algumas lembrem anjos, por causa de sua doçura; mas além de sua semelhança com aquelas figuras que margeiam o universo da poesia, há numerosas perguntas que geram novas perguntas e, quase sem nos darmos conta, prendem-se em um labirinto de palavras, de símbolos e de lugares maravilhosos que, longe de desvendar as sendas a que conduzem certas pistas, nos arrastam ao beco sem saída de seus eternos deslumbramentos, em cujo centro talvez se encontre aquele ambiente consagrado em que perduram os cisnes encantados, as mensageiras célticas ou as fiandeiras que tecem histórias com fios de ouro sem tempo nem horário precisos.

A *banshee*, ou fada irlandesa, é, por definição, um ser dotado de magia. Para além das origens celtas, com especial referência ao estabelecimento dos druidas em terras anglo-saxãs, as fadas continentais revelam-se adaptações cambiantes de seus atributos e símbolos. Ao serem cristianizadas, começou a se ver nelas a namorada perpétua que aplica suas artes para atrair e conservar o amado; mas é necessário insistir que não era comum, nem sequer desejável entre os druidas, reter a quem se ama, porque o amor enlanguesce com a demora do casal ou, em outros casos, é tingido de enganos que viciam todo o encanto das paixões criadoras.

FADAS E BRUXAS

Entre as fadas, o amor é um móvel que encadeia ou desencadeia os acontecimentos, porém nunca uma justificativa em si mesmo. Para essas criaturas é muito mais atraente a aventura de intervir nos assuntos rituais - como os que requerem transmutações e compromissos com seus poderes -, e geralmente se entretêm com suas danças e celebrações proscritas aos humanos, a menos que alguém mais atrevido que se aproxime para observá-las o faça através de um buraco natural cavado por um rio na pedra. Provocar a loucura lunar é uma de suas travessuras mais repetidas; mas esta nada tem a ver com os desvarios demenciais aos quais estamos acostumados, pois a lua provoca transformações cíclicas consequentes com suas fases e movimentos, e tais mudanças costumam apresentar efeitos tão inusitados quanto perturbadores.

A palavra *fairies*, que identifica as fadas em inglês, é de criação recente e talvez uma dissimulação do termo mais remoto *fays*, algo de que se ocupam unicamente os rastreadores de vocábulos. *Fayrie* representava um estado de enfeitiçamento e, em particular, era o nome utilizado para designar os encantamentos causados pelos *fays*, que exerciam os poderes da ilusão.

A fada irlandesa não está submetida às contingências das três dimensões. Sempre leva consigo uma rama, o anel ou a maçã emblemática para transmitir suas qualidades maravilhosas. Foi dessa rama que derivou a varinha mágica; da maçã, proveio o furor do envenenamento perverso ministrado pela madrasta de Branca de Neve para encantá-la, talvez porque a fada traga dentro de si a ambivalência típica da rainha Mab – recriada por Shakespeare, em seu dote de parteira é capaz de se transformar em bruxa para multiplicar as desditas. Mab é a mesma que, ao praticar seus ofícios, trança as crinas das éguas noturnas e desmancha os cabelos sujos e empastados dos elfos quando aparece arrastada por uma parelha de animais em tamanho não maior que o de uma pedra de ágata no dedo indicador de um alcaide.

MULHERES, MITOS E DEUSAS

As fadas vivem sem pouso certo. Não têm residência fixa, embora sejam bem conhecidos os sítios em que se realizam os encantamentos e suas preferências territoriais. Sem distinção entre machos e fêmeas, elas se ocultam nos buracos das pedras, nos ocos das árvores ou na sombra das salinas costeiras. Ao contrário do que muitos supõem, nunca aprenderam a se tornar invisíveis. Disfarçam-se muito bem ou assumem formas semelhantes às dos humanos quando procuram passar inadvertidas, ainda que pássaros, cães, vacas e outros animais as vejam perfeitamente porque se inquietam com sua presença. Nós, seres humanos, só podemos enxergá-las entre duas piscadelas de um único olho, de forma que obtemos apenas vislumbres fugazes, ainda que estes perdurem como a recordação do fulgor das estrelas em noites de lua.

Também mutantes, seus palácios imaginários cintilam na obscuridade e, tais como as próprias fadas, seus baluartes se desvanecem em um instante, deixando atrás de si apenas uma sensação ilusória. Na Itália, eram chamadas de *tria fatae* desde os tempos da Roma imperial, talvez como uma deformação de *fata* ou "destinos", o que não era outra coisa senão a adaptação das três Parcas que, como as Moiras da Grécia antiga, governavam o nascimento, a vida e a morte. Uma extrai do fuso o fio que constitui o destino, a segunda mede e enrola a fiada na roca e a terceira, a mais temível, corta a linha da vida com suas tesouras letais. Isso na sua filiação primordial, porque não tardaram a se ampliar os mistérios que as rodeiam e a somarem-se as narrativas sobre sua ascensão desde o centro da Terra até a superfície, onde, à luz da lua, se convertem em espíritos das águas e em almas da vegetação.

O termo fada ou *fairy* cobre atualmente um campo tão amplo que abarca desde os elfos anglo-saxões e escandinavos até os *Daoine Sidhe* das *highlands* da Escócia, os *Tuatha de Dannan* da Irlanda, a *Tylwyth Teg* de Gales e o sem-número de seres com ou sem nome que transita entre o Povo Pequeno e a Corte Bendita do

FADAS E BRUXAS

Outro Caminho. Dicionários, enciclopédias sobre fadas, catálogos, genealogias, histórias, lendas ou testemunhos documentais, todos distintos entre si e irreconciliáveis segundo o tema escolhido e as peculiaridades indescritíveis que lhes são atribuídas, informam que no vasto mundo das fadas, agrupadas ou solitárias, multiplicaram--se categorias intermediárias conforme sua ocupação, morfologia, costumes e hábitats. Por esse motivo, temos notícias de fadas gigantescas ou diminutas, domésticas, selvagens e alheias ao ser humano, assim como de criaturas aéreas e subterrâneas, ou ainda as aquáticas, que habitam em fontes, lagos, oceanos ou rios.

No que se refere às relações categóricas das *fayries*, ninguém se põe de acordo. Uns creem que as bruxas pertencem à sua comunidade de imortais; outros que, junto a monstros e *bogies*, poder-se-iam somar magos, feiticeiros e bruxos à vasta gama de animais feéricos que completa esse universo para o qual não existem fronteiras entre este e aquele lado do espelho, nem margens para separar a vigília do sono, ou a ilusão da realidade. Seja qual for o reflexo do mundo – o deles ou o nosso –, existe em torno do país das fadas uma linguagem que ninguém, em juízo perfeito, se atreveria a confundir, seja por seu signo, por seu viés ameaçador ou por sua provável graça; e tampouco se poderia suspeitar que, inamistosas por natureza, se disporiam a tolerar as más maneiras, as mentiras ou os juramentos em vão.

Quando agradecidas, respondem com dons de graça e prosperidade àqueles que as tratam com cortesia e mantêm a discrição. Em ocasiões de extrema generosidade, elas chegam a oferecer aos eleitos um bocado de seu "alimento das fadas", ou no caso de gentilezas como emprestar um pouco de farinha, de mel ou bebidas, elas retribuem o favor recebido com a guarnição inesgotável dos mesmos produtos; tudo isso, naturalmente, sob a condição de se cumprir o requisito da piscadela dupla com um olho só, porque, como se conta em histórias de parteiras de fadas, pode ocorrer de se perder o direito à recompensa por violar o tabu e por não se tocar o olho com o "unguento das fadas", com o qual supostamente a parteira deveria comunicar a visão feérica à criança no momento da saída do ventre materno.

Não há dúvida de que preferem os bosques para se recluírem; prova disso é seu costume de aparecer nos pontos mais inescrutáveis das montanhas, junto às furnas e às torrentes ou na espessura do bosque, sobre plataformas recônditas que o povo costuma justamente identificar como "mesas das fadas". Também frequentam grutas e amam tanto os mananciais como as fontes e os rios estrondosos, talvez porque, quando as ninfas e as dríades as expulsaram de sua fugaz estadia na Grécia, tiveram de fugir para o leste e, posteriormente, rumo às possessões romanas do Médio Oriente até as partes mais remotas da Ásia, sempre de permeio a pequenas florestas e despovoados onde pudessem permanecer sem serem perseguidas.

Um grupo numeroso delas, seguramente o mais importante, se estabeleceu na Escócia, na Irlanda e na Inglaterra, apesar de terem se chocado com os habitantes originais – os *pixies* –, que não deixaram de molestá-las desde que se enfrentaram em uma batalha renhida que, com o triunfo dos *pixies*, determinou sua definitiva expulsão para o leste do rio Pedder, ainda nos tempos do rei Artur.

Os irlandeses acreditam que ainda hoje as fadas habitam entre eles. Aqueles que gozam do privilégio de havê-las enxergado asseguram que adotam a forma de seres humanos perfeitos, porém em miniatura, pois nunca aparecem mais altas que a cabeça de um cão. Todavia, elas têm a capacidade de aumentar ou diminuir sua estatura durante a condução de seus poderes, assumir o aspecto de um pinhão ou crescer ao longo do tempo como um ser humano comum.

Aquelas que, para sua desgraça, são capturadas por intervenção dos *pixies* ou por cederem ao galanteio dos homens – como as *Gwrachs* do País de Gales –, consumam o matrimônio com os humanos não sem interpor um tabu que, em geral, é violado, e com o tempo podem retornar a seu hábitat natural. Aquelas fadas que, devido à perversidade de seus captores ou por circunstâncias adversas, não conseguem regressar a seu meio, cedo ou tarde acabam definhando e morrem com uma expressão de profunda tristeza no rosto.

MERLIN E A DAMA DO LAGO

A lenda do rei Artur não existiria sem a intervenção de Merlin nem da corte de fadas que fizeram a fama inglesa. A magia envolve sua vida e a poesia engrandece seus atos que, com o passar dos séculos, foram sendo elevados à condição de exemplos de obras de cavalaria. Cada uma mais misteriosa que a outra, e repletas de símbolos ainda por decifrar, as mulheres atravessam o ciclo arturiano como rajadas de luz cortando a escuridão.

Datada do século 9, a primeira notícia de Merlin, este profeta exemplar, cujos trabalhos implicam o destino de princesas, fadas e magas nostálgicas de suas habilidades demiúrgicas, provém da *Historia Britonium*, de Nennius, a qual menciona que o rei Vortigern, também chamado Gourthigirnus, pretendia sem sucesso edificar uma torre para se defender dos ataques inimigos. Uma e outra vez as muralhas acabam desabando tão inexplicavelmente que Vortigern, intimidado pelo prodígio, convoca para consultas todos os magos e druidas do reino. Como ninguém é capaz de desvendar a razão secreta, sugerem-lhe sacrificar um menino sem pai sobre os alicerces. Seus sicários encontram então um filho de pai desconhecido, sobre o qual recaíam ainda suspeitas de vínculos demoníacos. Em vez de encontrar a morte, o menino se posta diante do rei, observa o fenômeno e lhe declara a misteriosa causa de seus fracassos. "A torre se desmorona" – afirmou sem medo – "porque abaixo desse terreno existe um lago subterrâneo em que se agitam dois enormes vermes como símbolos portentosos." E, realizadas as escavações, realmente surgiram das profundezas dois enormes dragões, um branco e outro vermelho, que logo se encarniçaram em tremendo combate no qual o vermelho acabou por sucumbir de maneira estrondosa. Em um dos mais memoráveis discursos sibilinos, o mesmo menino informou que aquilo que haviam contemplado não era outra coisa senão a cena da decadência, com o desastroso final do rei Vortigern e o futuro glorioso do mundo britânico. É dessas palavras que data a primeira versão da "esperança bretã", que antecipa a vitória final do reino depois de sofrer algumas derrotas.

Recompensado pelo monarca com um vasto território, Merlin associou-se ao afamado chefe guerreiro Ambrósio, que lutou contra a invasão dos anglos. Declarou então ser de estirpe nobre, descendente de um cônsul romano, negando ter qualquer relação de berço com o demônio. A lenda, no entanto, jamais aceitou sua nobreza, acentuando, ao contrário, a obscuridade de sua origem para justificar seus prodígios.

Muitos anos depois, o clérigo galês Geoffrey de Monmouth eternizou-o em duas obras lendárias do ciclo arturiano: a *Historia Regum Britanniae*, de 1136, e a *Vita Merlini*, de 1148; porém, na realidade, se desconhecem seus verdadeiros vínculos com o universo feérico e as causas pelas quais veio a ser chamado pelo nome de "O Filho da Viúva", tal como no princípio do século 3 o filósofo Manu de Baghdad, praticante do dualismo gnóstico, se referia a Jesus Cristo, "O Filho da Viúva", expressão que ao longo do tempo foi sendo assimilada pela franco-maçonaria.

É precisamente Monmouth quem descreve o adivinho escavando os alicerces de uma torre misteriosa que o rei Vortigern faz edificar várias vezes e que desaba a cada tentativa, até que Merlin retira deles uma espada deslumbrante, adornada por uma dupla inscrição gravada de ambos os lados da lâmina. Um lado dizia "tira-me" e o outro "guarda-me", termos equivalentes à expressão *solve et coagula*, ou dissolução e coagulação dos movimentos alternados da alquimia e símbolo do eterno combate que assegura a coesão do universo. Por isso, a espada se converte nos dois dragões antagonistas, um vermelho e outro branco, que travam um feroz combate.

O importante é que tanto ele como sua amada e rival, a Dama do Lago, são rodeados pelo mesmo halo enigmático que forjou a lenda do Santo Graal com a saga cavalheiresca do rei Artur, os mitos de Camelot e sua maravilhosa Dama de Shalott, assim como as habilidades supremas de Lancelot e os poderes da Excalibur, a partir do qual decorreu a linguagem sibilina que dominou a imaginação do Medievo. A admirável intervenção de Merlin revela-o um solitário habitante dos bosques, entregue à magia e às suas funções de conselheiro real, tanto de Aurélio Ambrósio como do próprio Artur, a quem tutela desde a infância e protege até o fim de seus dias. A Ambrósio atribui-se a ordem de trasladar o círculo de pedras de Stonehenge, desde a Irlanda até seu sítio atual, na Inglaterra, enquanto a glória inicial da coroa britânica descansa sobre os ombros de Artur.

Os episódios relativos a seus poderes mágicos são tantos e tão contraditórios que nos impedem de lhe reconstruir a história, inclusive com a utilização das referências documentais de seu biógrafo inicial, o clérigo galês. Ninguém duvida de que se tratava de um prestidigitador. Isso é demonstrado por sua habilidade em trasladar os monumentais monolitos e por sua proeza em disfarçar o rei Uther Pendragon sob o aspecto físico do duque Gorlois da Cornualha, para que aquele pudesse penetrar na fortaleza de Tintagel a fim de se deitar com Ingreine, esposa do duque, e gerasse Artur na mesma hora em que seus homens matavam o verdadeiro Gorlois no campo de batalha.

A Dama do Lago, por sua vez, é uma das mais misteriosas e inexplicadas damas feéricas do ciclo de lendas arturianas. Existe uma menção a ela em *Lanzelet*, a antiga novela de Ulrich von Zatzikhoven, que chegou até nós pela tradução de uma obra

MULHERES, MITOS E DEUSAS

francesa que De Morville deixou em uma de suas passagens pela Áustria. A Dama do Lago, naquela versão, aparece como uma donzela aquática, semelhante à *Gwragedd Annwn*, que reinava em uma ilha habitada somente por donzelas situada no coração de um lago encantado, onde o inverno não chegava nunca e não se conhecia a dor. O enigma que envolve a Dama do Lago remonta à época da morte do rei Ban, ocasionada pelo pesar que sentiu o soberano ao avistar seu castelo devorado por um incêndio, consequência da traição de alguns de seus homens e da tomada de seu reino. No meio da confusão, a rainha aflita teria deixado seu filho recém-nascido à margem de um lago para acompanhar o marido em seu último alento. Ao regressar, a rainha encontrou a criança nos braços de uma formosa donzela, a qual, apesar de suas súplicas para que a devolvesse, afastou-se com ela sem dizer palavra até desaparecer e se perder no fundo do lago. Com o passar do tempo, veio a se saber que a referida donzela não era outra senão a famosa Dama do Lago, que atendia pelo nome de Viviane, e que tanto ela como o infante perdurariam para sempre na memória dos bretões.

Viviane não educou o menino Lancelot com a intenção de que contribuísse para a grandeza do reino, mas para que protegesse seu próprio filho, o covarde Mabuz, chamado o Feiticeiro, que sofria com as intromissões e pulhas de seu vizinho Iweret. Em uma versão posterior do mito de Lancelot, já no século 15, a Dama do Lago é uma maga da estirpe de *Morgan le Fay*, e seu lago uma mera ilusão. *A Lenda de Lancelot do Lago*, em contrapartida, retoma a versão do menino que é recolhido por uma fada aquática. Neste relato, entretanto, Lancelot não se torna amante da rainha Guinevere, e é Sir Gawain quem aparece como o principal cavaleiro do rei Artur.

A Dama do Lago vai e vem sem ordem nem coerência por meio dos distintos episódios das lendas arturianas. Sua presença benfeitora destaca-se quando, na condição de discípula de Merlin, forja a espada Excalibur para confirmar a legitimidade de Artur no

MERLIN E A DAMA DO LAGO

princípio de seu reinado. O monarca se apresenta perante ela em outra ocasião, quando a Dama do Lago é avisada de que ele será ferido de morte e ela recebe a ordem de recolhê-lo, acompanhada de outras três rainhas das fadas, entre as quais se destaca Morgana, a fim de tratá-lo na mítica ilha de Avalon, onde se diz que ele habita graças aos cuidados que lhe prodigalizaram os membros mais destacados da Corte Bendita.

Com frequência, a Dama do Lago é chamada de Nimue. Merlin a teria encontrado ocasionalmente quando se retirou à solidão dos bosques de Broceliande, onde buscou o ovo da serpente e aperfeiçoou seus conhecimentos em cosmologia, magia e ciências naturais, depois de enlouquecer com o espetáculo de uma batalha sangrenta. Suas extensas pesquisas sobre as qualidades das plantas e dos minerais, bem como seu profundo domínio das peculiaridades dos peixes e das aves, provieram de seu refúgio na vida silvestre, afastado da civilizada corte de seu cunhado, de sua irmã e de sua esposa, a quem renunciou para sempre, assim como a seus direitos sobre o trono.

No interior da mata, onde está sempre acompanhado por um cão preto, juntam-se a ele com o decorrer dos anos alguns bardos e peregrinos, dentre os quais se sobressaem o bardo Taliesin, o discípulo Maeldin e sua irmã Ganieda, a qual, depois de fracassar em suas repetidas tentativas de trazê-lo de volta ao palácio, manda construir-lhe um castelo em uma clareira da floresta, com setenta portas e setenta janelas, onde setenta escribas redigiam as profecias que Merlin, já encanecido, lhes ia ditando.

Em algumas versões, Merlin é descrito como um ancião cuja figura transita entre o cômico, o venerável e o trágico, e que sobrevive a cinco gerações antes de ser enfeitiçado pela Dama do Lago. Ao final, sua irmã Ganieda sucede-o como profetisa; no entanto, mais parece ter sido contagiada por seu dom agoureiro, pois entre eles se leem numerosos sinais de incesto bem disfarçado. É Viviane quem guarda o mistério de sua identidade e sobre quem recaem os símbolos de um poder adquirido, o qual, em se tratando de amor e rivalidade, revela não existirem fronteiras entre o bem e o mal.

Convertido em protetor distante, mestre tutelar e fiel conselheiro do rei Artur, além de guardião privilegiado do reino ameaçado por poderes maléficos, Merlin ressurge na história desde os mistérios que envolvem a construção de Camelot e a presença sempre enigmática da Dama do Lago, agora situada na mítica ilha de Shalott, onde essa misteriosa donzela tece e passa as tardes cantando enquanto contempla a vida em seu espelho polido.

A bela cidade de Camelot, erguida em uma colina cercada de bosques e à curta distância do rio que conduz à ilha de Shalott, foi capital da Inglaterra e quartel-general de Artur. Enclave digno de suas façanhas, tudo aí foi construído por um rei e por algumas rainhas das fadas que ordenavam que se tocassem harpas no limiar das sombras que separam um dia do outro, isto para que o Povo Bendito assentasse as pedras ao som de música e, ao modo dos campos de cevada e centeio que rodeiam a região, ondeasse as torres, os telhados e os estandartes ao caráter cambiante da neblina que, a cada manhã, fazia a cidade parecer uma miragem no horizonte.

Passam-se os séculos e Camelot continua surpreendendo o viajante que, ao alvorecer ou em pleno crepúsculo, se aproxima dela esperando encontrar uma cidade como as demais. A cidade-castelo se desvanece e oscila enquanto sua silhueta reluz ao brilho da lua, graças à luz dos lampiões que escapa de suas frestas. Cintila ao meio-dia por efeito do sol, e seu portão metálico resplandece como ouro brunido. Em dias de tormenta, todavia, desaparece ou se oculta por trás das cortinas de chuva. É misteriosa como o anel dourado que se desdobra no bosque lindeiro; e durante o inverno, o branco de seus telhados se funde com as capas de neve estendidas sobre a planura. Aqueles que já a visitaram juram que perdura intocado o encanto de suas muralhas e que melhor fazem os viandantes que

MERLIN E A DAMA DO LAGO

se desviam desse local por temor dos feitiços praticados pela Dama de Shalott quando navega incógnita em sua barca de velas de seda.

Quando não desce o rio com a embarcação carregada de cereais e belos tapetes multicores, a Dama se assenta diante do tear no mais alto aposento de sua torre, de onde vigia a cidade, a vida no campo e tudo quanto passa pelo caminho por meio de um espelho colocado junto à janela. Ao entardecer, canta de seu castelo suaves melodias que aliviam o cansaço dos camponeses que trabalharam desde cedo e adoçam o ouvido sempre alerta dos cavaleiros. Assim se passam os dias e os anos, e assim permanecem os jogos de luzes que fizeram centenas de cavaleiros jurar que a Dama do Lago não existe; que tampouco Camelot existiu e que tudo o que se divisa através da neblina não é mais que um conto inventado por aqueles que acreditam em magos e fadas.

Acima das inúteis argumentações dos incrédulos, por vezes se escutam as trombetas soando do alto dos torreões de Camelot, anunciando a saída dos cavaleiros marchando em cavalgada de dois em dois, presidida pelos arautos e com porta-estandartes troteando graciosamente com suas bandeiras pelo meio da tropa. Merlin reaparece com sua roupagem negra e recebe a saudação do povo. Lancelot e Galahad desfilam garbosamente, distribuindo sorrisos às donzelas. Mordred marcha um pouco mais à frente, à testa de uma multidão de homens armados com lanças e espadas; mas desde logo se destaca Artur montado em seu corcel branco, seguido do escudeiro que lhe transporta a armadura e a mística espada que a Dama do Lago forjou e batizou de Excalibur. A tudo acompanha a música das fadas; porém, se algum atrevido ousa enfrentar a guarda, descobre que, bem no interior, aguarda de pé a Dama do Lago, com os braços estendidos, trazendo uma espada na mão direita e um antigo turíbulo na esquerda. Os que a viram asseguram que seu vestido ondula como as águas e que gotinhas muito suaves de chuva escorrem de seus dedos, os quais ela deixa em liberdade para que possam se mover com a brisa. Contempla a distância bem de frente, com seus olhos cinzentos irresistíveis e enormes, da mesma cor das torres e da água profunda, e faz retroceder os malfeitores quando, ao toparem com ela, um sobressalto no coração lhes avisa que já roçaram a margem proscrita.

Camelot intimida e fascina os visitantes privilegiados que conseguem ultrapassar suas muralhas. Por meio do depoimento de umas quantas testemunhas, sabemos que suas portas trazem gravadas figuras de elfos e dragões, os quais parecem se mover por entre episódios redivivos dos feitos de Artur. A pedido do rei, Merlin projetou a cidade na forma de uma espiral, para que tudo apontasse para cima e Deus governasse o viver de seus residentes, dentre os quais 1.600 cavaleiros e barões, todos tão ciosos de sua posição que, segundo os tratados vigentes na época, durante uma ceia de Natal iniciaram entre eles uma batalha pelo simples direito de se sentar à cabeceira das mesas. Foi a partir de então que Artur ordenou que se construísse a célebre Távola Redonda, para que todos os convivas comessem em pé de igualdade e ninguém ocupasse um lugar diferente ou inferior ao de seu companheiro.

Nada ali está desprovido de magia, nem existe rincão onde não se escutem as vozes dos trovadores ou as notas das cítaras e alaúdes que escapam pelas janelas para encher os ares. Do lado de fora, repercute a disputa dos armeiros e ferreiros que forjam armaduras para cavalos e homens; e as chispas que saem de suas oficinas completam a cortina de estranhas luzes que, junto às das forjas e àquelas provocadas pelos laboriosos cortejos de monges, flecheiros, correeiros e alfaiates, formam a nuvem de cores vistosas que fazem de Camelot a cidade das fadas por excelência.

Os complicados mapas do palácio de Artur descrevem em seu centro um imenso salão rodeado de cozinhas e de dormitórios com vista para o campo de torneios. Mais além, sob um teto abobadado, arde um lenho de carvalho seco e, entre mantos de fumo e de penumbra, se entreveem os escudos dos cavaleiros talhados em pedra. Diz-se que, depois que o proprietário tivesse realizado alguma façanha digna de ser recordada, seu emblema e suas armas eram lavrados nas paredes. Diz-se, ainda, que enquanto o escudo de Gawain pesava devido à quantidade de brasões que carregava, o de Mordred permanecia tão vazio quanto a sensação que deixa a morte quando nos leva aqueles que nos são mais próximos. Ali, nas reuniões dos grandes salões, e com Merlin ao centro dos comensais, escutavam-se as histórias guerreiras, os encontros místicos e os juramentos para buscar sem descanso o mítico Santo Graal.

Por vezes, Merlin evocava o passado, e de permeio a frases e reflexões pouco compreensíveis, e que ele mesmo sabia não ser dirigidas a si próprio, os cavaleiros se tornavam também depositários de suas profecias. Disse ele mais de uma vez, porém não lho acreditaram: Artur seria levado um dia para a ilha de Avalon, conduzido pela fada Morgana, pela Dama de Shalott e por outras rainhas das fadas, e Camelot se desvaneceria para sempre entre as brumas do crepúsculo.

Até onde sabemos, não existiu um Merlin feminino nem uma maga dotada de seus extraordinários dotes proféticos, ainda que feiticeiras ou bruxas imitem seus trajes escuros ou o gorro tacheado de estrelas que brilham estranhamente à luz da lua ou do sol. De fato, a história não nos consigna uma única demiurga, talvez porque, tal como ocorrera na Ásia tradicional, nunca se reconheceu às mulheres propensão para a sabedoria, embora na prática zen uma mulher anciã, sempre despojada de identidade própria, pudesse educar um mestre. Os druidas compreendiam que o verdadeiro culto às disciplinas do mistério deveria ser feito do interior para o exterior, e não o contrário, da forma desvirtuada que acabou assumindo com o tempo, tal como ocorreu no mito fáustico. É por isso que a antiga ciência ficara plasmada em edifícios remotos, cuja arquitetura testifica até que ponto eram apreciados, então, o dom da terra, as leis do cosmos e a tríplice natureza do ser humano, ou seja, sua estrutura metafísica, composta de alma, corpo e espírito.

Tendo Merlin à frente de um culto à Mãe Terra, ou Gaia, os druidas eram os sábios sacerdotes de uma religião que consagrava os bosques para oficiar seus ritos e viver em harmonia. Daí seu interesse por sondar as fontes profundas da energia, o poder dos elementos e a força da palavra como princípio estético inseparável do louvor, sempre relacionado com o canto poético; e a voz humana como fio criador da divindade que se reconhece na alma. Foi por isso que descobriram os segredos que ocultam as pedras, diante delas realizaram suas curas e sobre elas celebraram seus atos rituais. Também manipularam os minerais como instrumentos divinatórios e de auxílio em suas curas; consideraram milagrosas as águas de certas fontes e mananciais e, quanto ao fogo, situaram-no no centro mágico da clareira do bosque, onde elaboravam remédios com ervas, meditavam assiduamente e equilibravam a vida com a certeza do despertar do deus interior, tido como o mais alto intento a ser alcançado pelo ser neste mundo.

Merlin adotou a vida silvestre como condição formativa para sua capacidade profética; a Dama do Lago, por sua vez, reinava na pureza de seu ambiente, ainda que carecesse de outros dons que enalteciam seu rival. Cantava como as ninfas, dominava o poder dos metais e exercia certa influência não revelada sobre os homens, como a faculdade da sedução; ignorava, por outro lado, tudo a respeito da sabedoria de Merlin e invejava seu poder criador manifesto por meio dos ritos secretos. Em meio a essas diferenças demiúrgicas, houve, entre eles, disputas não registradas pelos procedimentos mágicos e que, certamente, influíram em favor da astúcia egoísta e em detrimento de um conhecimento sagrado, o qual se busca ainda hoje sob princípios reconhecidos no advento da Nova Era.

Ninguém consegue explicar exatamente por que o druidismo declinou; há, porém, indícios de que, quando a Dama do Lago consumou seu plano de aprisionar Merlin – confuso e enamorado dela –, essa religião perdeu seu vigor e a própria natureza divinatória em meio ao abuso, à insensatez e à perda de harmonia entre os homens que, todavia, aspiram hoje a um estado de plenitude diferente, alcançado mediante o equilíbrio entre o velho e o novo.

As lendas arturianas estão povoadas por uma multidão de damas feéricas, e acredita-se que a partir de então as fadas sofreram um processo evemerista por meio do qual muitas foram convertidas em feiticeiras. Seus nomes acabaram enredados às andanças dos cavaleiros; a Dama do Lago, particularmente relacionada com o próprio Merlin, com Lancelot e com Artur, é algumas vezes uma donzela aquática, em outras uma aliada do rei, um enigma não resolvido, um nome mencionado como Nimue, Niniane ou Viviane, a última druidesa e filha das águas, sempre sedutora e dotada de atributos, a quem Merlin revela, para sua desgraça, todos os seus segredos sibilinos.

Em outra das versões que pretendem desvendar suas origens, Merlin – com cuja ajuda Artur obteve a coroa da Inglaterra –, é filho de um íncubo que teria violado uma princesa de Dyfed, ainda que as más línguas de Camelot rumorejassem pelas oficinas e casarios que ele era filho de uma monja seduzida pelo próprio demônio. O certo é que ninguém jamais pôde contar nada de certo sobre ele sem incorrer em outras lendas que, superpostas ao episódio anteriormente descrito, acabaram por convertê-lo em mito. Considerado pelos relatos somente um menino sem pai, dotado de uma inteligência e engenhosidade nada comuns, foi também reputado como um bruxo sobrenatural que teria estudado com o famoso mago Blaise da Bretanha, ainda que logo tenha superado seu mestre para se consagrar à ciência mágica por excelência, celebrada diante dos altares sibilinos dos druidas, de cujas origens pouco se sabe, salvo que sua sabedoria poderia provir de terras distantes, do Oriente Médio, do Egito, do antigo Afeganistão, da

Índia, do longínquo Tibete ou de algum ponto ainda mais remoto e completamente esquecido.

A tradição oral, inclusive, situa o druidismo nas Ilhas do Norte do Mundo, que Tácito e Solino identificaram com a famosa Mona, ou Anglesey, e que eles mesmos renomearam como ilha dos Siluros. Outros estudiosos afirmam que não se tratava exatamente de uma ilha, mas dos restos da mítica Atlântida ocupados pelo povo celta--druídico, descendente de sua grande civilização, e ao qual Merlin pertencia. Simbólica ou não, para os especialistas arturianos essa terra não é outra que a ilha de Avalon, ou ilha das Macieiras, morada imemorial de deuses, sábios e seres superiores que ensinaram como utilizar a força única do homem interior, aquela que não reconhece distâncias entre o espaço e o tempo porque ambas são dimensões que não existem.

Merlin, o personagem mais fascinante de todo o druidismo, tinha poderes especiais sobre os metais, as pedras e a água, os quais lhe permitiram cravar uma espada em uma bigorna, fazer flutuar uma pedra de moinho, controlar o mar enfurecido ou fazer com que as próprias muralhas de Camelot derrubassem seus inimigos quando estes pretendiam escalá-las. Foi chamado de grande sábio – antes que sequer se imaginasse que sucumbiria ao amor e à astúcia –, levando a seu ponto mais elevado a condição de druida real, de prelado, de mago, teólogo, mestre ou filósofo que velava sobre as coisas divinas, que especulava metafisicamente e regulava a vida política como intermediário bendito entre os assuntos profanos e o mundo divino. Era essa posição que desejava para si a Dama do Lago: o domínio do espírito e um saber tal que lhe permitisse interpretar as questões mais intrincadas da natureza e do homem.

Merlin praticou melhor que qualquer outro o dom da profecia, ainda que, tal como ocorreu com Cassandra na antiga Troia, tenha sido condenado a não ser crido. Distinguiu-se por empenhar sua sagacidade em prol do ciclo arturiano; mas se aproximou dos maus ofícios dos deuses helênicos quando, após ocultar a verdadeira identidade de Uther para permitir a geração de Artur, o guerreiro se enamorou tão perdidamente da duquesa que Merlin predisse um triste fado para o menino. Prognosticou que com ele acabaria o reinado dos Pendragon e que seus inimigos o matariam. Foi por isso que Ingreine entregou-lhe o menino, para que o mago, por sua vez, o colocasse sob a tutela do nobre cavaleiro Sir Heitor, que o faria batizar com o nome de Artur e o criaria como se fosse seu próprio filho.

Velho e combalido, o rei Uther abençoou o menino em seu leito de agonia e proclamou-o seu sucessor, ainda que seus homens nunca tivessem tido anteriormente quaisquer notícias de sua existência. Sobre seu cadáver desencadeou-se, em torno da coroa, o conflito fundador da saga cavalheiresca, consagrada pela mística busca do Santo Graal na qual se interpuseram as mais estranhas profecias à arte dos encantamentos e à devoção religiosa. Multiplicaram-se as lutas entre os chefes rebeldes, e o exército não reconheceu a legitimidade do herdeiro de Uther. Somente a magia de Merlin – que desde então avivou a sua lenda – atinou uma solução: fez aparecer uma espada cravada em uma rocha, com uma legenda em letras de ouro declarando que aquele que conseguisse arrancar a espada do coração da pedra seria por direito o rei da Inglaterra. Um por um os cavalheiros mais fortes tentaram arrancá-la em vão. Chegada a vez de Artur, Merlin piscou os olhos enquanto todos caçoavam do atrevimento do jovem em tentar executar tal façanha.

Quando Artur retirou a espada, aparentemente sem qualquer esforço, os cavaleiros vencidos murmuraram que aquele menino franzino devia ser filho das fadas, que era resguardado por poderes maiores e que seguramente havia sido deixado na praia por uma onda dourada. Para eles, era impossível aceitar um monarca desprovido de força própria e abonado pela magia; desse modo, deram a prova por anulada e continuaram a lutar uns contra os outros. Em vez de participar da festa de coroação, os soldados mandaram informar que dariam ao novo rei como presente "espadas afiadas, entre o pescoço e os ombros". Longe de se amedrontar, Artur respondeu ao desafio recrutando Sir Heitor, seu pai adotivo, e outros cavaleiros leais, com os quais triunfou sobre os adversários em memoráveis batalhas já previstas por Merlin, durante as quais teve ocasião de exibir tal força e destreza que a maior parte dos inimigos acabou prostrada e depondo suas armas perante ele.

A Dama do Lago interveio quando, em um dos combates, a espada de Artur se quebrou, a mesma que ele havia arrancado da rocha. Merlin conduziu-o a um lago solitário. Do fundo de suas águas ergueu-se um único braço, cuja mão feminina sustentava outra espada, mais reluzente e vigorosa, com a qual seriam assegurados seus triunfos. A discípula de Merlin apareceu, então, mostrando-se de corpo inteiro para anunciar que o nome daquela espada era Excalibur e que pertencia a Artur por direito ancestral. Seus poderes mágicos lhe garantiriam sempre a vitória, sob a condição de que somente a empunhasse em defesa do reino e em nome da fé.

Como é costume observar-se entre demiurgos e outras criaturas que de algum modo compartilham poderes supremos, Merlin se deixou seduzir por Niniane, que o adulou no intuito de aprender seus feitiços e encantamentos. Quando a mítica Dama do Lago se cansou dele, valeu-se de um de seus feitiços para encerrá-lo no interior de um carvalho. Dizem os especialistas que, nos territórios que foram domínio daqueles prodigiosos druidas, considerados os guardiões dos bosques, quando alguém caminha por entre as árvores pode ser surpreendido por um rosto triste, inofensivo e barbado que assiste a passagem do tempo assomado pela rusticidade de sua prisão vegetal.

Outras versões afirmam que Merlin foi encerrado em uma caverna, também por Viviane, enquanto ela reina, placidamente e até os dias de hoje, sobre as paisagens de Camelot. O certo é que a memória de um não perduraria sem as artes da outra, e que o mundo não seria o mesmo sem suas lendas evocativas da ânsia que moveu os homens de todas as épocas a buscar o saber secreto reservado apenas a alguns privilegiados.

A DAMA DE SHALOTT

Desciam as brumas de permeio à tarde. A distância se escutava o serpentear de uma corrente que subia e baixava por entre penhascos e desfiladeiros sinuosos. Um ventinho gelado paralisava as vozes, e a umidade entorpecia os ossos de um caminhante que havia jurado não voltar às suas terras sem contemplar, ao menos uma vez, a Dama que o atormentava em sonhos sob a forma de uma donzela de formosos cabelos e que permanecia sempre assentada diante de uma tapeçaria colorida na qual bordava cenas de um mundo do qual não participava e que tampouco conseguia compreender.

Passo a passo seguiu o caminho; de cada lado do rio deviam se estender grandes plantações de cevada e de trigo que recobriam a terra e que se perdiam na capa nublada através da qual tênues raios de sol infiltravam-se nas vagas de espigas, onde se ocultavam as fadas. À frente, sempre adiante conforme lhe indicasse a paisagem, encontraria os profundos sulcos pisados pelos camponeses ao se divisar as torres de Camelot. Uma vez embrenhado no bosque, toparia algum estranho; mas não devia lhe falar de frente nem se distrair com os sons provenientes dos carvalhos nodosos, pois corria o risco de cair presa do encantamento dos elfos que pululavam furtivamente no lugar ou de se envolver nas costumeiras travessuras dos *pixies* ou dos duendes. Logo a seguir, divisaria um campo de lírios crescendo na ladeira e, mais além, onde as águas se separavam em duas como se de fato envolvessem as árvores em um abraço, encontraria a ilha de Shalott com seu castelo ameado e, diante dela, a grande ponte de Camelot, que rangia ao amanhecer sobre o fosso para repousar durante algumas horas sobre a verde pradaria, onde tampouco se devia descansar à luz da lua, a não ser que os archotes acesos nos torreões iluminassem claramente o local.

O viandante descobriu que a paisagem era cambiante, como o véu de salgueiros esbranquiçados e de álamos que ondulava rio abaixo sob os raios violáceos do crepúsculo. A brisa carregava consigo o silêncio que trouxera de longe para estendê-lo entre as quatro torres e as quatro muralhas acinzentadas de Camelot, acabando por depositá-lo sobre um canteiro de flores que resguardava a ilha onde a Dama de Shalott* cantava doces toadas nostálgicas.

Nas cercanias da cidade, um par de camponeses lhe disse que, nas horas de claridade, podia-se distinguir o vulto da Dama de Shalott a distância, sentada frente ao tear; que ela estava sempre lá em cima, na parte mais alta do castelo, onde pousam as andorinhas e os pardais; disse-lhe, porém, que os olhos humanos não conseguiam divisar a suavidade de seus dedos nem percebiam os fios finíssimos com que ela desenhava as coisas que perpassavam

---

* A concepção do famoso poema de Alfred, Lord Tennyson, composto inicialmente em 1832 e bastante modificado para sua publicação em 1842, parece ser totalmente original. A Dama de Shalott não deve ser confundida com a Dama do Lago, um mito multissecular. O poema descreve Shalott como uma ilha localizada a jusante de Camelot. Trata-se de uma alegoria da condição das mulheres da aristocracia vitoriana, cuja visão do mundo tinha pouco a ver com a realidade, protegidas em suas mansões pelas fortunas acumuladas por seus parentes masculinos durante a Revolução Industrial e pelos exércitos do Império Britânico, sem conhecer nada do sofrimento dos operários, para não falar das "raças de cor" que o reino benevolamente "protegia". Era como se tecessem em suas mentes tapeçarias de um mundo mágico contemplado através de um espelho distorcido, em "ouro sobre azul", sem que jamais "assomassem à janela" para ver a realidade. Como fontes remotas, encontramos alusões na "Rainha das Fadas", de Edmund Spenser, nos "Poemas Traduzidos do Gaélico", de James Macpherson e especialmente na "Ilha Arroxeada", de Phineas Fletcher, que podem ou não ter despertado em Tennyson a inspiração para compor o poema que popularizou a personagem. [N. de T.]

A DAMA DE SHALOTT

diante dela, em seu espelho azul e encantado; que a Dama não passeava e que jamais era vista pelas ruelas de Camelot. Aconselharam-no insistentemente a não tentar chamá-la, pois sua magia era insegura e imprevisíveis os resultados. Mais para desorientá-lo e pelo afã de inventar que era um traço característico das mulheres de Camelot, asseguravam que algumas vezes ela saía furtivamente na solidão da noite a fim de navegar o rio em sua barca de velas de seda; mas ninguém conseguira jamais descobrir para onde se dirigia nem que misteriosas tarefas a ocupavam sob os raios da lua. Tanto essa como outras coisas que se murmuravam sobre sua estada na torre eram difíceis de se acreditar, mesmo porque nunca faltava a presença daquela silhueta desde o começo da aurora até o cair da noite e, quando dissipado pela tormenta, o eco de sua voz viajava rio abaixo como o rumor de uma mesma melodia: "Esta é a Dama de Shalott, esta é sua voz, este é o sussurro que guarda um segredo".

Os mais entendidos, talvez para não perdê-la de vista, disseram que ela fiava sem repouso e sem distinguir noite e dia; que tramava um tecido destinado a vencer a morte e que, se alguém contemplasse alguma de suas tapeçarias, desvendaria em suas cenas a maneira como a Dama de Shalott lutava em favor da vida. "Invenções, nada mais que invenções", protestavam as vozes dos que acreditavam na versão de que tecer era próprio das fadas, ao passo que a Dama de Shalott cantava como rainha e senhora; e o fazia não para celebrar a paisagem que invadia seu espelho pela janela, mas aquela apreendida pelo reflexo que prendia sua visão à magia daquele espelho.

Assim, enquanto bordava vislumbres daquele reflexo, seu universo se desdobrava em três por intervenção do próprio espelho. O primeiro era o curso da existência que transcorria lá embaixo; o outro, a imagem azul que se invertia no espelho; e um terceiro, distinto e inesperado, correspondia à cena que ela interpretava sobre a superfície polida, que sempre pairava entre seus olhos e a claridade que penetrava pela janela. Para ela, não existiam diferenças entre

MULHERES, MITOS E DEUSAS

as sombras de um mundo e as luzes vindas lá de baixo, provindas dos movimentos de uma Camelot diferente da verdadeira Camelot. Assim, de sua visão deformada pelo direito e pelo oblíquo daquele azougue*, ela criava uma cidade ilusória, segundo a orientação do espelho e desde a perspectiva de sua janela. Unia o cosmos ao embalo dos trigais parcialmente ocultos pelas brumas. Perdia a distância entre o bosque e o vasto arroio. Não que as imagens avançassem para ela de trás para a frente, mas porque contemplava as águas de cima para baixo. Das mulheres, só divisava um gorro sobre as amplas saias, mãos que se moviam ou as pontas de calçados rústicos que assomavam entre os panos e as canastras que carregavam; dos animais, via somente lombos com patas, talvez vacas diminutas a grande distância, pontos indecifráveis.

Mágico como era, em seu espelho se achava a duplicidade da forma que tomava por real durante as horas de luz, sempre azuladas. Durante as noites chuvosas, as sombras se tingiam da cor da amora, e então ela tecia cenas dolorosas, funerais com plumas e luzes e um cortejo ao som de melodias plangentes pelos arrabaldes de Camelot. A Dama de Shalott ignorava que, embora a forma fosse um reflexo, este em si não tinha vida, não tinha leste nem oeste; por isso, em suas tapeçarias maravilhosas, tudo era centro e margem, sem distinção de tamanhos ou dimensões.

O caminho que conduzia a seu castelo era e não era o caminho invertido que ela percebia. Riscava pelo azougue um rio diferente daquele ondulante que retumbava pela planície, e os camponeses, as jovens a caminho do mercado, as aves, os duendes e até mesmo

---

* Designação vulgar do mercúrio, é usada em sentido figurado. De fato, os alquimistas usavam bacias de "prata viva", contendo mercúrio líquido, onde se entreviam reflexos de imagens distorcidas, dadas como mágicas, representando o passado e o futuro. Mas os antigos somente conheciam espelhos de metal polido, de ouro ou prata e, especialmente, de bronze. [N. de T.]

A DAMA DE SHALOTT

os trevos enigmáticos passavam diante de seus olhos mediante o capricho do cristal enganoso. Em uma noite diferente de todas as noites, a Dama notou um casal de amantes que sussurrava junto aos salgueiros, sob o esplendor da lua. "Estou doente de sombras", disse então a seu espelho, ainda que a sua tristeza não tivesse brotado naquele instante, mas depois da passagem de uma comitiva de cavaleiros, e tivesse surgido acompanhada por um sentimento de ansiedade que lhe varou o coração.

"Não tenho para mim um homem honesto e leal", pensou ela ao perceber que, em uma confusa imagem entre o espelho e a realidade, Lancelot cavalgava vestido de armadura e escudo, cantando enquanto subia a ladeira. Seguiu-lhe o vulto através do cristal como se fosse um resplendor, e cansada de sua sina, abandonou o tear, a meada e o fuso para se pôr a dar voltas ao redor de seu quarto, antes de finalmente decidir se mostrar diretamente pela janela. Pela primeira vez contemplou os lírios, o elmo e a pluma que ostentava o cavaleiro, e ao se voltar novamente para sua tapeçaria, eis que o espelho se partiu em mil pedaços. "O feitiço recaiu sobre mim", disse aos prantos, e imediatamente desatou uma tempestade que fazia sibilar os ramos das árvores e estremecer as águas do rio.

Espantada, saiu correndo de seu castelo em busca do jovem e, antes de soltar as amarras da embarcação que a esperava sob os salgueiros, gravou "A Dama de Shalott" em sua proa. Pressentiu seu infortúnio; mas já não havia regresso. O mundo, seu mundo, desintegrava-se frente às muralhas de Camelot, a Camelot tão desejada, onde habitava seu adorável Lancelot. Decidiu navegar contra a borrasca e enfrentar o próprio destino. O vento fazia tremular seu manto branquíssimo. Olhava de frente, atenta às folhas que caíam das árvores e, extasiada com as colinas e os trigais, começou a entoar para ele uma canção tão suave e dorida que todos na cidade permaneceram quedos, imóveis como se tivessem sido enfeitiçados.

Transformada agora apenas em sombra dolente de sua sombra, passou recostada em sua barca bem em frente ao peregrino sem se deter um só momento. Ele a chamava em vão. Ora cantando baixinho, ora erguendo a voz em canto, a Dama revelava um rosto tão pálido quanto sua capa de seda. Sempre melancólica, sempre sagrada, sua voz esvaía-se enquanto seu olhar escurecia e seu sangue congelava ao ritmo pausado de sua canção.

Cantou até seu último alento. Encontraram-na morta, jazendo sob as torres e os balcões da cidade. Cheios de espanto, todos ficaram rendidos diante de sua beleza: o cavaleiro e o mendigo, as damas e os camponeses; mas ninguém sabia dizer de quem se tratava. "Quem é esta donzela? Como conseguiu chegar até aqui?" – indagavam-se em coro até que alguns homens se aproximaram dela a fim de esclarecer o mistério. Foi Lancelot quem leu seu nome na proa da barca e soube primeiro que a Dama de Shalott havia sido vítima da magia. Era por isso que tecia somente aquilo que podia conhecer através do espelho, e por isso encontrara a morte ao se enamorar de seu reflexo. "Pobre donzela formosa" – murmurou com tristeza –, "que Deus a receba em seu seio".

Ninguém conseguiu entender os desenhos de suas tapeçarias. Foram encontradas junto ao tear, todas rotas, em meio a vidros estilhaçados.

CINDERELA

Desde que, no ano de 1697, Charles Perrault recolheu em seus *Contos da Mamãe Ganso* a personagem de um antigo relato chinês, talvez procedente do século 9 – ainda que haja indícios de que era repetido há muitas gerações por meio da tradição oral –, Cinderela[*] se converteu em uma das figuras centrais da literatura moderna e contemporânea. Dentre centenas de versões infantis, multiplicadas em todas as línguas, ninguém poderia dizer qual é a variante mais fiel à versão inicial nem como essa delicada donzela pôde se elevar a tantos e tão contraditórios símbolos do feminino, relacionados com o trabalho esmerado e a ausência de recompensa. O certo é que, em torno de um drama desenvolvido a partir da rivalidade entremeada pela inveja, descobrimos que, além de protagonizar uma intricada trama de abnegação abjeta, típica da mulher degradada, sua infelicidade demonstra que, em um caso de tamanha perversidade como esse, somente a magia é capaz de modificar a condenação doméstica das mulheres.

Cinderela, típico conto de inspiração oriental, desses que atravessam histórias ocultas e surpreendentes, fascina as gerações

---

[*] O nome *Cinderela*, popularizado pelo filme de animação de Walt Disney e que praticamente suplantou o nome tradicional português de *A Gata Borralheira*, deriva da palavra *cinder*, "borralho" ou "cinzas"; em todas as línguas ocidentais tem tradução semelhante de "borralheira", embora o acréscimo de "gata" tenha sido lusitano. No original, em espanhol, é *La Cenicienta*, derivado de *ceniza*. [N. de T.]

não somente por sua estrutura infantil, mas pelo triunfo contido no poder sobrenatural sobre as condutas malsãs. Em princípio, ela é duplamente vítima da segunda escolha matrimonial de seu pai, um gentil homem sem caráter nem vontade própria, e do desprezo de uma madrasta que, consciente da fealdade física e moral de suas próprias filhas, e quiçá também ressentida por ser de berço plebeu, reduz a orfandade da jovem a uma vil submissão, do que deriva sua alcunha, pois ao terminar suas tarefas, sentava-se a sonhar diante da chaminé, próxima aos montões de cinza que seguramente a sujavam da cabeça aos pés, até fazer com que ela parecesse a mais miserável das filhas da terra.

Condenada a realizar as tarefas domésticas mais árduas, Cinderela é a sombra encinzada de um passado nobre que sucumbe ao autoritarismo de três mulheres ciumentas, que não podem suportar suas virtudes nem a frescura radiante de sua pureza. Seus farrapos não a enfeavam. Não se perturbava com a maldade das irmãs adotivas; tampouco os rigores que sofria faziam-na quebrantar a promessa que fizera a si mesma de não se queixar para poupar seu pai indiferente, um pobre diabo que passa pelo conto de forma quase despercebida. Enquanto as outras despojavam-na do conforto que lhe cabia por direito de herança, Cinderela contava suas aflições aos ratos e aliviava sua solidão graças à imaginação que emprestava vida a suas fantasias.

Aconteceu que um dia o filho do rei organizou um baile no palácio para reunir todas as moças casadoiras e de boa situação social que habitavam em seus domínios. Incentivadas por sua mãe, as irmãs sequer consideraram a possibilidade de levar Cinderela consigo, ainda que o convite se estendesse a todas as filhas em idade de comparecer. Prepararam seus atavios com a intenção de deslumbrar o herdeiro do trono e, talvez, com um pouco de sorte, conquistar-lhe o coração e tomarem parte da família real.

CINDERELA

A mais velha escolheu um vestido de veludo com adereços ingleses; a mais moça preferiu um colar de diamantes que reluzisse por baixo de um casaco bordado com flores de ouro. Generosa como era, Cinderela preparou seus banhos e se ofereceu para lhes pentear os cabelos, embora aquele trio de gordas insultasse-na cada vez mais conforme comprovavam nos espelhos que, não obstante seus artifícios, não conseguiriam jamais competir em formosura com a menina maltrapilha, e que nem a mais perfeita maquilagem conseguiria disfarçar a expressão de inveja que desfigurava seus rostos.

Resignada com sua sorte, logo Cinderela ficou ainda mais triste, abandonada naquele casarão, sem imaginar que suas desgraças estavam por terminar. Dirigiu-se à janela para acompanhar a carruagem que levava suas irmãs pela vereda que atravessava os bosques e conduzia ao palácio real. Em seguida, sempre melancólica de um porvir mais amável, chorou sobre os utensílios acantoados junto ao fogão a lenha. Ali, em uma solidão penumbrosa, seu mundo se iluminou com a súbita aparição de uma fada madrinha que, comovida com seu sofrimento, indagou-lhe sobre o que se passava. Entre soluços, mal podia responder à dama radiante que levitava a seu lado; antes mesmo que pudesse suspeitar do alcance daquele prodígio, a fada conduziu-a ao seu quarto e ordenou que saísse para o horto e lhe trouxesse a abóbora que serviria de instrumento para modificar sua existência.

Munida de uma varinha de condão, dessas que despertam os sonhos e tornam possível o que nenhum ser humano é capaz de realizar, a formosa madrinha esvaziou a abóbora e a tocou com sua varinha mágica, transformando-a em uma linda carruagem dourada. A seguir livrou os seis ratos que guinchavam de espanto na ratoeira para transformá-los em seis ágeis corcéis de uma rara pelagem acinzentada, e depois converteu uma enorme ratazana em um cocheiro ataviado e com magnífico bigode. Satisfeita com a tarefa, a fada pediu a Cinderela que voltasse ao horto por causa de seis lagartixas que pernoitavam embaixo das pedras, às quais transformou em seis lacaios uniformizados com trajes bordados que a escoltariam aprumados na parte traseira daquela carruagem digna de sua indiscutível nobreza.

A fada madrinha repetiu docemente uma série de frases incompreensíveis e então tocou a jovem com sua varinha de condão, a fim de transformar seus farrapos em um traje deslumbrantemente bordado com delicadas pedras preciosas. Calçou-lhe sapatinhos de cristal e, de tão limpa e engalanada, Cinderela acreditou que a imagem refletida no espelho era de outra jovem e não a sua. Como em todos os atos de encantamento, também neste caso havia condições: se permanecesse no baile depois da última badalada da meia-noite, tudo regressaria à sua forma anterior, sua realidade seria descoberta e ela exibiria a todos a sua miséria. A fada insistiu para que não se esquecesse disso: ceder à tentação de um prazer continuado poderia reduzi-la à donzela insossa que era até o momento em que vislumbrou magicamente a possibilidade de aspirar à mais alta pretensão possível para uma mulher de sua condição. Com um pouco de sagacidade, sua obediência seria recompensada com nada menos que a felicidade matrimonial, a qual, depois de transpor alguns obstáculos, a livraria para sempre de seu estado de submissão.

Atenta às instruções da fada, Cinderela dirigiu-se ao baile sem alimentar maior esperança do que se divertir por algumas horas. Ela foi anunciada como uma princesa de origem desconhecida, enquanto o príncipe, deslumbrado, acorreu a recebê-la diante do silêncio expectante dos convidados. "Que bela é!" – diziam todos em sussurros de espanto. – "Nunca houve no reino uma dama tão elegante, e o filho do rei jamais mostrou tanto interesse por outra donzela". Enquanto isso, ela saudava a todos com a graça de quem se sabe admirada. Dançaram depois durante toda a noite, sem cessar, salvo quando, ante a ingenuidade das irmãs adotivas, Cinderela parou diante delas para lhes oferecer laranjas, sem que suspeitassem por um só momento de sua identidade.

CINDERELA

Em um canto do imenso salão, quando o relógio estava a ponto de tocar as doze badaladas, a jovem pressentiu que sua fantasia declinava. Teve tempo, apenas, de se despedir de seu anfitrião com uma reverência e depois saiu apressadamente, conforme lhe recomendara a fada madrinha. Na correria, perdeu um dos sapatinhos de cristal, mas não se deteve para apanhá-lo, temendo ser descoberta. Ao retornar, contou à fada o que havia sucedido e depois ficou esperando o regresso de suas irmãs, envolta em devaneios.

Quando elas chegaram, Cinderela fingiu estar dormindo. Ainda assim, elas lhe relataram a misteriosa aventura e novamente a cobriram de insultos a fim de humilhá-la.

Os acontecimentos seguintes completam uma história de amor e de arrependimento que, por sua carga de feitos extraordinários, eleva a fantasia à recompensa de uma virtude que não corresponde à dureza de uma vida de privações. Segundo a versão mais popular de Charles Perrault, não houve um, mas dois bailes, e foi no segundo que Cinderela se descuidou da hora e perdeu o sapatinho enquanto fugia. Como se sabe, os enviados do rei procuraram-na por todo o reino e, finalmente, quando a busca pela donzela parecia inútil, as irmãs adotivas trataram de encaixar seus pés gorduchos de qualquer forma no sapatinho, até que a justiça colocou Cinderela no lugar que lhe pertencia por direito.

Os contos de fadas, príncipes e princesas encheram a imaginação de crianças e adultos. Nesta trama, todavia, oculta-se mais de uma verdade lamentável a respeito da obstinação das mulheres medíocres, para as quais, perversas ou não, não há anseio maior do que aquele que se confirma com um bom casamento. Por culpa do pai, a menina sofreu a humilhação das irmãs de criação; uma fada protetora apareceu como anjo portador da chave para a vida adulta e, graças à atração exercida sobre um príncipe entediado, Cinderela consumou uma aspiração exemplar e redentora, livrando-se assim das perseguições de suas parentas perversas.

Das mais de quinhentas modalidades de Cinderela existentes na vida real, uma única permanece como exemplo a ser seguido para se atingir o paraíso matrimonial. Os psicanalistas associam-na com passagens edipianas da adolescência, e sobre essa personagem recaem centenas de símbolos relacionados com a infância indefesa, a autoestima e a transferência do poder. As feministas abominam sua domesticidade fácil, enquanto as crianças identificam suas fantasias com o mundo idílico das transformações mágicas. Essa donzela coberta de cinzas que ascende ao trono por obra de um encantamento oferece a todos algum tipo de satisfação. O curioso é que a motivação do amor à primeira vista basta-se a si mesma, e que, uma vez ocorrido o deslumbramento, a ninguém interessa o porvir rotineiro de um casal em cuja vida nada do que acontece tenha sido obtido por mérito próprio.

Perder e encontrar o sapatinho da Cinderela, como se fosse a senha para um destino prometedor depois de se esquivar das peripécias que implicam a presença de magos, gênios ou fadas, foi um dos recursos mais exitosos entre os contadores de contos antigos, os quais, por meio de um objeto carregado de magia, enlaçam os mundos da realeza e das pessoas simples, dois universos que, embora não tenham nada em comum na realidade, alcançam uma unidade impossível graças aos poderes do sortilégio.

Na Índia é comum se encontrar narrativas desse tipo, envolvendo símbolos que resgatam assuntos relativos a encantamentos, ainda que esses talismãs não sejam exatamente chinelinhas ou sapatinhos de cristal, mas anéis, lâmpadas prodigiosas, tapetes, animais ou o sem-fim de objetos que permitem ao herói desafiar a sorte para triunfar sobre a adversidade e, aproveitando o ensejo, namorar mulheres e princesas maravilhosas com as quais se pode mudar de destino e ascender ao poder com uma carga sobrenatural de sabedoria.

Existem na literatura variantes remotas de *Cinderela*, que não requerem a intervenção de fadas nem de gênios para alterar a

CINDERELA

ordem natural da existência, tal como ocorre na popular versão de Perrault, porque na Índia os símbolos tecem histórias nas quais a magia é a recompensa do acaso para seres aparentemente insignificantes. Assim se observa, por exemplo, em um conto envolvendo um sapato de ouro e pedraria que deixa louco de amor a quem quer que o encontre por acidente, fazendo com que o novo proprietário não se renda diante de qualquer obstáculo até encontrar o pé para o qual ele foi fabricado; quando isso felizmente acontece, desperta-se uma intriga de poder, ciúme e perversidade que lembra em muito as intrincadas narrativas de *As mil e uma noites*. Na Índia setentrional, conta-se também o contrário, desta vez envolvendo uma mulher casada. Trata-se da princesa Suvernadevi, que, após desposar o príncipe Chitrasekhara – como forma de recompensa por havê-la libertado de um gigante maligno que a mantinha cativa e ameaçada de morte –, perdeu sua preciosa chinelinha quando passeava por um dos viveiros reais. Um pescador encontrou ali o calçado e, sem a menor hesitação, vendeu-o a um mercador que, por sua vez, ofereceu-o como presente ao temível rei Ubrabâju, famoso por seus caprichos. Este, só de contemplar a chinelinha, imaginou que sua vida nunca mais seria a mesma se não pudesse possuir-lhe a dona, pois mulher alguma poderia ostentar um objeto tão delicado sem ser dotada dos pés mais refinados. E no Oriente, como se sabe, os pés eram tidos como um sinal de alta linhagem, desde que correspondessem às medidas apreciadas e se apresentassem bem cuidados.

Por todo o seu reino viajaram os pajens proclamando que aquele que descobrisse a identidade da dama e a apresentasse diante do rei receberia uma suntuosa recompensa. Animada pela cobiça, uma velha dada aos maus ofícios encarregou-se de decifrar o enigma seguindo as pegadas do comerciante até a casa do pescador, por intermédio do qual conseguiu identificar a dona da chinelinha. Porém, faltava agora cumprir o requisito essencial de apresentar a jovem ao rei, para o que era necessário livrar-se de seu marido.

MULHERES, MITOS E DEUSAS

Imediatamente encaminhou-se ao palácio do príncipe, disfarçada de cortesã. Depois de ganhar a confiança da princesa Suvernadevi, acabou descobrindo que a vida do príncipe Chitrasekhara, afamado por sua valentia, estava protegida por um talismã conquistado por suas façanhas. Sem demora, lançou mão de sua destreza a fim de destruí-lo e provocar-lhe uma morte muito estranha, cuja causa foi imediatamente atribuída ao rei Ubrabâju. Este, segundo afirmou a velha à viúva, desde que fora atacado pelo desejo não desperdiçou ocasião para se desfazer de Chitrasekhara.

Quando Suvernadevi contemplou o corpo jacente de seu marido, levou-o ao leito nupcial e estendeu-o como se estivesse apenas adormecido. Jurou não tocá-lo outra vez nem realizar seus funerais até desvendar o enigma de sua morte e castigar o culpado. Todavia, logo cedeu aos perniciosos mas eloquentes conselhos da velha maligna e, decidida a vingar seu amado, foi se apresentar ao rei Ubrabâju. Este, empenhado em se casar com ela, fê-la encerrar em uma ala do palácio enquanto providenciava os preparativos para os esponsais com o auxílio da velha feiticeira.

Aconteceu que um irmão da princesa descobriu que um objeto mágico havia desencadeado a desgraça, e que se encontravam em perigo tanto o destino do reino como o da princesa; desse modo, aventurou-se a impedir o encantamento. Ajudado pela magia, primeiro devolveu à vida o príncipe defunto com o auxílio de um novo talismã que anulava o efeito anterior; e após conseguirem libertar Suvernadevi, depois de inúmeras peripécias, os dois heróis restauraram o bem-estar familiar subjugando o perverso rei Ubrabâju e sua inescrupulosa mensageira.

Ainda que sejam abundantes os monstros, as feiticeiras aparentadas com bruxas e os tipos extraordinários de condutores das trevas, na Índia não é comum encontrar-se histórias de fadas, nem as cinderelas dessa cultura realizam amores maravilhosos pela intervenção de cupidos comoventes. Em que pese o poder da magia,

320

no Oriente é mais comum que os enredos se sustentem na valentia. Os heróis enfrentam as forças mais nefastas e, em meio a combates edificantes, o bem, a lealdade e os demais atributos que engrandecem os seres humanos acabam triunfando no final, conotando a dama a um prêmio por merecimento. A amada, longe de aparecer em suas vidas como um presente do destino, é a recompensa pela qual, em geral, os heróis têm de lutar, e assim se tornam merecedores do matrimônio, o que implica uma diferença notável entre a visão europeia do amor fantasiado e a conquista, por méritos próprios, de uma mulher à altura de seus esforços.

Contudo, na tradição celta, típica da literatura anglo-saxão, as fadas não são as mediadoras perfeitas entre os anjos e os humanos, como se chegou a assegurar na Europa por volta do século 17. As mais afamadas pertencem a uma mesma espécie de seres sobrenaturais, ainda que variem em tamanho, atributos morais, origem, tempo de vida e poderes, o que as leva a ser frequentemente confundidas com aparições fantasmagóricas ou com mulheres praticantes de magia.

A ciência das fadas é vasta e diversa. Apareceu e alcançou sua maior força durante a Idade Média, e é desse período que se origina o costume de não chamá-las por seus nomes nem retratar suas efígies; ao contrário, são referidas e invocadas por meio de eufemismos como "os bons vizinhos", "a boa gente", "elas", "a corte bendita" ou, simplesmente, "os seres estranhos". Algumas são solitárias, outras diminutas como insetos ou enormes como girafas; algumas vivem no país encantado e são fiandeiras, tais como as Parcas, ou evocam deuses degenerados; umas são espíritos da natureza, enquanto outras, as que se agrupam sob o nome de *brownies*, caracterizam-se por trajar túnicas verdes. Alguns narradores asseguram que, sem distinção de sexo, os *brownies* não eram aceitos jamais no país das fadas por causa de seu aspecto sujo e maltrapilho, e que somente podiam ser recebidos na Corte Bendita quando ali se apresentassem decorosamente vestidos.

Ninguém poderia negar que, desde tempos imemoriais, as fadas povoaram particularmente as ilhas britânicas e que tanto na Irlanda como na Escócia habitaram os bosques lado a lado com duendes, gnomos ou elfos, cujas aventuras completam a vida poética daquelas culturas. Seus afazeres enchem livros enormes. Longe de desaparecerem, ressurgem em nosso tempo nas enciclopédias e nos mais variados relatos modernos, porque ninguém se atreveria a negar que, em se tratando de horrorizar, de assombrar e de maravilhar, essas criaturas ensejam ocasiões inesgotáveis. É graças a elas que a vida se livra do tédio e o mundo adquire uma luz diferente e sempre cativante.

É possível que tanto a fada de *Cinderela* como outras que frequentam os refinados relatos de Perrault e de outros autores franceses proviessem do ramo de fadas madrinhas de origem celta que, ao se adaptarem à cultura cristã, abandonaram sua origem pagã e agreste para assumir o papel protetor de amadrinhar, que costuma ser ratificado pela bênção do batismo.

Cristã ou pagã, a origem legendária de Cinderela ultrapassa a diligência dos críticos na medida em que a imaginação admite o ato de se extrair uma carruagem de ouro de uma humilde abóbora, e que isso se faça acompanhar de um vestido maravilhoso e magicamente elaborado para que um príncipe, ao vê-la no baile, se apaixone por uma jovem que vive sob a humilhação de sua madrasta cruel. Criança ou adulto, quem consegue ler na intervenção benéfica de uma fada madrinha o sentido implícito de uma fantasia deliciosa, compreende o poder e o alcance da imaginação criadora.

Não é fácil para o homem comum ver as fadas. Elas aparecem ou desaparecem a seu bel-prazer, ainda que os entendidos afirmem que, por meio de um trevo de quatro folhas ou mediante o uso do célebre unguento das fadas – composto precisamente desses trevos –, o encanto que elas impõem sobre os sentidos humanos se dispersa; e que, uma vez tocado o olho com o medicamento, a vista pode penetrar os disfarces que as ocultam. Dizem também os sábios que os resultados de seu poder somente podem ser anulados por um sopro do alento de outra fada, ou pela cegueira do olho imposta por vingança ao curioso, que o deixa imerso em trevas por se haver atrevido a ter com elas.

Certas pessoas dotadas podem vê-las sem sua permissão, mas não são pessoas comuns. Devem possuir a "segunda visão", que consiste do dom de desvendar somente os acontecimentos presentes ou passados, embora algumas possam também prever eventos futuros. Há videntes capazes de anunciar acontecimentos lúgubres, misteriosos ou tristes; outros enxergam os relacionados com a bem-aventurança, mas é apenas o encantamento que conduz o privilegiado ao país das fadas.

É esse e não outro o prodígio que realizam essas criaturas que nenhuma tecnologia pôde substituir, pois em seu caudal de aventuras perdura a fé na existência de um mundo intermediário entre o conhecido e o sobrenatural, entre a voz dos bosques e o chamado – sempre fascinante e comovente – de uma palavra capaz de transformar a desdita em felicidade e de administrar castigos àqueles que transgridem as leis naturais.

RAINHAS

CATARINA DE MEDICI

Sob o esplendor da Renascença, o século 16 empreendeu uma longa rota de ódio por meio das guerras religiosas entre católicos e protestantes, as quais, sem triunfos definitivos para um ou para outro lado, culminaram com a grande luta do século 17, que originou a crise que antecedeu o advento dos Estados Nacionais.

A cultura católica não pôde se restabelecer totalmente naqueles territórios então denominados Cristandade. A cultura protestante, por outro lado, tampouco conseguiu se expandir pela totalidade das terras cristãs, cumprindo-se a esperança da Igreja de Roma no século 16, depois desta haver "limpado" os hereges da Espanha e da Itália mediante a reativação das fogueiras da Inquisição – convertida em Santo Ofício pelo Papa Paulo IV por volta de 1555; a reação empreendida pelo Concílio de Trento, com o propósito de reformar a estrutura da Igreja e os costumes dos católicos; até a instituição, em 1571, daquela verdadeira catedral de fanatismo que recebeu o nome de Congregação do Índex, destinada a proibir todos os livros "malditos", e que continuaria em plena atividade até meados do século 20.

Enquanto essa reação católica, denominada Contrarreforma, obstinava-se em "extirpar as heresias" por meio das chamas ou com o auxílio de hostes militares – que, na realidade, realizavam guerras de conquista –, definiam-se as ações audazes e radicais de Lutero, Calvino e Knox, principalmente, com o estabelecimento de "seitas" que incluíam desde o rigoroso calvinismo escocês até o presbiterianismo de Knox ou o atrevimento de Henrique VIII, na Inglaterra, ao se converter em papa da Igreja Anglicana para confiscar bens eclesiásticos e poder se casar com quem bem lhe agradasse. Assim, cada credo ou seita se afirmou em suas regiões, determinou seus bens e fincou seus interesses ao lado de seus respectivos modelos de Estado. Nessa época, também conhecida como a da Reforma europeia – por causa do ímpeto protestante –, a Espanha recorreu à repressão violenta para conservar a unidade do império e do clero; a Itália fez-se sede intocada da Igreja de Roma; e a pátria de Lutero foi palco de incontáveis conflitos, ainda que prontamente se tenha definido o compromisso em favor do protestantismo, como já sucedera na Inglaterra e na Escócia, onde também campearam os assassinatos entre a realeza e a burguesia.

Em uma França abertamente exposta às influências da Itália e afetada por uma tremenda guerra civil que acabou favorecendo a facção católica, pairou por cerca de cinquenta anos a dúvida de se a fé seria conservada ou perderia toda a Europa. A intransigência se inclinou para o lado da ambição e da conquista territorial em detrimento do talento político e militar daqueles que, entre os séculos 15 e 16, apelavam para a razão moderada como um meio de equilibrar os domínios da aristocracia, isso em plena efervescência de famílias ou clãs que disputavam entre si a liderança hegemônica.

Foi esse cenário que a sorte reservou a Catarina de Medici, uma notável personalidade política e cultural que, durante trinta anos, soube assenhorear-se do poder e da condução faustosa do renascimento liberal em seus domínios, até então assolados pela rapina e pela intransigência mais excludente. Esposa de Henrique II, da França, um perseguidor sistemático dos huguenotes, ou rebeldes protestantes, após enviuvar se fez chamar "Catarina, rainha da França e mãe do rei pela graça de Deus", e assim ostentou seu sinete, imprimindo também sua efígie, ao se apoderar da regência herdada por seus filhos: Francisco II, um adolescente neurótico que morreu repentinamente, quase interdito, e que foi casado aos 15 anos com Maria Stuart, da Escócia, membro do poderoso clã dos Guise; Carlos IX, que reinaria por quatorze anos; e Henrique III, seu descendente preferido. Contemporânea de Elizabeth da Inglaterra, do imperador Felipe II, de Maria Stuart e de grandes comandantes e banqueiros italianos, Catarina foi um dos personagens femininos mais bem-sucedidos da Renascença, apesar de sua reputação de envenenadora e criminosa, adquirida com plena justiça por causa do afã em conservar o cetro e o poder para seus filhos.

O clã dos Guise era encabeçado pelo grão-duque Francisco, que tinha fama de ser um dos melhores guerreiros de sua época. Seus membros eram originários da Lorena, embora a maior parte de suas terras se encontrasse em território francês; e se consideravam paladinos do catolicismo. Carlos de Guise, o clérigo mais abastado do reino, era cardeal da Lorena e arcebispo de Reims. Tanto Francisco como Carlos gozaram de grandes privilégios durante o reinado de Henrique II; depois, seguindo os passos da implacável consorte, os Guise também exerceram um poder efetivo sob o governo de seus filhos e sucessores. Sua política era bastante simples, conforme escreveu Pierre Goubert: eliminar os Bourbons, descendentes de São Luís, e os Montmorency, que se haviam autodenominado "os principais barões da Cristandade"; com algumas variantes, uns e outros se inclinavam a favor da Reforma protestante, o que suscitou rivalidades tão ferozes que, em consequência dos conflitos entre essas poderosas famílias e destas com os monarcas, originaram-se desde denúncias criminais até a tristemente célebre "Conjuração de Amboise", ocorrida em março de 1560, em oposição a um ou dois dos Bourbons recentemente convertidos ao calvinismo que queriam permanecer sob a proteção do rei e da corte. Denunciados por delatores*, os referidos Bourbons foram surpreendidos em pleno

---

* No original em espanhol, *chivatos*: denunciadores, ou pessoas que acusam secreta e cautelosamente. [N. de T.]

MULHERES, MITOS E DEUSAS

bosque e depois afogados, enforcados ou estrangulados, sendo os cadáveres arrastados até Amboise. Este seria um dos antecedentes do massacre da "Noite de São Bartolomeu", considerado até hoje uma das matanças mais pavorosas de toda a história da Europa.

Os historiadores concordam que as "guerras de religião" transcorridas nos tempos dessa rainha eternamente enlutada eram uma manifestação do que havia de mais especificamente francês: combates entre príncipes e províncias, conflitos internacionais, complôs, assassinatos e pretextos para justificar pilhagens e traições. Henrique II compartilhou com seu pai e antecessor, Francisco I, o expediente de queimar hereges na praça Maubert, praticado desde 1523. Esposa e mãe de reis, Catarina não conheceu outro cenário que não um reino incendiado pelo fanatismo e tão acostumado a tais excessos de crueldade que seus súditos sequer se espantaram quando Henrique II passou a expedir éditos periódicos, partindo da criação das "câmaras ardentes", por meio do édito de Chateaubriand, em 1551, até o de Écouen, em 1559, quando simplificou as perseguições e instaurou a fogueira para todos os hereges declarados.

Catarina de Medici herdou de seu tio-avô, o papa Leão X, os olhos saltados e os lábios apertados. Era enérgica, expressava-se com firmeza e tomava decisões sem hesitar. Descendia de uma grande família de banqueiros florentinos, os quais dominaram a cena da Renascença por mais de trezentos anos, de 1434 a 1737. Devido a seu espírito empreendedor e sensibilidade inigualável, o nome e a fortuna dos Medici se fizeram presentes em todas as áreas em que a Itália demonstrava prosperidade: da política à arquitetura e da escultura à pintura, sem esquecer sua intervenção nas transformações econômicas que fizeram de Florença o esteio dos principais sucessos políticos dos Estados Nacionais.

Além de seu gênio financeiro, o gosto artístico dos Medici permitiu a criação de obras deslumbrantes, que só se tornaram possíveis graças à organização comunal de Florença e à força social

CATARINA DE MEDICI

das corporações artesanais, de onde surgiam ourives, correeiros, canteiros, ferreiros, pintores, ilustradores, impressores e um sem-fim de mãos laboriosas que contribuiriam para elevá-la à posição de uma das cidades mais formosas, mais politizadas e mais admiráveis do mundo. Maquiavel, Dante, Leonardo, Giotto, Michelangelo ou Bernini são somente alguns exemplos daquela prodigalidade de um humanismo tão prodigioso que, somado à intensidade da vida descrita por Maquiavel em sua *História de Florença*, faria com que essa cidade se transformasse em centro da cultura, superada apenas pelo milagre ateniense. Inclusive o mecenato dos Medici, ilustres descendentes de boticários medievais, serviria como ponto de referência para reis e repúblicas. Poderosos diante de Deus e dos homens, deram quatro papas à Igreja: Leão x, Clemente vii, Pio iv e Leão xi; e duas rainhas à França, graças a suas alianças matrimoniais com a realeza: a própria Catarina e Maria de Medici.

Bastaria a existência de Dante e de Maquiavel para demonstrar a vitalidade daquela Florença que, século após século, se expandia sem declinar em sua magnificência. Dante foi o maior dos poetas da Idade Média, imprescindível para a cultura ocidental; Maquiavel foi o primeiro teórico político que faria da interpretação do poder uma ciência nova na história, ao desprendê-la dos mitos e das lendas. Cada qual com seu êxito e distintas contribuições, ambos teriam correlação com a ascensão de uma família civilizadora sem precedentes e souberam entender sua função de agentes transformadores do humanismo. Se ser florentino era considerado por si só um privilégio, não poder usufruir da própria cidade era tido como um dos piores castigos. Disso soube Maquiavel ao ser exilado no Albergaccio, em Sant'Andrea in Percussina, local de cujas colinas podia contemplar a distância as luzes de sua amada e proscrita cidade e onde caiu doente de melancolia por causa de seu isolamento. A seu tempo algumas mulheres também saberiam o que significava pertencer ao mundo florentino, como a própria Catarina,

331

que levava em seu sangue o espírito construtor de Cosme e de Lorenzo de Medici, bem como seu gênio político e a capacidade de abarcar, com a mesma paixão, os assuntos de Estado, os deleites da caça ou da boa mesa e os caminhos transformadores da arte.

De personalidade forte, distintiva de sua linhagem, Catarina de Medici era filha de Lorenzo ii, duque de Urbino, e da princesa Madeleine da la Tour d'Auvergne, que pertencia à Casa de Bourbon. Nasceu em Florença a 13 de abril de 1519. Órfã precoce, foi educada por monjas católicas tanto em sua cidade natal como em Roma, ainda que, com o passar do tempo, tenha sabido intercalar habilmente sua devoção religiosa, que nunca foi exatamente exagerada, com um fervor não tão oculto pela astrologia, pelos talismãs e pelos charlatães, magos e adivinhos de todo tipo. Não era bonita, mas fazia esquecer sua fealdade com o talento herdado dos mais distintos membros de sua família. O papa Clemente vii, seu tio-avô e irmão de Lorenzo, o Magnífico, casou-a com Henrique, o duque de Orleans, que herdou a coroa francesa em abril de 1547 após a morte de seu pai, Francisco i. A partir de então, Catarina se integrou ao turbilhão de um desafio no qual se mesclavam os interesses do absolutismo e as ameaças de uma monarquia que, fundida à Igreja, confundia com facilidade os atributos divinos com os pessoais.

Florentina de quatro costados, Catarina de Medici sofreu como esposa uma prolongada esterilidade de dez anos. Isso fez recrudescer seus ciúmes contra Diana de Poitiers, a sombra que perturbava seu poder tanto na alcova como no trono, e a quem expulsou da corte em meio à execração pública logo depois da morte acidental de Henrique ii, não sem antes recuperar o tempo perdido enfrentando dez partos sucessivos. Dos sete filhos que sobreviveriam, os três que se tornaram príncipes sucessores pouco herdaram de suas virtudes. Superprotegidos e caprichosos, morreram todos em plena juventude. Entre esses reinados cambiantes, Catarina abandonou gradualmente a distância que guardava das decisões mais transcendentes até dirigir abertamente a política do reino, com as mesmas artes políticas que haviam dado notoriedade aos hábeis florentinos.

Alta, virtuosa e com os traços mediterrâneos característicos dos Medici, submetia-se a exercícios violentos para mitigar os furores do corpo. Cavalgava à caça de cervos e javalis; comia com abundância, como boa italiana, e concentrava suas múltiplas faculdades em uma natureza guerreira que contrastava com a devoção que dedicava à educação de seus filhos. Uma devoção seguramente neurótica a julgar pelos resultados, pois seriam muito mais celebradas suas obras de construção, às quais foi aficionada por toda a vida, do que quaisquer ações dignas de nota de seus descendentes entronizados. O que assombra em sua personalidade é como podia responder com soberania aos desafios de uma série de circunstâncias que ameaçavam o equilíbrio da França. Quando o sítio à cidade de Metz obrigou Henrique II a se ausentar do reino, em 1552, ela assumiu a regência com a naturalidade de quem nasceu para governar. Sete anos depois, após os funerais do rei, enfrentou a primeira crise política, provocada pelo clã dos Guise, cujo extremismo impeliu-a a buscar uma posição conciliatória que produziu, primeiramente, o Edito de Amboise, em março de 1560 e, dois meses depois, o de Romarantin, por meio do qual se buscou distinguir heresia de sedição. No final desse mesmo ano, Catarina tornou a se enlutar, agora por seu filho adolescente, o rei Francisco II, que permanecera preso à esfera de influência dos Guise. Isso agravou ainda mais os conflitos religiosos, civis e monárquicos com o protestante Antoine de Bourbon – rei de Navarra e primeiro príncipe de sangue – por causa da controversa sucessão real que fez ascender ao trono Carlos IX, a quem ela conseguiu impor apesar de toda a oposição que sofreu.

A década de 1560 seria a de maior intensidade na vida pública de Catarina. Por trás do cetro de seu filho, ela teria de superar desde levantes civis até focos separatistas gerados pelos protestantes. Entendeu que a estabilidade da França e a segurança de sua estirpe dependiam de acertos conciliatórios e, apesar de seus escassos triunfos, dedicou-se a essa tarefa para moderar a controvérsia que parecia não ter fim entre a Reforma dos huguenotes e a Contrarreforma dos católicos, ambos os movimentos empenhados em não ceder um palmo em favor de seus adversários. Ainda que frustrado em sua aplicação prática, o Colóquio de Poissy, seguido do edito de 1562, foi a primeira de uma série de tentativas históricas em favor da tolerância. Catarina inclusive viajou em companhia de Carlos IX durante dois anos pela França a fim de fortalecer sua estratégia pacificadora e, aproveitando o ensejo, fazer valer os direitos do jovem rei, a quem fez desposar Margarida da Áustria com o propósito de se reconciliar com o império espanhol – que apoiava a facção católica enquanto os luteranos apoiavam os protestantes – e, por meio desse matrimônio, mitigar as pressões externas que eram fomentadas pelas guerras civis.

Os líderes de ambos os partidos assassinavam-se mutuamente. Somente permaneciam intactos o poder católico dos Guise, próximos aos interesses de Catarina, e a cúpula huguenote chefiada pelo almirante Gaspard de Coligny, única grande inteligência política da época próxima ao rei além da própria Catarina, ainda que contrária a seus interesses. Coligny chegou a propor a Carlos IX a expansão francesa no Brasil e na Flórida, o que não prosperou; assim como não triunfaram seus planos de empreender uma guerra de libertação dos Países Baixos, que se encontravam então sob o jugo espanhol. Sua inegável influência junto ao jovem monarca, contudo, estimulou a rivalidade da rainha-mãe que, apelando a toda sorte de malefícios e feitiçarias, esforçou-se inutilmente para eliminá-lo.

Com o nome de São Bartolomeu no centro de um calendário de sangue, começaram a avolumar-se conflitos cada vez mais insolúveis até culminar na grande matança em Paris, que durou desde a manhã de 23 até a noite de 24 de agosto de 1572. Nesse mesmo dia de São Bartolomeu, porém três anos antes, um Coligny havia assassinado um Guise, razão pela qual Catarina de Medici, determinada a não se inclinar publicamente em favor de nenhum deles nem a pôr em questão os bens da Igreja, decidiu, de uma vez por todas, enquadrar a pressão protestante comprometendo sua filha Margarida [Margot] com o filho do rei de Navarra e, ao mesmo tempo, livrar-se de Coligny para aliviar a pressão doméstica sobre seu filho.

O noivado de sua filha Margarida com o filho do rei de Navarra, o protestante Henrique de Bourbon, futuro Henrique IV da França, foi a ocasião escolhida para levar a cabo tanto seus propósitos conciliatórios em nível de Estado como seus planos de eliminação de Coligny. Os parisienses, entretanto, estavam exaltados contra os huguenotes, o que tornava as bodas um duplo pretexto, seja para a paz, como se pretendia, seja para a guerra civil, como de fato ocorreu. Os parisienses odiavam Gaspard de Coligny, contudo ninguém supôs, muito menos Catarina, até que ponto se estenderia o rancor católico – instigado pelos Guise – contra os protestantes, aflorado em uma conjuntura confusa na qual a menor desculpa se demonstrava útil para liquidar um rival particular, realizar vinganças ou até mesmo saquear o vencido.

O levante popular foi tão repentino que não existem descrições confiáveis da trágica Noite de São Bartolomeu. Sabe-se que, durante as festividades do casamento, Gaspard de Coligny foi decapitado, castrado e esquartejado, e que, talvez se tomando sua morte como sinal, começou uma matança infernal dos protestantes ilustres que se haviam congregado para a cerimônia. Não era apenas um grupo isolado que atacava os huguenotes, mas um povo inteiro de crentes fanáticos, descontrolado e impossível de conter. Os católicos saquearam casas e pilharam seus bens; assassinaram famílias inteiras, dando destino idêntico a seus criados, e não interromperam sua empresa criminosa até chegar o amanhecer, quando milhares de pessoas haviam sido brutalmente esfaqueadas, apedrejadas ou mutiladas em nome de Deus.

Ao ser informado da tragédia, o papa Gregório XIII ordenou que se cantasse o *Te Deum* em ação de graças pela "vitória" obtida na França sobre os huguenotes. A partir de então, caiu sobre Henrique de Navarra o estigma de São Bartolomeu, e com ele a exigência de que se convertesse ao catolicismo, se é que pretendia governar uma França que não cederia um único direito real ao protestantismo. Com o trono em mente, em princípio Henrique concordou com essa imposição, mas logo retornaria ao calvinismo, razão pela qual o papa Sixto V excluiu-lhe a dignidade, alegando "haver reincidido na heresia". Contudo, veio a ser coroado como Henrique IV e reinou de 1589 a 1610 graças ao apoio de muitos católicos e, sobretudo, por ter sido obrigado a "comprar" o reconhecimento de toda Paris mediante uma nova conversão, em 1593, que então o fez proferir a célebre frase: "Paris vale bem uma missa", repetida até nossos dias como ditado e lugar-comum.

Para Catarina, a Noite de São Bartolomeu foi a mancha que ensombrou o ocaso de sua vida e o episódio que mais contribuiu para mitificar sua condição de rainha italiana impassível às guerras civis e disputas monárquicas. Não obstante a matança dos principais líderes huguenotes, continuaram na França a campanha protestante e as reações católicas instigadas pelos infatigáveis e perniciosos Guise. Alguns meses depois do massacre, em maio de 1574, Carlos IX morreu sem deixar um herdeiro masculino legítimo, motivo pelo qual Catarina assumiu a regência enquanto mandava trazer da Polônia seu filho predileto, o mais dotado e culto apesar de suas muitas veleidades, sempre conflituosas e escandalosas em virtude de sua indiscriminada bissexualidade. Pierre Goubert escreveu que esse efêmero rei da Polônia, entronizado como Henrique III da França, adorava o luxo, as festas exóticas, as joias e os pequenos animais.

CATARINA DE MEDICI

Governou durante dez anos (de 1574 a 1584) com a instabilidade própria de seu caráter, em meio a querelas com seu irmão, o ainda mais desajustado Duque d'Anjou, a quem Catarina pretendeu em vão casar com ninguém menos que a eterna solteira Elizabeth i da Inglaterra, o que implicaria reinar na porção católica dos Países Baixos, sempre rebelados contra Felipe ii.

A morte de Catarina de Medici foi precedida ainda por outro episódio, através do qual contemplou a inutilidade de seus esforços: a 23 de dezembro de 1588, no castelo de Blois, Henrique iii mandou assassinar o Duque de Guise, e, ao saber do ocorrido pela própria boca do rei, ela respondeu horrorizada: "Sangue, ainda mais sangue... sempre sangue". Angustiada por uma mescla de culpa e desalento, Catarina afastou-se do filho para se lamentar. Dias depois, quando o Cardeal de Bourbon encontrou-a caminhando por um dos corredores do castelo, disse-lhe em tom de censura: "Senhora, esta foi mais uma das vossas; vós nos vitimais a todos". Ofendida, Catarina protestou com veemência justificada e logo, desanimada, acrescentou estas palavras: "Não posso mais. Tenho de me recolher ao leito".

Dias depois, em meio à indiferença geral, morreu em Paris, a 5 de janeiro de 1589, com 70 anos de idade.

ELIZABETH I EM SUA AGONIA

Durante os 45 anos do meu reinado foi dito de tudo a meu respeito, menos que não colocasse o amor pela pátria acima de tudo em minhas decisões. A Inglaterra é um lindo país ao qual só faltava uma unidade econômica para enfrentar o inimigo. Disso eu soube prontamente, quando percebi a força que um povo adquire ao produzir aquilo que antes comprava e sustentar um progresso contínuo por meio de uma força de vontade pacificadora. Acima de minhas fraquezas, lutei para que nada faltasse em meu reino e que, sob a tutela de Deus e uma boa administração monárquica, meus súditos jamais caíssem nas mãos da feroz tirania de Felipe de Espanha, esse católico insaciável que soube impor a outros governos a lei das armas, tal como meu pai, em seu tempo, decidia ceifar a vida de suas esposas, inclusive a de Ana Bolena, minha pobre mãe, executada quando eu tinha somente 2 anos de idade.

Opus-me à guerra a todo custo. A princípio, não me entenderam, mas agora me agradecem, ainda que, desde o momento em que fui entronizada graças às suas intrigas, tivesse de pagar o preço da influência de William Cecil sobre os assuntos fundamentais; e apesar ainda de terem dito que, na ocasião da morte de minha meio-irmã Maria Tudor, usurpei o cetro legítimo de minha prima Maria Stuart, sobre quem repousava o direito de governar por filiação e primogenitura. Ela era rainha da França em virtude de seu matrimônio com o desafortunado Francisco, filho de Catarina de Medici; era também neta de Margarida, rainha da Escócia e bisneta de Henrique VII, meu avô paterno. A pobre Maria foi executada sem meu conhecimento a mando de meu conselheiro Cecil, depois de ter sido mantida prisioneira durante vinte anos na Torre de Londres ante o silêncio de seu filho Jaime, a quem Cecil educou e que será certamente o meu sucessor. Jamais direi isso a ninguém, embora Deus saiba o quanto sofri por ela, porque anterior à minha condição de rainha, trago comigo certos sentimentos que me movem à misericórdia e à piedade. Graças precisamente às manobras de Cecil, mais conhecido como Lorde Burghley, fez-se valer o testamento no qual meu pai, Henrique VIII, me incluía entre seus sucessores sem considerar os descendentes de sua irmã Margarida, ainda que eu fosse considerada "ilegítima" aos olhos da Cristandade, já que, quando nasci, aquela que era tida como sua esposa legítima ainda estava viva.

Essa época ficou conhecida como "período elizabetano", e quanto a mim, serei eventualmente recordada entre as soberanas que entenderam que o princípio de Estado está acima dos interesses pessoais ou da cobiça efêmera da glória obtida por meio das obras individuais. Sou daquelas personagens valorizadas com o tempo, amadurecida na memória através dos anos não por deixar algo sobre o qual se possa dizer "isto ou aquilo foi construído por Elizabeth I", mas pela sombra que pouco a pouco foi se estendendo pela Europa, espelhando uma forma ávida e inventiva de governar.

Sei muito bem que exerci o poder supremo. Aprendi a governar seguindo o exemplo de um pai e, em parte, obedecendo também às intrigas e subterfúgios de Lorde Burghley, a quem começaram a chamar de "o criador da Inglaterra protestante", a nação moderna em que se fincaram as raízes da Igreja Anglicana e sobre a qual descansa nosso sistema social e político, que um dia será perfeitamente esclarecido pela curiosidade que nunca faltou aos estudiosos. Dizem que, assim como Thomas Cromwell completou a ruptura com Roma, o velho [William Cecil] lançou a Inglaterra na aventura da troca dos valores católicos pelos protestantes valendo-se de um regime de terror a mim atribuído, certamente porque no particular eu concordava com suas exigências, se bem que ele não estivesse privado do gênio político que o distinguiu e que legou a seu segundo filho, Robert, esse anão astuto, corcunda e de enorme talento que pratica a espionagem com uma habilidade insuperável e que não descansará até impor seu nome à memória de nosso reino.

Eu escolhi meus ministros, os homens mais próximos ao trono, as vozes prudentes e, sobretudo, as personalidades mais fiéis com o mesmo cuidado com que se escolhem as coisas que mais apreciamos. É por isso que me chamam "a grande rainha", porque cultivei o amor de meu povo através dos sucessos de grandes personalidades em todos os âmbitos sociais, inclusive o dos negócios. Sob minha proteção floresceram as artes e ampliei o prestígio de minha nação, interna e externamente. Essa é uma realização que ninguém me pode tirar. Não ignoro que alguns suporão que fui mero títere do grupo de milionários que ascendeu graças ao saque das propriedades da Igreja Católica na época de meu pai. Mas o que importa é a ascensão que sobreveio à mescla de florescimento e sustentação econômica em favor do progressivo bem-estar da Inglaterra. Em 1571, o financista Thomas Gresham construiu a Casa de Câmbio; sete anos depois, abrimos o mercado estrangeiro ao visitar a vizinha Noruega, o que contribuiu para a fundação das colônias e para o alargamento da Coroa para além dos mares, refletindo um domínio que, seguramente, perdurará ao longo dos séculos.

Entre outros assuntos, os Cecil apostaram na invencibilidade da Armada espanhola e se enganaram, talvez porque William já era velho e suas antigas alianças com a pirataria, sobretudo com John Hawkins, o negreiro – que junto com Francis Drake encabeça a lista de nossos melhores marinheiros –, serviram para constranger Felipe II da Espanha sob o véu de uma falsa amizade tingida de

MULHERES, MITOS E DEUSAS

forte nacionalismo; suas expectativas, porém, não vislumbravam a possibilidade da frota britânica vir a ser uma extensão do poder da Inglaterra no exterior. Isso não chegaremos a ver: a morte me espreita e sobre minha consciência somam-se as contrariedades que padeci em segredo em decorrência das intervenções políticas desse grupo. Sei, entretanto, que o povo inglês é vigoroso, inclinado a fortalecer suas instituições e a velar pela monarquia, apesar das eventuais debilidades de seus monarcas. Temos um Parlamento forte, e o bem do Estado se antepõe aos interesses individuais, mesmo no caso do clã Cecil, que, para triunfar, teve de desenvolver grandes aptidões em nome da Coroa.

Sei que me usaram, mas também os usei fazendo-os crer que, por trás de minha saúde precária, que me levou para o leito mais de meia dúzia de vezes, se ocultava uma anormalidade secreta que não somente me impedia de ter filhos, mas que afetava minha vontade, embora esta fosse publicamente vinculada à poderosa inteligência de minha família. Mesmo agora, não permito que se quebrante meu espírito e não deixarei nenhuma fresta para que os bisbilhoteiros possam indagar sobre minha vida amorosa, ainda que isso implique em risco de ser acusada de alguma perversão sexual. Nesse ponto os homens, sejam camponeses ou reis, gozam de liberdades interditas às mulheres, mesmo às soberanas. Quantas vezes, em minha alcova, pensei em quebrar essa norma... Desejava viver o que não foi concedido a meu corpo maltratado nem oferecido a meus apetites ocasionais. Odiei minhas perucas avermelhadas. Dependi delas desde os 30 anos, quando perdi os cabelos em uma de minhas primeiras enfermidades e a feiura se apoderou de minha juventude com a mesma intensidade com que a fera devora sua presa. Aumentaram com rapidez meus defeitos, porém substituía tudo quanto declinava em meu aspecto físico através de minha vivacidade. Desde menina odiei posar para retratos. Evitei olhar-me e tentei impedir que os demais me observassem porque tinha horror de despertar sua repugnância. A dignidade foi minha única aliada. Minha dignidade e minha força, que é a força da própria Coroa.

A questão religiosa era o ponto mais conflituoso e, desde o princípio, me esforcei para defender o protestantismo de meu povo. Enfrentei os rebeldes católicos, vergonhosamente aliados a potências estrangeiras e, não obstante atentarem contra sua soberana e o poder da monarquia, triunfamos sobre seus interesses mesquinhos para a glória da Inglaterra. Muito será dito ainda a respeito desse assunto. Dir-se-á que fui um mito, que nas desigualdades com Maria Tudor, minha meio-irmã, esposa católica de Felipe II — a rainha que me precedeu no trono em meio às atrozes dificuldades que a levaram a me encerrar na Torre de Londres durante minha juventude —, assumi firmemente uma atitude pessoal que contrariava diametralmente a posição de debilidade a mim injustamente atribuída; isto porque, não importa o que tenha acontecido, nunca fui débil, somente cautelosa. É a ela que devo uma de minhas mais dramáticas experiências e a instabilidade de meus nervos, adquirida durante minha permanência na prisão. Em vão Maria tentou me culpar de traição por cumplicidade com Sir Thomas Wyatt na rebelião de 1554, ocorrida quatro anos antes da morte de minha irmã e de minha coroação, quando eu tinha 25 anos de idade, para cuja realização reconheço a intervenção de Lorde Cecil. Primeira na linha de direitos sucessórios e vinculada desde meu nascimento com a causa protestante, aprendi então o significado da prudência e conheci os perigos contidos nos meandros matrimoniais da aristocracia, como o último escândalo envolvendo Lorde Seymour, cônjuge de Catherine Parr, última esposa e a única que sobreviveu a meu pai.

William Cecil foi, na realidade, um opositor inflamado de minha orientação política, e costumava impor seus preceitos por causa de minhas indecisões. Dirigiu obstinadamente os líderes financeiros, que o consideravam um gênio econômico, e se dedicou

MULHERES, MITOS E DEUSAS

à tarefa de minar a base católica em nossa terra, não obstante a resistência que parecia impossível de eliminar, para conduzir as novas gerações sob a orientação do anglicanismo. Baniu a celebração de missas. Interveio em minhas decisões e antepôs a voz de seu grupo ao rumo não tão pretensioso que meu reinado teria previsto para seu povo. Reconheço, entretanto, que jamais se imiscuiu abertamente nos negócios de Estado, os quais dirigia sob a condição de secretário, pois seus domínios eram aqueles velados, próprios de sua mente perversa, o que me permitiu me esquivar, com equilíbrio oscilante e aparente firmeza, das vicissitudes de minha saúde precária e das pressões de nosso credo, indivisíveis da força monárquica.

Até hoje, último dia de minha vida, com uma fidelidade tenaz aos reveses de minha fortuna, olho com clareza para o momento em que meu pai, o implacável Henrique VIII, me abandonou aos 2 anos de idade no castelo de Greenwich, onde nasci a 7 de setembro de 1533, para crescer e me educar no palácio Hatfield, em Hertfordshire, e depois me mudar para a casa de Catherine Parr, sua viúva, onde começaram meus problemas políticos durante o reinado de minha meio-irmã Maria. Ao atingir 15 anos de idade, comecei a sofrer os desapontamentos íntimos que acabaram por me granjear o apelido de "rainha virgem", uma fama a mim imputada pela contínua recusa em aceitar laços matrimoniais. Sobre isso prefiro nem falar. Recaíram sobre mim as piores calúnias, comentários atrozes e olhares nos quais podia ler a mordacidade daqueles que pretendem adivinhar os corredores de um inferno que sempre irrompeu em meu quarto de dormir, onde a discrição valeu o preço da confiança e da própria vida.

Nunca fui bela nem pretendi sê-lo, ainda que meus informantes me digam que os cortesãos supõem que deseje ser adulada. O que nunca compreendi é como minha fealdade foi aumentando com o decorrer do tempo. Depois que perdi meus cabelos avermelhados, minha pele foi endurecendo até adquirir este aspecto ressequido que eu mesma evito tocar, porque qualquer pergaminho me parece mais suave que a aspereza de minhas coxas obesas ou as dobras de minhas protuberâncias, que caem desde o pescoço como uma massa que nenhuma cinta consegue ocultar. Há algo nocivo em mim que vem de longe, como se a carne cobrasse sua cota às maldições que envenenaram meu sangue. Quando estou só, maldigo essa herança. Quando estou só, amaldiçoo esses medos que me perseguem e que me levam a requerer as carícias forçadas de homens que se sentem obrigados, por meu poder, a mostrar uma felicidade que não sentem, nem sequer como satisfação de terem sido escolhidos por sua soberana. Jamais conheci o prazer. Sempre comi em abundância, talvez para resistir à ansiedade que me incendiava no leito e que homem algum foi capaz de aplacar, apesar de haver persistido em minha inútil busca do amor. Os ignorantes me acusam de perversão, e até mesmo nas tavernas repetem que sou uma anormal.

Mas também repetem Elizabeth 1 com reverência, talvez porque evitei tanto quanto possível o domínio daqueles que usam meu nome para escudar sua própria ferocidade. Derramaram sobre mim adulações absurdas, mas sempre agradecerão a paciência com que suporto os efeitos de minha espantosa velhice, além das complicações de um Estado que cresceu muito, em parte por minha perspicácia e em parte pelos esforços de meus ministros. Dentre meus quatro milhões de súditos surgiram marinheiros audazes, como em outras nações da Europa, e, não obstante o saldo de roubos e crimes de sangue que abonam suas conquistas, coibi o tráfico de escravizados e não fui complacente com a rapina dos piratas. Cecil sempre insistiu que eles eram necessários para a Inglaterra. Mentia até mesmo para mim, a fim de mitigar a relevância de suas decisões voltadas a conter Felipe da Espanha por meio de artimanhas e de uma ativa rede de espionagem. Deixei em suas mãos os assuntos mais sujos, já que me envergonhava perante os demais por ter de aceitar os procedimentos de um negócio tão vil e que afetava diretamente a outros reinos.

Meus quatro milhões de súditos sofreram ondas de pobreza, de enfermidade e perda de população das grandes cidades. Houve anos maus e anos muito bons. Durante os melhores, Cecil fazia vistas grossas aos abusos de Hawkins, Drake e dos demais que roubavam à vontade nos mares. Na medida do possível, compensei as vítimas, desaprovei publicamente os atos de pirataria e consenti que grande parte de seus lucros acabasse nos bolsos inchados dos grandes financistas e comerciantes politicamente influentes, os quais distribuíam migalhas em forma de comissões entre seus agentes criminais.

Se existisse um arquétipo da mulher governante, eu mesma o encarnaria, uma verdadeira Tudor, Elizabeth I: pragmática e sutil, inventora da resposta sem resposta, prudente na autoridade e hábil para encobrir a própria indecisão com a inteligência alheia. Muitos disseram que, se foi de meu avô que adquiri o talento financeiro, foi de meu pai que herdei a têmpera monárquica que mereceu o cognome de arte de governar. Sei que fui amada e temida, isso não me canso de repetir. Mesmo porque escuto tais coisas diariamente, da boca daqueles que são meus partidários incondicionais. Mas acima dos conflitos sociais, religiosos e econômicos, que nunca me faltaram, soube pôr em prática a difícil e secreta arte de combinar com solicitude e cultura o rigor que me era demandado.

Sim, evitei as guerras. Foi um total fracasso o único intento militar de meu reinado, na Holanda, bem como a única empreitada colonial, no território que chamaram Virgínia. Calvinista desde a infância, estive disposta a professar o catolicismo durante o reinado de Maria, ainda que esta minha propensão tenha sido confundida com intrigas que, oportunamente, pude retificar. Cheguei a pensar que a religião poderia unificar a Europa e, em determinadas ocasiões, dei meu apoio a Felipe da Espanha, líder do movimento católico. Contudo, Cecil transformou-o em inimigo, e apesar de meus vínculos com o papado tive de jurar fidelidade ao anglicanismo, já que este era inseparável da Coroa inglesa. Recusei o título de meu pai, que se fizera chamar "Vigário de Cristo e Chefe Supremo da Igreja sobre a Terra", pois, em meu íntimo, prevaleciam dúvidas sobre isso.

Em três ocasiões fiz o possível para salvar Norfolk da execução. Impotente para tanto, assim como o fui em outras ocasiões – recordo meu propósito de eliminar Drake antes que fosse declarada abertamente a guerra contra o trono da Espanha –, a cabeça de meu desafortunado primo acabou caindo sobre Cecil, sem a menor dúvida, ainda que Deus saiba que, se minhas ordens não se cumpriam, era porque não tive suficiente firmeza, a pretexto de minhas inumeráveis enfermidades. Se há algo que realmente lamento foi o assassinato de Maria Stuart. Padeci por causa de sua condenação, cuja sentença se cumpriu a meu pesar.

Afirmaram que fui concubina de Leicester porque ele conseguia me manipular à sua vontade. De fato, ele fez o que quis durante a campanha da Holanda. Depois disseram que eu era amante de Essex, que sitiou Cádiz e desafiou minha cólera ao usar meu nome para justificar suas próprias atrocidades. Robert Cecil mandou matá-lo. Pranteei por ele durante meses e pode-se dizer, sem medo de errar, que sua morte também foi minha morte; uma morte marcada pelo infortúnio, assolada por esta loucura impregnada de lucidez.

E aqui me encontro, nesta manhã de 24 de março de 1603, estendida há dias no assoalho de meu quarto, esperando a morte. Já faz semanas que me recuso a falar e, para não ceder à tentação, aperto a boca com as mãos. Dizem que não tenho nada, mas sinto como se um ferro candente oprimisse minha cabeça. As visões me assaltam, uma após a outra: os filhos que não tive, a recusa em me casar, os sofrimentos e penúrias por que tive de passar em meu leito, uma cama que se tornou tão odiosa para mim que não a tocarei mais, porque sinto que debaixo das cobertas sou abrasada pelas chamas. O rosto de Essex vai e vem diante de meus olhos, alternando-se com a fisionomia pacífica de Maria Stuart, a santa e feliz Maria. Odeio meu corpo; aborreço minha mente, as dores me invadem e estou em tormentos. Nunca conheci o sossego, e não o conhecerei sequer em meu momento final. O repasse de minhas memórias me enche de amargura. Não sinto consolação nem ao menos quando lembro de meus acertos. Desde as profundezas do inferno escuto a voz de meu pai recriminando-me porque separei o poder em dois: o real e o nominal. O poder nominal só serve para impressionar os homens; é o poder real que se exerce em nome da nação. Certa vez escutei Cecil falar pelas minhas costas que era ele quem governava a Inglaterra, que ele era seu dono. É até possível. A esta altura, não quero nem pensar. Não quero somar novas fadigas a este cansaço de ser. Estou totalmente esgotada. Intuo o declínio da monarquia a partir de meu regime. Pelo menos não me caberá por sorte presenciar o derramamento de sangue que sobrevirá à geração que vai organizar meus funerais.

Elizabeth I: sinônimo de grandeza, dirão ao evocar os sucessos de que mais desconfio. Comigo termina a dinastia Tudor. Pressinto desde já o clamor de Jaime I, filho da pobre Maria. Não duvido de que ele conseguirá unificar a Inglaterra e a Irlanda. Isso está em seu sangue, como está igualmente a herança escocesa que irá alçar ao poder a casa dos Stuart. Walter Raleigh continua na prisão e sei que não tardarão em executá-lo. Mas não estarei mais aqui para assinar o decreto. Secretamente confesso que William Shakespeare mostrou-me em seu teatro um poder do qual não estive isenta. Seu nome ascenderá junto com o meu, e ainda sob o manto de minha era se recordarão os sucessos de Francis Bacon, de Ben Jonson, de Edmund Spenser e de Christopher Marlowe. Não, nem tudo é lixo. Mas me sinto tão cansada...

CRISTINA DA SUÉCIA

Desejar tudo e desejar intensamente, com a plenitude que somente é inspirada pela rara combinação de poder e apetite pelo entendimento absoluto, não foi coisa muito frequente na história, especialmente em uma mulher. Há casos, como o de Fausto, em que a consciência do tempo se funde ao anseio de abarcar um poço de sensações, além do conhecimento e do segredo da juventude; mas ele apela para o demônio porque entende que está sujeito às limitações humanas e, depois de explorar os escaninhos do mal, à beira da morte, acaba oferecendo seu arrependimento ao Criador com a ajuda de Margarida, uma alma tão simples quanto predisposta a aceitar para si própria a condenação de sofrer a dor que fica depois que se esgotou a dor.

São abundantes os exemplos de monarcas que governam por acidente, de heróis tocados pelo acaso, de ditadores a quem as possibilidades do mando não bastam e que recorrem ao poder de matar. Há artistas que enriquecem os caminhos da beleza, filósofos que sonham com a verdade, místicos que se fundem com Deus, homens e mulheres que desejam trocar de sexo por desespero ou pela busca do prazer, e criadores que se deparam com o instante em que o inesperado coincide com a manifestação da voz, com o deslumbramento ou a materialização de um sopro divino. Há outros que pressentem que algo lhes falta na vida e triunfam sobre o tédio ao se atreverem a empreender aventuras como as de Alexandre, o Grande, Júlio César, Carlos Magno, Luís de Camões ou D. H. Lawrence, conseguindo transformar suas vidas em uma centelha que se contrapõe ao temor da morte.

O que não é comum é que uma mulher expresse desde o berço a paixão por desvendar os mistérios que separam os atributos divinos das virtudes da razão, e que transforme essa fidelidade ao apetite de perfeição em sua própria maneira de ser. Por essa raridade que assombrou seus contemporâneos e que a distingue até hoje, Cristina da Suécia tornou-se uma personalidade quase única na história que marca a Renascença europeia, uma personagem ainda inatingível para as mais ambiciosas aspirações do feminismo que, para nossa desgraça, pensou muito pouco a respeito do significado transformador de uma individualidade aferrada ao sagrado como instrumento de rebeldia.

Cristina demonstrou um caráter edificador que, através do pensamento crítico, confirmou que os preconceitos religiosos impedem o despertar dos povos, muito particularmente quando pretendem determinar o futuro de um Estado.

Única descendente do rei Gustavo II Adolfo e de Maria Leonor de Brandenburgo, a futura rainha nasceu em Estocolmo a 8 de dezembro de 1626. Herdou a coroa da Suécia antes de completar 6 anos de idade, quando seu pai morreu na batalha de Lutzen depois de superar os Habsburgos e avançar até a Saxônia, em novembro de 1632. Dando as costas à viuvez dolorosa de sua mãe, a sempre controvertida Cristina teve uma infância incomum: dizem que esperava ansiosa pelo amanhecer para que a tirassem daqueles aposentos enlutados em que se concentrava um doentio apego ao passado. Não tinha interesse em brincar com outras crianças nem permitiu que sua sensibilidade se apartasse do desejo de aprender. Sua inteligência compensava o defeito de ter um ombro mais alto que o outro e uma fealdade que nunca a preocupou, mas que suportou com graça e discrição. Seus biógrafos exaltaram sua beleza interior e, em geral, acentuaram a beleza de seus cabelos, na falta

CRISTINA DA SUÉCIA

de outros motivos para vaidade, uma qualidade que nunca cultivou. Odiava as tarefas domésticas atribuídas a seu sexo. Somente tomava água; para ela, era indiferente se lhe servissem um prato esmerado ou um simples cozido. Em vez de se assustar, comovia-se com o som de um arcabuz. Muito habilidosa com os cavalos, montava com a temeridade própria de um soldado e, durante as caçadas, costumava derrubar a presa com um único disparo. Assumiu sua realeza como poucos, graças ao alto conceito que fazia de sua origem, de seu reino e de sua própria pessoa, talvez em razão do sentido de honra que extraiu de suas leituras clássicas e da clara percepção que tinha do "nacional", que a levou ao extremo de proibir a ostentação pública de condecorações estrangeiras, atitude que contradizia o desapego que exibiu como um dos emblemas de sua liberdade feminina.

Educada como um príncipe, foi tutelada pelo distinto teólogo Johannes Matthiae enquanto o chanceler do reino, o conde Axel Oxenstierna, instruiu-a nas práticas diplomáticas e políticas durante o tempo em que ele mesmo governava aquele reino dividido em cinco regências. Enquanto ela crescia, o general Johan Banér assumiu o comando militar em plena afirmação de um protestantismo tão vigoroso que animou as principais guerras de intervenção, provocadas pelo perigoso crescimento dos Habsburgos. Porém, na primeira oportunidade, a princesa adolescente argumentou perante o Senado as inconveniências econômicas e sociais do belicismo, advogando em favor da reconstrução interna da Suécia e da adesão aos tratados que seriam conhecidos como Paz de Vestfália, assinados em outubro de 1648, e que politicamente significavam um passo adiante na dissolução do antigo império [Romano-Germânico], a cujo imperador só restariam direitos honoríficos em uma complicada divisão de terras e rivalidades. Líderes da nova conjuntura, a França e a Suécia iniciam um novo capítulo de domínio, curiosamente selado pelo poder feminino, tal como a Inglaterra com Elizabeth I, enquanto as potências estrangeiras – praticamente toda a Europa Central – adquiriram o direito de intervir nas questões políticas alemãs.

Cristina da Suécia demonstrou-se tão talentosa e detentora de uma autoridade tão definida que, antes de completar 14 anos, deixou de ser mera participante para presidir as reuniões do Conselho de Estado e participar de todas as decisões políticas do conde Oxenstierna, a quem se opôs a partir do momento em que foi coroada, em 1644, quando atingiu a maioridade aos 18 anos. Não obstante suas habilidades negociadoras para concluir a Guerra dos Trinta Anos, o retorno dos soldados aumentou o desemprego, fez piorar os problemas financeiros e recrudesceu os levantes civis e as lutas de classe, que se tornaram incontroláveis. Viu-se obrigada, então, a recorrer novamente aos serviços de Oxenstierna para apaziguar seus domínios e restaurar um certo equilíbrio que, na realidade, nunca conseguiu estabelecer plenamente, talvez porque fosse melhor dotada para negociações de gabinete e para a interpretação política do que para o pragmatismo.

Considerava que o desenvolvimento do saber e das artes eleva os povos a um estado superior de cultura, indispensável para o melhoramento do bem-estar geral e da dignidade nacional, que só se conquista por meio da razão educada. Com o mesmo zelo com que atendia os assuntos do governo, empenhou-se em seus próprios estudos. Fez trazer alguns sábios dos Países Baixos para completar sua formação e, aproveitando a ocasião, subsidiar a obra dos espíritos mais notáveis, costume que cultivou tanto em sua terra como fora dela até o dia de sua morte. Os melhores filólogos e historiadores alemães acorreram à sua corte. Freinsheim influiu na escolha dos protegidos pelo mecenato de Cristina e até conseguiu que esta dispensasse Ulm, sua cidade natal, do pagamento das contribuições de guerra que lhe tinham sido impostas. O helenista Isaac Vossius não somente a tornou uma especialista em assuntos gregos como estimulou sua simpatia pelo povo judeu a tal ponto que, quando abdicou do trono em favor de seu primo para residir na Itália, converteu-se em uma implacável defensora dos direitos étnicos e religiosos dos perseguidos. Assimilou em pouco tempo os autores da Antiguidade e conferiu um toque vanguardista ao humanismo ao reinterpretar os pais da Igreja e apelar em favor da clareza, que parecia esquecida naquele tempo predisposto ao barroco, ao abuso de adjetivos e às disputas retóricas.

A cada manhã, sem distinção de dia e antes de seus deveres reais, a rainha madrugava para começar suas discussões com Descartes na biblioteca do palácio. O grande filósofo francês, que continuou em sua corte, escrevendo, até morrer, assegurava que era tão grande o talento de Cristina que, com uma sagacidade nunca vista, derivava das ideias de Platão seus próprios postulados cartesianos. Aquele sábio, um dos maiores do pensamento moderno, vivia de assombro em assombro: a rainha absorvia línguas com a mesma facilidade com que discernia filosoficamente; conversava com os embaixadores em seus próprios idiomas, quase sem sotaque, e, combativa tanto na ação como no pensamento, jamais era intimidada pelos desafios.

Em 1645, sua influência intelectual inspirou a criação do primeiro jornal sueco e decretou a obrigatoriedade escolar nos campos, talvez para imitar o "método escolar" do duque Ernesto, o Piedoso, de Saxônia-Gotha. Sem comprometer a política, que orientava pessoalmente, apoiava a ciência e as artes. Sua memória era prodigiosa. Do mesmo modo que sua voz se impunha com clareza e vigor nos debates do Senado, demonstrava uma sagacidade deslumbrante nas discussões com eruditos, escritores e artistas. Impressionou as inteligências mais brilhantes, ainda que também originasse perigosas invejas, porque, naquela corte de notáveis e homens formados dentro dos costumes monárquicos, não se tratava de obedecer a seus ditames reais, mas de reconhecer em Cristina da Suécia o prodígio de uma razão educada pela dupla paixão do saber e do mando, o que resultava, no mínimo, desconcertante para aquelas mentalidades fechadas e propensas à intransigência. Gabriel Naudé exclamou publicamente, assombrado com sua capacidade, que o espírito daquela mulher era verdadeiramente extraordinário: "Tudo ela viu, tudo ela leu, tudo ela sabe".

Nicolas Heinsius forneceu-lhe valiosos manuscritos e livros raros trazidos da Itália, com os quais Cristina fundaria, ao longo do tempo, a grande biblioteca de filosofia e letras denominada *Accademia dell'Arcadia*, que existe e funciona ainda hoje em Roma. No entanto, os italianos se queixaram de que estavam sendo enormemente espoliados. Diziam que se carregavam barcos inteiros com seus acervos destinados à corte sueca; isso afirmavam sem considerar, talvez, que séculos antes seus próprios antepassados haviam feito a mesma coisa com as bibliotecas de Pérgamo e de Alexandria, e que fora dessa maneira que aquela vigorosa sabedoria havia sido transladada do Oriente Médio para as terras da Europa, como agora estava sendo difundida nas terras setentrionais. Todavia, diferentemente daqueles romanos imperiais, promotores da civilização moderna, esta *Minerva do Norte*, como a apelidavam com receio e estupor, não conseguiu despertar o interesse criador entre seus súditos mais destacados, o que naturalmente a exasperou, como seria de se esperar de quem publicamente expressou seu desprezo pelo fanatismo religioso e pelo baixo nível cultural da gente de seu país, a quem nunca pôde apreciar; tampouco conseguiu entender que toda a Europa era então um campo incendiado pelos furores da Reforma e da Contrarreforma, um fato político que, enquanto rainha, jamais foi capaz de manejar com habilidade, o que demonstra que não basta ter um talento excepcional para saber governar.

Durante toda a vida causou assombro com seus juízos críticos, sempre inclinados a retificar as posturas estritas da mentalidade protestante que alimentava o fervor da Contrarreforma católica. Assim, não foi estranho que um temperamento tão inconformado, ainda que fundamentalmente egoísta, se apaixonasse pelas bondades teóricas da Igreja Católica e que trocasse de religião, para escândalo dos seus e dos estrangeiros, quando decidiu abdicar do trono por várias razões, mas especialmente por saber que atentava contra os direitos sucessórios, uma vez que tinha tamanha aversão pelo matrimônio que, após empunhar o cetro, afirmou preferir morrer a ver-se casada. Talvez essa impossibilidade de suportar qualquer forma de submissão marital tenha influenciado sua decisão de se converter ao catolicismo, já que Leopold von Ranke, ao biografá-la, recordou que ela tinha 9 anos quando lhe falaram pela primeira vez das peculiaridades da Igreja de Roma e, entre outras coisas, lhe disseram como o celibato era apreciado entre os praticantes dessa doutrina. "Mas isso é muito bonito!" – teria dito, cheia de entusiasmo –, "quero abraçar essa religião".

Ainda que fascinada pelo halo de espiritualidade que acreditou distintivo dos católicos, infiltraram-se na conversão de Cristina da Suécia outros motivos nada religiosos, porém consequentes de sua tendência para fantasiar situações extraordinárias. Ao longo da conflitiva relação com sua mãe, Cristina deu inúmeras demonstrações de transgressão que, posteriormente, atribuiu ao protestantismo, fonte limitante de seu habitual descomedimento dado a censurar e a impingir sua patente temeridade em qualquer ocasião. Visivelmente autoritária, é de crer que a simples ideia de se submeter a um homem e lhe dar direitos sobre seu corpo a desconcertava, preferindo renunciar ao cetro a ceder nesta questão, por mais que isso comprometesse o Estado. Na mesma medida em que lhe sobrava orgulho, falta-lhe patriotismo. Nunca conciliou seu fervor político com o desapego instintivo de seu caráter, e foi nesta atitude que concentrou suas maiores contradições, já que naqueles dias dominados por lutas imperiais, não existiu nada mais concreto do que o domínio da política sobre as conveniências territoriais, sejam elas inspiradas por Deus ou pelos homens. Não amava seu

MULHERES, MITOS E DEUSAS

povo; detestava sua religião e suas festas. Ofendia a todos sem dar tréguas; não obstante, apesar desse temperamento impulsivo, próprio de uma imaginação exaltada, aspirava ao equilíbrio moral que lhe impunham sua posição social e sua formação racional.

Ela mesma escreveu que, "quando se é católico, tem-se o consolo de crer no que tantos outros espíritos nobres creram pelo espaço de dezesseis séculos, de pertencer a uma religião ratificada por milhões de milagres e milhões de mártires... Uma religião da qual saíram tantas virgens admiráveis, que souberam vencer as fraquezas de seu sexo a fim de se sacrificar a Deus...". Esses comentários, porém, não deixam de refletir sua ânsia transgressora se tomarmos em conta o exibicionismo que praticou com maestria.

É de se supor que, não obstante o fervor manifestado por um credo que somente apreciava em teoria, sua obstinação religiosa infundia uma ruptura com seus antepassados. Sua paixão política levou-a a enaltecer a autoridade infalível do papa quando o chamou de "líder de uma instituição perfeita, emanada da vontade de Deus", justamente o que ela desejava. Até se poderia inferir que era o poder absoluto que ambicionava, um poder tanto espiritual como temporal, que lhe era impossível imitar naquela Estocolmo do século 17, quando o mundo ocidental definia os termos do nacionalismo que atingiria seu esplendor liberal com o romantismo do século 19.

Já com a ideia da abdicação em mente, ao completar dez anos de reinado Cristina empregou sua perspicácia para se aproximar da corte romana. Escandalizados pelo fato de sua própria rainha escolher uma religião proscrita e abominada, os suecos fizeram do assunto uma questão de Estado, uma alegação que comprometia a estabilidade do país. Em vez de reconsiderar, a soberana apresentou razões de saúde para abandonar seus deveres e ainda se atreveu a afirmar que as responsabilidades da Coroa ultrapassavam a capacidade natural de uma mulher que, para completar a calamidade, recusava-se obstinadamente a abandonar a condição de solteira. Ela mesma indicou para sucessor seu primo Carlos Gustavo x e, ao coroá-lo, a 6 de junho de 1654, mesmo dia de sua abdicação, abandonou a Suécia dirigindo-se a Bruxelas, onde se converteu em segredo ao catolicismo, que viria a abraçar publicamente mais tarde, em Innsbruck.

O papa Alexandre VII recebeu-a em Roma com honras de rainha, apesar de que desde então, em dezembro de 1655, já começara a se decepcionar com os católicos porque, além de seus prelados lhe parecerem pouco piedosos e insuportáveis as beatices, considerou sugestiva essa mistura de frivolidade e negócios suspeitos que caracterizava os mais altos hierarcas de um credo que, contrariamente a seu costume pessoal de julgar tudo com rigor, havia apreciado mais pelo véu da imaginação do que por sua realidade concreta. Desse modo, em vez de se entregar totalmente à devoção que meses antes a levara ao extremo de depositar coroa e cetro aos pés da Virgem de Loreto, e até mesmo a se acreditar capaz de trilhar o caminho da santidade, pôs em prática suas habilidades políticas para se imiscuir nas intrigas papais e cardinalícias, pois sentia falta do poder e lhe divertia manipular as vontades alheias de uma maneira não tão furtiva.

Cativou aos romanos por seu refinamento extravagante e, agradecida pela calorosa recepção, criou grandes empresas culturais que não deixavam nada a dever perante as ambições artísticas da Santa Sé. Gostava dos carnavais, das comédias e dos concertos, mas se agradava especialmente da vivacidade italiana, tão contrastante com a personalidade lúgubre dos suecos. Tinha tempo de sobra para o intervencionismo e o aproveitou sem desperdiçar as mais elevadas influências. Caprichosa, aspirou primeiro ao reino de Nápoles – então sob domínio do império espanhol – porque, assim como sentia falta dos deleites do poder, também sentia saudades do ambiente cortesão e, naturalmente, de uma renda ilimitada.

MULHERES, MITOS E DEUSAS

Entrou em negociações com o duque de Módena e com o cardeal Mazarino, primeiro-ministro do governo francês, a fim de obter o cetro mediante a promessa de que, ao morrer, o entregaria sem reservas nem direitos de sucessão a um príncipe gaulês; em seguida, após fracassarem seus planos (como era de se esperar), durante sua visita à França, em 1657, cedeu ao seu temperamento impulsivo e cometeu um grave erro. Em Fontainebleau, durante um acesso de fúria, mandou executar sem julgamento ou sentença legal, nem mesmo tempo para se preparar para a morte, ao marquês Gian Rinaldo Monaldeschi, seu escudeiro e fiel cortesão, que morreu às mãos do pior inimigo, que o havia acusado de alta traição por prejudicar suas alianças ante a Santa Sé.

Apelando para seu direito monárquico de punir um ato de deslealdade, Cristina negou-se a justificar sua dureza. Alegou que aceitar o veredicto de um tribunal era contrário à sua dignidade e complementou: "Não reconhecer qualquer autoridade acima de nós vale mais do que dominar toda a Terra". Esta afirmação demonstra até que ponto se infiltrava a arbitrariedade em suas decisões. Assegurou, inclusive, que nenhuma rainha que se preze pode ou deve atender à opinião pública, sempre desprezível. Contudo, enfrentou com elegância a repulsa geral, ainda que o descrédito tivesse ensombrado sua figura e cerceado durante dez anos suas aspirações absolutistas, embora estas tenham ressurgido após sua segunda visita à Suécia e enquanto esperava em Hamburgo, com a notícia de que seu primo em segundo grau, Jan Kasimir, havia abdicado ao trono da Polônia.

Amiga íntima de quatro papas, estabeleceu-se até sua morte em Roma, onde se converteu em uma das personalidades mais influentes e em uma voz respeitada pela cúria. Daí derivava sua força política cada vez mais afinada por uma sagaz companhia eclesiástica que lhe ensinou a dominar a intriga e a cultivar o poder por detrás do poder. Canalizou para o patrocínio das artes a energia e a fortuna que não pôde investir em seus sonhos de reconquista do poder. Apesar disso, vivia pressionada pelo governo de Estocolmo, que só lentamente lhe enviava dinheiro e o fazia mediante determinadas condições que Cristina, sempre engenhosa, convencionava a seus propósitos para quitar suas finanças e aumentar suas valiosas coleções com peças clássicas ou vanguardistas.

O papa Clemente IX apoiou em vão suas aspirações ao trono da Polônia; mas Cristina não se sentiu demasiado frustrada com o novo e definitivo fracasso de suas ambições políticas, porque era realmente mais forte seu apego à vida romana – onde dizia ter encontrado o tom social adequado a seu temperamento marcado por doses equivalentes de espiritualidade, talento e disposição para as disputas papais – que seu desejo de ocupar algum trono no continente. Parece até que, depois do episódio da Polônia, sentiu-se liberada da tentação de reinar, pois há indícios de que seu caráter serenou ao descobrir finalmente o amor depois dos 40 anos, quando se tornou muito mais indulgente. E se os rumores asseguravam que seu amante era o cardeal Azzolino, considerado uma das figuras públicas de maior agudeza de espírito e encanto pessoal na época, suas cartas, descobertas no século 19, confirmariam que existiu algo mais que uma estreita amizade entre esses dois seres excepcionais que, segundo consta, nunca se separavam. Ele era uma das mais importantes cabeças políticas do Vaticano, muito apreciado por sua prudência; ela era, então, a personalidade civil mais influente nos planos do cardeal de terminar com a guerra cristã movida pela Santa Sé contra os turcos. Ele vivia em estado de alerta diante das decisões cardinalícias; ela permaneceu compenetrada de todos os assuntos católicos até que o papa Inocêncio XI lhe retirou a pensão concedida anos antes por seus predecessores, sob o pretexto de que aqueles fundos eram indispensáveis para o Vaticano, a fim de aumentar o tesouro destinado a assegurar o triunfo bélico dos cristãos que se batiam na Turquia.

Sagaz como sempre, Cristina não desanimou por obra do acaso, que a favoreceu com a oportuna troca do administrador de seus bens na Suécia. Assim, desde 1681, oito anos antes de sua morte, teve assegurada sua independência financeira e, pela primeira vez desde sua abdicação, não dependeu de ninguém nem teve restrições para gastar livremente em seus projetos. Sua primeira iniciativa foi transformar o Riario, seu palácio particular – conhecido hoje como Corsini, localizado na *via della Lungara* – em sede principal de suas coleções, especializadas em pinturas venezianas e renascentistas, bem como em esculturas, livros e medalhões valiosos. Transformado em *Academia dell'Arcadia*, Cristina determinou que fosse um lugar de reunião de músicos e de homens de letras. Sua influência é até hoje reconhecida na depuração da literatura italiana, afetada então pela dissonância e pela grandiloquência, insistindo em recuperar os modelos culturais representados por Augusto e pelos Medici, aos quais tomava como o melhor exemplo de razão perfeita e de claridade, o que confirmava sua dupla paixão política e empreendedora na busca de novos tempos. A seu pedido criou-se também o Tordinona, primeiro teatro de ópera de Roma, e foi ainda graças a ela que se reconheceu o gênio de Alessandro Scarlatti, seu protegido e maestro de seu coro; e o de Arcangelo Corelli, a quem nomeou diretor de sua orquestra.

É inesgotável a lista de arquitetos, escultores, escritores, filósofos e músicos que gozaram de sua proteção. Destaca-se sua amizade com Giovanni Bernini, a quem recomendou ao criticadíssimo historiador da arte Filippo Baldinucci, para que escrevesse sua biografia. Talvez por tais influências e por sua hábil compreensão da força política e moral da Igreja Católica, legou à biblioteca do Vaticano seus principais acervos.

Senhora de uma vigorosa independência de espírito, que conservou até a morte, repudiou a intervenção oficiosa dos confessores. Protegeu os judeus e combateu o fanatismo. Escreveu epigramas e pensamentos em suas horas de ócio. Afirmou que viveu para colocar Deus e ela mesma nos lugares que respectivamente lhes correspondiam e, fiel à sua paixão amorosa, nomeou o Cardeal Azzolino seu herdeiro universal; mas ele só a sobreviveu por dois meses. Cristina da Suécia morreu aos 63 anos em Roma, no dia 19 de abril de 1689, sendo enterrada com honras de realeza na catedral de São Pedro.

CAMINHO DE DEUS

MALINCHE

Malinche e palavra, na América, são quase uma e a mesma coisa. Dizer Marina é remontar ao instante em que o castelhano se estende sobre montanhas e vales com o duplo sinal do esquecimento e das memórias dos vencidos. Malintzin é nome que evoca a perda dos nahuas, a história pintada e o peregrinar de mulheres vendidas e transportadas de uma região para outra, de um homem para outro, de uma maneira de viver para outra, todas incertas, e que em seu silêncio essencial exibem uma verdade válida até hoje e para todos os tempos: não importa o que tenha ou não tenha a dizer, nem a forma como o diga; no destino da mulher mexicana está inscrita a sina de não ser atendida. Uma sentença condenatória que arrastamos todas, inclusive nós que nos atrevemos a escrever nesta terra onde se fundiram os resquícios do melhor e do pior, do invasor e do vencido.

Foi muito mal aplicado o termo "malinchismo" para designar a preferência pelo estrangeiro ou o repúdio à própria origem – com base somente no fato de que a célebre e, ao mesmo tempo, quase desconhecida Malinali tivesse servido de intérprete para o conquistador espanhol –, porque não se pode encontrar realidade mais adversa a uma escolha pessoal feminina do que aquela atribuída a essa mulher, justamente em função de seu talento linguístico. Refém primeiro de sua própria gente e depois do furacão provocado pelos invasores, a rebatizada dona Marina ainda está por ser redescoberta entre os emblemas de um colonialismo que, nem pela força da palavra, se consegue libertar do estigma da vassalagem.

Por meio das generalidades que perduram de sua biografia, sabemos que nasceu entre 1498 e 1505 em Painala, região de Coatzacoalcos, e que morreu em meados do século 16 após ter padecido sob o jugo de dois credos e de duas culturas que em nada se pareciam, salvo em seu costume comum de reduzir a mulher a uma presença sem rosto, uma voz sem linguagem e uma mãe ou donzela à disposição das exigências da família e da sociedade.

Seu pai, um cacique local, para se desfazer dela quando tomou uma segunda esposa, vendeu-a como escravizada a mercadores de Xicalango, os quais, por sua vez, negociaram-na na região maia de Putunchán, quando se converteu em propriedade do senhor de Chokam-putun. Daí seu domínio precoce das duas línguas que a elevou à condição de enlace primordial entre mexicanos e maias e, no tempo devido, de elo entre as línguas maia e espanhola, que aprendeu com fluência naquela região quando esteve em contato com os dois espanhóis sobreviventes da expedição de Grijalva que, antes mesmo da chegada de Cortés, haviam desembarcado e se estabelecido no atual Yucatán.

Além disso, ainda se está por examinar qual a afeição que poderia experimentar uma mentalidade escravizada que, segundo os códigos locais, fora somente educada para servir a seu amo e senhor. Malintzin não era, a rigor, uma traidora de sua gente, mas reflexo exato de uma servidão que envolvia por igual tanto a mulher de nascimento nobre quanto a da mais ínfima origem. Isso faz com que o significado do malinchismo, derivado de seu nome, seja anulado pelos desdobramentos de uma identidade aniquilada pelo comércio.

Quando, a 12 de março de 1519, Hernán Cortés chegou com seus soldados a Putunchán, recebeu vinte jovens como presente, a fim de serem repartidas entre seus capitães, segundo o costume indígena. Malintzin fazia parte desse grupo. Marcada novamente pelo acaso, recebeu como dono Alonso Hernández Puertocarrero, que, ao chegar ao litoral de Chalchihuecan, em Veracruz, ficou sabendo por intermédio de um dos soldados resgatados no Yucatán, chamado Jerónimo de Aguilar, que a moça falava o idioma nahuatl, além do maia, e que estava mais do que preparada para se adequar à adversidade. Em um momento tão decisivo, ninguém melhor que ela para unir três culturas totalmente monolíngues. Foi assim que exerceu sua tarefa de intérprete, tornando-se figura central entre vencidos e vencedores, e foi então que recebeu o apelido de *Língua*, conforme a chamavam então. Cortés falava em castelhano com Aguilar; este se comunicava em maia com Malinali e ela conversava em nahuatl com os nativos.

Precoce como era, na intimidade com Hernández Puertocarrero assimilou em pouco tempo o idioma e as preferências do invasor, eliminando assim facilmente a figura de Jerónimo de Aguilar do tríplice elo idiomático do qual dependiam os espanhóis para se comunicar com esse mundo aborígene que lhes parecia tanto mais misterioso quanto mais se aproximavam de Tenochtitlán. Ponte verbal entre credos e tempos que se juntavam ao fio da Nova Espanha, por sua boca deslizava o passado sob o peso da memória trazida pelo mar, uma memória carregada de signos e de nomes que tanto fascinavam quanto apavoravam os residentes da Mesoamérica* que, de imediato, viu-se cravada de imagens, nomes, sons e costumes misturados à ameaça de seu próprio esquecimento e ao deslumbramento perante o ignorado.

Os espanhóis oscilavam entre o rumor e a expectativa, entre a esperança e o crime abjeto, enquanto as mulheres mexicanas

---

* O termo Mesoamérica não tem conotação geográfica, mas histórica e antropológica. A rigor, a região estende-se do planalto central mexicano até Honduras, passando pela península do Yucatán, onde se desenvolveram culturas indígenas avançadíssimas, só igualadas na América pelos povos andinos, ao sul do continente. [N. de T.]

MULHERES, MITOS E DEUSAS

fundavam em seus ventres uma mestiçagem que, em Malintzin, consagrava aquela que seria sua língua definitiva: uma língua feita de deuses coléricos, de pronúncias surgidas com um quê de cacau e de tomate, de sons para designar o amendoim, o *metate*, o *elote* e o *huipil*.* Não é de se estranhar que, ao partirem Hernández Puerto-carrero e Francisco de Montejo como procuradores perante a corte espanhola, Cortés não se conformasse unicamente com a lealdade oral da tradutora, razão pela qual, a partir de então, Malintzin tornou-se sua concubina. Conselheira inseparável, acompanhou-o em todas as suas conquistas e na expedição a Hibueras. Ela explicava os costumes locais a Cortés, advertia-o a respeito das sutilezas americanas, resguardava-o e, seguramente, amava-o também.

Em sua acidentada biografia concorrem os primeiros indícios trágicos de uma cultura que, para nascer, teve de se marcar com sangue e com o estampido dos deuses que se enfrentavam na mais tremenda e desigual batalha. O mundo de Malintzin era feito de fogo e sacrifícios cerimoniais, de costas dadas ao mar e olhos fixos no destino do mundo inferior coroado por mitos de cobras aladas. Os aborígenes viviam rendidos ao silêncio sob um céu de aves preciosas e submetidos ao jovem império asteca. Dual, o mundo mexicano encontrava-se ajustado aos rigores sagrados do calendário e aos tributos crescentes dos dominadores locais, sendo singularmente cruel com indígenas e mulheres.

Concubina do conquistador, não foi de estranhar que o casal acabasse gerando, em 1522, o primeiro mestiço com a clara percepção de independência, não obstante tenha sido educado na península ibérica depois da morte de sua mãe. De Malintzin e do

---

* *Metate*: pedra sobre a qual se mói milho, cacau e outros grãos, no México; *elote*: espiga tenra de milho que se consome cozida ou assada, no México e em alguns países da América Central; *huipil*: espécie de camisa adornada, própria dos trajes indígenas (México, Honduras, El Salvador e Guatemala). [N. de T.]

MALINCHE

saber adquirido na Espanha, Martín Cortés herdou e desenvolveu uma firme vontade libertadora; e de seu pai, recebeu a índole obstinada. Ao cabo de sua luta, reduzido à condição de mestiço subjugado, Martín Cortés conheceu os rigores da tortura, o poder destruidor dos boatos e o selo implacável do silêncio com o qual se costuma amordaçar os colonizados.

Malintzin, signo trágico de duas épocas, voz histórica de uma indígena expressa em castelhano, é também o símbolo da maior submissão feminina, pois nem com o domínio de três línguas – e em que pese o batismo purificador que poderia preservá-la de maiores perseguições – conseguiu vislumbrar os sinais de uma identidade libertadora.

E é esse drama de Malintzin o mesmo drama cultural de nosso povo: não poder se assenhorear plenamente dos nomes nem exercer a igualdade por meio do pertencimento a um idioma que, não obstante sua origem "assimilada", marginaliza uma mestiçagem que ainda transita entre os extremos de um futuro prefigurado e o esquecimento sigiloso de sua história. Por isso dona Marina, ao dar vida a seus vocábulos como uma espiral de vozes enraizada no universo mítico, foi mera ponte verbal, um corredor de palavras estranhas a seu passado, distantes em tudo aos nomes de sua experiência pessoal e sem vínculo algum com o significado das ideias que expressava, porque estas correspondiam ao domínio europeu.

Enlace oral entre a Europa e o Anahuac*, Malintzin mal poderia representar a assimilação complacente do estrangeiro, porque, em sua vassalagem cambiante, não teve outra força firmadora nem maior recurso de sobrevivência que seu talento, um talento que

---

*   Um dos nomes do México antes da conquista espanhola. Refere-se particularmente ao vale localizado na zona central do país. Foi nessa região que os astecas fundaram sua capital, Tenochtitlán, que se converteria depois na atual Cidade do México. [N. de T.]

não se resignou ao esquecimento, como ocorreu com o restante dos vencidos, mas que se transformou em provedor de nomes e sonhos de liberdade que, paradoxalmente, jamais pôde utilizar em proveito próprio.

Malintzin é, a rigor, a verdadeira semente da palavra mestiça, com a qual se construiria um novo alfabeto de sangue e de fogo. Ela é a palavra que começou a se prodigalizar ali onde as linguagens se enfrentaram como exércitos inimigos no campo de batalha. A Malinche é a língua consagrada pela cruz e uma voz embalada pela paisagem vulcânica de nossa grande Mesoamérica.

VIRGEM MARIA

Entre os primeiros cristãos não se cultivava a veneração mariana e, no geral, não se aceitava o culto das imagens, considerado parte substancial de uma forte tradição asiática que culminou na teurgia e no costume de exercê-la acompanhada de atividades mágicas e oraculares tingidas de heresia. Nesses séculos, as deusas helênicas ainda se infiltravam na imaginação do continente europeu, e Roma não desdenhava da veneração feminina em seus templos, personificada em sacerdotisas e deusas. Esse poder remoto não se manifestava exclusivamente no fervor religioso, mas desde as crenças tribais até as comunidades organizadas foi-se estendendo à sucessão monárquica – como no Egito ancestral e faraônico – ou foi refletido nas sociedades que, em sua etapa constitutiva, respeitavam a potência criadora como eixo de estabilidade, temor ou harmonia, ainda que a voz feminina não ascendesse diretamente à ágora, ao direito à propriedade nem às tribunas públicas.

Com o predomínio da palavra de Cristo no centro da religiosidade imperial, essa presença seria deposta por um patriarcado tão vigoroso que, a partir dos séculos 5 ou 6 de nossa era e até a ascensão do feminismo contemporâneo, apagou da história tanto a presença como a simbologia relacionada às mulheres.

No lugar de Ísis enigmáticas, de Afrodites ou Vênus sensuais, de uma Hera ciumenta e perseguidora do Zeus eternamente infiel, da Juno apaixonada, da Deméter fecunda ou da noturna Perséfone, o dogmatismo interpôs a Mãe de Deus Filho, esposa do Espírito

Santo e filha tardia de São Joaquim e Santa Ana, como marco absoluto de graça e pureza perfeitas, ainda que tivesse experimentado em seu mistério sagrado e elevado a dogma de fé a concepção, a gravidez e o parto daquele que seria o Redentor de nossos pecados.

O evento que espelhou os embates doutrinários daquela era agitada, tramada de política, militarismo, superstição e doutrina ainda incipiente, teve lugar na cidade de Éfeso (que fora sede do antigo culto à casta Diana), onde se realizou no ano de 431 de nossa era o concílio que debateu a maior controvérsia religiosa sobre os dogmas fundamentais da Igreja Católica: o da Santíssima Trindade e o da virgindade e assunção de Maria – que tantas e tão prolongadas desavenças suscitaram entre os primeiros patriarcas, a começar pelo centro episcopal presidido por Cirilo de Alexandria, ferrenho defensor da infalibilidade do credo apostólico.

A partir de Éfeso Maria foi proclamada, em grego, *Theotokos*, consequência do memorável concílio que a consagrou desde então como Mãe de Deus. Mais que registrar um evento litúrgico, por meio daquela conquista espiritual, a história sintetizou uma variada devoção feminina que, desde o legendário Mediterrâneo até os confins do Ocidente europeu, se transformou na glorificação de uma maternidade prodigiosa, modelo de humildade universal e de obediência à mensagem divina, que atravessou a cristandade católica sob a insígnia da Imaculada Conceição de Maria.

Confrontada com uma seleta população de deusas, ninfas, sacerdotisas, pitonisas governantes e figuras trágicas, essa delicada adolescente, como quase sempre é representada, no mínimo nos desconcerta, porque contrasta com séculos e até milênios de participação feminina apaixonada em um mundo no qual não se imaginavam a vida, os mitos, a criatividade e nem mesmo a morte sem a presença direta de mulheres ou deusas. Delas a Virgem Maria herdou culturalmente a função única de intermediária entre os crentes e a bondade divina; porém, os demais atributos foram excluídos

VIRGEM MARIA

por uma civilização monoteísta que se atreveu a negar radicalmente a completude feminina, incluídas aí também suas veleidades. Daí a dupla importância, social e religiosa, desse arquétipo por excelência da vida terrenal incorrupta, em cuja passagem pela Terra, até o ponto em que sabemos pelo favor da fé, entregou-se à missão de consagrar a mais perfeita obra purificadora por uma humanidade castigada pelo pecado original desde a queda ancestral de Eva.

Tudo indica que, a partir do século 5, marcado pelo fortalecimento doutrinário e teológico da patrística e pela aceitação de relíquias e ritos litúrgicos até então considerados pagãos, proliferaram tanto as linguagens adjetivadas nas orações, para acentuar o impulso do sagrado, como o fluxo de prodígios, de objetos santos e um sem-número de metáforas e lendas que não tinham outra finalidade que a consolidação do Evangelho entre os herdeiros do helenismo e da cultura da Roma imperial, que já declinava em favor de uma Idade Média pujante e diversa que concentrou seu trabalho espiritual em torno do dogma da Santíssima Trindade, que entranha o mistério das três pessoas distintas que subsistem em uma mesma natureza divina: o Pai, o Filho e o Espírito Santo.

Apagadas pelo poder do manto mariano e diminuída a função moral que haviam desempenhado em sua hora e em sua época, ficaram para trás – talvez para sempre – as sombras trágicas de Jocasta, Electra, Medeia, Antígona, Cassandra ou Clitemnestra; em seu lugar, passou-se a louvar uma maternidade universal e piedosa que, em seu caráter humano, era filha de homem e mulher; porém, em seu enlace divino, exaltava sua unicidade como mãe de Deus concebido por obra do Espírito Santo. Assim cumpriram seu curso rumo ao esquecimento os nomes daquelas mulheres que, da Babilônia ao Olimpo e do Nilo às mais altas conquistas gregas, se mantiveram durante tempos imemoriais como símbolos preciosos dos desígnios e dos desafios entre deuses e humanos. Centenas, talvez milhares de protagonistas de credos e costumes passados

373

foram substituídas por uma figura frágil e sutil que, sempre imóvel, alheia à agitação, à vitalidade, ao descomedimento e aos namoros legendários que nutriram a mitologia e a tragédia, representava a graça por excelência, o rosto da sabedoria, o silêncio e, acima de tudo, a misericórdia suprema.

Quanto mais se consagrava a pureza de Maria, mais se expandiam os muitos títulos dos quais era credora; e quanto mais se multiplicavam as associações bíblicas – que os patriarcas enalteciam com discussões de fé –, maior o confinamento das mulheres da Antiguidade aos limites da erudição medieval ou ao mundo do mito e da poesia. Em seu excelente prólogo à nova edição do *Zodíaco mariano*, o historiador mexicano Antonio Rubial García nos recorda que Miriam – seu nome original, talvez tomado da irmã de Moisés, e que significa *graciosa* ou *bela* – inspirou numerosas interpretações no melhor da arte religiosa, além de um universo inacabado que abarca um sem-fim de milagres atribuídos à sua intercessão e outras polêmicas determinadoras de cismas e fraturas teológicas entre cristãos e não cristãos.

Talvez como um vestígio daquela Ísis tida como estrela-guia dos marinheiros, São Jerônimo associou-a à estrela-do-mar; São Isidoro definiu-a como *iluminatrix*, ou a iluminadora; São Pedro Diácono como *mediadora de todas as graças*, enquanto Santo Anselmo se referia a ela como *soberana do mar*. A lista de metáforas, a partir de então, é incontável, e algumas vezes insólita, como se pode observar na ladainha do santo rosário, em que abundam alusões como casa de ouro, porta do céu, poço de água viva, trono da eterna sabedoria... Frases que, no fim das contas, encerram a tendência a evitar uma linguagem precisa, até mesmo nos textos teológicos; por outro lado, abusam dos adjetivos, sobretudo quando se trata de temas marianos, talvez porque, ao exaltar qualidades, acabam alimentando a fé mais pela senda da intuição que pela via do racionalismo.

VIRGEM MARIA

Muito pouco se sabe sobre a vida de Maria no mundo. Para além das referências pontuais do Novo Testamento, a mãe de Jesus Cristo está rodeada por um halo de mistério; um mistério que, longe de se desvelar por meios históricos, torna-a cada vez mais confusa devido ao dogma de fé que diviniza sua concepção imaculada e, com os séculos, perfila-a como objeto de reverência preferido na Espanha, onde se contam até hoje mais de 22 mil invocações diferentes para lhe render culto.

É certo que, desde tempos imemoriais, as relíquias e o culto às imagens pintadas ou entalhadas constituem um dos suportes mais firmes da religiosidade. Índia, Egito, Grécia e Roma, entre outros exemplos culturais importantes, contribuíram para desenvolver o gosto popular por figuras que pudessem absorver a ânsia de espiritualidade demandada pelo humano e o impulso para o sagrado, que quase invariavelmente antecede os credos estabelecidos. Se examinarmos os documentos históricos referentes à imagem de Maria, custa acreditar na grande difusão de sua figura durante a época medieval, apesar da cerrada oposição às imagens que dominava a mentalidade dos primeiros cristãos. E ainda que tenha sido lenta a instauração do costume devocional mariano, pode-se dizer que, a partir do século 12 europeu e até nossos dias, tornou-se incontestável a certeza de que a piedade de Maria complementa a obra redentora de Jesus Cristo na Terra.

O episódio da Anunciação, citado por Lucas, é a primeira referência bíblica a Maria e está precedido pela revelação a Zacarias sobre o nascimento de João, o que garante, desde antes de suas respectivas concepções, os vínculos cifrados entre o Batista e Jesus. Belo e dotado da magia oriental que no passado não estabelecia as fronteiras que hoje interpomos entre o natural e o sobrenatural, o relato acentua com clareza o caráter portentoso de um evento do qual derivaria a doutrina da redenção que distingue o cristianismo.

Disse Lucas que, no tempo do reinado de Herodes, seis meses depois da mensagem divina enviada a Zacarias de que, apesar da prolongada esterilidade, sua esposa Isabel conceberia um filho santo, o arcanjo Gabriel foi enviado pelo Senhor a uma cidade da Galileia, chamada Nazaré, para dizer à prometida de José, uma donzela de nome Maria, que devia se alegrar porque era ela a agraciada para conceber e dar à luz um filho que seria grande, Filho do Altíssimo, que sob o nome de Jesus reinaria para sempre na casa de Jacó.

Mais espantada pela gravidez virtual do que com a visita do anjo, ela indagou como seria isso possível, já que não conhecia varão. Logo a seguir, ao saber que o poder do Espírito Santo baixaria sobre ela e a força do Altíssimo a cobriria com sua sombra, Maria, diante do prodígio daquela manifestação, entendeu plenamente por que aquele que iria nascer de seu ventre seria chamado Consagrado, Filho de Deus.

– Tens aí tua parenta, Isabel – acrescentou Gabriel, confirmando que, para Deus, nada é impossível –, que apesar da idade avançada concebeu um filho, sendo este já o sexto mês para aquela que diziam estéril.

Humilde, obediente ao ditame supremo, a jovem não perguntou mais. Não exigiu explicações e, antes que o anjo a deixasse, com a docilidade que durante séculos serviu como exemplo de submissão religiosa, respondeu o que, em nossa cultura cristã, representa o acatamento por excelência a um destino consagrado ao bem e ao serviço divino:

– Eis aqui a serva do Senhor. Cumpra-se em mim segundo a tua palavra.

Dias depois, imbuída de uma emoção que ultrapassava seu entendimento, Maria se encaminhou pela serra da província da Judeia até a casa de Zacarias, para permanecer ali por uns três meses, talvez até o nascimento de João Batista, que seria primo de Jesus. Ao vê-la, a criança que Isabel levava no ventre deu um salto

VIRGEM MARIA

e, cheia do Espírito Santo, a mãe saudou a jovem recém-chegada com a frase que, doze séculos mais tarde, iniciaria a Ave Maria, célebre oração cuja segunda parte somente lhe seria acrescentada no século 16:

– Deus te salve, Maria... Bendita és tu entre as mulheres e bendito o fruto de teu ventre! – e acrescentou depois: – Quem sou eu para que me venha visitar a mãe do meu Senhor? Pois logo que a voz de tua saudação chegou aos meus ouvidos, a criança estremeceu de alegria em meu ventre. Bem-aventurada és tu que creste, pois se hão de cumprir as coisas que da parte do Senhor te foram ditas!

Então, como se entre elas existisse um diálogo ou um pacto secreto, selado por suas mútuas revelações, disse Maria a Isabel:

– Minha alma glorifica ao Senhor, meu espírito se alegra em Deus, meu Salvador, porque olhou para sua humilde serva. Por isso, desde agora, me proclamarão bem-aventurada todas as gerações porque o Poderoso realizou em mim maravilhas. Seu nome é Santo, e sua misericórdia se estende, de geração em geração, sobre os que o temem.

A partir desse encontro entre as duas mulheres e até a natividade de Jesus, a memória dos evangelistas não registrou qualquer outro dado esclarecedor da biografia de Maria, tampouco da de Isabel. Com o decorrer do tempo, na Síria, provavelmente depois do Concílio de Éfeso no século 5, quando a mariologia começou a ser difundida e o mundo cristão se cobriu de lendas e de inumeráveis relíquias que inauguraram o grande mercado de objetos de culto que logo se transformou em fonte inesgotável de lucro, multiplicaram-se as preces obrigatórias ao lado de retratos e dos supostos lugares onde a sagrada família teria deixado suas pegadas. Surgidos do nada, apareceram uma suposta aliança de casamento, retalhos de um manto que teria pertencido à Virgem, esta ou aquela túnica que ela havia usado em sua peregrinação durante a chamada fuga para o Egito, a cinta, uma eventual camisa e até gotas de leite, todos objetos venerados pelos fiéis com a certeza de serem milagrosos, ostentados tanto nos altares públicos como nos recintos privados e dos quais, no devido tempo, viriam a se abastecer os grandes depósitos vaticanos e templários.

Amplamente citada e enriquecida por toda sorte de complementos artísticos que, em especial durante a Renascença, serviriam de motivo às obras-primas da pintura e da escultura, a história de Maria inaugura um capítulo paralelo na iconografia interpretativa, tanto em relação à natividade quanto à adoração dos magos, à fuga para o Egito em companhia de José, ao menino ameaçado pela mão de Herodes e à cena da multiplicação do vinho durante as bodas de Canaã, além, naturalmente, de sua dor ao pé da cruz e sua ascensão em corpo e alma aos céus depois da ressurreição de Jesus Cristo.

Na Europa, a Igreja reconheceu oficialmente a veneração a Maria ainda na época paleocristã e visigoda. Porém, por causas até agora inexplicáveis, seria a península ibérica o território mais inclinado à sua devoção. Ali, uma após outra e com particular recorrência a partir do século 12, em pleno conflito religioso entre mouros e cristãos, registraram-se portentosas aparições marianas que motivaram a construção de santuários para abrigar milhares de devotos que peregrinavam desde os pontos mais remotos; durante aquele milenarismo entrelaçado de religiosidade e temor do fim dos tempos, guerras santas – particularmente as célebres cruzadas à Terra Santa – intercalavam-se com movimentos messiânicos e com a criação de conventos, nos quais se confinou uma multidão de mulheres para assumirem desde o claustro a condição de esposas de Cristo, a quem consagravam sua virgindade e seu isolamento do mundo. Faziam-no, inclusive, como forma de firmar a cristandade em povos decididamente inclinados a conformar a moral cristã aos princípios doutrinários daquilo que, em poucos séculos, se converteria na espiritualidade inseparável do movimento humanista.

VIRGEM MARIA

As práticas devocionais em torno da figura mariana disseminaram-se até se transformar em costume inseparável do temor ao pecado e da luta contra o demônio. Dentro e fora dos conventos, a religiosidade despertou uma nova maneira de ser, pautada pela tutela da Virgem Santíssima e pelas orações a ela dirigidas. Data do século 13 a consagração do mês de maio a Maria; do século 12, as preces cotidianas que incluem a saudação feita pelo anjo a Maria, ou Ângelus, que originariamente era rezado à meia-noite na esperança de se receber indulgências pelo sacrifício. A proliferação de hinos de clara influência oriental inspirou o *Salve Regina*, composto pelo bispo Ademar de Monteil nos primeiros anos do século 12, e sucessivamente foram-se agregando preces e poemas, como o Gaude, que seriam o tronco de centenas de ladainhas, rezas das horas canônicas, novenas e ofícios que, em seu conjunto, integram o que se reconhece como mariologia ou devocionário mariano.

De todos os mistérios que cercam o cristianismo, um dos maiores se relaciona, sem dúvida, com a maternidade da Virgem Maria, desposada por José depois de dar à luz virginalmente a criança divina. Se, pelo poder da fé, aceitamos sua virgindade perpétua conforme ditada pelo dogma, permanece, contudo, o enigma de como sua devoção se transformou em marco da unificação espanhola depois da vitória dos cristãos sobre o Islã. Nesse sentido, Antonio Rubial García recorda que, durante o ciclo da Reconquista, a Virgem foi associada aos comandantes no campo de batalha, e que santos como Tiago ou Miguel atuavam na linha de frente, lançando terra e poeira nos olhos dos inimigos.

Nossa Senhora das Vitórias, a Virgem das Mercês, a de Covadonga, a Dolorosa, a do Carmo, de Aranzazú, da Solidão ou a de Guadalupe em Extremadura são invocações remotas e inseparáveis da dupla conquista cristã: da Espanha, primeiro, e depois da América; nesta última, o culto mariano arraigou-se de tal maneira que, desde a etapa da evangelização, no século 16, criaria por si mesmo uma defensora própria que personifica, em Nossa Senhora de Guadalupe, o signo de uma piedade que já perdura há cinco séculos.

Atribuído a São Francisco de Assis, o costume de representar o nascimento acompanhado da adoração dos magos e da fuga da sagrada família para o Egito durante a perseguição de Herodes teve em nossas terras uma poderosa ação evangelizadora. De fato, mais que a Anunciação e ainda mais que a Assunção de Maria, essas imagens se integraram à cultura mestiça antes e com muito mais força que a ortodoxia. E isso é o que mais fascina em uma história religiosa que, pelo menos no que concerne ao México, não se pode separar do duplo significado que a piedade de Nossa Senhora representa na devoção popular e na proliferação de um monoteísmo que somente pôde se assentar no Novo Mundo graças à assimilação das qualidades marianas.

Comovente até sua elevação aos céus em corpo e alma, a história de Maria alcança seus pontos culminantes em três eventos transcendentais para a Cristandade: a Anunciação, a crucificação de Jesus Cristo e a Assunção. Como mãe, ela não somente era o centro da família, mas se converteu no centro espiritual em torno do qual convergiam os apóstolos, precisamente por ser a mãe do Messias; não obstante, Maria, contida em seu peculiar silêncio, não representou nenhuma forma de autoridade equivalente àquela que, em sua época, exercera a sacerdotisa Miriam, irmã de Moisés e de Aarão, que entoou um cântico entusiasta e profético sobre a derrota dos egípcios; tampouco refletiu a autoridade mais dinâmica de uma Débora, que, nos momentos de maior prostração religiosa e patriótica, exerceu nas montanhas de Efraim o ofício de juíza de Israel e que, por meio de suas proclamações de conjuro, dirigiu vitoriosamente a batalha contra Sísara.

Última figura feminina a se sobressair no Antigo e no Novo Testamentos, Maria consumou a tradição de mulheres orientais cuja poderosa personalidade determinou transformações reveladoras da influência que então exerciam sobre seu ambiente tribal. O mundo cristão concentrou sua devoção no princípio da unicidade, que veio a apagar da consciência cultural e religiosa uma lista de conquistas que desapareceram dos costumes sociais a partir da presença da Mãe de Jesus e de sua peculiar entronização como ser eleito pela divindade para engendrar ao Redentor de nossos pecados. Cabe indagar, todavia, o que aconteceu com suas grandes antecessoras que floresceram séculos antes, como Hulda, uma profetisa da altura dos grandes profetas da Antiga Aliança, a quem consultou o rei Josias; ou a memorável Judite, que livrou sua cidade natal e toda a Palestina dos inimigos; e Ester, a mais valente de todas, aquela que, proclamando "se tiver de morrer, morrerei", decidiu o destino de sua gente.

Salvo essas remotas sacerdotisas, a mulher oriental e, particularmente, a de Israel esteve excluída de todos os ministérios do culto; mas compartilhavam com os homens certas celebrações, deveres relacionados com a conduta e pequenos rituais que confirmavam suas funções familiares, geralmente à sombra da vida social e jurídica. Tanto nos Atos dos Apóstolos como nas referências biográficas de Jesus relacionadas com as mulheres confirma-se que, exceto pelas pecadoras, enfermas e algumas discípulas às quais se manifesta o Nazareno, a feminilidade não foi digna de expressão para ingressar na história, ainda que, segundo a cristandade, a mulher seja uma pessoa perante Deus, tal qual o homem e, portanto, igualmente merecedora de sua ação salvadora e de sua misericórdia.

NOSSA SENHORA DAS MERCÊS

Padroeira dos religiosos mercedários, assim como da cidade e da diocese de Barcelona desde o século 13, Nossa Senhora das Mercês é abonada por uma dupla lenda que a vincula à ascensão imperial da Espanha em pleno combate entre mouros e cristãos e, posteriormente, à obra missionária que se haveria de empreender no Novo Mundo como consequência do primeiro desembarque de Cristóvão Colombo, cuja empresa exitosa permitiu-lhe retornar à Espanha carregado de notícias e maravilhas que lhe valeram o crédito real e novos apoios para persistir em suas travessias.

Segundo relatos antigos, o culto a Nossa Senhora das Mercês surgiu quando, ao anoitecer de 9 de agosto de 1218, ela apareceu simultaneamente ao rei Jaime I de Aragão, conhecido como *el Conquistador*, a seu confessor, São Raimundo de Peñafort; e ao implacável São Pedro Nolasco, a fim de lhes pedir que instituíssem conjuntamente uma ordem religiosa e militar destinada a libertar os cristãos que se achassem em poder dos muçulmanos. Obediente ao mandato, no dia seguinte o monarca decretou em Barcelona o estabelecimento da Ordem dos Cavaleiros das Mercês e, guardada pela proteção da Virgem Maria, a cidade recebeu desde então uma venerada padroeira. Os cavaleiros levavam em seus pendões a insígnia mercedária e em seu escudo a cruz que ainda ostentam seus sucessores.

Medieval em seu aspecto e na arte de sua feitura alongada, a Virgem das Mercês é uma das poucas imagens sentadas, tão caras aos cristãos espanhóis e tão pouco vistas na América, onde, desde sua introdução no México, passou a ser representada de pé. Pintada com refinamento, esta é uma das figuras marianas de maior beleza, não somente por seu talhe esmerado como por sua força expressiva e pela harmonia de suas cores. Carrega o Menino Jesus no braço esquerdo, e na mão direita exibe o emblema vermelho e branco distintivo da ordem. Quanto ao Menino Jesus, sustenta o mundo da Cristandade em uma das mãos enquanto acaricia sua mãe com a outra, contemplando-a como se lhe rogasse piedade. Sua rica coroa, digna criação do rei que a tributou com devoção singular, recorda o culto de uma Idade Média que reconheceu nesse objeto o símbolo do mais alto poder, um símbolo que perdura até nossos dias para significar a potência absoluta que sempre foi cobiçada pelas monarquias e que acentuou a majestade da Mãe de Deus sobre os domínios humanos.

Para os mercedários, 10 de agosto sempre foi considerada a data comemorativa de sua fundação religiosa, até que o papa Inocêncio xii, já no século 17, estendeu-a a toda a Cristandade para que seu culto se difundisse e para que a Virgem das Mercês também fosse venerada na América. Não deixa de assombrar que, na missa correspondente a esse dia, as rogativas tenham sido extraídas do Cântico dos Cânticos, em uma versão que transgredia seu sentido original. Até recentemente, na década de 1960, os missais ainda designavam-na "lírio dos vales e flor dos campos" durante a epístola, e no gradual e no aleluia lhe eram dedicadas frases como "sustentai-me com flores, confortai-me com maçãs, porque desfaleço de amor". E logo a seguir: "Tu és a porta do Grande Rei, a câmara fulgurante de luz...", versos que, por corresponderem ao mais belo canto de amor da Antiguidade, tornam-se desconcertantes por ser invocados como preces durante a devoção mariana.

As modificações pós-conciliares transferiram sua festa para 24 de setembro, e na oração designada para esse dia costuma-se

NOSSA SENHORA DAS MERCÊS

rogar, "pelos méritos e súplicas de Maria", pela libertação de todos os nossos pecados e da servidão do demônio. O contraditório do culto a Nossa Senhora das Mercês na América é que, opostamente a seu princípio de agir em prol do livramento dos cristãos da escravidão dos mouros, aqui os espanhóis, com uma mão, escravizavam impunemente os nativos; com a outra, os submetiam a seu credo monoteísta e dotava-os, ainda, de imagens e de templos para que reclamassem por piedade e encontrassem um reduto de misericórdia.

Inseparável do símbolo fundador do Novo Mundo, a tradição aponta que Cristóvão Colombo erigiu uma cruz ante os aborígenes ao desembarcar pela primeira vez neste hemisfério, em 1492. Em seu regresso à Espanha, a rainha Isabel I de Castela recompensou-o com uma réplica da imagem original de Nossa Senhora das Mercês, tal como aparecera ao antecessor de Fernando de Aragão, seu marido, como um ato que, seguramente, simbolizava a união imperial dos reinos de Castela e de Aragão diante do descobrimento da América. De fato, o primeiro santuário cristão nestas terras corresponde ao erigido a Nossa Senhora das Mercês em 1505, no alto do Santo Cerro, onde é hoje a República Dominicana.

Segundo a bicentenária *História* do frei mercedário Luís de Cisneros, o culto mexicano a Nossa Senhora das Mercês data de 1595, ano em que o frei Francisco de Vera, bispo de Perpignan, fundou o convento e a igreja que levam seu nome, bem como o bairro que existe até hoje na Cidade do México. A imagem, uma réplica esculturada do original de Aragão, traz a seus pés as figuras de muitos cativos inspirados por sua piedade; trata-se de uma talha muito perfeita trazida da Guatemala, e da qual existiam então duas cópias idênticas no convento daquela cidade, na época parte da Nova Espanha. Cisneros escreveu que a gravidade de seu rosto um pouco moreno inspirava pavor e que da madeira na qual estava esculpida exalava um aroma muito intenso. Era a joia preciosa do reino, intercessora frente a terremotos e tempestades, frequentes naquela região; acreditou-se inclusive que, em vez de ter sido trazida, a imagem veio sozinha até a Cidade do México, porque foram tantos e tão difíceis os obstáculos transpostos para poder tirá-la da Guatemala que, a não ser por sua sagrada vontade, jamais os frades teriam podido triunfar sobre a resistência local.

Ciente da batalha que teria de travar contra a oposição dos indígenas e dos próprios sacerdotes, frei Francisco de Vera colocou a imagem da Virgem dentro de uma arca de couro e fê-la retirar à meia-noite do convento da Guatemala, nos ombros de indígenas que ignoravam o conteúdo daquela embalagem. Ao darem por essa falta, os sacerdotes saíram em seu encalço; mas não encontraram a estátua, até porque lhes pareceu demasiada irreverência revistar os muitos utensílios com que viajava o sagaz vigário.

Mas isso não impediu que travassem acirrada discussão, e muito pouco faltou para que apedrejassem o obstinado frade que, em sua defesa, mostrou aos mercedários guatemaltecos que reclamavam a devolução de sua imagem uma inscrição gravada na arca, agora vazia, que rezava: "A quem te guiar ao México, Deus o guie". Ao narrar o acontecimento, frei Luís de Cisneros recordou que, seis meses depois daquela escabrosa saída da Guatemala, ninguém podia dizer como nem quem havia trazido a sagrada imagem de Nossa Senhora das Mercês para o convento do México, já que, sem pagamento algum aos carregadores e por uma via diferente daquela tomada por Francisco de Vera, ela apareceu às portas dos mercedários daqui em 1596. "A imagem estava tão bem tratada e tão formosa" – acrescentou –, "como se não tivesse caminhado trezentas léguas". Os nativos que a trouxeram vinham da localidade de Cuitláhuac e garantiram que eram apenas mensageiros de outros indígenas, que lhes haviam pedido que levassem a imagem até o México, sem lhes deixar qualquer outra mensagem.

Cisneros considerou o acontecimento milagroso, uma vez que os caminhos eram cheios de perigos. Ao longo da rota, quando não

NOSSA SENHORA DAS MERCÊS

topavam locais despovoados, encontravam sítios habitados por uma única família, o que impossibilitava a substituição dos oito *tamemes*[*] que transportavam a carga. Além disso, os guias e os indígenas de confiança eram escassos. A Virgem, porém, encontrava hospedagem e passagem, mesmo sozinha e sem vigilância sacerdotal. Tão logo surgiu presidindo o seu convento das Mercês, organizou-se para ela uma solene recepção no México. Grande parte da cidade acudiu para o lugar carregada de oferendas. Presentearam-lhe numerosas joias e sua coroa de ouro; ao Menino ofereceram inumeráveis lamparinas e outras prendas. Assim, desde que foi entronizada multiplicaram-se de tal forma as esmolas, as heranças e os portentos que, passados poucos anos, a devoção havia aumentado para oitenta o número de frades conventuais, cujos gastos elevavam-se frequentemente a mais de 20 mil pesos. Essa despesa era tão sobejamente coberta por sua sagrada padroeira que foi possível ampliar o suntuoso santuário para que os fiéis acudissem a ela em busca de bens que nunca lhes eram negados.

E é nisso que se baseia sua originalidade, em servir como laço de união entre a ascensão da Espanha imperial, o descobrimento da América e o início da evangelização da Nova Espanha. De fato, o bairro que ainda traz seu nome na Cidade do México esteve desde sempre associado à abastança. Seu convento é considerado uma das mais belas joias arquitetônicas da cultura colonial mexicana, enquanto a Ordem dos Mercedários multiplicou-se em obras e diligências formativas, vinculadas ao símbolo de piedade representado por sua protetora.

---

[*] Carregador indígena que acompanhava os viajantes (Honduras e México). O antropólogo e historiador mexicano Miguel León-Portilla descreve o *tameme* como "carregador treinado desde a infância, procedente da classe dos *macehuales* [ver nota da página 396], dedicado exclusivamente ao transporte de mercadorias na cultura asteca". [N. de T.]

A partir da cidade espanhola de Bérriz e ao longo do século 20, graças à obra missionária da madre Margarita María de la Luz de Maturana, a ordem feminina das mercedárias se expandiu para os Estados Unidos, México, Nicarágua, Guatemala, Equador, Peru e Bolívia. Também levou sua obra educativa para outros continentes, chegando ao Japão, às ilhas de Guam, de Palau, de Taiwan, Marianas, Carolinas e ao Zaire, na África.

Essa escola missionária teve origem no ministério da clausura, em 1920. Existem hoje seiscentas mercedárias em missão, repartidas por todo o mundo em 22 sedes missionárias, diversificadas em seus aspectos de evangelização, beneficência e ensino. Os mercedários agregam às suas tarefas o cuidado espiritual dos prisioneiros.

NOSSA SENHORA DE GUADALUPE

Oportuna, com efeito; portadora de uma força vivificante sobre a qual se levantaria o único símbolo indiscutível da pátria mexicana, a Virgem de Guadalupe é também uma das respostas religiosas mais inteligentes da evangelização colonial. Sua presença no Vale do Tepeyac, uma zona sagrada da região de Anahuac, mitiga o banho de sangue que derramaram os conquistadores espanhóis durante anos de saque e cruel sujeição em nome da grandeza imperial da península; depois, ao se instaurar como crença legítima de um povo que reconhece a face de sua própria espiritualidade em seu rosto moreno, seu culto empreende por si só o caminho ascendente de uma devoção plena de mistério. Uma devoção que não se desprende somente de seu tronco católico ao se fortalecer pelo prodígio que a Virgem representa, mas que subitamente sujeita à sua divindade a expressão complementar de um cristianismo que persistiu até hoje não por sua doutrina nem pela obra institucional dos prelados, mas pela intensidade secular da fé.

Não é casual, nesse sentido, que a culminância do fervor popular pela Guadalupana coincida com as manifestações datadas de independência ou de unidade nacional. Apesar de enigmáticas – o que confirma sua vitalidade milagrosa –, as origens da bela e singela tradição que eleva Nossa Senhora de Guadalupe a um símbolo protetor da identidade não coincidem com o desenvolvimento histórico de sua figura frente à injustiça; uma situação que, paradoxalmente, se agrava conforme se engrandece o culto de uma freguesia que durante quinhentos anos só fez padecer, desde os aspectos mais fundamentais de sua vida, a dor que alimenta suas preces e seus rogos até hoje.

A seus pés soluçaram-se carências de séculos e infelicidades embebidas em lágrimas que não parecem ter fim. Serena, como seu gesto enternecido, em seu olhar cabe a tristeza que se eleva sem cessar do fundo dos corações até sua figura quase descorada e sempre suspensa, enquadrada em prata e ouro na altura inatingível de um santuário que, construído na forma de um corredor invertido, não incita ao recolhimento nem oferece a atmosfera de religiosidade de sua basílica primitiva, mas que, não obstante, vence pelo poder da fé o peso nefasto de sua arquitetura. E isso também acentua seu prodígio porque, apesar de o ambiente que a envolve se demonstrar contrário à religiosidade, ela confirma sua nobre função de depositária e reflexo de um sentimento de vacuidade tão inesgotável que entendê-lo equivale a entender o caráter de uma cultura centrada em sua situação desvalida, fiel à sua orfandade ancestral e alerta para o ato reparador que somente Ela, por sua infinita piedade, pode originar.

Seu culto, dessa maneira, reforça sua ambiguidade enigmática através do que se poderia chamar de *guadalupanismo*, manifesto em dois âmbitos: no nacional, se considerarmos seu poder unificador como mãe e emblema de um povo desprovido de outros símbolos de identidade de tamanha importância; e no particular, pela devoção doméstica em sua misericórdia para atender os rogos pessoais de que dão fé milhares de ex-votos, nada mais que o testemunho de uma maravilhosa confiança que fala, cresce e se explica por si mesma, apesar das inúteis investigações que têm pretendido esquadrinhar o portento desde a espiritualidade unívoca de nossa cultura ancestral.

Dotada de uma poderosa substância insufladora de esperança, a Guadalupana é muito mais que a imagem revelada na ermida de

Tepeyac; e o guadalupanismo mexicano muito mais do que o mito fundador da identidade mestiça. Ela é a mãe bem-aventurada de uma vida interior que, desde sua aparição no *ayate** do indígena Juan Diego, ofereceu consolo a uma raça dorida que nada entendia de símbolos interpostos entre a espada e a cruz, mas soube tudo o que tinha de saber quanto a quem dirigir sua orfandade primitiva. Ela é a mulher radiante que oferece aos indefesos um nobre motivo de adoração. Luz em meio às trevas, concede graças, perdoa e abriga o desamparado sem exigir dele maiores sacrifícios do que aqueles que voluntariamente queira ofertar. É a figura feminina por excelência em uma terra de órfãos. Mãe de Deus, onipresente e caridosa, tendo ou não suplantado o culto à prestigiosa Tonantzin local, comprovou sem tardança sua legítima regência sobre um Novo Mundo que ninguém, missionário, vice-rei ou soldado, poderia de outro modo governar.

A força justiceira da Guadalupana se confirma no instante em que Miguel Hidalgo esgrime sua imagem como divisa de Independência frente à *Generala* do Vice-Reinado, como os espanhóis denominavam a Virgem dos Remédios. Desse modo, 1810 é a síntese do símbolo pátrio que se opõe ao regime da Nova Espanha em todas as suas expressões, desde a religiosa até a racial e a política. Sua imagem reaparece com os zapatistas em 1914, ao ocuparem a Cidade do México; este fato, associado aos antecedentes de suas aparições entre 9 e 12 de dezembro de 1531, confirma-a como padroeira das lutas populares, corroborado ainda por outros três episódios históricos anteriores que marcam a vontade do povo: o primeiro, em que se reage com fervor irreprimível ao evento de sua aparição – por entre rosas e flores locais – contra o abuso escravista

---

*   Tecido ralo de fio de pita (espécie de agave), feito no México. [N. de T.]

dos *encomenderos**; o segundo, a 16 de setembro de 1810, quando aos brados "Viva a Virgem de Guadalupe! Viva a América pela qual vamos combater!", Hidalgo inicia o foco independentista que funda a nação, ao mesmo tempo que vincula a Virgem à ideia da independência da América; e, finalmente, a luta dos camponeses por suas terras, que principia o movimento revolucionário de 1910.

Esta é a vertente política de um guadalupanismo que o clero comum se negou a aceitar e que, entretanto, prevalece no âmago da consciência social de um sincretismo que jamais se separou da luta pela justiça. E a pátria, nesse sentido, é filha rezadora da dor e da necessidade; é também o apego simbólico a uma terra banhada com sangue e esperança, sobretudo esperança, que só pôde ser preenchida pela figura sagrada de uma entidade feminina que, mesmo mestiça na aparência, ostenta os ornamentos da cultura adquirida. A ideia de pátria unida acima das expressões irremovíveis de uma religiosidade remota que, como em nenhum outro aspecto, resplandece ao fundir seu espírito de sacrifício à radiante guadalupana.

Quase apoteóticos, os minutos finais do peregrino que se aproxima de joelhos ao pé do seu altar – com talos espinhosos de nopal atados ao peito e às costas, ou com a pele atravessada pelos cravos pré-hispânicos da piteira, tal como os do Martirizado, e com os olhos semiabertos de tanto recolhimento espiritual – transmitem o mais perfeito sentimento de patriotismo guadalupano que, sem distinção de santuário, data ou país, e acima de qualquer pretensão política ou clerical, concede força espiritual ao inculto ou ao mexicano que deixou sua terra três gerações atrás, ao camponês maltrapilho e ao narcotraficante, ao burocrata ou ao empresário, ao

---

* *Encomienda*: instituição da América colonial espanhola cujos princípios variaram conforme o período e o lugar em que foi estabelecida, mas que, em linhas gerais, concedia um grupo de indígenas a um colonizador – o *encomendero* –, para que este se aproveitasse de seu trabalho em troca de proteção e evangelização. [N. de T.]

artesão ou ao ladrãozinho de rua, ao prisioneiro, à prostituta ou à monja enclausurada. Nada se iguala a essa veneração sobrenatural. Nenhum outro símbolo se manifesta com tamanho furor nem se ostenta na vida social dos mexicanos qualquer outro motivo de exaltação como aquele inspirado pela Virgem de Guadalupe.

Assolados por todos os lados, os nativos oravam em vão a seus antigos deuses para que os livrassem da opressão imposta pelas armas, dos massacres e da escravidão; porém, em vez de atender ao seu clamor, os temíveis deuses de outrora sucumbiram com todos os seus signos sob o duplo poder do aço e da palavra que, trazida de além-mar, nomeava e instituía um mundo que não podiam compreender. Precisavam de um símbolo criador que abrangesse vencidos e vencedores, uma resposta a seu desamparo e algum abrigo que, sendo próprio deles, também merecesse o respeito de seus amos. Aparecida ou criada, a imagem a que todos se puseram a chamar de Nossa Senhora foi a primeira e a mais aguda atitude de compaixão que a Virgem Maria outorgava a seu povo eleito. Sua poderosa benevolência demarcava os momentos mais penosos de uma batalha de sujeição com a vitória do símbolo mestiço que, desde uma ermida serrana nas alturas *tlalocas**, assombrou igualmente a naturais e estrangeiros pela quantidade de esmolas e oferendas que recebia – especialmente em forma de comida – em meio a devoções que nem a prestigiosa Nossa Senhora de Loreto nem a espanhola Guadalupe de Extremadura haviam recebido da parte dos recém-batizados.

Única manifestação milagrosa reconhecida, a Guadalupana se transformou em fonte de uma fé inseparável da piedade somente dez anos depois da queda de Tenochtitlán. O rezar se tornou um

---

*   Na mitologia asteca, Tlaloc é o deus da chuva, o senhor do raio, do trovão, do relâmpago. [N. de T.]

aprendizado anterior ao do falar. Assim, muito antes que o idioma espanhol se impusesse como língua dominante, ela se infiltrou nas consciências dos vencidos para reinar na região da dor; precisamente ali, onde não tinha rival, na zona quebrantada da alma onde nem sequer o Crucificado conseguiu se firmar dada a impossibilidade de competir com o signo maternal legado pela perda da amada Tonantzin. Por isso as autoridades do vice-reinado, talvez a contragosto e com ou sem consenso, cederam e acabaram por aceitar que, se algum poder haveria de se instalar legitimamente, este seria o da Virgem de Tepeyac.

A colina de Tonantzin serviu como templo e culto à deusa-mãe desde tempos imemoriais. Segundo o frei Bernardino de Sahagún, por cerca de quarenta anos os indígenas chamaram de Tonantzin a imagem ali consagrada até que, por volta de 1560, os espanhóis começaram a designá-la pelo único nome de Guadalupe. Em língua local, era chamado *Tepeácac* esse monte sagrado ao qual acorriam peregrinos das mais distantes comarcas do México para ofertar sacrifícios, festas e dádivas àquela deusa cujo poder atraía ciclicamente centenas de pessoas; uma multidão que podia renunciar a tudo, menos à necessidade de adorar sua mãe Tonantzin, conhecida também como Cihuacóatl, ou "mulher da cobra", que então distribuía os dons mais contraditórios, como pobreza, desalento e trabalho, motivo pelo qual devia ser agradada com extrema solicitude e a quem se deveria render a mais delicada reverência a fim de não provocar sua ira nem suscitar nela o menor descontentamento.

Os informantes asseguraram a Sahagún que Cihuacóatl costumava aparecer e desaparecer em lugares públicos como uma dama ricamente adornada de branco, no mais puro estilo palaciano, e que também fora enganada por uma serpente, assim como a Eva do Gênesis, embora não saibamos com precisão como se deu esse episódio nem como tal mito influiu na consciência pré-hispânica. A eventualidade serviu para que os frades, de acordo com o preconceito da falsidade e da debilidade feminina, estabelecessem certas analogias sobre os ensinamentos em torno do bem e do mal, as quais certamente foram aproveitadas para transmitir sua doutrina com o auxílio de exemplos locais. Isso favoreceu o sincretismo e, seguramente, a perturbação espanhola frente ao poder que o "tremendo" exercia sobre aquelas mentes americanas, criadoras de uma vasta genealogia de deuses duais e de símbolos que, aliados às disciplinas impostas ao corpo, ao costume da obediência e ao respeito que tributavam ao saber dos mais velhos, contribuíram para estabelecer o culto religioso de uma maternidade superior somente inclinada a manifestar e distribuir o bem. Uma maternidade disposta à proteção compreensiva e ao resguardo de uma suavidade tão contrária ao costume tradicional de adorar a uma divindade ambígua – mãe e castigadora – que não é difícil supor que no progressivo fervor à Guadalupana se concentrasse a verdadeira síntese da cultura nascente, uma cultura habituada à dor do vencido, à sua indubitável sensação de orfandade e à urgência de um amparo tão prodigioso que pudesse fazer do milagre da compaixão um meio de resistência.

Tonantzin trançava seus cabelos e os penteava para cima, junto à testa, ao modo das mexicanas de hoje, com fitas de seda ou flores atadas em forma de pequenos chifres. De noite bramia, lançava gritos no ar enquanto carregava às costas um berço, como se nele transportasse seu filho, consoante ao costume da região. Quando queria que a honrassem, aparecia e desaparecia entre a multidão abandonando ela própria seu berço no *tianguis**, com o intuito de que as outras mulheres, ao se aproximarem intrigadas, acreditando que ela o havia esquecido, descobrissem que em vez de uma criança

---

* Palavra derivada do nahuatl (*tianquiztli*) e que se usa até hoje para designar o mercado público mexicano, que se instala nas ruas de uma cidade. O *tianguis* é uma herança dos povos pré-hispânicos da Mesoamérica. [N. de T.]

a deusa deixara a pederneira afiada com a qual se deveriam praticar os sacrifícios rituais em sua homenagem.

Venerada e temida, Tonantzin, ou a Nossa Mãe, prodigalizava males à sua discrição ou os suspendia na medida em que seus devotos honravam-na com cerimônias e festividades. Como era mãe de deuses, seguramente intervinha poderosamente em favor ou contra os crentes, pois não é por acaso que, de toda a multidão de entidades abominadas pelos cristãos, fosse ela a mais combatida e, consequentemente, aquela de quem menos se falasse no já escasso registro daquela singular teogonia. Tampouco é fortuito que, ao se tratar de estabelecer um novo credo enfrentando a resistência natural dos conversos, fosse a colina de Tepeyac – ou de *Tepeaquilla*, como a chamaram os espanhóis – o sítio mais adequado para fundar a tradição mariana. O que talvez jamais se tenha esperado é que ali mesmo, em seu santuário ancestral, ressurgisse o símbolo sagrado da poderosa Tonantzin transmutado na figura mestiça de uma mulher clemente, também formosamente ataviada que, ao escolher um indígena já batizado para divulgar sua mensagem, não apenas realizava o prodígio de decompor os atributos temíveis da astuta Cihuacóatl; mas que, por obra do sincretismo nascente, a sempre Virgem Santa Maria oferecia ao povo desamparado e não suficientemente convertido a graça de uma nova linguagem monoteísta de amor, esperança e apoio, além de acessível aos *macehuales*[*].

Afora o enigma da própria revelação mariana, não deixa de assombrar o mistério que envolve esse culto à feminilidade indulgente dentro de uma cultura que, via de regra, dá as costas às mulheres e a qualquer reconhecimento da mais elementar equidade. Até parece

---

[*] Os *macehuales* ou *macehualtin* representavam a maior parte do povo asteca, a gente comum, os governados que pagavam tributos à elite dirigente. Esse segmento compreendia desde camponeses, artesãos e comerciantes até gente de certo poder econômico. [N. de T.]

NOSSA SENHORA DE GUADALUPE

que, a despeito do tempo, a Virgem de Guadalupe conservasse o atavismo da dualidade ao ostentar a mais alta virtude maternal em sua natureza sem mácula. Como Cihuacóatl, a Guadalupana é mulher, mas não esposa, o que lhe permite universalizar a piedade. Radiante, ela repousa sobre a lua em quarto minguante, e a seus pés aparece o anjo da perfeita pureza. Trata-se de um anjo triste, mexicanizado e distinto da figura convencional e barroca. A própria Virgem não sofre nem chora como em outras invocações, mas seu olhar transluz a profundeza de uma bondade que mitiga a dor que fica depois da dor. Veste a túnica amorada, própria do imaginário espanhol do século 16, e por seu comprido manto estendem-se os astros, como se estivesse coberta pelo teto do céu.

Assim, em uma mistura perfeita de elementos mestiços e sobreposições sincréticas, arraigou-se a lenda e desse modo criou vida a devoção à padroeira do México e imperatriz da América, entre atos locais de adoração, inúmeros milagres desencadeados pela notícia das aparições e contra as divergências civis e religiosas quanto a aceitar como plausível não apenas o testemunho do indígena, mas o próprio acontecimento que comprometia criticamente todo o sistema de autoridade.

Imprecisa a princípio, inclusive sem nome próprio e sob o mistério da mensagem revelada em língua mexicana a um pobre homem do povo – um *macehual* que andava a esmo, caminhando pelo cume do Tepeyac –, a Guadalupana demarcou, desde os primeiros registros a seu respeito, sua distância litúrgica tanto das demais invocações de Maria como dos santos, cultos e cerimônias cristãs; e o fez para empreender sozinha o despertar dessa crença que, quinhentos anos depois, ainda surpreende por sua autonomia e pelo vigor de uma devoção tão original que, mesmo europeia, só se permite explicar a partir das profundas raízes locais que brotaram e se fortaleceram após a Conquista, ali onde o colonizador havia pretendido erradicar o rosto e a história do lugar.

Por isso, o acontecimento foi duplamente significativo; porque, de certa forma, tratava-se de aceitar que se engendrava entre os vencidos uma modalidade religiosa à sombra dos próprios dogmas da Igreja oficial, ainda que alheia a suas determinações litúrgicas e de fé.

Que a Mãe de Deus em pessoa intercedesse em favor dos indígenas era uma proeza difícil de acreditar. Se fosse aceita a versão exposta ao bispo Zumárraga por Juan Diego, os interesses dos *encomenderos* seriam abalados devido ao cúmulo de preconceitos em relação à suposta falta de humanidade que recaía sobre os naturais da terra. Que, além disso, fosse morena e que tivesse aparecido já três vezes seguidas ao aborígine Juan Diego eram fatos que contrariavam totalmente a decisão de não conceder aos vencidos qualquer signo de identidade que os igualasse perante Deus.

Longe de aplainar o caminho da evangelização, a Virgem aparecida a Juan Diego, na verdade, complicou o monopólio religioso, pois o pensamento espanhol ainda não estava preparado para assimilar o sincretismo que, sem demora, acabaria adquirindo sua própria dinâmica.

Não se pode esquecer que foi muito prolongada entre os espanhóis a discussão sobre se os indígenas tinham alma ou não. A bula do papa Paulo III, em que este declara que os nativos, mesmo os que se achassem fora da fé cristã, eram gente de razão, que não podiam ser privados de seus bens nem de sua liberdade, só foi publicada em Roma a 9 de junho de 1537, seis anos depois da aparição, da qual provavelmente o Vaticano teve notícia. Essa bula, porém, foi assimilada com muita lentidão, já que nela, contrariando a ferocidade praticada pelos *encomenderos*, o papa ordenou que os indígenas fossem atraídos para o cristianismo por meio da palavra divina e do bom exemplo; bom exemplo esse que não somente foi desatendido, mas que se transformou em tal selvageria que, desde então, o termo "colonização" foi associado ao modelo de saques desumanos praticados pelos espanhóis no Novo Mundo.

NOSSA SENHORA DE GUADALUPE

Tais antecedentes demonstram que as aparições da Virgem no cerro de Tepeyac, datadas de 9 a 12 de dezembro de 1531, não só questionavam como destoavam dos propósitos devastadores da colonização, justamente na época em que dominicanos e franciscanos empreendiam a árdua tarefa de pacificar politicamente vencidos e vencedores, seja em espanhol, seja em língua mexicana. Daí que, desde então, a Virgem de Guadalupe se converteu na fronteira simbólica entre a aspiração missionária que não obteve sucesso e um vice-reinado que, passadas as décadas de saque e de furor, orientou sua própria dinâmica rumo ao estabelecimento de classes, demandas e raças locais, e, posteriormente, à consumação da independência.

A história não pode ser mais singela: na manhã do sábado 9 de dezembro, o *macehual* Juan Diego, batizado havia quatro ou cinco anos, originário de Cuauhtitlán e residente em Tuletlac, caminhava pelo cerro de Tepeyac quando, em uma das sendas ocidentais que dão vista para o oriente, foi surpreendido pelo canto melódico de aves tão variadas que ele ergueu os olhos até onde suas vistas podiam alcançar a fim de descobrir de que pássaros se tratava, pois nunca havia escutado coisa igual nem conhecido música que se assemelhasse àquela que acompanhava uma mulher belíssima, envolvida pelo arco-íris, e que se dirigiu a ele como "Filhinho Juan" em sua própria língua, convidando-o a se aproximar. Pasmado e cheio de reverência, ele avançou até o lugar de onde emanava o resplendor e, ante a pergunta que ela lhe fizera, respondeu que se dirigia à *doctrina** em Tlatelolco, onde os padres de São Francisco pregavam, e que também pretendia ouvir a missa que ali era cantada todos os sábados em homenagem à Virgem.

---

*   Na América, aldeia de indígenas recém-convertidos quando nela ainda não havia igreja paroquial ou vigário, sendo geralmente atendida por religiosos regulares. [N. de T.]

A Virgem empregou a suavidade característica do idioma nahuatl para explicar ao modesto lavrador que aquela que tinha diante de seus olhos era Maria, a mãe do verdadeiro Deus, e que deveria levar o relato do que havia visto e ouvido ao bispo e dizer--lhe, em seu nome, que era sua vontade que lhe edificassem um templo ali mesmo, a partir do qual ela se demonstraria piedosa para com o próprio Juan Diego e com todos os de sua nação, para com os devotos e todos quantos a buscassem em suas necessidades.

Juan Diego aceitou a incumbência com a submissão característica dos mexicanos e, não sem encontrar dificuldades, agravadas pela modéstia de sua condição social, conseguiu chegar até frei Juan de Zumárraga após várias diligências na casa episcopal. Repetiu--lhe humildemente o recado sabendo muito bem que suas palavras causariam suspeitas. O franciscano escutou-o; mas por cautela recomendou-lhe um novo encontro para, nesse intervalo, investigá--lo e examinar sua resposta com a devida maturidade.

E lá se foi o *macehual* outra vez, para dar notícias à aparecida e para lhe pedir que escolhesse outra pessoa de mais digno crédito a quem o *hueitheopixqui*, ou bispo, daria maior atenção. A Virgem, longe de mudar de opinião, confirmou o indígena ao entardecer, durante sua segunda entrevista; disse-lhe que agradecia sua obediência e que, ainda que outros houvesse, era de sua vontade que ele mesmo repetisse o recado na manhã seguinte.

Juan Diego voltou à presença de Zumárraga assegurando-lhe, entre lágrimas, que era a Virgem que o enviava. Considerada a pusilanimidade dos indígenas, que contrastava com a firme segurança com que o nativo falava, o bispo começou a duvidar e a se inclinar a acreditar que até poderia ser verdade o que lhe era dito. Assim, mandou pedir àquela Senhora um sinal que certificasse sua petição e o obrigasse a crer que ela realmente reclamava seu templo. Por via das dúvidas, mandou duas pessoas de confiança seguir furtivamente Juan Diego, a fim de saber com exatidão o que ele fazia no cume do Tepeyac.

NOSSA SENHORA DE GUADALUPE

E lá se foi o indígena pela calçada com a resposta do bispo, ignorando os dois espiões. Estes, porém, o perderam de vista ao chegarem à ponte de certo arroio que passava pelas cercanias da colina. Espantados, procuraram-no por todos os caminhos, cercaram as sendas e, como não conseguissem encontrar sequer rastro do *macehual*, regressaram à presença do bispo para exigir um castigo sob a acusação de feitiçaria.

Enquanto isso, Juan Diego, com sua habitual humildade, confiou à Senhora, que já o aguardava no mesmo lugar, que frei Juan de Zumárraga exigia uma prova para acreditar em sua aparição. Nesse momento, entre a resposta Dela de que atenderia ao pedido no dia seguinte e os acontecimentos que tratariam de impedir um desenlace mais simples para esse episódio, estendeu-se a ponte de obstáculos que, em todos os mitos, põe o herói à prova. Ao regressar para sua casa, o indígena se deparou com seguidos empecilhos: encontrou seu tio gravemente doente e, nessa noite, além do dia seguinte, foi ele quem teve de se encarregar de seus cuidados. Esquecido de sua preciosa missão, em vez de comparecer a seu encontro com a Virgem correu até Tlatelolco, no alvorecer do dia 11, em busca do curandeiro e do sacerdote, porque lhe parecia que Juan Bernardino estava à morte.

Tão distraído estava em sua aflição que só quando estava para atravessar as colinas e sair na planície que dava vista para o México, se lembrou de que teria de cruzar pelo sítio em que a Senhora o havia esperado em vão durante o dia anterior. De maneira distinta da atitude geral dos santos, cuja modéstia parece ser acentuada pelo portento, e diferentemente da temeridade aventurosa dos heróis profanos, o comportamento de Juan Diego frente ao fato de não ter ido receber o sinal convencionado correspondeu totalmente à psicologia mexicana: acovardado, temeu que a Virgem o repreendesse e tratou de se esconder. Em vez de tomar o caminho real do ocidente, optou pelo oriente, escolhendo a trilha que levava até Texcoco na intenção de se esquivar dela, sem saber que para a Mãe de Deus não existem estradas longas nem curtas. *Macehual* como era, dobrou-se de vergonha quase na ponta do cerro porque a Virgem veio ao seu encalço. Desculpou-se, então, com inúmeros pretextos por não ter vindo no dia anterior, porque estivera ocupado assistindo ao enfermo e procurando um sacerdote que o confessasse. "Não te preocupes em cuidar da enfermidade de teu tio se tens a mim, que eu cuidarei de tuas coisas", respondeu ela com suavidade, e acrescentou: "Já teu tio Juan Bernardino, está bem e são". Logo a seguir, dando alguns passos com ele até o manancial que fluía aos borbotões – o lugar onde se edificaria a primeira ermida –, instruiu-lhe que subisse até o local em que a havia visto das outras vezes. Ali encontraria diversas flores silvestres e rosas, que deveria colher, guardar em sua *tilma** e trazê-las até o poço, onde lhe diria o que deveria fazer com elas.

Era a manhã de 12 de dezembro, época do ano em que só crescem abrolhos. Porém, confiando na ordem divina, subiu até o pico do monte onde encontrou o belo jardim que lhe fora anunciado. Uma a uma cortou as flores, salpicadas ainda de orvalho, e carregou--as em seu manto para que Ela mesma as arrumasse enquanto ele escutava suas instruções: "Estas rosas são o sinal que hás de levar ao bispo para que ele te acredite: diz-lhe de minha parte o que viste e que faça logo o que lhe pedi. Leva-as com cuidado e não as mostres a ninguém, nem as reveles a pessoa alguma, exceto ao bispo".

Como seria de se esperar, Juan Diego foi detido à porta da casa episcopal e negou-se a mostrar aos criados o que trazia. Eles puxaram atrevidamente sua *tilma*, que exalava uma fragrância intensa. Mas quando tentaram desprender as flores, descobriram que estavam de tal forma aderidas ao tecido que saíram em altos

---

* Manta ou capa de algodão usada pelos camponeses mexicanos. [N. de T.]

brados para contar a maravilha ao bispo. Frei Juan de Zumárraga mandou então que o trouxessem à sua presença para que ele mesmo pudesse observar o prodígio. Escutou seu relato não somente em pormenores, mas com a certeza íntima de que algo de misterioso estava ocorrendo naquela região.

O restante da história é bem conhecido: quando Juan Diego desdobrou a manta que pendia de seu pescoço com um nó grosseiro, começaram a cair as flores ao mesmo tempo em que se formava no poncho a sagrada imagem de Maria. Úmida ainda, intensamente perfumada, a última rosa completou ao cair a figura radiante da Virgem no *ayate* que até hoje se venera na basílica. Admirados, o prelado e todos os presentes ajoelharam-se em prantos diante dela e devotamente lhe rogaram proteção e amparo para si mesmos e para a Nova Espanha. Imediatamente o bispo colocou a *tilma* em seu oratório e prometeu construir o santuário sem mais tardança.

A 13 de dezembro de 1531, o sítio onde sucedera o milagre foi visitado pelo prelado, por autoridades, familiares e vizinhos encabeçados por Zumárraga e Juan Diego. Marcaram o lugar exato das aparições e depois se encaminharam para o povoado onde, são e salvo, saiu Juan Bernardino a recebê-los com a notícia de que no dia anterior viu à cabeceira de seu catre um resplendor iluminando uma senhora formosa e serena que, ao livrá-lo das dores que sentia, lhe disse que a imagem que seu sobrinho Juan Diego levara entre flores à casa episcopal deveria permanecer no templo onde, a partir de então, ela seria chamada Santa Maria de Guadalupe.

Verdadeiramente milagrosa, foi-lhe atribuído o singular prodígio de haver acabado com a idolatria. Afastou a temida Tonantzin dos contornos do México; e em vez de invocá-la pelo costumeiro tratamento de Nossa Mãe, os naturais recordavam-lhe agora como Tonanzini, ou Teotenatzin, mas não a associavam maìs à mãe de todos os deuses que fora responsável por incontáveis calamidades. Foi provavelmente assim que a Guadalupana se assenhoreou de seu templo ancestral e que os mexicanos prostraram-se a seus pés como única Senhora e Mãe de Deus.

Assim, ao modo das histórias pintadas pelos remotos nahuas, sua imagem assinalou a junção de dois tempos que haviam lutado para coexistir e que, ao não encontrar um símbolo civil, armado ou messiânico, intensificaram o mito e sua referência revelada para consagrar, mais em favor dos vencidos, a única esperança de salvação de uma Nova Espanha que carecia de destino próprio.

A notícia da aparição no cume do Tepeyac correu por planícies e montanhas na misteriosa velocidade com que os mexicanos se comunicavam de povoado em povoado, apesar das distâncias e dos acidentes geográficos. Antes de ser aceita como padroeira do México e muito antes que a Igreja imaginasse a importância que ela adquiriria na devoção popular, a Guadalupana confirmou por si mesma sua legítima concordância com as expressões locais de religiosidade. Daí que, embora frequentes e eventualmente acirradas, não tiveram continuidade as controvérsias sobre a idolatria remanescente nem dúvidas sobre se sua aparição era impostura ou milagre. Bem mais desembaraçado que as discussões em torno dos pormenores que diminuíam sua veracidade, o culto à Virgem disseminava-se por meio dos testemunhos de sua comprovada bondade. Aqui se comentava sobre o enfermo curado; ali se falava de outro que havia escapado da morte somente por havê-la invocado; acolá um outro lhe agradecia por ter sido salvo da célebre inundação que assolou a Cidade do México. Tampouco se descartavam as narrativas de novos conversos nem as grandes ou pequenas graças que iam desde a obtenção de um marido até o salvamento de algum naufrágio.

Ante o crescimento forçado do cristianismo em pleno período de colonização, não eram poucos os relatos sobre prodígios multiplicados a céu aberto nem as supostas testemunhas de curas ou revelações divinas. Diariamente se falava na Nova Espanha do

NOSSA SENHORA DE GUADALUPE

sem-fim de acontecimentos que podiam servir como aval fiduciário das intercessões marianas. Foi por isso que se duvidou tanto de sua milagrosa presença, porque os frequentes e falsos avisos de portentos católicos tinham sido seguramente inspirados pelos próprios frades.

Os jesuítas Francisco de Florencia e Juan Antonio de Oviedo relataram no século 18, em sua obra *Zodíaco mariano*, que a fama corrente na Nova Espanha era de que se devia à santíssima imagem de Nossa Senhora de Guadalupe o fato de o México jamais ter padecido da calamidade da peste que infestava os reinos da Europa. Não obstante se sofresse de epidemias de sarampo, varíola, tifo ou outros males que mataram aos milhares, as enfermidades nunca assolaram no México com a mesma intensidade e virulência europeia nem foram necessários lazaretos ou quarentenas. Aqui o contágio dos enfermos nunca chegou a se estender tão perigosamente que tornasse obrigatória a imposição de medidas extremas de saúde coletiva.

Esse fato, que para os jesuítas deve ser consignado como um milagre guadalupano, na verdade se devia à saúde e aos hábitos de higiene dos mexicanos, saúde que, por desgraça, foi diminuindo em consequência da escravidão e dos costumes sociais impostos pelos espanhóis.

Os milagres que lhe foram atribuídos no século 18 confirmavam, todavia, a proteção de Nossa Senhora de Guadalupe sobre o povo desamparado. O jesuíta Francisco de Florencia assegurou que jamais se havia visto endemoninhado algum por estas terras e que, quando um espanhol se queixou na península ibérica de padecer de inomináveis torturas infernais, embarcou rumo a Veracruz, confiando em que a Guadalupana o libertaria de seus males. Na medida em que se aproximava do santuário de Tepeyac ia sentindo alívio, até livrar-se definitivamente do diabo que o atormentava quando se pôs a orar aos pés do altar. Depois viveu durante algum tempo na Nova Espanha, sob a proteção sagrada da Guadalupana. Quando

MULHERES, MITOS E DEUSAS

acreditou que nunca mais o demônio se apossaria de seu espírito, viajou de volta à Espanha e lá, sem remédio, voltou a ser presa do diabo. Enquanto pôde, navegou novamente em busca do alívio já experimentado e outra vez, por meio de sua infinita clemência, a sempre Virgem Maria de Guadalupe afastou-o do inferno, desta vez até o fim de seus dias.

São abundantes os testemunhos de seus milagres. Há, entretanto, alguns mais destacados que outros, dignos de uma consideração especial. No dia em que a imagem foi transladada do oratório pessoal de frei Juan de Zumárraga, na paróquia de Tlatelolco, para a capela de Tepeyac, em meio à festividade popular os indígenas decidiram representar uma batalha entre mexicanos e chichimecas, do mesmo modo que os dançarinos contemporâneos costumam honrá-la em seu santuário. Tamanha era a algazarra durante aquele combate, ampliada pelo ruído e pela devoção, que uma flecha perdida atravessou o pescoço de um dos participantes, que de imediato caiu ao solo, quase morto. Alguns socorreram o ferido sem atinar um remédio para salvá-lo. Invocaram a Senhora para que tivesse compaixão dele e, como ato inaugural de sua chegada ao templo, arrancaram a flecha que lhe atravessava o pescoço. No mesmo instante o mexicano levantou-se curado. A partir de então, convenceram-se de que a imagem no *ayate* do *macehual* Juan Diego remediaria a todas as suas necessidades.

Em 1553, cerca de 22 anos depois das aparições, ocorreu uma singular confrontação simbólica entre duas virgens. Eram dias em que o culto local não estava totalmente estabelecido, e a veneração escolhida pelos espanhóis não era cabalmente aceita no que se refere à intercessão mariana. Daí a reveladora importância do testemunho dos autores do *Zodíaco mariano*, quando escreveram que Juan Ceteutli, um cacique que havia encontrado a imagem de Nossa Senhora dos Remédios embaixo de uma piteira, ficou paralítico e cego durante um ano após tê-la sacado de sua casa e a colocado em uma ermida. Fez-se transportar, então, ao santuário da Guadalupana, três léguas distante de sua casa, e bastou entrar de muletas em sua igreja para que recobrasse a visão e visse que a Virgem lhe sorria.

Os jesuítas afirmaram que, com o rosto muito tranquilo, aludindo ao que ele pensava a respeito da Virgem dos Remédios, perguntou-lhe a Guadalupana: "Por que vens à minha casa, se me expulsaste da tua?". Don Juan Ceteutli, animado com essa benevolente repreensão, desculpou-se dizendo que ela bem sabia do que havia ocorrido. Pediu-lhe perdão por havê-la tirado de sua casa e rogou pela saúde que tanto necessitava. Respondeu-lhe, então, a Virgem: "Eu te concedo a saúde. Volta ao povoado de onde saíste esta manhã; e no lugar em que me encontraste, reúne teus vizinhos e edifica-me uma igreja".

Juan Ceteutli, primeiro mexicano que dá testemunho de seu encontro com a invocação mariana dos Remédios, cumpriu as ordens da Guadalupana e construiu o templo pedido. Este fato significou, na história do culto, a oposição que trezentos anos depois, durante a guerra da Independência, se daria entre a Virgem dos espanhóis e aquela identificada como tipicamente mexicana, ou seja, entre Nossa Senhora de Guadalupe e *La Generala* do Vice-Reinado, como era chamada Nossa Senhora dos Remédios.

Os fatos curiosos são inumeráveis, todos celebrados como milagrosos. O prodígio da Guadalupana é também, de certa maneira, literário, pois os relatos que o povo narrava aos padres se transformaram, depois de um período não definido, em centenas de ex-votos, lendas, cantos e contos. Um, por exemplo, dizia assim:

Enquanto um homem rezava debaixo de uma pesada lamparina, diante da soberana imagem, o cordão que a mantinha suspensa repentinamente se rompeu. E há aqui muitos milagres em um único evento: ao bater sobre a cabeça daquele homem que adorava a santa imagem, o objeto não lhe causou dano algum; o vaso de vidro não se quebrou, o azeite não se derramou nem se apagou a luz que ali ardia.

Lê-se sobre outro acontecimento:

Um cego, esperançoso da caridade que todos experimentavam em contato com a Santíssima Virgem, decidiu visitar seu santuário e pedir-lhe a visão que tanto desejava. No momento em que entrou na igreja, já começou a enxergar e a proclamar a maravilha aos gritos; seu regozijo crescia cada vez mais porque, quanto mais se aproximava da imagem, tanto mais lhe melhorava a vista; e ele elevava o tom de voz até que, chegando diante do altar, recuperou totalmente a visão e, juntando-se aos demais presentes, deu graças à Senhora por lhe haver concedido tão grande benefício.

Mais um relato:

Admirável foi o prodígio de que foram testemunhas quantos se encontravam presentes na Igreja de Nossa Senhora. Acabando de rezar a missa, o cônego Juan Vásquez de Acuña percebeu que, por conta de uma repentina rajada de vento, todas as velas do altar se apagaram. Providenciou, então, para que fossem reacendidas; mas, nesse ínterim, notou que dois raios daquele sol que cerca o corpo da imagem se estenderam até chegar às velas, acendendo-as para grande admiração e espanto de todos os presentes.

Este último testemunho é inaudito:

Uma mulher, sem que se soubesse a causa – ainda que depois se acordasse que era obra do demônio –, percebeu que seu ventre inchava gradualmente e de tal forma que lhe parecia que ia

NOSSA SENHORA DE GUADALUPE

rebentar. Fez-se levar à Virgem de Guadalupe e pediu-lhe com todo o fervor e muita fé um remédio para o seu mal. Bebeu água do poço que ficava ao lado da igreja e logo depois adormeceu. O sacristão contou, então, que debaixo do corpo da mulher saía uma enorme cobra de nove varas de comprimento, justamente a causa do inchaço de seu ventre. Ela despertou e se viu boa e sã, a um ponto que foi capaz de ajudar a matar a cobra, motivo pelo qual deu muitas graças à Mãe de Deus.

NOSSA SENHORA DOS REMÉDIOS

O culto mariano foi iniciado na cidade do México quando um dos conquistadores, Juan Rodríguez de Villafuerte, companheiro e soldado de Hernán Cortés, recebeu ao embarcar uma imagem de Nossa Senhora dos Remédios das mãos de seu irmão, que lhe assegurou que ela era milagrosa, escutava piedosamente suas preces e, como fizera com ele próprio, o livraria de grandes perigos nas batalhas.

Assim que Cortés e seus homens ocuparam o Templo Maior dos astecas, em Tenochtitlán, ordenou a Villafuerte que colocasse a imagem no topo do *cue*. Não restaram registros que indicassem se a Virgem foi entronizada no santuário de Huitzilopochtli ou no templo paralelo, no qual os indígenas adoravam a Tlaloc. O *cue*, entre eles, era um espaço de culto dual, tal como o caráter de suas deidades, e equivalia ao santuário a cujos pés eram realizados os sacrifícios, no caso do lado correspondente a Huitzilopochtli, Sol e deus da guerra.

De acordo com os escritos de Francisco de Florencia, o Templo Maior se localizava no mesmo sítio em que agora se encontra a catedral. Esse erro de localização seria retificado a partir de 1978, mediante escavações arqueológicas. Demonstrou-se então que o santuário asteca não se achava no mesmo terreno da catedral, mas em uma área limítrofe com vista para o oriente, onde atualmente se observam alguns vestígios pré-hispânicos e o museu do lugar.

Nada sabemos sobre o culto inicial prestado à Virgem dos Remédios durante os primeiros anos da conquista e da colonização, salvo que se localizava no antigo coração da Cidade do México, quem sabe em um pequeno templo anterior à Catedral Metropolitana, e que talvez alguém a tivesse retirado dali ao remover o terreno para destruir o Templo Maior dos astecas e construir, com suas pedras e revestimentos superiores, os muros do santuário do novo credo. O certo é que em 1540, nove anos após a prodigiosa aparição da Guadalupana, a imagem foi encontrada debaixo de uma piteira, bem longe dali, no cerro dos Pássaros, pelo cacique Juan Ceteutli, cujo sobrenome mexicano significa "águia", razão pela qual desde então foi chamado Juan Águila.

O indígena caminhava todos os dias até a aldeia de Tacuba e, ao passar por um dos lados do cerro de Totoltepec, como era denominado na língua mexicana, via com naturalidade a Virgem suspensa no ar, dizendo-lhe com uma voz suave: "Filho, procura-me nesta aldeia". Ceteutli já a conhecia porque, em 1519, durante a retirada espanhola na Noite Triste, distinguira sua figura a distância, no meio da colina, protegendo sua gente e acompanhada por um cavaleiro que não era outro senão Santiago Matamouros[*], padroeiro de todas as Espanhas, que, nos momentos mais difíceis da batalha, lançava terra aos olhos da multidão de indígenas que cercava os conquistadores.

Naquela ocasião, Ceteutli acreditou que a Senhora se mostrava com o rosto inflamado e que se empenhava em ajudar os perseguidos. Porém, anos depois, quando ele a encontrava em sua rota

---

[*] A referência é a São Tiago, o Maior. Embora morto em Jerusalém (44 d.C.), Tiago teria pregado o cristianismo na Hispânia, para onde seus restos teriam sido transladados antes do século 9 e depositados em Compostela. De acordo com algumas tradições, Santiago teria aparecido miraculosamente em vários combates travados na Espanha durante a Reconquista, como na Batalha de Clavijo, em 844, sendo a partir de então apelidado de *Matamoros*. Santiago foi também protetor do exército português até a crise de 1383-1385, quando seu brado foi substituído pelo de São Jorge. [N. de T.]

diária, sua expressão era tranquila e seus movimentos tão naturais que ele a saudava como se fosse uma pessoa de carne e osso que, sabe-se lá por quais razões, pedia a ele que a procurasse e até lhe dava instruções sobre como empreender o achado.

Tantas vezes a aparição lhe surgiu no caminho que Juan Ceteutli deixou de acreditar que fosse apenas uma casualidade. Depois de meditar por semanas a fio, talvez mesmo durante meses – uma atitude típica do temperamento mexicano –, decidiu comunicar o fato aos religiosos franciscanos de Tacuba. Eles escutaram-no cheios de suspeitas e procuraram convencê-lo de que, às vezes, a fantasia chega a ser tão poderosa que reveste os sonhos de realidade; que melhor seria esquecer essas histórias, que trabalhasse e confiasse em Deus. Chegaram mesmo a ameaçá-lo com severos castigos se voltasse a perturbá-los com a mesma afirmação de que a referida Senhora pedia para ser encontrada em alguma parte do caminho que costumava tomar.

Por muitos dias mais o cacique continuou a passar pelo mesmo lugar e, segundo o costume, ela reaparecia e insistia com ele para que escavasse o solo e encontrasse sua imagem. Não se atreveu a dizê-lo novamente aos frades, por temor ao castigo, tampouco comunicou a seus parentes, e aprendeu a conviver resignadamente com a visão, como se fosse uma segunda natureza de sua própria personalidade. Os sinais, todavia, brotaram a seu pesar. Quando a igreja de Tacuba estava sendo edificada, Juan subiu ao alto de uma coluna e caiu lá de cima. Ficou meio morto ali, sem sentidos, em meio aos materiais de construção, e todos acreditaram que não passaria a noite. Os frades ungiram-lhe com óleos. Levaram-no de volta à sua casa e, no meio de sua agonia, nessa mesma noite, apareceu-lhe a Virgem dos Remédios, tal e qual estava acostumado a vê-la no cerro de Totoltepec. Além de consolá-lo, a Senhora lhe deu uma faixa milagrosa, para que a cingisse como um cinto, e assim que a colocou, Juan Ceteutli sentiu que o alívio lhe entrava no corpo sem que deixasse rastro de dores nem feridas.

MULHERES, MITOS E DEUSAS

Diante da admiração geral, Ceteutli caminhou são e salvo no dia seguinte, percorrendo a distância de uma légua que separava seu povoado de Tacuba, para comunicar a notícia. Transtornados, os frades perguntaram-lhe que prodígio era aquele que o havia tirado da agonia, e Juan, mostrando-lhes o cinto curativo que conservava atado à cintura, narrou-lhes o sucedido em sua casa; porém, tudo permaneceu consignado sem maiores desdobramentos na memória de seus parentes.

Dias depois, repetiu-se-lhe a cena da aparição em Totoltepec, na época uma região arborizada, onde costumava caçar. Ali, debaixo de uma piteira, ele próprio encontrou finalmente a imagem. Em meio a um tremor de ternura provocado pela surpresa, disse, ao erguê-la da terra para envolvê-la em sua *tilma*, tal como se ocultasse um tesouro: "Não estás bem aqui, Senhora; em minha casa estarás melhor. Ali te servirei com reverência". Desse modo, oculta aos olhares dos estranhos, Nossa Senhora dos Remédios permaneceria na casa de Juan Ceteutli durante dez ou doze anos, aonde lhe eram oferecidas tortilhas, ovos e *chimole** porque, depois de encontrá-la tantas vezes na colina, acreditava que comia, que falava e que se movimentava igual a qualquer outra pessoa. A Virgem, apesar de tantos cuidados, não demonstrava intenção de permanecer para sempre encerrada. Ela insistia em dar-se a conhecer e em ser venerada. Por isso, em um momento de descuido, ela escapou da choupana de dom Juan e, inexplicavelmente, foi parar de novo ao pé da mesma piteira, onde Juan tornou a encontrá-la sem a menor dificuldade.

– Por que saíste de minha casa? Minha família e eu te procurávamos cheios de dor – repreendeu-a com recato o cacique, ao desenterrá-la outra vez. – Por acaso te faltava alguma coisa? Se cometemos algum erro, diz-me agora, que o remediarei.

---

* Tradicional molho à base de tomate, pimenta e coentro, frequentemente servido como acompanhamento de um prato principal. [N. de T.]

NOSSA SENHORA DOS REMÉDIOS

Como a Virgem não lhe respondesse, dom Juan deu por certo que a imagem não apenas concordava em ser removida dali como que podia levá-la consigo outra vez para sua casa. Redobrou suas ofertas alimentícias trazendo-lhe frutas e servindo-lhe água em um *tecomate** para que não passasse nenhuma necessidade. Em sua simplicidade, o mexicano acreditou que ela realmente estava viva e comia, porque, quando menos esperava, ela desaparecia novamente. Como esse jogo de perdê-la e reencontrá-la estava se tornando cada vez mais frequente, Ceteutli decidiu encerrá-la em uma caixa trancada à chave toda vez que saísse de casa. A Virgem dos Remédios, porém, conseguia abrir a caixa e escapar mais uma vez para a piteira sempre que ele se encaminhava para Tacuba. E da piteira resgatava-a outra vez o ingênuo cacique porque, por mais que pensasse, não atinava em descobrir que o que a Virgem desejava era ter seu próprio templo. De tanto ir e vir de sua casa à piteira, Ceteutli acabou por deduzir que havia um mistério nessas fugas que ultrapassava o seu entendimento.

Finalmente, talvez aconselhado e depois de refletir muito, viajou para a Cidade do México, aonde foi procurar dom Álvaro de Tremiño, mestre-escola da catedral. Explicou-lhe com simplicidade tudo o que se passava. Entre curioso e crente, Tremiño concordou em regressar com ele para ver por si mesmo a imagem e determinar o que poderia ser feito a respeito. Bastou que contemplasse a imagem da Virgem com o Menino para reconhecer que, apesar de sua pequenez, havia majestade neles. Pareceu-lhe, além disso, que não arriscava sua autoridade ao divulgar a versão de Ceteutli e, desde então, com uma facilidade digna de sua graciosa figura, a Virgem foi exposta ao público para ser venerada, o que veio a causar tantos prejuízos para Ceteutli que ele mesmo não podia

---

* Espécie de vasilha de barro na forma de uma xícara funda (México). [N. de T.]

mais viver em sua casa por causa dos peregrinos, motivo pelo qual rogou a Tremiño que mandasse construir uma ermida adequada e digna de sua reverência.

Bastou tirar a imagem da casa de Ceteutli para que o cacique ficasse cego e paralítico. Mas longe de solicitar o auxílio comprovado de Nossa Senhora dos Remédios, foi levado por seus familiares ao Tepeyac, pois tinham certeza de que a Guadalupana o aliviaria de seus males. Dizem as crônicas que sua visão se aclarava à medida em se aproximava da imagem e que, uma vez ajoelhado diante dela, com a saúde totalmente recobrada, Nossa Senhora advertiu-o, provavelmente em nome da Virgem dos Remédios:

– Por que vens à minha casa, se me expulsaste da tua?

Agradecido e arrependido, sabendo muito bem do que se tratava, Juan entendeu que não era uma ermida que desejava a Senhora, mas um verdadeiro templo. Quando finalmente se decidiu a construí-lo, durante todos os anos em que durou a obra, na véspera do dia de Santo Hipólito Mártir – data em que os espanhóis tomaram Tenochtitlán, em 1521 –, muitos fulgores e incêndios riscavam o céu em honra daquela que sem demora se entronizou entre os espanhóis como *La Generala* do Vice-Reinado. Os nativos atapetavam o caminho com ramos de *tule*,* e o vento trazia o som de charamelas e trombetas para o redor de uma igreja que pedreiros e operários edificavam como se fosse uma tapeçaria no tear. Assegura a lenda que, uma vez concluído o templo, com as dificuldades inerentes à empreitada, a Virgem dos Remédios chegou ao seu altar carregada por dois anjos que a colocaram no local em que é venerada até os dias de hoje.

Seu culto nunca chegou a competir em popularidade com o da Guadalupana; mas o povo invoca-a com devoção respeitosa,

---

* Certa planta herbácea, espécie de junco, usada para fazer esteiras, assentos de cadeiras e outros objetos. [N. de T.]

pois, ainda em nossos dias, estão pendurados em seu santuário e nas árvores que o cercam milhares de ex-votos de peregrinos agradecidos. As festas anuais se realizam com pontualidade, e causa assombro especialmente o fato de as mulheres oferendarem-lhe suas cabeleiras como prova de gratidão pelo bem recebido.

SANTA MARIA DE IZAMAL

Dentre as célebres e milagrosas imagens reconhecidas no México colonial, Nossa Senhora de Izamal está incluída na lista das mais protetoras. Izamal, uma aldeia aborígine pertencente à então vila de Valladolid, atual Yucatán, foi evangelizada por religiosos da ordem de São Francisco, a cujo zelo se deveu principalmente a conversão daquela província. O trabalho foi árduo mas proveitoso porque, à custa de pressões diretas e de persuasões mais sutis, o cristianismo conseguiu se impor inclusive aos mais perseverantes adoradores dos antigos deuses.

Em 1550, frei Diego de Landa foi eleito guardião do convento de Izamal. Homem de comportamento apostólico, seria mais tarde o primeiro bispo de Yucatán. Sua personalidade refletia uma estranha mistura de pastor de almas e inquisidor, de curiosidade intelectual e fúria devastadora contra tudo o que julgava idolatria. Personagem de extremos e contrastes inexplicáveis, lançou à fogueira no povoado de Maní os valiosíssimos códices maias e outras histórias pintadas, que considerou como obras diabólicas. Tempos depois, paradoxalmente, escreveu de próprio punho a história da antiguidade maia, e com ela deixou uma das poucas fontes que nos permitem reconstituir o passado, justamente esse passado que ele mesmo abateu e destruiu com uma sanha arrasadora e digna das melhores causas.

Os maias do século 16, com o restante dos mexicanos, veneravam seus próprios deuses com uma devoção tão extrema que Landa chegou a se convencer de que, salvo pela intervenção mariana, jamais se poderiam mudar suas crenças nem substituí-las em seus corações pela fé da Igreja. Por tal razão acentuou em sua pregação a presença de Nossa Senhora, para que com sua graça abatesse a idolatria e permitisse ao cristianismo absorver aquela profunda religiosidade que tanto assombrava os missionários. Ao organizar o culto e ordenar santos, símbolos e invocações, ele viajou pessoalmente na condição de bispo à cidade da Guatemala, famosa pela fabricação de esculturas e de outros trabalhos artísticos, onde contratou o mais célebre dos artesãos para que lhe confeccionasse duas imagens da Virgem, as quais seriam consagradas em seus respectivos sacrários de Mérida e Izamal. Eram anos em que a liturgia cristã era completada com adaptações locais e estatuária improvisada até que, principalmente na Guatemala, instituiu-se uma escola artística que chegou a ser tão apreciada pela alta qualidade de suas obras que se tornou provedora dos melhores altares do Novo Mundo.

Já difícil em tempos de seca, o caminho piorava ainda mais na estação das chuvas, tornando-se quase só transitável a pé, e nos pontos mais íngremes, com o auxílio de cordas e varas, às vezes à custa de algumas vidas. As imagens sagradas iam embaladas em papel e bem resguardadas dentro de um pesado caixote, que os nativos carregavam nos ombros. Tendo em vista uma viagem tão longa, a comitiva era frequentemente surpreendida por aguaceiros; mas a preocupação não era a perda de homens que se atolavam nas poças ou sofriam penúrias causadas por acidentes, mas o cuidado com as preciosas figuras.

A primeira maravilha que realizou a imagem destinada a Izamal, fê-la chegar a sua terra de permeio a comentários que desde já celebravam seus atributos. Os historiadores se queixam de que essa santa imagem não foi valorizada com justiça e que a maioria de seus dons ficou esquecida na débil memória daquela freguesia regional. Por certo confirmam, todavia, que nos momentos mais delicados das tormentas, os indígenas disputavam entre si a função de levar o caixote, pois um halo de secura cobria-os então como se o próprio Altíssimo ou algum anjo da guarda formasse uma espécie de redoma para que as imagens não se danificassem. Tampouco a umidade se infiltrou naqueles pacotes embrulhados em papel nem caiu gota alguma sobre os que carregavam a grande caixa, e muito menos em seu precioso conteúdo.

Tal maravilha fez com que os mais avisados, conscientes do valor daquela relíquia, conservassem os papéis que envolviam as sagradas figuras para empregá-los com fins reparadores, como era de se esperar, porquanto uma senhora de Mérida conseguiu alguns fragmentos deles e os utilizou para ajudar um criado indígena que havia caído do alto do terraço de sua casa e, em consequência do acidente, tinha quebrado um braço e uma perna. Enquanto esperava a chegada do cirurgião chamado para tratá-lo, a dita senhora cobriu os membros feridos com o papel e todos deram as devidas graças a Deus e sua bendita Mãe porque, ao retirá-lo, o médico não encontrou fratura alguma nem qualquer marca das lesões, embora o examinasse minuciosamente e com o maior cuidado.

Finalmente a sagrada imagem chegou a Izamal depois que sua companheira de viagem foi deixada no convento de Mérida; porém, como a maioria da população do povoado era indígena, a escolha foi contestada pelos espanhóis que, em nome de sua devoção mais antiga, apelaram para o falso direito de que, se uma das estátuas fora deixada em Mérida, a segunda deveria pertencer a Valladolid, onde eles constituíam a maioria. Empreenderam, assim, uma viagem para retirá-la de Izamal; mas os mensageiros tiveram uma enorme surpresa quando, por mais esforços que fizessem e apesar do auxílio que haviam convocado, na metade do caminho a Senhora aferrou-se firmemente ao solo e ninguém conseguiu movê-la até chegarem à conclusão de que o que ela desejava era permanecer em Izamal, com os naturais da terra. Daí em diante, a carga ficou bem mais leve e, com uma agilidade inusitada, foi reconduzida ao seu altar primitivo, acompanhada da notícia de tal maravilha. Desde então foi chamada de Nossa Senhora e Padroeira de Izamal. Contribuiu decisivamente para a conversão dos nativos por meio de uma torrente de prodígios, especialmente aqueles confirmados por efeito da grande epidemia de 1648. Em que pese a devoção mariana ser um traço distintivo dos residentes do Yucatán e a frequência com que os fiéis peregrinam desde Cozumel, Tabasco e dos povoados de Chiapas até Izamal, seu dia de adoração é 8 de dezembro, por ser esta a data consagrada à Imaculada Conceição.

O famoso livro *Zodíaco mariano* registra que, até o século 18, data em que foi escrito esse testemunho, era tão grande a multidão de peregrinos que nos primeiros dias de dezembro os caminhos que levavam à cidade ficavam inundados de gente. O templo, construído no topo de uma pequena colina – conforme o costume indígena talvez relacionado com as pirâmides –, era avistado a distância, e até mesmo os soldados e os *encomenderos* mais orgulhosos apeavam de suas cavalgaduras a fim de percorrer a pé o último trecho até chegar às grades que circundavam o santuário e, a partir daí, empreender de joelhos a difícil subida dos degraus e render culto à imagem entronizada em seu altar.

A única vez em que Nossa Senhora de Izamal foi transladada a Mérida para que acabasse com a peste que assolava os povoados do Yucatán, seus dons foram publicamente prodigalizados. Transportada em procissão muito solene, desde muito longe já se formava uma barreira humana de rezadores, curiosos e penitentes, ao modo das devoções hispânicas. Os indígenas saíam de suas choças para celebrá-la com danças e cantos. Todos os sãos e muitos dos enfermos davam-lhe as boas-vindas desde os arredores da cidade, convencidos de que, fosse qual fosse a sorte que lhes tocasse, o próprio Deus, por mediação de sua piedosíssima Mãe, era quem havia decidido e acatariam seu destino como uma vontade inequívoca. Desse modo, agradecidos, os que saravam não deixariam de prestar-lhe tributo, enquanto os agonizantes davam-se por satisfeitos com a graça de morrer sob seu olhar.

A lenda de Nossa Senhora de Izamal, naquela sua viagem a Mérida, entreteceu-se com os acontecimentos mais curiosos. Um deles menciona uma espanhola louca que, aparecendo no alto de uma sacada ao passar da procissão, falou em altos brados para que todos a ouvissem: "Então vocês pensam que a Virgem vai lhes dar saúde? Pois não há de ser assim. Ela só veio para castigar os pecados desta cidade, cometidos contra seu filho santíssimo!". Tais palavras, relatou o cronista, deixaram quase todos com lágrimas nos olhos e encheram de pavor os corações, especialmente porque provinham de uma louca, ou seja, do espírito de Deus pela boca de uma criatura desprovida de razão. De fato, os mais supersticiosos consideraram profética aquela ameaça, pois ao longo do tempo todas as desgraças eram relatadas como castigos divinos, o que infundiu reverência e temor no culto prestado pelos novos crentes.

Cada qual mais curioso que o outro, os milagres atribuídos à Virgem Maria de Izamal enriqueceram sua fama de protetora dos viajantes e dos desamparados. Diz-se que, ainda no século 18, um casal de nativos tinha um filho de 12 anos, paralítico e deformado de nascença. Como se tornava cada vez mais difícil para eles carregá-lo ou deixá-lo em casa para ouvir a missa nos dias de festa, decidiram levar o menino ante Maria de Izamal e separaram 3 reais[*] para a oferta, com a intenção de oferecer 2, a princípio, e reservar o terceiro no caso de não conseguirem logo o que pediam. Assim

---

[*] Moeda de prata que começou a circular em Castela no século 14. Base do sistema monetário espanhol até meados do século 19, a partir de 1497 seu valor corresponderia a 34 maravedis. Presentemente, o real equivaleria a 25 centavos de peseta. [N. de T.]

permaneceram orando e contemplando a imagem durante um dia inteiro. Uma vez que o menino não sarava nem dava mostras de qualquer melhora, retiraram-se desconsolados da igreja. Voltaram no dia seguinte e um dia mais, até se convencerem de que a Virgem não desejava o terceiro real prometido e darem por perdidos os dois primeiros que já haviam ofertado.

Os esposos tomaram, então, o caminho de volta, levando o pequeno entrevado às costas. Mas nem bem haviam andado alguns metros quando o menino lhes disse: "Ponham-me no chão, que eu quero andar sozinho". Os pais lhe responderam que ele sequer sabia dar um passo, porque nunca pusera os pés no chão, mas o enfermo insistiu que o soltassem e deixassem andar, já que sentia uma profunda necessidade de se levantar. Não sem aborrecimento o casal concordou e, assombrados, viram que os membros do menino estavam agora livres e soltos. Admirados, sentiram-se envergonhados por sua pouca fé. Regressaram imediatamente ao santuário, ainda surpresos e confusos, a fim de orar, pedir perdão à Virgem e entregar o real que ainda faltava.

Em outra ocasião, alguns piratas hereges capturaram um navio de espanhóis e, em meio a outros insultos atrozes, chamavam-lhes de papistas, embusteiros e néscios; e que se não abjurassem à Igreja Católica Apostólica Romana, os matariam sem piedade. Um deles, o mais corajoso, respondeu que preferia mil vezes morrer a renegar sua fé. Foi tamanha a valentia com que defendeu sua causa que os piratas lhe cortaram a língua, sendo brutalmente lançado à terra, junto com os demais companheiros, na costa do Yucatán.

Dali, os homens agredidos iniciaram uma penosa marcha até Mérida, em busca de auxílio. Logo ficaram sabendo, pela boca de um homem devoto, das maravilhas que prodigalizava Nossa Senhora de Izamal. Isso avivou a esperança do mutilado, que implorou de todas as formas para ser levado ao altar da santa, para que ela lhe restituísse a língua. Ali orou com devoção sincera e, para assombro

SANTA MARIA DE IZAMAL

dele próprio e de seus companheiros, pouco a pouco, durante os nove dias que duraram suas rogativas, o membro perdido foi crescendo de novo até recobrar o tamanho e a consistência anteriores. Ao término de sua novena, o homem prometeu em alta voz, para que todos ouvissem, empregar o dom da palavra que lhe fora restituído em atos de agradecimento e de veneração que contribuíssem para prestigiar tão grande misericórdia mariana.

Os historiadores ainda relatam que havia muito tempo que um casal lutava por sua filha de 5 anos, que se achava muito enferma. Como tantos outros, eles confiaram que ela recobraria a saúde em Izamal; porém, dois dias depois de sua chegada, a criança morreu. Aflitos, os pais pediram à Virgem que lhes devolvesse a filha viva, já que não lhes devolvera curada. Eram vésperas da festa anual e um mundo de peregrinos se congregava ao redor do santuário. Achava-se ali até mesmo o governador de Mérida, dom Antonio de Figueroa, sua mulher e toda a sua família, entre a multidão que caminhava de cá e para lá, do átrio à escadaria e do altar à nave, à espera que a imagem fosse baixada do trono para que, em um andor e debaixo de um pálio, iniciasse a procissão pelas ruas do povoado. Nem bem havia sido baixada a sagrada imagem pelas mãos dos ecônomos, quando os pais, com a menina morta nos braços, pediram em meio a um pranto doloroso que a Senhora lhes ressuscitasse a filha. As crônicas dizem que a Virgem olhou-os com piedade e que, em meio a uma grande aglomeração, a menina começou a piscar, a se mover e a soltar pequenos gemidos.

Os gritos agradecidos dos pais atraíram a atenção pública e o próprio governador foi até a pequena e perguntou-lhe quem a havia ressuscitado, pois todos haviam visto que já era defunta. Em sua linguagem acanhada, a criança respondeu: "Minha Senhora, a Virgem Maria, que está ali em cima; foi ela quem me ressuscitou". Como mal aprendera a falar, a menina repetiu aos trancos a ave-maria diante de toda a gente que ali se achava, a fim de louvar a grande Senhora que a havia trazido de volta à vida. A esposa do governador, por sua vez, vestiu-a com roupas de gala e a levou consigo para que presidissem juntas a procissão do dia seguinte. Quando os pais souberam que, além disso, a mulher pretendia levá-la consigo para viver em sua casa de Mérida, fugiram com ela para que não crescesse no palácio, em meio a estranhos. Ao se despedirem, disseram que a Virgem prefere a pobreza dos indígenas ao conforto na agitação cortesã.

Por meio das histórias de favores cumpridos e de esperanças realizadas ao calor da fé distinguem-se, em cada cultura, as diferentes expressões de religiosidade. Os antigos deuses, por exemplo, satisfaziam prazeres com a mesma frequência com que sanavam os males ou consolavam as dores. Não sabemos como nem onde se rompeu o costume de associar a totalidade da vida e da morte à devoção; o certo é que de repente, talvez por influência do monoteísmo, a tristeza se infiltrou como a única maneira de praticar a religiosidade no limite das carências. E é essa a sensação que produz o cristianismo desde seu advento na América, a de ser um refúgio, um apoio desesperado e um consolo do desassistido. Um refúgio que claramente se assenta no espírito dos vencidos e depois, na medida em que a sociedade se configura em um sistema de desigualdades extremas, encontra sua própria linguagem de acordo com a classe social e o grau de instrução dos crentes. O culto às invocações marianas no México, por exemplo, jamais conseguiu absorver a sensualidade característica dos espanhóis nem se respirou em nossas terras a vigorosa inspiração artística de uma Idade Média ou de uma Renascença europeias. Disso também se ressente o colonialismo, talvez porque a palavra sagrada tenha sido imposta com demasiada violência sobre os resquícios ainda candentes do fervor mutilado com sangue.

De tão intensa que é nas fendas da dor, a história do cristianismo na América – uma temática ainda muito pouco estudada – constitui

SANTA MARIA DE IZAMAL

uma rica fonte para a compreensão da profundidade de um caráter com inúmeros indícios de submissão resignada que, em momentos extremos, explode em violência; porém, na vida cotidiana oscila em um vaivém de devoção piedosa, ainda que passiva, e ciclos rituais de festividade popular sempre marginalizados em relação à orientação formativa da doutrina. E é precisamente isso que nos ensina a revisitação do culto mariano, muito mais arraigado no México que a palavra do evangelho ou o interesse quase inexistente pela Bíblia: que o sentimento de orfandade ainda ultrapassa a curiosidade do espírito; e que os crentes acorrem ao amparo da Mãe Sagrada em busca de soluções para problemas que não podem resolver por si mesmos, seja por causa da miséria, seja pelo costume de se apegar à necessidade daqueles feitos que, entre nós, são tidos como milagres.

Uma surda que ouve por graça divina, um aleijado que consegue se pôr em pé, o endemoninhado que reza como em uma sessão de exorcismo, as chagas infectas que desaparecem do corpo dolente, as febres abrasadoras que se aliviam por efeito da oração ou o sem-fim de acidentes representados pelos ex-votos são eventos que, geralmente, testemunham o curso natural de uma enfermidade. Mas em povos tão desvalidos o ordinário adquire valores excepcionais, pois parece óbvio que aquele que nada tem nada espera; e quando a desgraça não é sucedida por uma fatalidade, mas por um fim aceitável, esse desenlace é levado à conta de milagre.

No caso dos espanhóis, agradeciam à Nossa Senhora de Izamal por havê-los livrado de tormentas em alto-mar ou vencido o risco de se perderem por causa dos maus ventos. Uns diziam que suas embarcações não se haviam estraçalhado contra um penhasco graças à oportuna intervenção mariana; outros que, graças às exortações do capitão, passageiros e marinheiros se arrependeram de seus pecados e fizeram promessas a fim de se salvarem do perigo iminente de um naufrágio. Relativamente aos mexicanos, a lista de rogos gira sempre em torno das mesmas causas: a cura de doentes ou de acidentados e, em nossa época, o socorro aos desempregados e alcoólatras redimidos; isto é, diante do altar congregam-se as súplicas de uma miséria tão secular que não caberia alternativa senão esperar por um único e verdadeiro milagre: pedir à Virgem forças para transformar uma situação de injustiça que, longe de ser reparada, piora com o passar do tempo.

NOSSA SENHORA DE SÃO JOÃO

Inseparável da Virgem de Zapopan, a imagem de Nossa Senhora não foi levada pelos evangelizadores ao então vilarejo de São João Batista de Mexquititlán, no século 16, com a deliberada intenção de torná-la famosa por suas graças concedidas. Fizeram-no, com efeito, para promover a piedade mariana nas modestíssimas ermidas contíguas a hospitais ainda mais modestos, destinados a atender enfermos e hospedar peregrinos de acordo com as disposições do primeiro Concílio Mexicano, de 1555, que ordenava construir essa espécie de dispensários por causa da terrível epidemia que assolou os povoados da Nova Espanha.

Em geral, essas capelas deveriam ser dedicadas à Imaculada Conceição, e ficara disposto também que em cada localidade os padres fundadores deveriam prover seu pequeno santuário com a imagem da Virgem Maria. Acatando essa determinação, frei Miguel de Bolonia providenciou a imagem para a capela de São João, que estava a seu cargo. Correspondendo à insignificância do povoado, a ermida era pequena, com uns 16 metros de comprimento por 6 de largura, com teto de palha e paredes de barro, formando um edifício ao qual se dava o nome de hospital. Com o tempo, lhe foram agregadas duas peças pequenas, uma para a sacristia e outra para o dispensário, ou talvez para o quarto de hóspedes, mas ambas de igual simplicidade. Como ocorre na maioria dos casos, não se sabe com exatidão de onde proveio a imagem nem quando perdeu seu nome original para passar a ser reconhecida como Nossa Senhora de São João. Considerando a primitiva pasta vegetal de sua estrutura, feita à base de milho, supõe-se que procedeu de Michoacán, onde Vasco de Quiroga ensinou aos indígenas artes e ofícios, entre os quais se contava a fabricação de imagens e a pintura, conforme demonstra a presença da Virgem da Saúde em Pátzcuaro, também preparada de massa de milho.

A figura de Nossa Senhora de São João foi, sem dúvida, uma incumbência menor de frei Miguel de Bolonia. A princípio, ninguém a considerou mais que uma parte necessária e obrigatória da ornamentação litúrgica, sem culto especial nem merecimentos; maltratada e em desalinho, permaneceu desprezada na sacristia junto a outros objetos e imagens de santos e virgens um tanto inúteis, até que, quase um século depois, se cansou do confinamento e começou a se manifestar por meio de admiráveis maravilhas.

Ocasionalmente era visitada por devotos de passagem, sendo que mal se notava sua presença naquela localidade; ninguém imaginava que informações jurídicas chegariam a afirmar sem receio, por volta do século 18, que era uma das invocações marianas mais milagrosas não somente da América setentrional, mas em todo o mundo católico, pelo qual sua piedade foi difundida. Tudo indica que era de feitio grosseiro e com acabamento muito modesto. Entronizada com o tempo em sua própria basílica, percebe-se ainda agora a diferença em relação às peças de madeira em ouro que adornavam os grandes conventos e igrejas. Ela está para o ramo de milho como as esculturas sacras da península estão para a madeira. A graça de seus longos cabelos ondulados e negros, tais como os de sua irmã, a Virgem de Zapopan, assim como sua pequena estatura e seu rosto aquilino são uma tentação para a diligência feminina, sempre inclinada a adorná-la com joias e enfeites muito brilhantes. Sua história, porém, é mais fascinante que sua figura, por ser muito reveladora das preferências mestiças. Abarcou a memória da Imaculada Conceição, adquiriu personalidade própria graças

NOSSA SENHORA DE SÃO JOÃO

aos portentos que realizou, exerceu o costume de mudar sozinha de lugar, de variar a cor de seu semblante, suas nuanças e gestos, até que foi rebatizada como Nossa Senhora de São João no dia em que um malabarista passava pela aldeia, a caminho de Guadalajara, fazendo piruetas e números com fogo, lanças desnudas e adagas pontiagudas, nos quais também participavam sua mulher e suas duas filhas pequenas, o que acentuava o risco em suas apresentações.

Sucedeu que uma das meninas, provavelmente a menor e menos experiente, errou o salto e caiu com o peito diretamente sobre a ponta de uma adaga. À vista dos curiosos e perante a dor de seus pais, a criança esvaiu-se em sangue e ficou completamente inerte entre os apetrechos. Acompanhados por muita gente do povoado, os saltimbancos amortalharam-na a fim de velá-la na capelinha e depois enterrá-la no campo santo.

Os pais choravam desconsolados. Comovida pela tragédia, chorava também com eles uma indígena já de idade madura, chamada Ana Lúcia, que, de repente, como se estivesse em transe, colocou-se de pé para lhes dizer que não se afligissem mais, pois a Zuhuapili – como chamavam a Virgem Maria – devolveria a vida à menina, ainda que se encontrasse esquecida no quartinho ao lado. Prontamente, conforme escreveram Francisco de Florencia e Juan Antonio de Oviedo, Ana Lúcia entrou na sacristia, pegou a imagem da Imaculada, da qual ninguém mais se lembrava, e com a mais sincera devoção colocou-a sobre o peito da defunta. Em pouco tempo os presentes perceberam que a criança se movia por baixo da mortalha, e às pressas cortaram-lhe as faixas para que, sã e salva, a menina pudesse se erguer e render graças à Santa Senhora.

Quando em 1634, onze anos depois do sucedido, a comissão enviada pelo bispado interrogou Ana Lúcia – então com mais de 80 anos – a respeito daquele milagre, ela lhes disse que, sendo esposa do sacristão daquele hospital, varria o prédio diariamente, bem cedo, por dentro e por fora, e sempre percebia que durante as noites a Virgem saía da sacristia, onde estava abandonada com outras imagens, até a peanha da capela, onde amanhecia sem que ninguém a tivesse tocado. E uma vez que todos os dias ela mesma retirava a imagem do pedestal e a recolocava em seu lugar na sacristia, e que outra vez a Virgem se movia, isso acabou se tornando uma espécie de costume entre elas, e a indígena não disse nada a ninguém porque acreditava que a imagem era transportada pelas mãos dos anjos. Certamente esperava algum aviso, como finalmente acabou acontecendo, porque assim era a Virgem Maria: brincalhona e travessa. Naquela ocasião, Ana Lúcia não comentou o prodígio porque lhe pareceu natural que a Virgem ressuscitasse a menina, e além disso ninguém lhe havia perguntado.

Conforme o registro do Bispado, o malabarista considerou que a melhor maneira de demonstrar sua gratidão pelo favor recebido era pedir permissão ao povo de São João para levar a imagem consigo por uns dias, para que algum pintor ou escultor conhecido a restaurasse em Guadalajara, pois o tempo e o abandono na sacristia deixaram-na descorada, lascada em algumas partes, despenteada e com a roupa danificada. Os habitantes do vilarejo aceitaram a oferta, confiantes na palavra daquele homem, pois já não duvidavam que a dignidade da imagem deveria estar à altura de suas maravilhas. Então, encadeado a outros eventos extraordinários, ocorreu um novo prodígio na estalagem em que se haviam alojado os saltimbancos, ainda dominados pelo encantamento. Sem causa nem vínculo algum, pois nesse local ninguém tivera notícia do milagre que ainda inquietava a família, dois jovens se apresentaram e indagaram se havia por ali alguma imagem carente de conserto. Sentindo que a sorte o havia favorecido, o saltimbanco lhes entregou a Virgem advertindo-os de que pertencia ao povoado de São João, e que não poupassem cuidados nem gastos porque ela lhe era muito cara e um sinal de esperança aguardado com grande ansiedade pela gente de São João.

NOSSA SENHORA DE SÃO JOÃO

Ao amanhecer do dia seguinte, quando o saltimbanco ainda não havia despertado, o estalajadeiro bateu-lhe à porta do quarto trazendo a Virgem nos braços. Estava tão bem composta e bonita quanto se encontra ainda hoje; até sua feitura parecia diferente, mais sólida e reforçada, e a expressão de seu rosto era tão radiante que seus olhos negros chegavam a ofuscar. Disse-lhe o hospedeiro que os dois rapazes a haviam entregado há poucos minutos e que, aparentemente, não esperavam nada em troca, pois foram embora sem exigir qualquer pagamento. Quando o malabarista, semivestido, saiu rapidamente para procurá-los, não conseguiu descobrir o menor rastro deles. Ninguém os tinha visto e tampouco os conheciam aqueles que eram interrogados; não foram encontrados nas ruas próximas nem eram conhecidos nos ateliês existentes ao longo do caminho.

Convencido de que se tratava daqueles anjos mencionados por Ana Lúcia, o artista voltou a São João com grande reverência, trazendo a notícia. Colocou a estátua de volta em sua capela, justamente no lugar em que ela gostava de ficar ao amanhecer, e a partir de então, no ano de 1623, os peregrinos começaram a arrancar pedaços de adobe tanto do altar como das paredes, com o objetivo de amassar uma espécie de pãozinho de barro que guardavam como relíquia chancelada. De construção débil desde o início, a ermida desabou por excesso de devoção. Não sobrou fragmento que não fosse recolhido, porque tanto os moradores locais como os forasteiros levaram como prenda pessoal qualquer coisa que se relacionasse com a Senhora. A mortalha da menina sofreu igual sorte, assim como as flores, os tocos de velas, as ervas e até mesmo o lodo da base do pedestal.

Anterior à atual basílica – onde Nossa Senhora de São João dos Lagos ficaria entronizada –, construíram-lhe em seis ou sete anos um templo semelhante à capela-mor da antiga ermida. Não obstante o apuro com que foi realizada essa obra, executada durante a ausência do bispo dom Juan Sánchez Duque, fez-se necessário derrubá-la outra vez em função de sua pouca solidez e consistência, já agora sob o mandato de seu sucessor, o bispo dom Juan Ruiz Colmenero.

A Virgem de São João compartilha com as imagens de Nossa Senhora da Saúde e de Zapopan a característica de terem sido fabricadas com uma pasta de milho muito primitiva e grosseira, uma matéria tão frágil que está muito mais exposta que outros materiais ao caruncho e à total deterioração. Todavia, é secular o espanto com o fato de seu corpo permanecer intacto, tal como seguem também em seu estado original a *tilma* de Juan Diego e as fibras muito simples que compõem as outras duas virgens. Isso, por si só, é um milagre.

É impossível determinar a cor de seu rosto, pois umas vezes está radiante e outras pálido, trigueiro ou enegrecido, tal como se mostra a imagem de Zapopan. Até mesmo em nossos dias, dois séculos depois que os autores do *Zodíaco mariano* registraram o caso como testemunho verídico, Nossa Senhora de São João se apresenta com tonalidades distintas, especialmente nas datas em que seu Filho é comemorado ou durante as celebrações dos mistérios de sua vida. Então, seu rosto irradia lampejos muito tênues que fazem desvanecer seus olhos e suas feições. É dessas luzes que nasce a célebre estrela que algumas vezes aparece em sua fronte e outras em seu queixo.

O padre Florencia afirmou sob juramento que, por ver muitas vezes no templo a imagem emanar um clarão a partir de seu rosto, ele mesmo quis averiguar se por acaso não se tratava de uma ilusão de óptica provocada pelo brilho dos diamantes com os quais estava adornada. Às escuras, fechou as portas do relicário e, espiando pela gelosia, viu que resplandeciam tanto a imagem como o interior de seu sacrário, ficando então convencido de que as luzes não eram reflexo dos diamantes, mas que irradiavam, sim, do rosto da imagem.

NOSSA SENHORA DE SÃO JOÃO

As obras realizadas por Nossa Senhora de São João conformam o esboço de um México ingênuo, formado por almas simples como as do malabarista e de sua família, que ganhavam a vida saltando entre facas e aros de fogo; mas também por espíritos privilegiados pela graça de um milagre tão inaudito como a ressurreição da pequena amortalhada, e que, mesmo depois de haver driblado a sorte sobre a adaga, continuam sua existência nômade e desafiando a morte para entreter o povo pobre dos vilarejos, até que chegue a velhice, o cansaço ou o destino impondo-lhes o fim de seu ofício.

Está visto que, em geral, o povo não espera mais que alguma bem-aventurança: remediar males, reparar erros cometidos, realizar pequenas aspirações de melhoramento material; anseios que oportunamente motivam, nas igrejas, a organização de eventos por meio dos quais se infiltra o inevitável tema das esmolas, antecedido de avisos ou de portentos que acenam para a possibilidade de construir novos templos ou de substituir velhos retábulos. Nossa Senhora de São João, por seu lado, é uma dessas virgens que não pede diretamente luxos e recompensas, mas tampouco desdenha ofertas em agradecimento ou abandona os cuidados de seu próprio santuário. Daí que, em dezembro de 1659, ela preveniu em sonhos ao então vigário e capelão-mor, dom Juan de Contreras, sobre o risco que corriam os ricos dosséis e ornamentos litúrgicos que ele havia colocado ao redor do altar durante os árduos trabalhos de decoração.

Nessa noite, enquanto ele dormia, e quando pela primeira vez o templo reluziu em esplendor, pareceu-lhe escutar uma voz que dizia ser o arco da capela o local mais adequado para a lamparina que ardia diante da imagem. A primeira coisa que fez ao se levantar foi se certificar de que a lamparina e os cordéis que a sustinham pendiam da pequena claraboia diretamente sobre a peanha do altar. Porém, a indolência falou mais alto que o medo, e o vigário deixou que três dias se passassem sem se preocupar mais com o assunto.

No sábado, 6 de dezembro, enquanto rezava a missa, rebentaram-se quatro cordéis que sustentavam a polia daquele objeto de prata, o qual se encontrava exatamente sobre a sua cabeça. Milagrosamente o paramento veio a cair entre seus pés e o altar, uma vez que Nossa Senhora de São João desviou o sentido da queda com tal precisão que nem sequer o azeite do recipiente manchou o tapete ou as peças do altar; ele tampouco foi respingado, e apenas uma leve mancha tocou sua casula.

Este não seria o único incidente entre a Virgem e dom Juan Contreras, pois foi nessa época que se acentuaram suas diferenças com o recém-nomeado vigário de Jalostotitlán, um ancião muito brioso que tomou conhecimento de que seu subordinado, valendo-se das esmolas que se multiplicavam durante as missas cantadas, as festividades ou por ocasião da Semana Santa, promovia a devoção mariana com muita ostentação e não media esforços para atrair mais peregrinos para o seu santuário. E foi justamente em uma Semana Santa que, desde sua sede de Jalostotitlán e sob pena de cem açoites, proibiu os cantores de São Gaspar de ir a São João nesses dias cantar ou oficiar.

Ignorando a sanção que havia recaído sobre sua paróquia, dom Juan Contreras se deu conta de que estava sem cantores em plena festa de São José. Além disso, se aproximavam o dia da Anunciação e a Semana Santa, motivo pelo qual, uma vez inteirado da decisão de seu superior e sabendo que não podia se opor a ela, encomendou-se à proteção de Nossa Senhora. Generosa como era, na manhã de sexta-feira, 8 de abril de 1661, já às vésperas da Semana Santa, a Virgem fez com que batessem no portão da igreja uns indígenas de tão boa têmpera que até fizeram o inocente Contreras pensar que eram anjos; eles lhe beijaram a mão em sinal de saudação e lhe disseram que tinham trabalhos a realizar no santuário durante esses dias. O vigário, confuso, pensou que falavam de obras de alvenaria, o que não lhe era possível aceitar porque, nessas datas, tudo ficava suspenso.

– Padre – lhe responderam –, nós não viemos para isso, mas somos cantores e estamos aqui para ajudá-lo. Somos de Michoacán. Viemos aqui por devoção.

Jubiloso, o pároco alojou-os no hospital e, no dia seguinte, eles o ajudaram a oficiar a missa de Nossa Senhora.

Contreras comunicou a seu companheiro, Nicolás Pérez, que a Virgem mesma lhes havia provido de cantores, e que levou-os a ensaiar a Paixão e os cantos do Domingo de Ramos. Um após outro se sucederam fatos inusitados, pois os indígenas não somente sabiam os versos do *Gloria Laos* como pediram papel e tinta para escrevê-los com exatidão. A suavidade e a modéstia com que cantaram no dia seguinte à liturgia da Paixão e à missa eram tamanhas que não pareciam indígenas, mas anjos, conforme escreveu o cronista. Não conversaram com ninguém nem fizeram pedido algum. Passaram cantando motetes durante os santos ofícios diante de Nossa Senhora de São João; na Sexta-feira Santa cantaram em tons tão baixos e lastimosos que deixaram absortos o vigário e seu companheiro. Durante a cerimônia do lava-pés, cantaram em falsete o ofício das trevas mostrando tamanha destreza que se julgou que nem mesmo nas grandes catedrais se ouviria coisa igual. No dia seguinte, Sexta-feira Santa, interpretaram os chamados impropérios com tal ternura que levaram às lágrimas o capelão, convencido de estar escutando os próprios anjos. Despediram-se no terceiro dia de Páscoa sem pedir qualquer pagamento, mas contentes em receber os pãezinhos tirados da terra da Virgem.

Atribuem-se a Nossa Senhora de São João numerosas ressurreições, especialmente de crianças, embora os registros acentuem sua nobreza de caráter por se comover com o sofrimento ou a dor dos animais. Assim como restituiu a vida de uma criança atacada por um cão enfurecido, também fez o mesmo por um cão ovelheiro, do qual dependia seu dono para guiar o rebanho. Devolveu a agilidade a um mulato entrevado há muitos anos e que, não contente com apenas se mover, começou a fazer piruetas diante de seu altar para depois oferecer suas muletas à Senhora milagrosa.

Um amo atirou à rua seu escravizado negro para que mendigasse porque, já meio paralítico, não mais lhe era de utilidade. Como Nossa Senhora de São João realizasse o milagre de lhe restabelecer a saúde, o dono reclamou novamente sua posse; porém, o Real Tribunal de Justiça de Guadalajara interveio e decretou sua libertação para que "passasse ao serviço da Virgem". Esse prodígio, entre outros anotados nos registros marianos, tem o duplo valor de mostrar a devoção e comprovar a existência da escravidão de indígenas, negros, mulatos e outros grupos étnicos que alguns historiadores negaram por motivos inexplicáveis. Se a servidão não fosse uma realidade cotidiana, não haveria sentido que por três vezes no século 19 fosse decretada sua abolição no México: primeiro com Hidalgo, depois Morelos e, finalmente, Vicente Guerrero.

Infelizmente não existem testemunhos para explicar como a suavidade maternal da Imaculada conseguiu se impor em mentes acostumadas a prestar tributo a figuras de pedra e entidades que enchiam de temor só de contemplar. Porém, o mais assombroso é que a devoção mariana se tenha convertido no traço que mais nos distingue como hispano-americanos dos cristãos anglo-saxões, sempre propensos a preferir santos masculinos e, naturalmente, a relação direta com Jesus Cristo.

Nesse sentido, contribuiu muito o costume de fazer passear a Peregrina, ou a cópia fiel da imagem original, por todos os povoados do arcebispado a fim de arraigar seu culto. Não se registrou a origem dos "votos" nem o florescimento das "promessas", mas é fato que, em nossa América, tais meios foram as vias mais poderosas de persuasão doutrinária. Estando entre as devoções mais populares, Nossa Senhora de São João dos Lagos é assim reverenciada e recompensada por seus fiéis há séculos, desde o momento em que,

NOSSA SENHORA DE SÃO JOÃO

cansada de ficar escondida na sacristia daquele hospital primitivo, empreendeu sua tarefa de proteção aos desamparados.

De que seja milagrosa, ninguém duvida; mas também é graciosa. Diverte-se com as pessoas e sabe brincar com as luzes que a caracterizam. É certo que entre suas alfaias se contam numerosos diamantes, pérolas, turquesas e rubis; mas esses cristais somente refletem seu esplendor. É radiante, ainda que em determinados momentos contraste com sombras as tonalidades cambiantes de seu semblante. É por isso que fascina e desconcerta àqueles que a contemplam, porque, longe de ser apenas uma figura de madeira sem serventia, como disse aquela avó indígena quando sua filha se recusava a enterrar sua neta – que acabou sendo ressuscitada pela Senhora –, sua matéria de milho a enobrece e a eleva como um dos frutos divinos de nossa terra mestiça.

NOSSA SENHORA DE ZAPOPAN

Os frades franciscanos respondiam pela evangelização e criavam os meios materiais para difundir sua palavra, enquanto os conquistadores submetiam o ocidente do México com singular crueldade. Não obstante a proibição de 2 de agosto de 1543, os espanhóis começaram a escravizar os indígenas para cultivar trigo e depois para explorar as minas sem demonstrar o menor sinal de piedade; como, aliás foi distintivo da feroz brutalidade das hostes de Nuño de Guzmán. Eram tempos de investidas e acumulação sem reservas, em que a pressa era a única guia da consciência estrangeira. Pressa que também abarcava a necessidade imperiosa que sentiam os prelados de aniquilar a idolatria até seu último reduto. Por isso os sucessos militares estiveram muito próximos dos civis, e estes dos religiosos. Em 1532, por exemplo, três anos depois que o mesmo Nuño de Guzmán partira para a conquista de Jalisco, teve lugar a primeira fundação de Guadalajara. Em 1546, o papa Paulo III autorizou a criação do bispado; em fevereiro de 1548, o imperador Carlos V determinou a criação do Tribunal de Justiça da Nova Galícia, tornando-a independente do vice-rei da Nova Espanha em 1575, a quem somente reservou a autoridade militar sobre o território. Não é de se estranhar, então, que diante dessa voragem fundadora os franciscanos sentissem a mesma urgência em edificar seus conventos, à frente dos agostinianos, dos jesuítas e dos dominicanos, os quais se estabeleceram a intervalos de aproximadamente dez anos entre si até completar, em

MULHERES, MITOS E DEUSAS

1588, a lista das congregações que dominariam o panorama da cristianização regional.

Quase de maneira simultânea à penetração militar na zona de Jalisco, em 1531 os franciscanos fundaram o convento de Tetlán, e dez anos depois ocuparam o novo povoado de Zapopan com indígenas tecuexes originários da *encomienda* de Jalostotitlán, para que Nicolás de Bobadilla, seu *encomendero*, pudesse tê-los concentrados e a seu serviço nas cercanias de Guadalajara; nesta região algumas comunidades se haviam extinto por causa da selvageria sem tréguas do *encomendero*, que não respeitava Deus nem lei e se aproveitava até limites inimagináveis das vantagens que lhe conferia a carta de *encomienda*. Foi assim que se infiltraram as contradições na Colônia, pois, enquanto uns aniquilavam, arrasavam e maldiziam, outros abençoavam, invocavam a Deus e semeavam templos com virgens prodigiosas para que os sofredores conversos conseguissem apoiar em algo seu debilitado sentido de existência, e pudessem assim continuar seus sofrimentos no mundo com o favor da fé.

Se observamos essa situação sob a óptica da dor daqueles que foram despojados de símbolos sagrados, de divindades e de identidade, a presença de deusas ou virgens protetoras amealhava o único reduto possível de esperança que pudesse conduzir seu sentimento de orfandade. Para os naturais da terra, tudo estava perdido: sua língua, seus credos, os ensinamentos de seus antepassados, o eixo de sua ordem social, sua capacidade defensiva, suas terras e seus sonhos. Não lhes restava mais nada senão acatar essa ideia de bondade que o missionário lhes proclamava como último consolo às margens terminantes da escravidão ou da morte. Isso explica o apego à promessa mariana e à oração banhada na profundidade de um pranto de séculos, que se repete aos pés de Nossa Senhora como se fosse uma condenação irresoluta, um sofrimento herdado e uma tristeza tão grande que somente ela, a Mãe do Deus misericordioso, é capaz de aliviar.

NOSSA SENHORA DE ZAPOPAN

No México não existe culto que não tenha brotado ou pelo menos se nutrido de uma tragédia armada. Insubmissa ao invasor, a comarca de Jalisco distinguiu-se por seu contínuo repúdio aos conquistadores. Resistiu o quanto possível nas montanhas, planícies e vales, mas alianças menores e a supremacia cultural hispânica arrasaram em definitivo a vontade dos mais valentes.

Depois que o tristemente célebre Pedro de Alvarado perdeu a vida durante o assalto ao Rochedo de Nochistlán, a 4 de julho de 1541 – quando a resistência indígena obrigou-o a se retirar e, durante sua fuga desabalada, foi atropelado pelo cavalo de outro soldado fugitivo –, confirmou-se a necessidade de fundar uma devoção local que serenasse os ânimos de vencidos e vencedores. Aquele lugar ardia em sangue e tumultos. Gravemente ferido, Alvarado conseguiu chegar à cidade de Guadalajara, onde faleceu de maneira cristã. Alguns dos soldados, os que lhe eram mais fiéis, choraram-no e exaltaram-no como o mais intrépido e infatigável dos conquistadores, tão bom para matar e avassalar quanto para fundar povoações, saquear tesouros e se esquivar dos maiores perigos; outros, vítimas de seus desmandos, marcavam seu nome a fogo para que na memória das gerações jamais se menosprezasse o acre sabor da derrota. As sublevações ocidentais não desapareceram com sua morte; as forças nativas se defenderam e os melhores persistiram, ainda que de maneira infrutuosa porque, de armas em riste e altares recém-erguidos, soldados e missionários cumpriram com sobras os propósitos da conquista, que culminaram com o esquecimento do mundo nahua e da preexistência de uma civilização avançada na Mesoamérica.

De acordo com a ordem episcopal de edificar ermidas presididas pela Imaculada Conceição ou por Nossa Senhora da Anunciação, a Virgem recém-entronizada em Zapopan foi dignificada de imediato como "Generala pacificadora dos indomáveis chimalhuacanos", único grupo tribal que, por sua resistência organizada, fez cambalear a primazia do vice-reinado. Comandados por Tenamaztli, conhecido também como "o Cuauhtémoc* do Ocidente", lutaram com todas as armas e energia antes de se render ao inimigo. Como os mexicanos de Tenochtitlán, aqueles homens intuíam o preço de seu fracasso e não sucumbiram. Eram temíveis, porém não dispunham de armas à altura daquelas brandidas pela força invasora, motivo pelo qual grande parte deles caiu nos combates. Sua pacificação, de fato, implicou uma grande mortandade que marcou uma das mais renhidas batalhas travadas na região e que acabou determinando o princípio da obediência mediante a rápida tarefa dos *encomenderos* em submetê-los pela via material, enquanto os frades faziam o mesmo no espírito cativo daqueles que, para sempre, seriam excluídos das páginas da história.

No que se refere à chegada da Virgem Maria à Nova Galícia e à difusão de seu culto, nada se conhece com exatidão. A imagem não proveio da Espanha porque foi fabricada com massa de milho, o que permite inferir que, entre as primeiras indústrias que os missionários ensinaram aos naturais empregando os materiais da região, encontravam-se a pintura e a estatuária litúrgicas; a imagem apresenta semelhanças com as de Talpa e de São João. Compartilha com elas a pasta que forma sua estrutura, os traços mestiços e certa precariedade em seu acabamento, que mais tarde foi restaurado para melhor conservação. Foi frei Antonio de Segovia quem mandou trazer Nossa Senhora sob a invocação conhecida como do Ó, também chamada Nossa Senhora da Expectação [ou

---

* Cuauhtémoc ou Guatimozín foi o último indígena asteca a governar o México. Defendeu bravamente a capital Tenochtitlán contra o conquistador espanhol Hernán Cortés, até a queda da cidade, em 1521. Em 1525 Cortés mandou matá--lo por acreditar que o chefe asteca tramava contra os espanhóis. É considerado um herói nacional mexicano, e os indígenas admiram-no como um símbolo de sua luta pelos direitos civis. [N. de T.]

do Parto], mas ambos os nomes se perderam a partir do momento em que se identificou essa pequena imagem ricamente adornada, de cabelos negros e ondulados, com o nome mais singelo de Virgem de Zapopan, a qual se tornaria credora de uma das venerações mais originais do vice-reinado graças à mescla de elementos pré--hispânicos e devoção cristã que se conserva até hoje, talvez porque o clero mexicano não se tenha interessado com suficiente empenho em repartir a doutrina nem alfabetizar seu rebanho.

Fiéis ao costume de aproveitar a maternal virgindade de Maria para penetrar nas consciências religiosas dos nativos, os evangelizadores que frei Antonio de Segovia coordenava, pertencentes à ordem seráfica de São Francisco, acentuaram a bondade da Virgem perante os indígenas para que, desde a origem de sua conversão, a tomassem como protetora dos desamparados e tão pródiga em milagres que se tornaria extremamente difícil, diante das evidências de seu altruísmo, manterem-se aferrados ao paganismo. Sua fama de consoladora tornou-se tão ostensiva e crescente que os cronistas do século 18 relataram que os próprios crentes se negavam a revelar as graças recebidas por temor de que lhes retirassem a imagem de seu santuário.

Foi nessa época, a 4 de dezembro de 1784, que se criou a Intendência de Guadalajara, que compreendia os territórios de Jalisco, Aguascalientes e Colima; em junho de 1823, transformou-se no Estado livre de Jalisco, federado à nação mexicana; nesse mesmo ano, durante o governo de Agustín de Iturbide, Nossa Senhora de Zapopan foi declarada "Generala e Protetora Universal do Estado Livre de Jalisco", o que indica o assentamento pleno da religiosidade em um meio no qual estava quase extinto o apego pelos antigos vínculos com o sagrado.

Os escritos da época indicam que o templo onde se venerava originalmente a Virgem de Zapopan era de estrutura maciça e de acabamento bastante satisfatório. No entanto, sua crescente popularidade animou a freguesia a construir-lhe algo mais suntuoso e suficientemente amplo para acolher os peregrinos. A obra foi realizada sob as ordens do bispo dom Juan de Santiago León, ainda que, devido à pobreza da região e à insuficiência das esmolas, tivessem de transcorrer cerca de quarenta anos antes que, no mês de setembro de 1729, o ilustríssimo doutor dom Nicolás Gómez de Cervantes cantasse a missa no dia da dedicação pontifical e, segundo os testemunhos, imediatamente se multiplicasse o número de devotos e a contagem de seus milagres.

Ninguém sabe como nem de onde surgiu o costume de criar um guarda-roupa para a Virgem de Zapopan; talvez se tenha originado nas procissões anuais que reuniam grandes multidões, quando levavam a Virgem de povoado em povoado e ela pernoitava em casas particulares ou templos locais e ali, entre os devotos mais abastados, começou a aumentar seu porta-joias e seu guarda-roupa pessoal a ponto de hoje ser considerada uma das invocações mais bem vestidas e adereçadas da América.

Especialmente no culto mariano a Nossa Senhora do Ó, ou da Expectação, que se celebrava em todos os reinos da Espanha no dia 18 de dezembro, sentiu-se a imposição mais agressiva da religiosidade peninsular. Os mexicanos, porém, opuseram outra maneira de resistência sutil ao rebatizarem suas padroeiras com nomes locais e, em casos frequentes, mudarem os dias que lhes eram consagrados para ajustá-los ao calendário de suas antigas festividades. O sincretismo foi abertamente avigorado durante os festejos populares até criar, em poucas décadas, uma linguagem própria que, mesmo pródiga em imagens e ritos de origem europeia, se revestiu da grande originalidade que até hoje distingue essas celebrações: a profusão de danças autóctones, oferendas de produtos vegetais, penitências físicas e um sem-fim de oferecimentos, promessas e outras formas de alcançar o perdão que substituem o esforço da consciência contrita, sem contar que tudo isso pode resultar em excessos agravados pelo álcool. Trata-se de uma linguagem litúrgica que, ontem como hoje, em quase nada conserva as práticas impostas pelos evangelizadores.

Diferentemente da Virgem de Guadalupe e de Nossa Senhora dos Remédios, a Virgem de Zapopan não apareceu a um indígena nem se manifestou de forma velada. Essa invocação mariana, como suas irmãs de São João dos Lagos ou de Talpa, foi implantada como um pendão espanhol na Nova Galícia, fato que, para sorte da mestiçagem cultural, já não é mais recordado por ninguém. Tal sucesso poderia ser atribuído tanto à potência original da religiosidade do povo de Jalisco como à suavidade natural com que Nossa Senhora ganhou a confiança de gerações.

No primeiro centenário do culto à Virgem de Zapopan, em 1641, o bispo de Nova Galícia, Juan Ruiz Colmenero, empenhado em exaltar seus títulos como intercessora, descobriu com surpresa que, salvo os dados gerais da chegada de Maria Santíssima à região, o clero não contava com um arquivo de seus milagres nem com detalhes históricos de peregrinações ou testemunhos confiáveis de sua ação protetora. Ela se encontrava ali, inamovível em seu altar, como uma presença avalizada por si mesma, sem proclamas, sem apoio documental nem juízos que comprovassem as rogativas atendidas de seus crentes. Acreditando que a elaboração de um primeiro histórico de suas maravilhas contribuiria para avivar sua divina presença, o bispo determinou a um grupo de sacerdotes que investigasse eventos dignos de serem publicados. Para assombro dos frequentadores mais assíduos do bispado, ocorreu que os testemunhos não relataram qualquer circunstância que pudesse ser justificadamente denominada milagre entre o vasto anedotário que vinha de boca em boca, ano após ano, por décadas a fio.

Os devotos jamais se atreveram a duvidar da potência incontestável de suas graças, ainda que tudo que se relacionasse a ela tivesse permanecido à margem do interesse de cronistas civis ou religiosos.

Deve-se reconhecer que, em geral, só foram feitos registros com alguma ordem por volta do século 17, e até meados do século 18 esse trabalho era realizado com o mínimo rigor. A primeira edição do *Zodíaco mariano* data de 1755, o que indica que antes da publicação desse documento o clero mexicano não dispunha de um memorial histórico, talvez porque a tarefa da cristianização, aliada às fundações, às ocupações civis e aos empenhos formativos, não tivesse amadurecido o suficiente para criar as bases bibliográficas que costumam surgir nas culturas mais sedimentadas.

Preocupados com o vazio que se estendia entre o histórico ainda inédito da imagem e a comprovação de seu amparo, alguns informantes mencionaram que os paroquianos da freguesia ocultavam a parte mais substancial dos milagres da Virgem de Zapopan por temor de que a tirassem deles e a instalassem em outro lugar. A partir de então, o bispo Ruiz Colmenero decidiu começar um inventário minucioso dos serviços da Virgem de Zapopan e de outros cultos prestados em seu bispado a fim de animar a fé da população, ainda que esta dispensasse reforços para render tributo àquela que, até nossos dias e mesmo acima de suas prestigiosas irmãs, é a figura mais invocada na região ocidental da República Mexicana. Talvez a única imagem que se lhe aproximaria em termos de popularidade é a de São José da antiga Zapotlán el Grande, atual Ciudad Guzmán, que se diz ter sido transportada para uma colina próxima, em data ignorada, por dois anjos que consagraram sua devoção.

O curioso foi que, tão logo o clero demonstrou seu interesse em investigá-la e listar os portentos de outras invocações marianas, suas mercês começaram a se repetir ciclicamente ao longo das rotas de peregrinação pelos povoados e santuários do bispado. Mesmo sendo boa anfitriã em Zapopan, nunca regateou generosidade para seus fiéis por todos os templos a que foi convidada visitar.

Nossa Senhora de Zapopan foi vinculada às desgraças causadas pelos raios e enchentes que se repetiam com violência no vale do

Atemajac. Abonando seu título de protetora contra as tempestades, a cidade de Guadalajara invocou seu auxílio em 1734, cinco anos depois da dedicação do santuário pelo sumo pontífice, quando caiu a pior tormenta de que se tivera notícia até então, ocasião em que manifestou alguns portentos que até hoje são recordados. Um dos raios que riscavam o firmamento em meio a grande estrondo matou o sineiro que tocava a rogativa no campanário da igreja de São João de Deus. Logo subiu um sacerdote com a intenção de administrar-lhe os santos óleos, e um segundo raio caiu tirando-lhe também a vida, de modo que seu corpo ficou estendido sobre o do sineiro. Tal evento consternou todo o povo da freguesia, incitando-o a refletir sobre a índole itinerante da zapopana.

É digna de credibilidade a incrível experiência de se ver aplacar as tormentas onde quer que a Virgem de Zapopan esteja de visita, porque, a propósito da série de desastres ocorridos em 1734, bastou que tivessem sido obtidas as permissões necessárias e que a imagem fosse transladada de seu santuário até a catedral para que os aguaceiros diminuíssem, os raios deixassem de provocar desgraças e o céu recobrasse seu antigo esplendor. É certo que continuou chovendo durante sua estadia em Guadalajara, até porque era a época das águas, mas elas caíam agora com uma serenidade tão oposta às chuvaradas anteriores que alagavam ruas e casas que, antes de devolvê-la a Zapopan, fez-se um juramento de devoção a ela com toda a solenidade e festa durante a missa celebrada por dom Lucas de las Casas, cônego doutoral da catedral.

Não satisfeita em haver pacificado as tempestades, a Virgem de Zapopan proporcionou mais uma surpresa quando ia de regresso a seu santuário, em imponente procissão. Era transportada por dois cônegos da catedral e por dois membros do conselho da cidade, acompanhados por um enorme contingente de pessoas. Os relógios marcavam 6 horas da manhã de uma aurora úmida que enobrecia a passeata acompanhada por rezas e cantorias em coro. Tão logo os fiéis chegaram às cercanias da cidade, o céu foi atravessado por um lindo arco-íris que emoldurou a passagem da Senhora Santíssima. Não se tratava de um arco-íris comum, estendido de norte a sul, como costuma aparecer por essa região; mas surgido do oriente para o poente, tal como o caminho que era trilhado pela procissão.

Data de então o costume de levar a Virgem de Zapopan a Guadalajara nas vésperas do dia de Santo Antônio e, após uma faustosa estadia na catedral, fazer um passeio em andor pelas demais igrejas, onde lhe são oferecidas novenas, feiras e toda sorte de votos e pagamento de promessas. Os mais devotos aproveitam que "a Virgem está dando uma volta" para organizar as cerimônias mais significativas. Por isso, especialmente até o século 19, procurava-se marcar casamentos, batizados e primeiras comunhões para os dias de visitação, ocasião em que as esmolas alcançavam cifras muito superiores às rendas do município.

Os milagres consignados a partir do século 17, no entanto, relacionam-se mais com fatos pessoais do que com assuntos sociais ou políticos, mais reservados à intercessão da Guadalupana. O testemunho de um dos primeiros registros afirma que, quando a Virgem de Zapopan foi levada a peregrinar em Xochitlán, acotovelava-se em torno dela uma multidão de fiéis, de curiosos e de enfermos, além dos costumeiros cães famintos e das carretas puxadas por burros e cavalos. Um cego de nascimento fez-se levar diante dela a fim de lhe pedir que, se era deveras tão milagrosa, se apiedasse dele e lhe concedesse a visão que tanto desejava. Ao passar diante dele, o ecônomo que presidia o cortejo, comovido com suas súplicas, inclinou-se para colocar por um instante a imagem diante de suas pálpebras fechadas. Ao afastá-la, o cego abriu os olhos pela primeira vez na vida e ficou deslumbrado. Banhado em lágrimas, começou a gritar que enxergava. Via suas mãos calosas, as flores que até então sequer imaginava, os rostos das pessoas que o cercavam e a divina Senhora. Via o mundo que até esse momento só percebera sumido nas sombras; enxergava a luz, sobretudo contemplava a luz, as chamas e as velas. Em meio ao vozerio da multidão surgiu o prelado para testemunhar o milagre; e ali mesmo, acompanhados em coro por todos os moradores da freguesia, os dois homens deram graças pelo favor recebido.

Sempre foi sabido pelos moradores de Jalisco que a Virgem de Zapopan gosta de passear, de estrear roupas novas e luzir suas joias. Pelo menos até um período bem avançado do século 20, ela saía e entrava livremente de seu templo, não obstante as sanções civis consequentes do anticlericalismo do presidente Calles, que perduraram por setenta anos, até a década de 1990. Em andor, protegida por um pálio ou balançando graciosamente em seu relicário, ia e vinha com grande pompa por entre caminhos e povoados, e ao longo de suas rotas cada vez mais cheias de peregrinos, as pessoas saudavam-na dos balcões e de trás das cortinas, em bancas para vender alimentos, relíquias e os imprescindíveis sombreros; montavam-se jogos mecânicos e espetáculos pirotécnicos, organizavam-se bailes, rogativas, cantos, chuvas de flores, músicas e desfiles de crianças fantasiadas de todas as maneiras: de pastores ou de indígenas locais, de acólitos ou com hábitos a fim de pagar determinada promessa, de dançadores ou de *charros* e *chinas poblanas*. Aguardadas com júbilo durante meses, as feiras anuais adquiriram maior sofisticação nos vilarejos por volta da década de 1950. Às ditas procissões foram

---

*   *Charro*: ginete mexicano que veste um traje especial composto por jaqueta curta e calça justa, camisa branca e sombreiro. *China poblana:* figura popular em meados do século 19 na Cidade do México, a china converteu-se em foco de atração dos homens de todas as classes sociais por sua maneira chamativa de se portar, com seus vestidos coloridos e sua conduta desenvolta. Ficaram conhecidas como *chinas poblanas*, ao que parece, por conta de um desvio linguístico e de uma referência a certa china que morreu na cidade de Puebla, envolta em ares de santidade. Ficou conhecida também como o belo par do *charro*, e ambos se tornariam um dos símbolos da identidade nacional mexicana. [N. de T.]

MULHERES, MITOS E DEUSAS

acrescentadas as feiras profanas com o intuito de ativar a economia, e, sob o pretexto da piedade religiosa, os comerciantes aproveitavam a oportunidade para obter bons lucros nas proximidades das igrejas.

Seguramente empenhada ela mesma em se confirmar perante os prelados mais renitentes, ocorreu em pleno século 17 que, ao chegar a data marcada e com a obtenção de todas as permissões necessárias a uma certa povoação poeirenta daquele Estado de Jalisco, a Virgem de Zapopan enfrentou o rechaço de um vigário enfurecido que alegava que a traziam a seu vilarejo mais por cobiça do que por devoção. Segundo seu ponto de vista, alguns sacerdotes queriam fazer milagrosas todas as imagens de Nossa Senhora somente para poder recolher donativos e engordar os cofres de suas próprias igrejas. Desconsolados, os condutores da imagem sagrada deixaram a paróquia e, sutilmente, a levaram à capela do hospital, para onde se dirigiu o vigário mais que depressa, a fim de repreendê-los severamente. Responderam-lhe que já haviam renunciado à acolhida solene da imagem, mas lhes proibir o culto público era uma atribuição que não lhe correspondia. Fiel devoto da Virgem Maria, o vigário assegurou que não impedia em absoluto que seus paroquianos a visitassem de maneira privada; o que achava abominável era se negociar com a fé dos inocentes. Ele mesmo se ajoelhou e orou ao pé do altar da capela para dar exemplo de devoção àqueles que já lamentavam as perdas materiais causadas pelo cancelamento do folguedo e da feira.

O vigário começou então a rezar uma sequência interminável de ave-marias, e um a um todos foram se retirando até deixá-lo sozinho no local. Ocorreu que, de repente, a longa madeixa anelada que pendia das costas da imagem caiu em sua fronte e cobriu-lhe o rosto. Segundo relatam Francisco de Florencia e Juan Antonio de Oviedo, ele fingiu não notar a cena, enquanto a Virgem fez ares de não querer ver nem ser vista por quem tão pouco respeito lhe havia demonstrado. Inusitadamente travessa, a imagem agitou sua madeixa com um leve tremor. O vigário se ergueu bastante surpreso, mas acreditou ter sido uma brisa que havia despenteado a imagem. Arrumou-lhe os cabelos com as mãos e quando se ajoelhava novamente para prosseguir em suas orações, a Senhora Santíssima novamente lançou seu cacho sobre o rosto. Suspeitando agora desse sinal, o padre sentiu sua consciência encher-se de culpa. Sua pele, suas faces e todo seu corpo se cobriram de vergonha. Pediu perdão pelo erro cometido e não somente a fez retornar com grande pompa pela pracinha até a sede da paróquia, como não consentiu que retirassem a imagem de lá antes de lhe rezar uma novena sagrada.

Fontes confiáveis contam que, em outra ocasião, antes que tivesse sido construída sua igreja abobadada e de alvenaria, a imagem estava em uma ermida muito pobre, de madeiramento apodrecido, e que de tão velha e maltratada sua cobertura e suas paredes haviam desmoronado em meio a um grande estrago. Aflitos com o agouro, os indígenas acorreram rapidamente para remover os escombros. Não se via mais que uma pilha de terra com tijolos quebrados, farpas de madeira carcomida e alguns pedaços daquilo que havia sido o retábulo. Nada ficou em pé, sequer os candelabros dourados; mas foi comprovado e juridicamente autenticado que a imagem da Santíssima Virgem saíra ilesa e que nem a poeira a havia tocado. Seu traje e suas joias estavam intactos, absolutamente nada se havia sujado; seus cachos escuros não foram maculados por um só grão de areia nem sua coroa se deformou, apesar da dificuldade que exigiu seu resgate.

Amiga das surpresas, a Virgem de Zapopan atua nos momentos mais inesperados, pois se regozija em intervir com os inocentes e bem-intencionados. Prova disso é o relato referente ao que ocorreu durante a construção do santuário que substituiu o que havia desabado. Estavam os pedreiros erguendo paredes quando chegou um certo Juan Tomás para ajudá-los. Durante o trabalho, este apenas fitava os companheiros com insistência, e entre zombarias e seriedade desafiou-os a provar que a imagem era mesmo capaz de realizar um milagre. Lá embaixo, na escadaria, encontravam-se alguns cântaros vazios e outro com água até a metade. "Vocês afirmam" – disse ele, provocando-os – "que esta imagem faz milagres e que vocês mesmos já viram isso acontecer. Eu, pessoalmente, não vi nada e não posso acreditar nisso a não ser que este cântaro, sem que ninguém o toque, jogue fora a água que tem dentro". Nem bem acabara de falar quando a vasilha começou a se mover de um lado para outro em forma de cruz, e depois, inclinando-se sem que ninguém a tocasse, expulsou toda a água que continha até derramá-la ao seu redor.

Não satisfeita em aturdi-los, Nossa Senhora levantou o líquido como se fosse um jorro vindo do alto e três vezes seguidas o fez cair dentro do cântaro, derramando-o novamente sobre as lajotas sem perder uma única gota. Ninguém dizia uma só palavra. O encantamento se refletia em seus rostos, e o silêncio era tanto e tão ressentido pela falta dos ruídos entrechocados, característicos das obras de construção, que os capatazes entraram para ver o que acontecia. Mandaram chamar o prelado e este convocou as testemunhas oficiais do bispado, as quais legitimaram a maravilha ao comprovar que ninguém se contradizia na descrição do milagre e que sequer o piso da igreja se apresentava molhado.

Todas as religiões compartilham a certeza de que os milagres manifestam o poder divino, ainda que desde a Antiguidade existam homens e mulheres dotados de certo carisma ou alento sobrenatural para conhecer em sonhos, visões ou estados meditativos aquilo que não é permitido à consciência comum. Há também pessoas capazes de realizar prodígios curativos ou participar de fenômenos físicos, mentais ou psicológicos que, à falta de uma explicação racional e segundo o caráter de cada episódio, vinculam-se com o mundo da magia, do iluminismo ou com diversas expressões do sagrado.

Em nossa tradição católica, a divindade se manifesta por mediação de uma corte de santos – cujas imagens, em sua maioria introduzida pelo clero colonial, povoam os templos mais antigos – e depois, em graus ascendentes de hierarquia, por meio das invocações marianas, de São José e do Crucificado, os quais assumiram diversas designações em nossa cultura mestiça. Dizer que determinada Virgem é mais milagrosa do que outra corresponde apenas a uma manifestação da fé regional, já que até para o Vaticano existem condições para se definir e avalizar um milagre. Primeiro, é necessário que haja testemunhas e propagadores do evento que, independente das circunstâncias, deve ser considerado algo muito além do ordinário e do possível, ademais de não poder apresentar quaisquer vínculos causais. Em segundo lugar, devem-se adicionar provas de que o acontecido corresponde à linguagem sobrenatural e ao poder da divindade. E, finalmente, os especialistas examinam em um júri legalmente eleito os registros posteriores que sejam dignos de confiança. Daí os prodígios da Virgem de Zapopan terem sido considerados como tais até início do século 17, quando começaram a ser observados com o propósito de consignar oficialmente suas maravilhas; ainda assim é pobre o histórico confiável que sustenta seus atributos, por mais valiosa que seja a certeza pessoal dos crentes, para quem basta o consentimento de seus rogos.

E ao terreno da fé correspondem as proclamações mais entusiásticas sobre a força de suas bondades, ainda que algumas histórias não deixem de revelar o poder persuasivo das esmolas, tal como ocorreu no dia em que, seguindo o costume de tirar a Virgem de Zapopan para "dar uma volta" (como se afirma ser de seu agrado), chegaram seus carregadores às minas de Jalopan justamente quando se formava uma tempestade furiosa, dessas típicas de Jalisco, e não obstante a devastação provocada por raios e inundações, o caminho por onde ela passava com toda a sua companhia ficou intacto. Inclusive cruzaram o rio sem que o relicário se molhasse, e as águas se apaziguaram em seu curso normal durante a travessia, como se lhe prestassem tributo.

Em outra ocasião, passando por Zacualpa, a Virgem de Zapopan ressuscitou uma recém-nascida que a mãe aflita lhe apresentava nos braços enquanto acompanhava a procissão. No trapiche de Sancho de Rentería, perto de San Cristóbal de la Barranca, devolveu os movimentos a uma indígena inválida há vários anos, chamada Isabel Magdalena; pouco tempo depois, já em San Cristóbal, local assolado por uma epidemia fatal que fazia sangrar abundantemente pelo nariz a maioria de seus habitantes, ela entrou de visita em casa de Gaspar Pérez, onde agonizavam seus familiares e seus criados, e depois de alguns minutos deixou a todos curados e sãos.

Uma moradora vizinha a Guadalajara levou a Zapopan seu marido de pouca fé, chamado Francisco de Mendoza, no domingo, 11 de novembro de 1646, ocasião em que mandaria benzer uma réplica da imagem que haviam adornado para devotá-la em seu oratório doméstico. Enquanto os parentes se distraíam lendo as inscrições de ex-votos nas paredes, um sobrinho de 6 anos, chamado Miguel, caiu morto no chão, talvez em consequência de algum tipo de ataque. Dona Antonia de Arbides, sua tia, colocou sobre o corpo inerte a imagem recém-abençoada; passado certo tempo, a criança deu sinais de vida, o que provocou a total transformação religiosa do antigo descrente. O próprio jesuíta Francisco de Florencia acreditou e difundiu o acontecimento que, após comprovação jurídica, foi aceito tanto pelo vigário de Zapopan, dom Diego de Herrera, como pelo bispo Colmenero, em 11 de novembro de 1653. O caso foi apresentado ao Santo Concílio Tridentino para que uma comissão dupla revisasse os pormenores, uma vez que frequentemente se levantavam dúvidas em torno do fato, demasiado próximo a outro evento que o precedeu: o das duas velas pretas que se branquearam completamente tão logo dois indígenas as acenderam ao pé do altar. De seus tocos

NOSSA SENHORA DE ZAPOPAN

fizeram-se relíquias que também operaram prodígios entre seus possuidores, o que permitiu confirmar ambos os registros.

A Virgem ainda devolveu a visão a María Ramírez, natural da cidade de Guadalajara, e ela, agradecida, percorreu de joelhos os caminhos que levavam ao santuário, a fim de pagar sua promessa. O bispo Colmenero deixou por escrito o caso de um rapaz cuja cabeça foi destroçada por uma carreta, deixando-o morto ali mesmo, no meio da rua; quando o levaram até a imagem sagrada, esta lhe recolocou no lugar os olhos, que tinham ficado fora das órbitas, e o ressuscitou em seu santuário sem deixar sinal de dano em sua visão. Asseguram também que apareceu três vezes a um persistente suicida que, agoniado pela tristeza de sua existência, pretendia se jogar do alto do barranco de Oblatos. Na última tentativa, não somente foi impedido pela Virgem de Zapopan como esta lhe mudou a maneira de ser, aliviou sua melancolia e, através da fé, permitiu-lhe recomeçar uma vida tão feliz que muitos anos depois viria a morrer em paz e satisfeito por ter-se conduzido com correção, graças aos favores recebidos.

Diligente nas curas e amante da vida orientada pela retidão, a Virgem de Zapopan se apresenta nas horas decisivas – tal como dizem que faz também o Senhor São José, em nome de quem são rezadas novenas nas primeiras sextas-feiras de cada mês. É publicamente reconhecida por estender sua misericórdia àqueles que vão enfrentar a morte, mesmo que não apresentem sintomas de enfermidades letais. A fim de que se preparem de maneira cristã para esse momento, ela avisa seus fiéis devotos com antecedência por meio de umas pancadinhas, perceptíveis no interior de seu sacrário. Também comete as travessuras de sempre, virando-se três vezes para trás, para um lado e para a frente, na direção da pessoa para quem dá o sinal, a fim de que não haja dúvida de que seu fim está próximo. Assim registrou, em 1624, o já referido Gaspar Pérez em um dos ranchos próximos ao povoado de Zapopan, onde

MULHERES, MITOS E DEUSAS

testemunhou que, em outra de suas visitas itinerantes, a imagem mudava de posição para indicar ao indígena Francisco Hernández, que caminhava imediatamente atrás do andor na procissão, que seu fim era iminente. Sem tristeza nem agonia, aquele homem morreu na santa paz de Deus quinze dias depois de ter recebido esse aviso.

Entre os cristãos, morrer bem é a recompensa do bem viver. Acometida de grave enfermidade, uma senhora de Guadalajara pediu que fosse rezada uma novena em favor de sua alma ao vigário dom Diego de Herrera, que, ao celebrar a terceira missa, ouviu desde o altar as três pancadinhas provenientes do sacrário. Antes de se completarem nove dias, a senhora em questão faleceu resignada, depois de receber os sacramentos. No ano da epidemia mortal, 1652, a Virgem de Zapopan golpeou reiteradamente e se movimentou muitas vezes, virando-se para a direita e para a esquerda; depois fez escutar uma palmada em seu altar como sinal de advertência daquela grande mortandade. Ordenava avisos de cinco em cinco ou de seis em seis, em plena missa e com movimentos concomitantes do sacrário, de tal forma que atraía a atenção de todos os presentes à cerimônia; e logo os fiéis apontados sabiam que a morte estava a lhes rodear e que deviam se dispor a entregar suas almas.

Houve até uma ocasião em que as dobradiças do relicário se abriram em meio a grande estrondo, quando uma criada mulata de nome Pascuala se antecipou a seus amos a fim de orar à Virgem por sua saúde, já que estava sendo acometida por uma insuportável dor no ventre. Consciente de que algo terrível estava para acontecer, o vigário lhe disse que se conformasse com a vontade de Deus, porque era óbvio que alguma tribulação estava prestes a acontecer, se não para ela, para aqueles que a rodeavam. Na tarde de 30 de dezembro de 1653, a própria Pascuala adoeceu gravemente, mas não morreu. Mas em um breve espaço de tempo foram morrendo uma filha da família de seu amo, o próprio Juan de Ribera Piedra, sua esposa e seus outros filhos, acometidos por um surto cruel de tifo; faleceram também a indígena que os havia acompanhado em sua visita ao santuário e até uma filha da própria mulata Pascuala. Assim que, em Guadalajara, correu a notícia de que em casa dos Ribera havia peste, os vizinhos fugiram e se refugiaram em outros bairros. Dom Diego de Herrera, que testemunhara aquele sinal, confessou os enfermos; e num espaço de quinze dias morreu grande parte dos que haviam sobrado da família e da criadagem, o que confirmou a fama de avisadora de Nossa Senhora e de suas advertências por meio de batidinhas ou rangidos de sua vidraça.

Durante o século 18, alguns jesuítas, como o padre Cristóbal Gutiérrez, testemunharam a continuidade desse costume. Por volta de 1740, enquanto celebrava a missa, ele ouviu um estalo que parecia indicar o trincar de um dos cristais do nicho sagrado. Pouco depois, veio ter com ele dona María de Mazariegos, que também escutara o estampido, dizendo que imediatamente sentiu que estava para morrer. Teve tempo apenas de legar suas joias à Virgem e de apaziguar seu espírito, pois em um prazo de quinze dias esse mesmo jesuíta estava presidindo seus funerais.

Entre pequenos e grandes detalhes, todos nós nos deparamos alguma vez com fatos que, por incredulidade, atribuímos à ciência, à casualidade ou a um desenlace natural que teria mesmo de ocorrer por força do destino. Eu mesma, enferma da epidemia de poliomielite que afetou centenas de crianças pequenas em Guadalajara em meados da década de 1950, fui completamente curada por mediação de Nossa Senhora de Zapopan, depois de padecer desse mal durante meses e de ficar com as pernas paralisadas. Agradecido, meu pai peregrinou descalço de Guadalajara até o santuário, e aprendi desde então que, acima da habilidade dos médicos, existem curas extraordinárias que só podem ser atribuídas à graça divina.

No devido tempo, já adulta e sem sequelas da doença que deixou graves lesões em muitos de meus contemporâneos, visitei o santuário de Zapopan acompanhada outra vez por meu pai.

Durante longo tempo permaneci contemplando a diminuta figura daquela Senhora afetuosa. Era uma tarde ensolarada de junho, a nave do templo estava fresca e senti um estremecimento súbito que me fez entender porque, em meu ofício de escritora, o tema do sagrado sela a minha busca pela luz nas entrelinhas da palavra.

NOSSA SENHORA DA SAÚDE

A mais nobre vontade de organizar a vida americana é inseparável da figura de Vasco de Quiroga e, juntamente com a dele, a de alguns humanistas como Alonso de la Vera Cruz, que fincaram nestas terras a melhor herança das aulas de Salamanca. Esses homens, heróis indubitáveis do conhecimento educado, empreenderam a difícil tarefa de incorporar os mexicanos ao universo da escrita e dos livros, justamente na hora em que, com a ascensão imperial da Espanha, também a língua, a literatura e as ideias alcançavam sua mais perfeita expressão. Graças à tenacidade dos homens de pensamento e de ação que lideraram a aventura espiritual do Novo Mundo, os nativos mais afeitos deram um salto da cultura oral, própria do estado superior da barbárie, para a filosofia e o direito; e aqui se pôde estabelecer, a partir de suas fundações acadêmicas, a distinção entre a multidão de batizados que se convertia ao cristianismo pela via da devoção dirigida e aquelas individualidades sobre as quais descansaria a obra do espírito.

Desde então e até nossos dias pode-se afirmar que, sob a dupla orientação da fé católica e do helenocentrismo, conforme Alfonso Reyes considerou as raízes de nossa formação vital, o México ficou dividido em duas partes inconciliáveis que ainda nos distinguem: uma correspondente à maioria que se inclina emocionalmente à devoção mariana a partir do batismo; outra, a minoria, formada no conhecimento, que entende, cria, participa e critica sua realidade. Se por um lado Vasco de Quiroga procurou educar uma população intermédia entre o saber laborioso, a ordem comunitária e a observância cristã, do outro, a estirpe intelectual de Alonso de la Vera Cruz, Bartolomé de las Casas, frei Diego Durán ou frei Bernardino de Sahagún, entre os mais destacados, cultivou a semente intelectual sem a qual nosso destino se teria reduzido a uma conquista sem esperança de salvação.

E sendo um eixo entre o sagrado e o profano, além de ponto de partida de uma expressão nascente nos reinos da Nova Espanha, o culto mariano alcançou a mais alta importância histórica. Basta inquirir o modo como se foram arraigando seu culto e a resposta popular aos ditames da fé para se espantar diante do minucioso cuidado demonstrado pelos especialistas em relação a esse tema, sem distinção de fontes seculares ou clericais. Mal se poderia entender nossa conjuntura sem o exame da evangelização e de suas peculiaridades sincréticas. Contudo, a realidade religiosa, com sua carga de templos, de numerosos preconceitos e sinais de identidade, adquiriu uma dinâmica totalizadora e ao mesmo tempo marginal ao desenvolvimento social e político desses povos.

Paradoxalmente, e de maneira diferente da que é adotada pelos estudiosos contemporâneos, Vasco de Quiroga logo compreendeu a intensidade religiosa dos aborígines. Resultou daí que, com o simbolismo mariano no centro de sua obstinada atuação, ele empreendeu uma complexa missão civilizadora a partir da certeza de que a colonização deveria ser pacífica, pois assim se conformava ao evangelho e também à bula papal de 1530 que, desde o princípio, proibia a escravidão, embora esta tenha triunfado no final. Não obstante todos os elementos em contrário, ele argumentava que, assim como às obras de paz e de amor se opõe a má vontade, aos impulsos violentos se deve interpor o direito natural da defesa.

Esse bom frade não conseguiu fazer prevalecer seu ponto de vista nem chegou a se distinguir por suas proposições teóricas, como Bartolomé de las Casas; porém, tendo sido designado ouvidor da

Nova Espanha em 1530 e, sete anos depois, bispo de Michoacán, Vasco de Quiroga foi nestas terras o humanista mais apaixonado pelos ideais do Renascimento europeu. Nisso constitui a sua originalidade: em preparar a obra civilizadora mais importante da colônia por meio de seus *hospitales-pueblo* [hospitais-aldeia]. O primeiro a ser criado foi o de Santa Fé, construído a duas léguas da Cidade do México; posteriormente surgiram alguns em Michoacán, como o de Atamataho, e o Santa Marta, em Pátzcuaro. Foi neste último, em sua imprescindível capela, que se originou o costume mexicano de venerar Nossa Senhora e de cultivar sua presença benéfica, sempre protetora do desamparado e maternal a ponto de conceder graças inconcebíveis ante o rigor que avassalava os vencidos.

Sendo um pacifista pertinaz, Quiroga recorreu à devoção mariana para difundir os pontos mais fundamentais da fé com o auxílio de cerimônias litúrgicas que incluíam procissões semanalmente realizadas por grupos alternados de indígenas convertidos, aos quais ensinou a cantar louvores a Deus e à Sua Mãe. Ele mesmo desenhou uma peça de 1,25 metro de altura e mandou fazer a imagem de Nossa Senhora em pasta à base de cana de milho amassada, cuja roupagem não podia ser modificada por ter sido confeccionada em bloco do mesmo material que, seguramente, o próprio bispo descobriu nestas terras e soube aproveitar para substituir os trabalhosos acabamentos da arte europeia.

Com o passar do tempo, 125 anos depois, o aspecto modesto daquela imagem tentou seus sucessores em Michoacán a mudar-lhe o desenho, a proteger a representação com vernizes, pinturas e dourados e a adaptar o corpo de Nossa Senhora para uso e troca de vestes de tecido, como exigia o estilo barroco que já se desenvolvia com esplendor nos principais centros urbanos e religiosos.

Reconhecida por seus prodígios manifestados desde muito cedo, esta é a imagem que, ao ser entronizada pessoalmente por dom Vasco de Quiroga para o amparo dos enfermos no hospital de

Santa Marta, em Pátzcuaro, passou a ser chamada Nossa Senhora da Saúde; e é a mesma que, quase totalmente modificada, salvo cabeça e braços, permanece em um santuário próximo, edificado em época posterior e no qual até hoje continua a ser venerada.

Tanto por suas aspirações religiosas como pela transformação que operou mediante o ensino fundido ao trabalho artesanal e à prédica – tido como exemplo de uma doutrina de amor –, Tata Vasco, como era chamado pelos indígenas, aventurou-se em outra versão peculiar da cristandade que não prosperou; mas que acabou assentando as bases para o desenvolvimento de princípios do humanismo crítico, dos quais derivaram a independência e a luta por direitos e liberdades.

Reza a tradição que em fins do século 17, em 1690, para surpresa dos dois afamados artistas escolhidos para restaurar o corpo da imagem, a Virgem começou a transpirar na sacristia, como se sentisse vergonha e aflição ao ser tocada por mãos profanas. Depois de lhe serem oferecidas as Ladainhas Lauretanas, determinadas pelo prior Bartolomé de Aldana ao se inteirar do acontecido, somente mãos sacerdotais puderam realizar o projeto de embelezá-la e buscar-lhe roupagens e joias. Dizem também que com as sobras fabricaram-se pequenas réplicas para culto doméstico, e que de cada pedaço de pasta de milho saíam muito mais reproduções do que se havia calculado porque Nossa Senhora se multiplicava, qual os pães do evangelho.

Atualmente, ela pode ser vista coroada e cercada de uma grande auréola. Veste uma rica túnica branca bordada em ouro e um manto azul profusamente recamado, também com fios de ouro. De cabelos longos e bem penteados, sua tez branquíssima contrasta com as linhas de suas sobrancelhas e o olhar piedoso que acentua sua atitude protetora. Além de colares e brincos, inúmeros anéis reluzem de seus dedos, assim como o cetro precioso que seguramente lhe foi acrescentado quando seu guarda-roupa foi enriquecido com

NOSSA SENHORA DA SAÚDE

joalharia procedente de algumas heranças. Típica de invocações relacionadas com o triunfo sobre os infiéis, referido no trecho do Apocalipse que fala sobre "A mulher e o dragão", ela evoca o magnífico sinal que apareceu no céu: uma mulher revestida de sol com a lua abaixo de seus pés e trazendo na cabeça uma coroa com doze estrelas, que os teólogos relacionam indistintamente com a Igreja Católica e com a Mãe de Cristo.

Acima de qualquer outro símbolo inseparável das imagens de Nossa Senhora, sobre a Virgem da Saúde recaem os mais altos ideais do humanismo cristão e a precoce devoção de uma província que acedeu com facilidade à linguagem da fé, seja porque Michoacán não se distinguiu pela resistência contra os espanhóis, seja pelos trabalhos ali realizados por Vasco de Quiroga em favor de seu anseio por um mundo perfeito, singelo e esperançoso de recobrar a virtude da Igreja a partir da vida indígena. E mesmo sendo importante – poder-se-ia dizer figura central dessa corrente redentora da conquista espiritual da América –, até o presente não foi devidamente estudada a presença mariana nos princípios da evangelização, durante sua consolidação e até nossos dias, quando se pode falar de uma nação cristianizada mas situada à margem das letras no que se refere ao registro pontual dos acontecimentos.

Pelos passos populares de Nossa Senhora da Saúde se podem entrever as partes menos conhecidas de uma utopia espiritual e material tão grandiosa que, ainda hoje, os municípios vizinhos a Pátzcuaro seguem vivendo dos artesanatos e dos ensinamentos inalterados de dom Vasco; porém, acima disso tudo, prevalecem o ideal de fé não cumprido, uma proposta civilizadora sem precedentes e, junto às disposições morais e jurídicas de frei Bartolomé de las Casas, a mais alta conquista que o humanismo espanhol foi capaz de realizar na América.

Mal se poderiam relacionar os prodígios de Nossa Senhora da Saúde sem mencionar o maior de todos: sua assistência no pequeno

MULHERES, MITOS E DEUSAS

nicho do hospital idealizado por Tata Vasco, modelo de organização social que foi depois estendido a outras províncias, como Jalisco, mesmo que já não conservasse suas intenções originais de consolidar uma comunidade em perfeita harmonia. Verdadeira patrona do humanismo na América, ela só não é assim admitida por falta de imaginação ou por excesso de indiferença erudita. Reconhecê-la equivale a evocar o instante em que para a região daquele lago mítico e grandioso – agora quase extinto – convergiram em seu culto as duas vertentes espirituais que inspiraram em Tata um projeto criativo de vida perfeita: *A utopia*, de Thomas Morus, e o estado de inocência dos indígenas chamados a redimir a virtude perdida na Europa. Indígenas consagrados ao bem pelo favor de ensinamentos que, partindo do princípio da tábula rasa, somente se inclinariam à racionalidade em equilíbrio com a pureza de sua cultura mestiça.

Entre as contribuições mais valiosas de Tata Vasco, exemplo da mentalidade renascentista que pleiteava um mundo novo, livre das impurezas que impediam reformar até mesmo o clero, conta-se o projeto social que idealizou sob a forma de *hospitales-pueblo*, essa original síntese de cooperativas quiméricas que, unidas à experiência do trabalho comunal que se praticava há tempos entre grupos indígenas, fizeram-no acreditar que a evangelização persuasiva, virtuosa e pacífica não se contrapunha aos propósitos platônicos expressos na *República*. Ao esmiuçar o fundamental de sua tese, assegurou que, tornando a bondade compreensiva um hábito e mediante o trabalho e a agricultura planificados, segundo a lição deixada pelos primeiros cristãos, poder-se-iam não somente incorporar os indígenas com civilidade ao estado religioso de natureza como levar a cabo, por um lado, as melhores proposições das *Saturnais* de Luciano; e por outro, as máximas diretamente referidas na *Utopia* pelo influente Thomas Morus.

Típico produto do humanismo espanhol, inspirado pelas lições de Francisco de Vitoria em San Esteban de Salamanca e inseparável de referências críticas como as apresentadas por Domingo de Soto, Juan de la Peña, frei Luis de León, Melchor Cano e Alonso de la Vera Cruz – indubitável referência intelectual de todo o grupo –, a outra vertente não pragmática se desenvolveu de permeio às alegações jurídicas, políticas e religiosas sobre a duvidosa natureza humana dos vencidos, tese esta que ensejava a mais abjeta batalha em favor da escravidão e da exploração indiscriminada das riquezas da terra.

Frei Antonio de Montesinos, em seu memorável sermão do quarto domingo do Advento, pregado na atual cidade de Santo Domingo a 30 de novembro de 1511, leu o trecho do evangelho de São João que relata a cena em que emissários fariseus foram ao encontro de João Batista a fim de lhe indagar quem era ele, ao que ele respondeu: "Eu sou a voz que clama no deserto...". Partindo dessa passagem, a prédica de Montesinos culminaria na célebre pergunta: "Então, por acaso estes não são homens?"; e, mediante esse questionamento, ele fundaria uma combatividade espiritual tão lúcida e tão rica de proposições que, certamente, se poderia afirmar que ali mesmo surgiu a dualidade entre o cristianismo emotivo, que difundiu a liturgia sob a égide da veneração mariana; e o cristianismo crítico, protagonizado pelos homens de razão, não obstante sua condição de sacerdotes.

Por meio dessa última vertente se fortaleceu uma espiritualidade entrelaçada de crítica – caso de frei Bartolomé de las Casas –, ao passo que, com a expansão do batismo, crescia a piedade substitutiva da doutrina, como ocorreu quase de maneira absoluta entre os povos da Nova Espanha. É preciso frisar que era bem mais simples para os evangelizadores comuns apelar para o recurso da misericórdia do que persuadir teologicamente por meio de argumentações monoteístas as populações que estavam tão firmemente enraizadas no politeísmo e na idolatria.

A maior prova da inteligência de Vasco de Quiroga foi ele ter atinado com um tipo de cristianismo social que, auxiliado pela figura maternal de Maria e inspirado em ensinamentos platônicos relativos à idade do ouro, levou-o a conceber seus *hospitales-pueblo* precisamente aqui, a fim de "elevar a vida indígena a metas de virtude e de humanidade superiores às europeias".

Centrada no culto a Nossa Senhora da Saúde, essa visão da cultura em estado de inocência já é inseparável da memória histórica de Vasco de Quiroga. Observador diligente, percebeu que os aldeões fabricavam figuras com uma mistura de medula de cana de milho seca, moída e prensada com uma espécie de cola extraída do bulbo de uma orquídea comum nos bosques michoacanos, e que essa matéria original não era usada em nenhuma outra região. Desse modo, ao ordenar a confecção da imagem precisamente com esse material, acabou instituindo o primeiro artesanato entre os vários que haveriam de proliferar por meio daquelas mãos laboriosas.

Sua Michoacán primordial é o exemplo perfeito daquilo que era possível para o ideal de cristianização em uma colônia que não demonstrasse resistência agressiva. Aquela figura episcopal, sempre desejosa de incentivar a virtude ordenadora e criativa, pertence ao quadro dos grandes humanistas do século 16. Combateu a violência e confiou na alma e na razão dos indígenas para organizar com eles e a partir do México a mais audaz empresa utópica de Thomas Morus. Graças à sua inspiração foi possível fundar dois grandes hospitais experimentais que não eram exatamente curativos, mas sedes de civilização, de doutrina e de trabalho, tanto em Santa Fé como em Michoacán.

Foi por essa fenda religiosa que se infiltrou Nossa Senhora da Saúde. Suas maravilhas, coincidentes com curas súbitas e ajudas inesperadas, consistem de eventos menos tangíveis que os de outras invocações, contudo perduráveis por estarem plenamente integrados ao gosto da devoção popular. Não lhe faltam relatos para avalizar sua presença nem motivos que justifiquem a fé que lhe dispensam os milhares de peregrinos que acodem a seu santuário em busca de consolo. E é isso que faz de Pátzcuaro um desses povoados que guardam a magia da intemporalidade, o selo de uma antiga humildade aborígine e a evidência de lições de vida que ainda são praticadas como normas de conduta. Ali se pressentem a sombra benéfica do Tata e mais além, em Tiripitío, o espectro de um Alonso de la Vera Cruz em solidão reflexiva.

Desde que foi proclamada Padroeira de Pátzcuaro, em 1737, preponderou a ação do "clero das esmolas" com sua maneira acirrada de acumular fundos para construir um santuário de paredes e abóbadas de alvenaria. Também triunfou o costume de fabricar réplicas da Virgem com o intuito de levá-la a peregrinar com objetivos variados, especialmente econômicos; e a despeito de terem grassado nestas terras as impurezas abominadas pelo alento renascentista dos grandes reformadores, algo de muito profundo permaneceu no espírito religioso dos novos cristãos, talvez a piedade, o entendimento inerente à misericórdia, a fidelidade ao princípio da esperança que tanto distinguiu a pregação de Tata Vasco.

A Virgem da Saúde, por seu lado, também fez por merecer a sua inscrição nas preferências devocionais. Tal como o registrado no *Zodíaco mariano*, acredita-se que, quando o padre Carreño mandou que fossem retiradas algumas contas de vidro que, desde 1731, adornavam a imagem em forma de gargantilha, ele as repartiu entre paroquianos da cidade. Um dos beneficiários arrumou-as em sua escrivaninha envoltas em papel e não se lembrou mais delas, pois eram de pouco valor. Certa noite, tendo caído doente, o homem mandou pedir algo de que necessitava e que se encontrava em uma de suas gavetas. Quando esta foi aberta, o papel que envolvia os vidrilhos se rebentou e uma das contas chispou até seu leito, como se fosse um raio, atingindo-lhe o rosto. Entre os lençóis encontraram-se os pedaços do invólucro com o restante das contas. Tidas agora como relíquias preciosas, as pedras foram inseridas em um rosário; mas tão logo foram engastadas, todas as contas fundiram-se e foi impossível reconhecê-las.

MULHERES, MITOS E DEUSAS

Em meio a festividades suntuosas, com um rastro de ex-votos e reconhecimentos locais à sua generosa tutela, celebrou-se a 8 de dezembro de 1899 a coroação canônica de Nossa Senhora da Saúde – decretada em 5 de abril de 1898 por um breve do papa Leão XIII confiado aos bispos de Michoacán, Chihuahua e Querétaro. Pouco depois, por meio do breve de 29 de junho de 1907, o papa Pio X elevou a igreja paroquial de Pátzcuaro à categoria de igreja colegiada de Nossa Senhora da Saúde, e sua consagração ocorreu com grande solenidade no dia 8 de janeiro seguinte. Em atenção a seu culto, a igreja colegiada foi por sua vez elevada à dignidade de basílica menor pelo papa Pio XI por meio do breve de 25 de junho de 1924; o mesmo documento declarou a Bem-Aventurada Nossa Senhora da Saúde principal padroeira do arcebispado de Morélia.

Em 20 de dezembro de 1962, um fanático alvejou a imagem por dez vezes com uma máuser a curta distância, porém ela permaneceu intacta. Além desse prodígio, repete-se até hoje que, em todas as Sextas-feiras Santas, escuta-se desde o fundo do lago o dobre de um sino misterioso que recorda a morte do Redentor; diz-se que um feiticeiro, na época da Conquista, roubou-o da ermida dos frades como forma de vingança e seguiu arrastando-o até a margem do lago. Tendo despertado a ira de Deus, e para terror dos aldeães, o indígena se afogou com sino e tudo para fazê-lo soar anualmente em sinal de advertência.

Há códices que relatam o fato de que, quando dom Vasco mandou buscar por várias canoas, em Tzintzuntzan, os novos móveis para sua recém-instituída sede episcopal, os indígenas incumbidos da tarefa afundaram com uma das embarcações, e que assim foi parar no fundo do lago o referido sino cuja lenda completa o mistério dessa Virgem, curadora de almas e de corpos. O certo é que Nossa Senhora da Saúde é acompanhada pelo mistério de uma utopia que, se tivesse se convertido em milagre, bem poderia ter transformado a história do cristianismo e da colonização na América.

TERESA DE JESUS

Sobre uma colina às margens do rio Adaja, Ávila se ergue por entre a crueza das terras castelhanas. No pequeno planalto, retalhado pela aridez de séculos e pelo mistério que entranha um *Caminho de perfeição* repleto de árvores desnudas e de uma sensação de profundidade que penetra até os ossos, pressente--se a distância aquela monja carmelita que falava com Deus tratando-o por Tu. Sente-se aroma de pão e de lareira acesa quando, sobre a paisagem descoberta, se estendem as pedras de sua velha muralha e do casario dos anos austeros em que se cultivou a riqueza mística em almas plenas de humanidade. Ao longe, entre mãos cautelosas e o olhar desconfiado que distingue o camponês espanhol, respira-se o centro do universo, aquele no qual se banhava o espírito de Teresa quando saía de dentro de si mesma para transbordar de ardor durante sua entrega sem reservas aos mais altos mistérios do coração.

O tempo conservou a roupa escura, talvez imposta pelos mouros aos costumes da península e que, por força das renúncias do corpo e de séculos de luta diária com o enxadão e contra os rigores do clima, acabou por ser assimilada à têmpera dos campo-neses. Então o horizonte árido se revela propício ao recolhimento do espírito e às batinas pretas que perambulam vigiando as consciências. Ávila é silêncio, uma inquietação que começa nos madeiros do crucificado, atravessa seus recintos sagrados e, ao afastar o clamor dos antigos comuneiros*, vai-se transformando em palavra até se elevar a oração. Em suas ruas, a procissão cotidiana dos filhos de uma dor estranha e certa austeridade contrapõe as notícias da descoberta do ouro americano com os memoráveis arroubos de santa Teresa de Jesus.

A monja Maria de São José, em seu *Livro das recreações*, escreveria:

> Era uma santa de estatura mediana, mais para alta que para baixa. Em sua mocidade teve fama de ser muito formosa, e mesmo na maturidade ainda demonstrava sê-lo. Seu rosto não era nada comum; tinha feições extraordinárias, de tal modo que não se poderia descrever como redondo nem aquilino; era formado por três partes de iguais proporções. A testa era larga, simétrica e muito bela; as sobrancelhas, de coloração louro-escura, largas e um tanto arqueadas; olhos negros, vivazes e arredondados, não muito grandes mas extremamente bem desenhados. O nariz, redondo e retilíneo até o meio dos olhos, afinava até igualar com as sobrancelhas, formando um harmonioso sobrecenho. Era mais corpulenta do que magra, mas em tudo bem proporcionada; tinha mãos muito lindas, embora pequenas; no rosto, do lado esquerdo, tinha três pintas... formavam uma linha reta entre elas, começando pela maior logo abaixo da boca, a outra entre a boca e o nariz e a última no próprio nariz, mais para baixo do que para cima. Em tudo era perfeita.

---

* Entre 1520 e 1522, as cidades castelhanas reagiram contra as pretensões absolutistas do rei Carlos I, os privilégios da nobreza e a outorga de postos a estrangeiros, lançando-se em defesa das liberdades municipais. O movimento, conhecido como Revolta das Comunidades de Castela — e cujos participantes eram chamados comuneiros —, teve em Ávila uma de suas primeiras sedes. [N. de T.]

Perfeita, fascinante por sua obra espiritual e por sua pena, Teresa de Jesus respondeu da seguinte maneira aos atributos com que a distinguiam:

> Três coisas disseram de mim no decorrer de minha vida: que era, quando moça, bem-apessoada, que era distinta, e agora dizem alguns que sou santa. Nas duas primeiras acreditei por algum tempo, e me confessei por haver dado crédito a essas vaidades; mas em relação à terceira, nunca me deixei enganar tanto para alguma vez ter acreditado nela.

Desde o momento em que ela mesma datou sua conversão espiritual, em 1555, Teresa de Ávila entregou-se de corpo e alma a cultivar suas graças extraordinárias. Reformou a regra dos carmelitas de ambos os sexos até tornar seus pés descalços símbolos do retorno à humildade essencial exigida pela simplicidade de seu profundo sentido apostólico. Em seu *Livro da vida*, escrito de próprio punho, descreveu sua trajetória para Deus em belas passagens que não apenas revelam os contrastes materiais de seus estados de arrebatamento, mas o clima espiritual de uma Espanha que se debatia entre o furor causado pelo ouro provindo das colônias e a busca da espiritualidade, que acendia a paixão religiosa de nada menos que três das maiores vozes da religiosidade espanhola: ela mesma, São João da Cruz e frei Luis de León.

É precisamente o calor da teologia mística, aquela que se respira em Castela e que faz sentir que o tempo se detém em Ávila, que evoca também os contrastes da intolerância desse século. Fundem-se ainda em suas paredes o sacrifício dos perseguidos, os pregões da Inquisição e o fervor de alma que se dispersa por meio dela, sua aspiração à solidão com Deus. Trata-se, talvez, de um anseio de divindade que, não obstante a dor que distingue essa época de perseguições e renúncias, persiste no isolamento de seus limites amuralhados e na palavra consagrada por santos e poetas.

Nenhuma morada se iguala ao castelo *interior*. Ávila é Teresa de Jesus, sua memória remanescente nas Carmelitas da Encarnação e uma fecunda atividade espiritual começada em seu primeiro convento reformado, o de São José, recinto simbólico que parece repetir as palavras de Antonio Machado:

Castela miserável, ontem dominadora;
envolta em seus farrapos, despreza tudo que ignora...

Ávila, mais do que Madri, Segóvia ou Salamanca, é o símbolo inequívoco da hispanidade católica, contraste de sólidas influências culturais e herança poderosa dos mistérios da fé. Pedra e ouro se combinam em espaços demarcados pela sanção e pela dor, pela aspiração inconfessável do espírito. Cidade pequena, resguardada por muralhas medievais, ensombrada pela bruma e pelos vestígios indeléveis do jejum, do corpo castigado pelos cilícios e pelas marcas que deixam os arbustos espinhosos na argila.

Em Ávila há monastérios, relicários, orações, indulgências e lendas. Em sua direção apontou o dedo da Santa, de sua Teresa de Jesus, como recordação de sua obra infatigável, como advertência que intimida desde uma certa urna que repete: "o entendimento, se entende, não percebe como entende; quando menos, não pode compreender nada do que entende". Este sinal está para além da razão e revela o horror que os místicos tiveram ao pecado da soberba intelectual. Somente assim adquire sentido a entrega plena, a submissão cega a esse Deus de luz que a ninguém é permitido vislumbrar. Não obstante, foi ali que Teresa de Cepeda y Ahumada começou a experimentar seus estados de arrebatamento, seus momentos de exaltação alucinante e de enfermidade física que pareciam depurar ainda mais sua aguda inteligência e seu talento criador.

O apetite indomável que inquietou os místicos de todos os tempos está contido na convicção de Teresa de que não era "pobre de espírito", ainda que o tivesse professado, mas "louca de espírito", um estado de ânimo que se vincula ao êxtase santo que consegue erguer-se sobre si mesmo, ir além da "inteligência da alma" até alcançar o calor intenso da teologia mística. Como disse Francisco de Osuna: a alma incendiada, "quando começa a sentir o espírito do amor com o fervor do coração, de algum modo sai de si mesma, saltando de si ou pairando sobre si". E a alma de Teresa de Jesus saiu de si própria para alcançar a solidão com Deus: a única inspiração verdadeira porque é capaz de apagar a inutilidade de tudo que é mundano e de dar à vida um sentido verdadeiramente transcendental: "essencialmente, eu sou, Deus é"; em outras palavras: ser em si, por si mesmo.

Por isso domina em Ávila a presença de Teresa. Ela sobrevive em cada rua, em cada muro, na luz cortante que penetra o corpo e na vontade inútil de "contemplar" ou, pelo menos, "admirar" a Deus. Para nós, restou a evidência de tempos distintos, realidade que ultrapassa o delírio criador para se depositar na obrigada humildade daqueles a quem não é dada ocasião para escolher seu próprio destino.

SÓROR JUANA INÉS DE LA CRUZ

Por meio de sua obra, reserva ao leitor um punhado de enigmas; por meio de sua vida, sóror Juana Inés de la Cruz é o maior prodígio mexicano de todos os tempos. Nascida em Nepantla a 12 de novembro de 1648, ou em 1651, segundo pesquisas recentes, é a menina que aos 3 anos de idade aprende a ler praticamente sozinha e inicia, na biblioteca de seu avô, uma precoce aventura intelectual que lhe permitiu assimilar o latim em vinte lições. É a órfã errante de um povoado esquecido ao pé do mítico vulcão fumegante e quem, ainda em sua puberdade, investe contra a soberba acadêmica de uns quarenta interlocutores palacianos, entre os quais se contavam teólogos, economistas, filósofos, matemáticos, historiadores, poetas, humanistas e os astuciosos de sempre, aos quais deixou emudecidos com a contundência e correção de suas respostas. É também uma hábil adolescente sabedora de que, para sobreviver no mais adverso dos ambientes, deve ganhar a simpatia das mulheres no poder, intento para o qual absorve em minúcias o jogo e a galantaria da corte. É a monja estudiosa da escolástica, da ciência, das artes e do neoplatonismo, que revelou extraordinária maestria tanto para versejar quanto para esgrimir sua autodefesa espiritual com argumentos que fundaram os germes de uma cultura mexicana baseada na tolerância consciente, isto é, na liberdade de imaginar e de criar não à sombra da Igreja, mas como resultado das ideias que suscitam pequenas ou grandes digressões que, em seu caso, a conduziram a tão profunda frustração que se tornou

MULHERES, MITOS E DEUSAS

símbolo de uma vontade perturbadora, seja por seu silêncio, seja por seus escritos.

Chegou a vestir o hábito das carmelitas; mas cerca de dois anos depois, e até o fim de sua vida, aos 48 anos de idade, tomou o hábito das jerônimas. Sua poderosa individualidade impedia--a de repetir os costumes sociais então destinados às mulheres; então escolheu a solidão criadora à custa do castigo intelectual que padeceu em consequência de seu voto de obediência religiosa. Seu destino não lhe deu alternativas. Surge daí o enigma de sua fé literária e a lição de que, nem por meio da liberdade interior que oferece o conhecimento, se vislumbra uma conduta reparadora quando as circunstâncias são adversas. Fundadora da cultura nacional, nenhuma outra mexicana pôde igualar seus méritos durante quase quatrocentos anos de marginalização dos assuntos relativos ao pensamento. Transgrediu uma norma não declarada quando pensou e escreveu; sobretudo quando denunciou sua opressão em sua memorável *Resposta a sóror Filotea de la Cruz*:

> Ingressei na vida religiosa embora reconhecesse que envolvia certo estado de coisas (falo das acessórias, não das formais), muitas das quais repugnantes a meu gênio; contudo, para a total negação que nutria pelo matrimônio, era a opção menos desproporcionada e a mais decente que poderia eleger no que tange à certeza que desejava de minha salvação; a essa primeira razão (que afinal era a mais importante), cederam e se sujeitaram todas as pequenas impertinências de meu gênio, que eram as de querer viver sozinha; não desejar ter ocupação obrigatória que tolhesse a liberdade de meus estudos nem ouvir os rumores comuns que impedissem o sossegado silêncio de meus livros.

> Por sua graça e seu talento, além da piedade que inspirava uma menina sozinha no mundo, serviçal e discreta, foi protegida de

Leonor María Carreto, marquesa de Mancera, que a incorporou a seu serviço com o epíteto de "muito querida da senhora vice-rainha", e de cuja corte de honra somente saiu para ingressar no convento. A profunda amizade de que privou com essa mulher famosa por sua fina educação, inspirou em sóror Juana numerosos escritos de uma exaltada cortesania que não revelam exatamente gratidão ou afinidade platônica, mas uma paixão no mínimo estranha entre duas mulheres que somente professaram uma admiração mútua. Dessas homenagens, alguns críticos inferiram sintomas de lesbianismo, não confirmados se levarmos em conta que era comum na época, inclusive nas monarquias europeias, o abuso de figuras literárias emotivas e adjetivadas por parte dos artistas para demonstrar agradecimento por seus protetores. Seu erotismo, porém, resulta tão sugestivo quanto sua maneira de superar as invejas e os problemas que a cercaram a ponto de se desfazer, no momento de sua abjuração, dos quatro mil livros que formavam sua biblioteca, além de seus mapas e instrumentos musicais, quando comprovou que o peso das repreensões havia triunfado sobre o impulso natural que Deus lhe dera, talvez para acentuar a estupidez de que são capazes os homens quando percebem a luminosidade de quem é diferente por força de seu talento.

Monja jerônima, abomina a vida conventual, mas descobre a liberdade entre as quatro paredes de sua cela consagrada. Perseguida, no fim de sua vida é a escritora que abjura com o próprio sangue seus conhecimentos mundanos para rubricar o protesto de fé e amor a Deus que a acompanhou até a sepultura. Por volta dos 46 ou 48 anos de idade, sofre com suas companheiras de clausura os rigores de uma febre maligna da qual pouco sabemos, exceto que morreu contagiada a 17 de abril de 1697 e que, durante os dois últimos anos de sua vida, entregou-se ao jejum, à severidade espiritual e às mortificações do corpo, como seria de se esperar de uma inteligência em expiação. Não que padecesse de sentimento de

MULHERES, MITOS E DEUSAS

culpa por sua inteligência, característico da síndrome de Eva, mas da ameaça concreta por sua discrepância natural, por sua maneira de ser diferente em um meio no qual tudo estava predisposto para a obediência e a mediocridade.

Foi precoce, formosa e crioula*. Sofreu eventos trágicos em uma cultura completamente alheia à experiência trágica clássica, mas afeita à abjeção e ao rancor. Introduziu em nossa história literária, juntamente a Carlos de Siguenza y Góngora – ainda menos afortunado do que ela –, o capítulo das perseguições ao pensamento crítico que, com o decorrer do tempo, se transformou em hábito característico, inclusive, do jornalismo de nosso século. Dona de uma integridade incomum, sustentou o direito de divergir com a mesma paixão com que lutou em favor de uma educação feminina que demoraria mais de dois séculos até ser instituída no México, embora a igualdade ainda esteja longe da experiência contemporânea.

Sobre ela pesou e venceu o poder da obediência, mas nem a brutalidade de sua época conseguiu ofuscá-la. Desde então já transcorreram mais de trezentos anos e seu enigma permanece intacto. Cada geração se vangloria de alguma descoberta que permitiria entendê-la melhor; sóror Juana, porém, não apenas se nega a nos revelar sua verdadeira identidade como parece cada vez mais indecifrável sob os manifestos dos curiosos, já que, conforme ela mesma insistiu, sua motivação era intelectual e somente para conhecer e se maravilhar perante o divino mistério da criação.

A severa lei da qual se queixou padecer, segundo disse, por determinação da Igreja ou por ditame da razão contrária às mulheres, foi uma constante nos preconceitos de nossa sociedade

---

*   Crioulo (*criollo*): indivíduo branco descendente de pais europeus, nascido nas colônias europeias, particularmente na América espanhola. [N. de T.]

fechada. Ela buscou sua liberdade pessoal nas normas estritas de sua aprendizagem e provocou, contra sua vontade, o enfrentamento com o clero e com uma forma de ser que a exortava a que elevasse o pensamento aos céus, fixasse os olhos no chão e se apartasse das letras para se consagrar por inteiro à religião, conforme lhe exigiu o cauteloso bispo de Puebla, Manuel Fernández de Santa Cruz, em sua carta assinada com o pseudônimo de sóror Filotea de la Cruz.

Em sua célebre *Resposta*, sóror Juana insistiu que não queria se desentender com o Santo Ofício, mas estudar "para saber menos", propósito que, em sua infância, a fez se abster de comer queijo porque ouvira dizer que prejudicava o entendimento; inquieta como era, pouco depois quis se vestir de homem para poder frequentar a universidade. Ali, por meio desse testemunho autobiográfico sem precedentes em nossa cultura, registrou as linhas mestras de sua obra, com reflexões sobre os obstáculos à sua vida intelectual e alguns desenganos que explicam seu isolamento por ser uma mulher pensante, por ser uma monja excepcional e por haver conservado sua fidelidade às letras até completar sua derrota com o silêncio definitivo, que seguramente a consumiu de tristeza.

Tão somente para sobreviver praticou, com semelhante habilidade, a linguagem cortesã e o ocultamento típico do estilo barroco vigente ao se aventurar pela dupla via da intuição e do humanismo, em cujo exercício firmou seu direito à igualdade sexual perante o pensamento.

Talvez pela ênfase com que evidenciou as causas de sua decisão em ingressar no convento e se esquivar das obrigações que entorpeciam sua paixão pelo estudo, Juana Inés de la Cruz resolveu, ainda que parcialmente, a contradição entre a consciência de seu gênio e o estado de coisas que a impedia de satisfazer seu desenvolvimento como mulher que abomina o matrimônio. Escritora nata, ainda que afirme não ter escrito senão "violentada, forçada e somente para dar prazer aos outros", é notável como oportunamente descobre nos temas profanos, principalmente comédias e sonetos, que não seria aquela sociedade que determinaria sua história, mas que ela mesma haveria de protagonizar os extremos irreconciliáveis de sua realidade colonial. Em uma Nova Espanha que dava as costas ao formidável movimento espiritual da península, corte e clero não diferiam ao invocar o amor a Deus nem ao aplicar sanções ao pensamento rebelde, e por isso seu apagamento foi absoluto.

Transgressora até onde era possível, percebe a influência inquisitorial quando intimamente se debatia frente aos obstáculos interpostos a seu talento perturbador. Um talento que a inclinava à desobediência conforme se aventurava no desconhecido; mas que, ao mesmo tempo, se revertia contra ela na medida em que demonstrava que ninguém pode saltar para além dos limites de suas circunstâncias.

Uma após outra, as imagens de mitos, signos, nomes, letras e palavras passavam de uma extremidade à outra do mesmo labirinto. Este é o jogo incessante de sóror Juana ao criar um dos maiores poemas mexicanos, *Primeiro Sonho*, no qual o universo que evoca, sem dono, ordem ou fundamento, viaja através de uma obscura espiral metafórica desde a noite da ignorância até a luz do conhecimento.

Em *Primeiro Sonho* encontram-se as chaves complementares da dolorosa autobiografia de uma mulher mexicana que somente pôde saciar seu afã de saber por seus próprios meios. Esta é a razão de sua metáfora, porque nós, mulheres, não temos sido no México outra coisa que uma sombra fugidia.

Alma suspensa e sem governo, ela escolhe uma forma de morte em liberdade: o sonho. Não o dormir, que é recompensa do corpo fatigado. A alma admira e percebe o movimento oculto nas visões do acontecer, do mesmo modo que o mecanismo de um relógio preciso: o coração, o mundo, o fluxo das águas, o surgimento da ideia ou as pulsações da vida. Sóror Juana sondou o mais obscuro, luzes e cores, e roçou a profundidade da poesia, ali onde a crítica se manifesta por si mesma e não é possível fugir da responsabilidade a que nos compromete a razão educada, sobretudo quando se é mulher. Tudo começou ao adormecer em uma noite; mas depois de um dia, de outro e de outro mais, o sonho continuava desafiando o sentido de suas palavras, o enigma da voz, o segredo do verbo, até cair em seu silêncio de séculos...

Qual o saber que ela buscava? Os mistérios da existência e das coisas; tudo quanto se relacionava com o fato de viver e morrer. Não deixa de ser revelador que fosse precisamente uma mulher quem fundasse a literatura mexicana, uma mulher convencida de que a alma não tem sexo e que na razão se alicerça a única substância da humanidade. Sóror Juana Inés de la Cruz é, por tudo isso, o símbolo de uma luta pela individualidade e o emblema cultural da razão que, apesar de tudo, não pode ser vencida.

NOSSO TEMPO

VIRGINIA WOOLF

Há seres que, até mesmo em sua discrepância, são filhos perfeitos de seu tempo. Virginia Woolf nasceu em Londres em 1882, filha de uma família vitoriana abastada e extensa, que se gabava de suas conquistas literárias assim como de seus frequentes contatos com figuras eminentes. Tudo indica, porém, que a inclinação maníaco-depressiva que acabou por conduzi-la ao suicídio – lançando-se às águas do rio Ouse após encher os bolsos com pesadas pedras – em março de 1941, se manifestou duas vezes em sua infância: aos 13 anos de idade, com a depressão nervosa que se seguiu à morte de sua mãe, em 1895; e na recaída de pouco tempo depois, em 1897, devido à morte trágica de Stella, sua meia-irmã. Nunca desapareceu totalmente seu temor à demência. A origem do sentimento de culpa que serpenteou seus momentos de abatimento teve também como ingrediente o prematuro assédio de seus meios-irmãos Gerald e George, particularmente deste último, acompanhado de confusos sentimentos sexuais em relação às indefesas Vanessa e Virginia, as quais nunca conseguiram esquecer a dor de sua dignidade ofendida.

Sobre poucas mulheres se escreveu tanto como a respeito de Virginia Woolf, um verdadeiro mito inspirador de lendas tão contrastantes que, acima do conteúdo de suas obras, despertam fartas interpretações que ano após ano engrossam os pormenores de sua biografia. Educada pela família, identifica-se com o pai, sir Leslie Stephens, eminente jornalista, filósofo, autor e editor do *Dictionary of national biography*, além de outras importantes publicações na

Inglaterra vitoriana; e cujo maior presente dado à filha, em anos em que as mulheres só podiam estudar em casa, foi permitir a Virginia livre acesso à sua biblioteca.

Se é verdade que participou de incidentes extravagantes, a melhor referência é o Grupo de Bloomsbury, fundado por ela e seus irmãos, Vanessa e Thoby – este morto em 1906 de febre tifoide, após uma viagem à Grécia –, quando se mudaram os três do luxuoso bairro familiar de Hyde Park para Bloomsbury, no número 46 da Gordon Square, sede oficial de suas reuniões; posteriormente, após o casamento de Vanessa com Clive Bell, o grupo teria novo endereço com a mudança para o número 38 da Brunswick Square, onde se instalariam Virginia e Adrian, seu irmão caçula. Ali, para escândalo dos vizinhos e de seus familiares, praticaram toda sorte de excentricidades com outros jovens que, futuramente, se tornariam figuras ilustres, como os assíduos Lytton Strachey, Leonard Woolf, John Maynard Keynes e Clive Bell, todos companheiros de Thoby no Trinity College, uma das faculdades mais prestigiosas da Universidade de Cambridge, onde se dedicavam ao estudo dos clássicos.

Após se casar com Leonard Woolf, escritor já então reconhecido por seu talento, fundaram juntos em 1917 a Hogarth Press, editora pela qual não apenas publicaram suas obras, mas as de autores não ingleses ou proscritos como Katherine Mansfield, T. S. Eliot, Freud e, inclusive, James Joyce, com *Ulysses*, texto combatido e rechaçado por seus contemporâneos mais cautelosos. Virginia, além disso, contribuiu, depois da Primeira Guerra, para a organização da Liga das Nações, e se tornaram célebres seus argumentos condenatórios à discriminação feminina. Por conta de sua amizade com a aristocrata Vita Sackville-West, considerada um caráter e prova fidedigna de força interior, viu-se envolta em escândalos homossexuais; não contente em lutar contra o demônio da angústia e em se opor ao conservadorismo inglês que a asfixiava, também inovou a literatura moderna com obras de ensaio e ficção de inigualável valor artístico e crítico, tidas como atuais ainda nos dias de hoje.

Graças a uma extraordinária devoção marital da parte de Leonard, que depois de haver impedido seu suicídio em 1913 não conseguiu evitar sua última tentativa; à descoberta de uma linguagem própria, que lhe permitiu ocupar um lugar preponderante nas letras do século 20; à participação em atividades vanguardistas, a começar pelo Grupo de Bloomsbury; e à adoção de posições políticas anti-imperialistas e liberais, Virginia Woolf forjou a lenda da intelectual na acepção da palavra graças a seu empenho em se render aos fatos e em fortalecer sua formação autodidata, produto de uma poderosa capacidade mental, característica de sua família, cultivada com disciplina em sua maturidade por meio de visitas cotidianas à Biblioteca do Museu Britânico, atividade que compensou a impossibilidade de frequentar uma universidade, segundo denunciou em seu célebre ensaio *Três guinéus*, que escreveu por encomenda – e a fim de reivindicar seus direitos – em favor das causas da paz, da educação feminina e do direito da mulher ao trabalho.

A morte, a paixão pela arte, pela paz e pela confirmação da individualidade eram presenças constantes naquela Inglaterra assolada pelo rigor monárquico e pelo conservadorismo intelectual de uma sociedade imperial tão zelosa de suas formas de exclusão social como de suas aspirações perfeccionistas de legalidade e bem-estar. A vida de Virginia Woolf, porém, tramava sua própria tragédia sob os véus de uma impressionante lucidez que destoava mais e mais de sua realidade quanto maior era sua consciência de que ali, nessa Londres em ebulição estrutural, sofria, como mulher, os desajustes do escritor, e como escritora, o drama feminino de sua desorientação existencial.

Sua linguagem não era a linguagem dos outros. Seu mundo interior tampouco encontrava o ânimo exterior que lhe permitisse dialogar ou vislumbrar respostas para sua inquietação essencial.

Os numerosos tomos autobiográficos de Leonard repetem a imagem daquilo que ele mesmo, Roger Fry, Vanessa e Quintin Bell – seu sobrinho e principal biógrafo – sempre chamaram de "loucura", quando na realidade se tratava de uma crise de identidade e de realidade frente a seu ímpeto criador que, longe de ser tratada à base de repouso, copos de leite, exames médicos e receitas absurdas, merecia um profundo questionamento da verdade, de sua própria verdade, seguindo suas preocupações manifestas, como a sensação de desconhecimento de seu próprio corpo, que tanto a inquietava, ou os desajustes existenciais que dividiram o fluxo racional do fluxo de seus sentimentos mais óbvios.

Virginia Woolf, em parte, foi vítima de si mesma e da pavorosa incompreensão daqueles seres tão talentosos que a rodeavam, apesar do halo afetivo com que a recobriam. Protagonizou até o extremo da morte o drama do gênio criador, com o agravante de sua realidade feminina. Como a figura da água, que tão frequentemente apareceu em suas principais obras, ela mesma se desintegrou à maneira de um fluido informe diante de sua impossibilidade de resolver conflitos insuportáveis com a vida, seu ímpeto autodestrutivo e a tentação implícita do fim definitivo. Vítima de uma dualidade recôndita, enquanto sua natureza feminina a impelia a harmonizar, a pressão masculina tragava-a até a divisão de sua integridade sem saída. Não era "sensata" como os homens ingleses, ainda que, por seu talento, participasse de suas preocupações – via de regra vetadas às mulheres por não serem condizentes com a impassibilidade atribuída à índole feminina pelos preconceitos; uma condição que ela, em sua inquietação irreconciliável com os fatos que recriava magistralmente em seus livros, derivou para a formulação de uma suposta "mentalidade andrógina", particularmente abordada em *Um teto todo seu*. Tal discernimento não a libertou nem satisfez sua urgência por conciliar a dupla consciência de sua função corporal, a ordem das coisas, o intelecto em si ou o intelecto convertido, em seus *Diários*, em "razão objetiva".

Está mais do que provado que quando uma escritora assume plenamente o sentido da palavra, sua vida se transforma em um caminho incessante de transgressões, mesmo contra sua vontade, pois somente a palavra é capaz de sacudir a própria razão de ser e de expor perante os demais, de uma vez por todas, sua posição individual no mundo – uma posição que, imediatamente, salta da intimidade para a página escrita e se torna denúncia, revelação e ato de rebeldia pelo simples fato de ser impressa; pelo fato importantíssimo de poder ser pensada e escrita. Virginia Woolf extremou suas contradições em detrimento da paz e da concórdia que a teriam salvado de seu próprio discernimento criador e desobediente. Rendeu-se, no fim, porque sua mentalidade masculina contrafeita não conseguiu descobrir o ponto conciliatório de sua exigência intuitiva como mulher.

Carolyn Heilbrun afirmou que existem quatro maneiras de se escrever a vida de uma mulher: a que ela mesma se propõe a contar, e inclusive a chamar de autobiografia; a seleção anedótica ou de acontecimentos que, por vezes fabulosos, podem se definir como ficção; a biografia redigida, indistintamente, por um homem ou por uma mulher, sobre a vida de um personagem feminino real; e, finalmente, a mulher pode escrever sua vida no decorrer dos dias e ao longo das páginas de uma forma quase inconsciente, por meio das folhas de um diário – esse gênero secreto que não raro se torna uma faca de dois gumes contra a própria autora ao denunciar os episódios mais inconfessáveis de sua vida. Trata-se dessas passagens que se vão rasgando sobre o papel como pequenos sulcos da memória, aprendizes do verbo, apenas eco da palavra fugidia e que acabam por calar a própria individualidade ou por desnudar a fibra imperceptível do espírito.

Inexplorado até então por uma mulher, Virginia Woolf experimentou o gênero do ensaio e nele revelou magistralmente as chaves de uma mentira que confinou a razão feminina nos infernos

MULHERES, MITOS E DEUSAS

da irracionalidade, da servidão submissa e da dor sofrida em silêncio. Não é casual que na história da literatura de todas as línguas a contribuição intelectual das mulheres seja tão escassa. Isso foi perfeitamente entendido por Virginia quando, em seu *A viagem*, expressou sua dor pela boca de um de seus personagens:

> – Porém, você nunca compreenderá – exclamou ele – porque, mesmo com todas as suas virtudes, nunca será capaz de se entregar totalmente à busca da verdade. Você não mostra respeito pelos fatos, Rachel, porque é essencialmente feminina.
> Ela nem se deu ao trabalho de negá-lo...
> – Mas eu gosto disso – disse ela, e pensou que também se compadecia dele, como se compadece dos infelizes que estão fora do cálido e misterioso globo, cheio de variações e de milagres, em que nos movemos: pensou que deveria ser muito aborrecido ser o sr. St. John Hirst.

Virginia Woolf abordou as manifestações de uma realidade que a conduziu à morte. Ela era, como Rachel, essencialmente feminina, uma poderosa inteligência feminina ainda que, para sua desgraça, nunca tivesse podido gozar dos benefícios da compaixão. Foi coroada pelo talento, mas careceu de conhecimento intuitivo. Teve ao seu redor homens e mulheres capazes de inquirir os aspectos circunstanciais da verdade, mas nenhum conseguiu penetrar na batalha íntima e mais radical deste ser atormentado por sua própria razão. Foi imaginativa, mas a impossibilidade de canalizar aquilo que considerou "sua própria experiência como corpo" condenou-a à dissolução essencial.

A água, essa grande metáfora que ela intuiu como sendo fundamentalmente feminina, absorveu-a nos marismas de sua desintegração cabal e definitiva. Nascida Adelina Virginia Stephens, Virginia Woolf, desde então, encarna o símbolo da intelectual dolente, uma mulher que escreve para entender e não assume o compromisso da escritora para consigo mesma. É precisamente disso que deriva a força de sua linguagem interior, é daí que emana o magnetismo e o mistério do conflito não resolvido entre a mentalidade masculina e a feminina. Artista da palavra, seu livro *Orlando* não é um acidente temático, mas um fio secreto de seu padecimento insolúvel.

Orlando (1928), segundo percebeu com grande argúcia Jorge Luis Borges, contém uma preocupação com o tempo. Foi, sem dúvida, a novela mais intensa de Virginia Woolf e uma das obras mais desesperadoras e singulares de nossa época. Por vezes símbolo da Inglaterra, vítima da amargura e da felicidade esporádica, Orlando já vive há trezentos anos, ora como homem, ora como mulher, tempo suficiente para inquirir a dualidade sexual que lhe fora inspirada pela escritora Vita Sackville-West, em cuja obra *Knole and the Sackvilles*, publicada em 1922, Virginia encontrou a substância histórica desse personagem que, mesmo dúbio, como reconheceu E. M. Forster ao evocar a autora em 1941 – em uma conferência proferida na *Senate House* de Cambridge –, bem poderia ter compartilhado sua própria personalidade.

Virginia Woolf explorava com entusiasmo sensações visuais, gustativas ou sonoras para recriá-las depois, por entre teorias e recordações, em sua expressão literária. *Orlando* é a maior prova de sua oscilação entre o poético e o tratamento não transcendente das coisas com as quais produz páginas excepcionais, como as que descrevem Frost o Grande, e outras de feitura quase desalentada sobre as quais derrama aqueles poucos elementos que a convenciam a acreditar na própria arte, não obstante sua escrupulosa fidelidade às exigências linguísticas e estruturais requeridas por cada tema.

Em que pese seu relacionamento com a compositora Ethel Smyth, Vita Sackville-West desempenhou um papel verdadeiramente importante nas relações femininas que agitaram a sensualidade de uma Virginia a quem, claramente, os homens

MULHERES, MITOS E DEUSAS

aterrorizavam. Desde sua primeira novela exclamou seu horror, seu medo à civilização masculina, o que a atormentou como uma arma mortal, embora Leonard, defensor inestimável de sua liberdade, a protegesse pela dupla razão de que a amava e de que a considerava um dos poucos seres que mereciam ser chamados geniais. Foi neste sentido que ele falou, ao ser entrevistado pela BBC de Londres:

> É natural que os gênios sejam seres um pouco mais complicados que os demais. Creio haver me encontrado com apenas dois gênios em toda a minha vida: um foi o filósofo George Moore; o outro, minha própria mulher. Creio que ela foi um gênio não apenas porque tinha uma maneira totalmente natural de pensar, de falar e de considerar as coisas e a vida, mas porque, em muitos momentos, tinha uma visão nada comum sobre todas essas coisas...

A "visão nada comum" de Virginia, mencionada pelo esposo depois de sua morte, esteve impregnada na profunda poesia que imprimiu a suas novelas e no interesse pelos problemas políticos de seu tempo. Ela compreendeu que nós, mulheres, somos nosso passado, somos nossa palavra, a linguagem que nos constitui e a voz que, depois do crivo da memória e do filtro cultural que se transforma em íntimo pudor, definem a identidade pessoal. Este entendimento, porém, ela mesma não conseguiu consumar em seu favor, seja através de uma personagem novelística, seja de uma entidade verdadeiramente construída. Ela se aventurou na palavra sem reservas, porque esta era a sua paixão. Em suas páginas reina a solidão e o constante desassossego que a distinguiu porque, apesar de tudo, a palavra não foi para ela caminho de salvação, mas um nobre recurso para sobreviver e enfrentar sua realidade em uma sociedade regida por convenções.

Além do citado George Moore – em quem se reconheceu a força maior das ideias críticas que, pelo menos em suas origens, aproximaram o grupo do Partido Trabalhista, ou mesmo do socialismo, e que depois só continuou interessando a Leonard –, o poeta T. S. Eliot, o filósofo e matemático Bertrand Russell, o pintor Duncan Grant e o escritor E. M. Forster foram outros que se somaram ao Grupo de Bloomsbury, o que acentuou a inclinação filosófica de seus membros nos terrenos da economia e da arte, enriquecidos ainda por Keynes, Roger Fry e Lytton Strachey, grandes escritores e biógrafos. Esses intelectuais, graças ao apoio editorial da Hogarth Press, se constituiriam em uma geração de vanguarda do ponto de vista estético e liberal, caracterizada por sua origem comum nas classes dirigentes, o que acabou ressaltando seu duplo sentimento de elite excludente e seu gosto pelo deleite na austera e puritana Inglaterra das primeiras décadas do século 20, onde se costumavam formar círculos intelectuais que jamais se misturavam entre si.

Entre a vida e a obra de Virginia Woolf existem algumas vertentes que poderiam ter sido vasos comunicantes. São os corredores tipicamente britânicos através dos quais algumas personalidades respiram como formas de ser por gerações. Ela amava o campo tanto quanto o ritual do chá, prezava tanto as longas caminhadas como um bom guisado – que em *Rumo ao farol** se constituiu em parte essencial do livro e receita cifrada do *boeuf en daube***. É impossível ignorar sua sensibilidade refinada que, em cada título, ela espelhou de modos diversos – na sala do piano de Rachel ou diante da maravilhosa paisagem floral de *Mrs. Dalloway* – sem que a força dos sentidos desmerecesse seu fervor pela inteligência, que cultivou com maestria. Acreditou na perenidade das pedras e dos monumentos, nos símbolos pátrios, como a abóbada quase eterna

---

*   Também traduzido no Brasil como *Passeio ao farol*. [N. de T.]

**   Prato da culinária francesa, corresponde a um cozido, ou guisado, de carne bovina com vinho tinto, vegetais e temperos. [N. de T.]

da sala de leitura do Museu Britânico, e nas mensagens secretas que se escondem sob a aparência externa dos objetos.

Um desses segredos, que longe de envergonhá-la acentuava ainda mais seu orgulho, era a consciência de portar uma espécie de refinamento em extinção. Sua clara consciência de classe permitiu--lhe apreciar os privilégios de sua origem familiar e delimitar os termos de um feminismo que, não obstante sua simpatia pelas sufragistas na década de 1910, jamais perturbou o nobre valor de ser, como de fato era, "uma dama" que não caía na tentação de se uniformizar, coisa tipicamente masculina, nem de integrar comitês ou assinar declarações; tampouco foi capaz de compreender os sofrimentos das operárias ou de desenvolver a mais simples tendência à compaixão por elas. Conhecia seu lugar na sociedade e jamais se afastou dele.

Mais de uma vez afirmou categoricamente que a mulher "não deve participar desse insultante banquete de varões, nem aceitar as migalhas de poder que vez por outra eles lhe atiram de seu repugnante festim". Todavia, Virginia Woolf também sucumbiu, como outrora sucumbira Lisístrata na antiga Grécia, e acabou assinando, meio a contragosto, este ou aquele manifesto ou participando de atividades políticas que frequentemente sequer a interessavam. Nesse sentido, e com a relatividade que merece seu prestígio, sucedeu a Virginia Woolf o que em nossos dias é lugar-comum entre os escritores menos comprometidos, que firmam seus nomes em inúteis abaixo-assinados imbuídos de certa inconformidade de pouca ou nenhuma transcendência, ainda que, no caso dela, se ressalve que efetivamente ajuizou com valentia seus pontos de vista em ensaios críticos e em publicações significativas. Sua convicção de que a sociedade está estruturada sob parâmetros masculinos transformou-se em denúncia de como as inteligências femininas esbarram em obstáculos interpostos pelos homens para lhes impedir o justo reconhecimento ou as posições tidas como bem-sucedidas, seja no ambiente acadêmico, seja nos recintos historicamente reservados à consagração do talento.

Tanto em *Três guinéus* como em *Um teto todo seu* ficaria o testemunho de sua atitude crítica mais aberta, de sua oposição racional ao meio do qual jamais pôde se subtrair e do qual, na realidade, nunca deixou de se orgulhar. Daí a originalidade de uma postura aristocratizante que lhe permitiu valorizar seu legado espiritual e, ao mesmo tempo, protestar contra o papel secundário que, mesmo dentro de uma cultura tão admirável, era designado até então para as mulheres, conforme expôs no seguinte parágrafo do primeiro *Guinéu*:

> Quando nos encontramos, homens e mulheres, falamos com a mesma pronúncia; utilizamos facas e garfos da mesma maneira. Esperamos que a criadagem prepare a comida e lave os pratos e, sem grandes dificuldades, podemos falar a respeito de pessoas, de política, da guerra e da paz, da barbárie e da civilização e de todas as outras questões... Estas reticências, porém, representam um abismo, uma separação tão profunda e abrupta entre nós que, durante todos estes anos, estive sentada em meu próprio lado do abismo perguntando-me se, por acaso, existe alguma utilidade em poder conversar com o outro lado. Portanto, mais valerá que peçamos a outra pessoa – no caso, Mary Kingsley – que fale em nosso nome: "Não sei se alguma vez lhe disse – me escreveu Mary – que a permissão para aprender alemão e o estudo desse idioma representou toda a educação paga que recebi de minha família. De outro modo, na educação de meu irmão gastaram-se duas mil libras que, até hoje, espero não tenha sido uma despesa inútil".

Virginia Woolf empregou o delicado subterfúgio de uma suposta carta de Mary Kingsley para descrever sua desventura feminina e referir o trágico costume de separar sua realidade em dois

MULHERES, MITOS E DEUSAS

mundos irreconciliáveis: o dos homens educados e o das mulheres emudecidas; costume que permaneceria cifrado no memorável "Fundo para Artur"*, uma espécie de pecúlio destinado a subsidiar o destino educativo e social dos meninos. Essa mentalidade discriminatória e imperial, da qual sua geração foi a última a padecer com semelhante rigor, explica a importância que teve para a Inglaterra o símbolo masculino como transmissor da honra e do prestígio da Coroa. Inclusive a custo da renúncia involuntária das irmãs, as famílias se sacrificavam economicamente para formar da melhor maneira aqueles que deveriam honrar seu sobrenome e que constituiriam a própria força do Reino Unido.

Apesar de seus lamentos, Virginia Woolf não sofreu a incompreensão de seus contemporâneos nem morreu sem ter provado o gosto de um oportuno reconhecimento. Como escritora, inovou sua rica tradição literária. Como mulher, praticou liberdades somente possíveis por conta de sua confortável situação financeira, produto da herança paterna. Levou ao extremo da transgressão exemplar as animadas e extravagantes reuniões em grupo, privativas de sua educação privilegiada. Até mesmo em seu suicídio, imersa como se estivesse em uma grande depressão na qual se confundiram a sensação de irracionalidade e o pavor de não conseguir escrever sequer uma linha mais, manteve a elegância que a caracterizava. Seus livros não somente não foram esquecidos como mencionar Virginia Woolf, em nossos dias, equivale a evocar uma vertente libertadora que escritora alguma, à procura de identidade própria, pode desprezar.

---

* Em inglês, *Arthur's Education Fund* – Expressão empregada por Virginia Woolf em seu livro *Três guinéus*, no qual, em linhas gerais, faz uma interpretação da relação entre masculinidade, autoritarismo e guerra. [N. de T.]

DJUNA BARNES

Uma das novelistas mais controvertidas, independentes e sensíveis da geração nascida no final do século 19 – aquela que sucedeu à dos clássicos modernistas norte-americanos como William Carlos Williams, Ezra Pound e T. S. Eliot, entre outros –, coube à caprichosa Djuna Barnes incorporar o arquétipo da mulher bela, liberada, culta, irônica, mordaz e criativa que, décadas depois, foi considerado modelo de transgressão e de inconformismo. Com sua conduta licenciosa, agitou a Paris dos anos 1930. Não deixou experiência sem provar nem anomalia sem tipificar nesse universo tão seu, marcado pela perversidade, por situações-limite entre mentalidades culpadas e pela fascinação dramática de uma época que, para os criadores e artistas mais conhecidos, oscilou entre o transbordamento poético, o apetite por lucidez e a aventura da irrealidade daqueles que, como ela, roçaram as profundezas do inferno; e o fizeram talvez para empreender uma forma peculiar de humanidade, tingida pelo ímpeto novelesco e pela imprescindível boemia que haveria de arrastar consigo o preconceito de que o escritor, para sê-lo de fato, devia primeiro descer aos recantos do autodesprezo. A arte e a vida se encontraram, assim, na região do absurdo. Um absurdo ativo, diferente do de Kafka, que se exasperou ao longo da própria existência, contra as convenções e a conformidade.

Ilustradora precoce, Djuna Barnes se considerou autodidata em razão de sua cultura fora do comum. Exerceu o jornalismo em sua Nova York natal dos 21 aos 38 anos de idade, até 1930. Depois

MULHERES, MITOS E DEUSAS

de quase três anos de inquietação, estabeleceu-se em Paris e em Londres para se somar ao turbilhão europeu do entreguerras e participar da cena ultrafeminista e decadente que outras novelistas, como Anaïs Nin ou Jane Bowles, extremaram até o delírio em salões de mulheres, bares lésbicos e longas jornadas de adesão ao álcool, ao sexo e às drogas. Insólita por sua precocidade, por sua formação clássica e por sua resistência física, Djuna Barnes pode ter sido o melhor de seus personagens, o habitante mais realista de *O bosque da noite*, e tão sutil em seu refinamento intelectual que, filha fidelíssima da "teologia da crise", parece perfeitamente explicável o ostracismo que adotou durante a etapa final de sua vida.

Se não fosse o esboço biográfico de sua tradutora italiana, Ana María Becciú, pouco saberíamos do que ocorreu durante seu longo retiro em um apartamento no Greenwich Village nova-iorquino, aonde, enferma, célebre e ao mesmo tempo esquecida, quase cega e ainda formosa, alcançou um absoluto desapego de todos os demais e inclusive de si mesma, o que conservou até sua morte, em 1982, aos 90 anos de idade. Odiou "a boca comum e o veredicto do vulgar"; abominou a estupidez e não acreditou nas boas consciências. No ensaio *Djuna Barnes ou o horror do sagrado*, Cristina Campo relatou seus encontros com poetas de destaque, como William Carlos Williams e T. S. Eliot, que, em 1936, ao prefaciar *O bosque da noite*, "uma novela tão boa que apenas as sensibilidades mais educadas na poesia podem apreciar inteiramente", considerou-a "o maior gênio de nossos dias".

Presididas em Nova York por Marianne Moore, as reuniões em honra de Hilda Doolittle, por exemplo – das quais Djuna Barnes era frequentadora assídua, como uma extensão de seus costumes parisienses –, se tornariam lendárias por sua capacidade de mobilização e pela preservação de uma atmosfera intelectual semelhante à do Templo da Amizade, um espaço criado por Natalie Clifford Barney no jardim de sua casa na *rue Jacob*, em Paris, onde eventualmente se reuniam Colette, Renée Vivian, Janet Flanner e outras celebridades (dissimuladas por Djuna Barnes em seu *Almanaque das senhoras*) para discutir temas cultos sem reprimir suas paixões e trocar amores, convencidas de que, por sua singularidade e talento criador, pertenciam a essa estirpe de mulheres demasiado sutis para o inferno e excessivamente impetuosas para aspirar ao céu.

Pelas breves notícias que apareceram em alguns de seus livros, como o *Almanaque das senhoras* (publicado pela Harper & Row em 1972), sabemos que Djuna Barnes nasceu em Cornwall-on--Hudson, Nova York, a 12 de julho de 1892. Seu pai, Wald Barnes, pintor, músico e poeta, inventou seu nome como uma homenagem ao som das palavras, ainda que inspirado por um personagem de *O judeu errante*. De sua avó Zadel, que mantinha um salão literário em Grosvenor Square, Djuna herdou o espírito de liberalidade que acabou elevando a emblema de claustrofobia interior. Desde muito jovem publicou seus textos em revistas famosas, como *Vanity Fair* e *The Little Review*. Seu primeiro livro conhecido, chamado simplesmente *A book*, reunia relatos, poesias e desenhos e foi um dos sucessos literários de 1925, embora Djuna mostrasse indícios de sua agudeza introspectiva já em 1911, com escassos 21 anos, em *A book of repulsive women*, também uma mistura de poemas e desenhos e, talvez, o precursor de *Ryder*, um extraordinário monólogo em forma de novela, cheio de humor ácido, que versa sobre a tríplice relação de um homem com sua mãe, com sua esposa e com sua amante.

Nada se sabe sobre sua mãe, talvez porque a influência dos Barnes tivesse determinado o fundamental de seu temperamento. Foram precisamente seu pai e sua avó que se encarregaram de sua educação artística no Pratt Institute e na Arts Students' League [Liga dos Estudantes de Artes Plásticas]; mas, na realidade, foi ela mesma quem dosou sua personalidade com a linha guia única de seu talento, como sucede às inteligências singulares. Tal como seus contemporâneos Henry Miller, Gertrude Stein, James Joyce,

Man Ray, Jane Bowles ou Anaïs Nin, Djuna Barnes experimentou todas as sensações, sem limites nem temores, e como alguns deles, os mais radicais na busca do inferno, essa bela e inquieta mulher também viajou a Tânger em busca do mistério. Não ficou hospedada em casa dos Bowles pela quantidade de canalhas que pululava naquele ambiente de prostituição e baixeza. Paul Bowles, atraído por sua beleza, se conteve perante ela porque, não obstante seus próprios transbordamentos, considerou demasiado extravagante a maquilagem azul, púrpura e verde com que Djuna alucinava os marroquinos e igualmente perigoso o ritmo inatingível de sua sensibilidade. Todavia, reconheceu-lhe o gênio e a valentia introspectiva somente alcançada pelas inteligências críticas.

O tempo e uma enorme quantidade de memórias dispersas daquela etapa trouxeram à luz o inferno compartilhado por uma geração de náufragos. Todos eles, produtos da transgressão e do temor, padeceram dessa paixão noturna que marcou a melhor literatura produzida por Djuna Barnes. Antes de descobrir uma gravidez indesejada em Tânger e de voltar às pressas a Paris para abortar clandestinamente em um bairro ordinário, concluiu sua segunda novela, *O bosque da noite*, e, avaliando o entusiasmo de seus primeiros leitores, intuiu a importância de suas revelações. Com essa perspectiva à beira do prelo, ela reorganizou sua própria existência.

Arrependida pelo tempo que havia desperdiçado, segundo confessou a T. S. Eliot, reapareceu no princípio dos anos 1940 no legendário Patchin Place – um conjunto de apartamentos construído no século 19 que antes abrigava imigrantes bascos – para retomar a vida nova-iorquina, que ficaria marcada pela obsessão epistolar de Anaïs Nin, tão repudiada por Djuna, sobretudo porque Anaïs, implacável como era, utilizou-lhe o nome para um dos personagens mais transtornados de suas novelas. No entanto, Anaïs Nin, indiferente ao ódio que lhe dispensava Barnes, cunhou-lhe um elogio que perduraria para sempre: "Ela vê demais, sabe demais, é intolerável".

De que ambas foram talentosas, não houve dúvida. O mundo das décadas de 1930 e 1940 foi povoado por mulheres excepcionais; a arte, como em uma explosão de luz, de figurações poéticas e de revelações sobre uma parte do ser e da conduta que até então não era mencionada, foi enriquecida com as contribuições de atrizes, escritoras, bailarinas, pintoras, escultoras, biógrafas, amantes ou dissolutas cujas aventuras demonstraram que, sem verdade nem coragem de conhecer a fundo a si próprias, nenhuma obra capital é possível. Nesse sentido, Djuna Barnes apostou no terrorismo espiritual e extraiu, com seu gênio único, uma das alusões literárias mais poderosas do século 20. Prosa poética. Foi assim que T. S. Eliot descreveu o estilo embravecido de *O bosque da noite*: uma espécie de gemido da humanidade e recriação descarnada para tornar sua vergonha mais suportável aos tenebrosos personagens itinerantes, e menos vil a miséria dessa coleção de entidades que soube tudo a respeito da degradação e da noite, mas não do arrependimento e da contrição.

À argúcia de Djuna Barnes, em suas diversas obras de grande alento e confecção rigorosa, devemos uma das pinturas literárias mais intensas da desgraça e da escravidão humanas, que em temperamentos considerados "normais" costumam permanecer nos recantos escondidos da miséria. Nunca a amedrontaram as convenções, tampouco sua inteligência se dobrou aos preconceitos do conveniente ou do proveitoso. Djuna tanto padeceu como desfrutou a vida, avigorou seu talento, enriqueceu sua cultura e conservou até o final o brilhantismo de seu engenho, o sentido do horror que caracteriza aqueles que estão convencidos de que é trágico o destino do homem e a sina dos seres chamados a explorar os limites contidos nos achados da alma.

Diversa e repleta de anedotas transgressoras, sua biografia preenche uma época de decadismo e impaciência dos corações. Sua obra, por outro lado, permanece à testa de uma caracterização literária de habitantes descarnados, gente que talvez nasça igual às demais, mas que, progressivamente, se vão identificando por sua essência lodosa e que, todavia, sobrevivem graças a uma lucidez comovente.

Por intermédio de Djuna Barnes confirmou-se, definitivamente para a literatura, que existe um mundo noturno. Esta é a dimensão do tempo tenebroso por onde vagueam os atribulados. Trata-se de um estado espiritual aterrorizado que começa no temor, segue através das dúvidas, transmuta-se em figurações perturbadas por um estalido seco, desses que conseguem saltar as fronteiras do sonho, que fazem tremer as pernas e que acabam fundidos a uma identidade totalmente alienada para se enfrentar com uma morte sem concessões.

O mundo da noite, assegurou Djuna Barnes, corresponde à existência de vontades modificadas por um sofrimento atroz, anônimo, que "dorme em uma Cidade de Trevas". É como pertencer a uma irmandade secreta e é, também, essa escuridão instável, aderida às profundezas da alma daqueles que se lançam à dor como se fosse a única fonte da vida, da qual extraem o sentido da irracionalidade ao prestar a conta de seus dias.

Obsceno, inóspito, difícil de escalar e estéril é o tronco da noite. Espelho exato da deterioração, somente ele pode refletir a grande incógnita do desassossego errante. Desprotegidas pela ausência de luz, senhoras únicas de sua tormenta, essas vítimas de uma ronda da morte vão descendo entre as trevas, rosto à frente, até beber as águas turvas do "bebedouro dos condenados". Os perturbados noturnos que Djuna descreve não são daqueles que nascem detrás do postigo da vida nem envelhecem ao abrigo de suas memórias. Eles sobrevivem em um círculo de morte cujo centro contém o impacto decisivo, o vestígio mais dolorido. Sua existência é um constante retrocesso para o nada. Sua obscuridade está em constante alerta, nos recantos da alvorada, à espreita de uma transgressão, beirando o ser desesperado.

Os signos da noite ocupam ruas degradadas e sarjetas ocultas. Às vezes se detêm em tabernas malcheirosas, como ocorreu em Tânger com os Bowles e com a própria Djuna, ou transitam impudicamente, com fantasias grotescas, como fazem os travestidos. Pendões da dor são percebidos nos rostos dos meninos que lavam para-brisas e dão cambalhotas pelas esquinas. Há mulheres que ostentam sua índole noturna em reflexos demoníacos que se transformam em recompensa de uma absolvição impossível; e há homens elegantes que procuram dissimular seu temperamento atribulado. Não há idade, sexo ou condição social sem representante nesse inferno. Os filhos da noite marcham pelo mundo com a cabeça mergulhada no crepúsculo e os sentidos escravizados por suas aflições.

Nossa cidade tem muito de noturna. O tormento é abundante entre nós, apesar do sol intenso que nos oprime. Os atribulados arrastam sua condenação como um uniforme familiar. Drogados, depressivos, bêbados, vigaristas ou aflitos recolhidos em seus domicílios: encontra-se de tudo nessa região-existência das trevas.

Djuna Barnes, em uma breve descrição daquilo que chamou *O bosque da noite*, nos legou as chaves da linguagem da morte. Suas passagens nos remontam a um inferno que pode ser referido desde as horas ancestrais, o inferno do medo horizontal, do medo insuportável, "porque somente em sentido perpendicular o ser humano pode enfrentar seu destino". Vítima dessa treva que recobre seu espírito, nenhum sossego jamais é permitido a essa espécie de dormente atormentado, ao habitante de uma noite interminável.

Desde muito jovem, Djuna participou dos vaivéns subversivos da boemia internacional e daí extraiu os elementos macabros sobre os quais ponderou Kenneth Rexroth, o grande poeta norte-americano e tradutor de textos gregos e chineses, ao descrevê-la como "o arquétipo da mulher liberada". Seu prestígio como escritora se consolidou com os esboços contristadores de *O bosque da noite* e com a força poética de sua expressão transbordante. Passados quarenta anos, Djuna Barnes converteu-se em lenda: aparece nos temas, cartas, diários e novelas de Anaïs Nin, nos diários de Henry Miller e nas evocações de Paul Bowles. Anaïs Nin, inclusive, confessou que nada desejava mais que ser capaz de escrever uma novela poética como a de Djuna Barnes, ou páginas no estilo de Giraudoux.

Na década de 1940, alguns escritores norte-americanos exploraram analogias sinfônicas em suas prosas a fim de harmonizar em uma única expressão o canto e a leitura. Pretendiam, como Djuna ou Anaïs, que a redondilha imitasse o ritmo melódico de uma partitura, para que as letras fizessem da arte da palavra uma arte musical e metafórica, marcada pela harmonia sonora. Djuna Barnes e Anaïs Nin foram amigas durante certo período. Além do talento, compartilharam semelhanças literárias: as duas investigaram a metáfora da alma perturbada; ambas foram rebeldes, inconformistas e ávidas por construir um mundo interior resistente às acometidas devastadoras que, ingenuamente, fizeram Jean-Paul Sartre acreditar que o inferno era os outros quando, na verdade, o inferno crescia com a própria treva. Assim souberam essas duas representantes de uma espécie em extinção, a cujos nomes poderíamos somar os de Virginia Woolf, Alma Mahler, Zelda Fitzgerald, Misia Zert, Gertrude Stein, Vita Sackville-West ou a própria Jane Bowles, a mais decadente de todas.

Djuna Barnes, por causa de seu estilo, obcecou a Henry Miller, autor dos *Trópicos* e criador de *Primavera negra*, então amante de Anaïs que, por sua vez, mantinha complicadas relações com seu psicanalista Allendy, com seu marido, Hugo Guiler, com o idílico Antonin Artaud e, segredo entre os segredos, com o compositor catalão Joaquín Nin, seu próprio pai. Desse relacionamento proveio *Incesto*, uma confissão que permaneceu inédita durante cinquenta anos e que só foi dada a conhecer em 1995. Djuna também influenciou Nathanael West e Nelson Algren ao criar a atmosfera de horror existencial e de pesadelo que cresce nesse século de apogeu do capitalismo. Ademais, entre Djuna Barnes e Anaïs Nin poderia se assinalar mais de uma coincidência. Vidas paralelas, foram guiadas pelo empenho emancipador e regidas por uma vontade libertadora. Não é por acaso que, entre afãs desesperados, ambas assumiram o "poço pessoal" dos habitantes da noite; porém, diferentemente de sua rival, Anaïs Nin sucumbiu à tentação da voragem, e muito de si mesma foi extremado pelos efeitos daquele incesto que a levou a dizer publicamente: "Sou neurótica, pervertida, destrutiva, ardente e perigosa".

Mais que a nossa época, seu tempo, até a metade do século passado, deu as costas à inteligência feminina; mas suas obras se impuseram pelo vigor de suas metáforas e pela força de seu estilo, não obstante a onda de repúdio que ensombreou suas biografias. Djuna expressou o símbolo do entreguerras: melancolia e consciência frente à morte; Anaïs exprimiu a decadência da alma. As feministas dos anos 1960, ávidas por bandeiras e guias, exaltaram Anaïs Nin e ignoraram Djuna Barnes, embora o universo desta acabasse por se impor por si mesmo nesse fim de século, para o qual convergem o melhor e o pior da história.

A aflição de Matthew O'Connor, eixo central de *O bosque da noite*, salta por sobre as linhas. Quase podemos tocar sua ridícula peruca de mulher. Quase o enxergamos aqui, ao nosso lado, enfiado em seu camisolão imundo emaranhado de sebo e rendas, reinando em seu caos ímpio. E ali, em cada sucessor das trevas, perdura Matthew O'Connor, ainda aflito, com seu odor de corpo vencido pela força do absurdo. Nora e ele representam os extremos da paixão que pernoita. Ambos poderiam encabeçar um almanaque de atribulados. Se Robin é a peregrina de uma paixão confusa, Nora expressa a intensidade sacudida pela evidência do vazio. A ânsia pela posse, forma desvairada do desejo de ser através do outro, é o único ponto permanente e firme na natureza daqueles que se esqueceram do próprio rosto depois de explorar o oráculo noturno, em vez de viajar em direção ao dia.

A vida, às vezes, se parece com a literatura. A vida de Djuna Barnes é como a de seus personagens mais bem-sucedidos. Foram suas a vontade de viajar, a tormenta interior e uma paixão insaciável por inquirir a linguagem da noite. Morreu desaparecida no silêncio, com a lucidez característica dos cegos e sem se importar absolutamente com a agitada torrente que havia revolvido ao criar a grande metáfora de nosso século atribulado.

ISADORA DUNCAN

Um dos primeiros mitos da mulher contemporânea, Isadora Duncan levou ao extremo do caos seu clamor de que não há limites para a vida. Filha do melhor do final do século 19 e do mais perturbado princípio do século 20, absorveu do romantismo um destino dramático, e de sua geração feminina, a avidez, quase desesperada, que a conduziu a uma sucessão de rupturas tão radicais que ela mesma se afastou da síntese harmoniosa que poderia libertá-la da violência interior.

Mulher cheia de contrastes, Isadora é sinônimo de paixão, de busca exacerbada. Foi precoce, insaciável e consequente com sua certeza de que, sem liberdade, o corpo e a razão ficam restritos a cânones que paralisam a consciência ou estancam o crescimento interior. Ansiava pela fama, alcançou-a plenamente e isso não lhe bastou. Aos 21 anos de idade abandonou os Estados Unidos em busca do reconhecimento que não tardou a conquistar. Isadora Duncan, filha de uma professora de música inteligente e de tendências anarquistas, conheceu a pobreza extrema e os sacrifícios de uma família sem pai que cresce à sombra promissora do sonho americano, ao menos no que respeita à fantasia da autorrealização que vence os piores obstáculos. Suas fases por detrás do êxito realizam, até nos pormenores, os triunfos esperados por sua intrepidez e a antecipação de um desenlace trágico mas congruente com as altas temperaturas que acalentavam seu espírito.

MULHERES, MITOS E DEUSAS

Acreditou na beleza perfeita e fez da Grécia o templo de um classicismo tão renovador que é quase impossível se referir à dança moderna sem mencionar seu nome. Longe de se salvar pelo caminho da arte, foi atormentada por seu próprio demônio e arrastou para o palco as marcas de seu ímpeto autodestrutivo, como se estivesse empenhada em confirmar que sua memória era feita de fogo, da mesma maneira que suas sensações a vinculavam ao mar enquanto suas mãos e seus pés a mantinham firmemente sobre a terra, para afiançar a oscilação por meio da qual desafiou o mistério da criação.

Deleitava-se evocando os elementos, apregoando as virtudes de uma nudez teatral que agora se pratica com naturalidade. No uso de roupas leves e no desafio às convenções sociais, encontrou o sentido da "leveza do ser" que, quase sete décadas depois, o escritor tcheco Milan Kundera desenvolveria em seu alfabeto pessoal de símbolos literários. Susteve a livre expressão de um equilíbrio na dança que só obedecia a seus próprios comandos, cujo centro ou motor descobriu no plexo solar. Abominava a rigidez do balé clássico, mas absorveu suas normas para melhor combatê-lo desde que, em sua Califórnia natal, suas primeiras interpretações originais foram desdenhadas. Poderosamente influenciada por suas leituras, construiu um projeto de vida quase idílico, demasiado engenhoso para se adaptar à sua realidade e aferrado àquelas grandes realizações que só são oportunamente concebidas por seres dotados de um talento equiparável à sua vitalidade excepcional. Estes são os homens e mulheres condenados a sofrer lapsos imaginários, quando ignoram seus próprios limites e se entregam com maior paixão à satisfação de seus apetites do que ao cultivo disciplinado de sua criatividade. E o mundo ocidental da primeira metade do século 20 que lhe tocou por sorte foi particularmente inclinado a gerar mentalidades desagradáveis, obstinadas em exercer papéis estratégicos no âmbito da criatividade e, com frequência, engendradas no duplo temor à morte e ao anonimato.

ISADORA DUNCAN

Ela mesma se encarregou de acentuar, em sua autobiografia, as linhas mestras que a orientaram em seus primeiros anos e as dificuldades que intensificaram o desajuste marcante dessa norte-americana que desejava devorar o mundo em grandes pedaços, e dessa artista precoce que soube romper os costumes ao atentar contra o gosto do público para fundar um estilo próprio, cuja expressão, paradoxalmente, exigia uma cabal liberdade, que ela simbolizava por meio dos movimentos aquáticos de seu corpo enquanto sua mãe a acompanhava ao piano. Sua inclinação para o escândalo, porém, atrapalhava mais do que ajudava o curso de seus propósitos, pois mais de uma vez o exibicionismo superou seu alarde revolucionário por conta das oscilações de seu temperamento, que nem sempre lhe permitiam concluir o que havia empreendido nem conservar a fidelidade àquilo que chamou de sua maior paixão. Parece que sua natureza atormentada buscava os piores homens para se apaixonar loucamente e logo sofrer desgastes atrozes, que foram reduzindo seu corpo e seu espírito a reflexo fiel de uma decadência ensombreada pelo álcool e pela total perda de escrúpulos. Acabou desamparada, de costas para si mesma, particularmente depois da morte trágica de seus dois filhos pequenos.

Não somente pôs de lado as composições tradicionais como também descreu da formação escolar, e seguindo as lições maternas, que observou como guias do destino, até o final repetiu as mesmas frases que, desde os 5 anos de idade, aboliram de sua consciência a tentação natural de recair no sentimentalismo da classe média: "Não existem Reis Magos; não existe Deus; não existe nada além de teu próprio espírito para te ajudar". E um grande espírito foi o que considerou como condição única de luta contra a adversidade, já que não conheceu outra coisa senão privações inteligentemente compensadas pelo alimento espiritual que aquela professora que ministrava aulas particulares nunca se cansou de prodigalizar.

Mais de uma vez escreveu que sua verdadeira educação se realizara durante as noites, quando sua mãe interpretava para ela e seus irmãos obras de Beethoven, Schumann, Schubert, Mozart ou Chopin, ou lia em voz alta passagens de Shakespeare, Shelley, Keats ou Burns, autores que, longe de abandonar, alimentaram seu repertório até se tornarem imprescindíveis em suas coreografias. Tinham sido "horas encantadas", dizia com nostalgia; a própria Isadora conservou o costume familiar de recitar poesias de cor para provar que a educação verdadeira, quando entra pelo ouvido e é capaz de se integrar a uma maneira de ser, substitui as aulas didáticas com tal vigor que nada do que foi aprendido no sistema escolar consegue satisfazer a curiosidade das almas sensíveis, pois os sistemas comuns anulam a dinâmica do despertar e reprimem as emoções e a imaginação, além de estreitarem o pensamento para domar o potencial da mente infantil em vez de libertá-lo.

Isadora Duncan sentia devoção por tudo o que representava sua mãe irlandesa. Agradecida pela infância atípica que lhe permitiu se dedicar ao belo, definiu a si mesma como uma talentosa criatura que desde o berço portou o desprezo pelos falsos valores de uma sociedade moldada para domesticar seus membros, apartando-os da originalidade e da crítica do pensamento criador. Sendo toda ela claro-escuro, a suas iluminações súbitas seguiam as trevas de uma inteligência abatida por impulsos opostos. Amada e aborrecida, deslumbrada com seus acertos e intimidada por seus atrevimentos, nem mesmo o filtro das décadas conseguiu separar a mulher da artista, porque sua matéria ígnea era realmente composta por essa personalidade múltipla.

Em uma personalidade tão predisposta a impor seus próprios cânones, não é de se estranhar que, para provar sua convicção de que qualquer música poderia ser dançada e teatralmente encenada, ela tenha se atrevido a bailar ao som de Wagner, Brahms, Beethoven e até mesmo com o célebre coro de crianças gregas, o que a levaria a dançar em Londres, Viena, Munique ou Berlim temas tão inusitados como *As suplicantes, O Danúbio azul* ou adaptações de antigos hinos helênicos, musicados na Alemanha por um professor bizantino ligado à Igreja Ortodoxa.

Em plena maturidade, com o duplo peso da fama e de seus fracassos amorosos, abatida pelo fastio e pela frustração, desatendeu aos rogos de seu agente que em vão tentava fazê-la desistir de suas viagens para que regressasse aos palcos europeus onde, segundo os jornais, outras intérpretes já copiavam seus cortinados azuis, a simplicidade de seus cenários, seus trajes e suas coreografias, que eram recebidos com grande êxito e aclamados como originais. É claro que lhe importava manter sua liderança artística; mas era mais forte seu impulso quando tinha de escolher entre sua veia idílica e uma rotina de contratos preestabelecidos. Um rosto, um nome famoso, a promessa de um sarau intelectual compartilhado com as grandes personalidades da arte ou do pensamento causavam nela o efeito de um filtro mágico. Largava tudo desde que pudesse se encontrar face a face com seus símbolos ou participar do intercâmbio de vozes que animavam a imaginação europeia. A única coisa importante, dizia ela depois de haver recebido a visita mítica de Cosima Wagner, era viajar o quanto antes para Bayreuth a fim de absorver a música de Richard Wagner. O fundamental era beber até o último alento o legado do gênio, suas óperas, seus personagens legendários, as palavras de sua monumental viúva e o rumor de poesia que somente se respirava em um ambiente consagrado à música. Assim era Isadora Duncan: um remoinho sem outro guia que seu impulso arbitrário.

À margem da generosa evocação familiar que determinou o caráter da artista, esse primeiro encontro de duas mulheres singulares é um eixo em sua autobiografia. Segundo ela mesma escreveu, nunca havia encontrado nenhuma outra que a impressionasse tão vivamente, e que por seus olhos brilhantes e seu nariz proeminente destacava-se nela uma fronte radiante de inteligência. Desmedida até mesmo para qualificar a quem recém-conhecia, sua facilidade para se impressionar com lampejos de razão talvez a tenha levado a exagerar em Cosima um suposto domínio daquilo que considerou "os mais profundos sistemas filosóficos". Mais de uma vez se referiu à influência de suas críticas vanguardistas, herdadas em parte de seu marido Richard Wagner, e, em especial, à sua férrea oposição às escolas de balé então em voga. Abominava, inclusive, os figurinos em uso e a miscelânea de cores nos cenários. Essa primeira entrevista com aquela mulher que, além de tudo, fora a filha predileta de Franz Liszt, foi tão decisiva que reanimou em Isadora o velho sonho de criar uma escola de dança para levar a Bayreuth o grupo de ninfas, faunos, sátiros e graças com os quais o próprio músico alemão uma vez sonhara a fim de completar sua universalidade musical. A partir do momento em que reconheceu em Cosima o sinal de um novo entusiasmo, nada desejou mais do que representar *Tannhäuser* com um sentido de beleza que acreditava combinar com os movimentos amáveis, suaves e voluptuosos que julgava característicos das *Três graças* de Wagner.

Foi assim que, como se fosse esse o ponto fundamental de seu destino, viajou em uma ensolarada tarde de maio para o santuário de Bayreuth[*]. Hospedou-se em vários quartos do hotel Águia Negra e instalou ali seu piano a fim de completar seus ensaios para o *Tannhäuser* e elaborar estudos coreográficos para *O anel dos nibelungos* e *Parsifal*, visando a possíveis representações que, como reiterara em numerosas páginas descritivas, a conservavam "mergulhada em um estado de embriaguez estética".

---

[*] Referência ao teatro construído por Wagner, com a ajuda do rei Luis II da Baviera, na cidade alemã de Bayreuth, para a representação de suas obras. Wagner compôs seu último trabalho, a ópera *Parsifal* (1882), especialmente para ser encenado nesse teatro. [N. de T.]

Navegar sem dinheiro de Nova York à Inglaterra em um barco que transportava gado, acompanhada de sua mãe e de dois de seus três irmãos, para tentar a fortuna em Londres em tempos de miséria e exaltação, faziam-na se sentir uma somatória de personagem de Dickens e heroína de uma cruzada estética que distraía seus piores momentos alimentando nos parques, museus e bibliotecas britânicos a fogosidade crescente de seu espírito. Isadora Duncan teve um desses temperamentos que nunca deixam de fantasiar o extraordinário que são, por si sós, os encontros com intelectuais, políticos ou aristocratas. Essa parte social da arte talvez tenha predominado sobre a verdadeira solidão do criador porque, ao evocá-la com rasgos de personalidade que poderiam resvalar na neurastenia, descarregou nas páginas de sua autobiografia um tal entusiasmo que resultaria incompleto qualquer compêndio sem a importância que atribuiu às tertúlias como alimento imprescindível para seu espírito.

De Londres a Moscou e de Paris a Berlim, Budapeste ou Viena, seus itinerários desenham um mapa ou uma geografia de notáveis até os anos 1920, os mais vertiginosos não somente pela psicologia do pós-guerra, que de fato fecha o pensamento do século 19, mas pela proliferação complementar de personalidades voluptuosas, de cuja dissipação haveriam de surgir as chaves de uma modernidade embasada na ideia de que, após consumada a primeira transgressão, tudo se torna permitido.

Isadora reconheceu que as angústias, os sofrimentos e as desilusões incontáveis do amor acabaram por modificar sua arte. Inclusive no cúmulo da sobreposição mítica, durante suas horas mais críticas, concebeu uma coreografia sobre o tema de *Ifigênia* e seu adeus à vida sobre o altar da morte, justamente para representar seus estados de desamor.

Em Cosima, por exemplo, acentuou a herança viva de Richard Wagner com a mesma intensidade com que, anos depois, exaltaria a personalidade de Eleonora Duse. Em sua *villa* Wahnfried, em

Bayreuth, edificou-a sobre a tumba do herói como uma estátua viva, no centro da intelectualidade alemã. Recebia com regularidade artistas, músicos e a aristocracia que vinha visitá-la de todos os lugares, com a religiosidade dos crentes em busca de relíquias, o que preenchia sua fantasia sobre o saber e o glamour acentuado ao calor das conversas privilegiadas. A própria Isadora Duncan cultivou tal costume também em torno de críticos e poetas, homens vividos e mulheres destacadas por sua sofisticação, sua fortuna ou sua popularidade, ainda que jamais fosse capaz de sustentar essa função de animadora cultural porque nunca chegou a ter residência fixa.

O veio de frivolidade que a animou a frequentar os locais preferidos pela aristocracia manifestou-se ainda em seu orgulho por haver inventado em Opatija*, durante sua viagem para Munique, um traje de banho inspirado em uma túnica azul-celeste de gaze chinesa, profundamente decotado, com pequenas aplicações no ombro e uma saia até os joelhos, semelhante às túnicas gregas que tanto lhe agradavam. Apesar do escândalo que causara ao mostrar braços e pernas, seu modelo não tardou a ser imitado nas praias da moda, pois até então as senhoras se banhavam cobertas severamente de preto, com tecido que lhes chegava até os tornozelos, meias pretas e até mesmo sapatos de banho, também pretos.

Isadora não tolerava nada inferior ao estado de adoração. Por isso, não causa espanto que, ao redigir as primeiras páginas de *Minha vida*, com quase 50 anos mal vividos, obesa, desgastada pela dor, pelo excesso de álcool, pela ruína moral e pelo descuido artístico, escrevesse no tom provocador dos anos 1920 que gostaria de incluir uma fotografia sua para que os leitores lhe respondessem opinando sobre o que achavam de sua beleza perfeita.

---

* No original, Abbazia (em italiano). Balneário turístico localizado no extremo norte do mar Adriático, na atual Croácia. Era o centro turístico por excelência do Império Austro-Húngaro até a Primeira Guerra Mundial. [N. de T.]

"O gênio é o rigor no desespero." Esta brilhante definição de Jean Genet retrata o melhor de Isadora Duncan, que passava as noites aperfeiçoando seus movimentos e gastava os dias absorvendo tudo quanto desejava saber sobre o conhecimento e a vida. Imbuída de um furor juvenil, desde sua primeira manhã em Londres estudava a arte da antiga Grécia no Museu Britânico, enquanto seu irmão Raymond traçava esboços de cenas heroicas que ela depois aproveitaria para coreografias inspiradas na graciosa leveza de ninfas descalças sobre a grama, que a fizeram saltar dos salões palacianos ao grande público dos mais prestigiosos teatros; e quando se achava no auge, em que se congregavam o desamor e sua paixão infatigável, apresentou-se no templo de tijolos vermelhos da colina de Bayreuth para representar, em um paroxismo de síntese simbólica, os quadros de *Primavera*, com a loura Sieglinde repousando nos braços de seu irmão Siegmund enquanto se elevava naquela paisagem brumosa e wagneriana do coração da Europa o canto glorioso de um coro que repetia: "Amor, dança; dança, Amor...".

Criou seu próprio personagem e o explorou até esgotá-lo. Era a doce donzela grega que sob as pregas de sua túnica abrigava uma transgressora implacável; era a mais delicada das artistas, que apenas roçava o piso ao caminhar sobre sandálias que motivaram mais de um estrondo jornalístico a propósito de suas extravagâncias, talvez exageradas; era a contragosto uma típica norte-americana que, partindo da consciência de seu país improvisado, quis sorver até o último gota da cultura europeia; era, também a seu pesar, uma californiana inclinada à impostura, que não aceitava o controle sobre suas emoções, mas inclinada a tudo com o objetivo de impressionar intelectuais e artistas, a fim de empreender por seus méritos os mais intensos episódios entre a poesia e a dança, a música e a pintura ou a escultura e o bailado. Era também uma bela irlandesa, mágica e sedutora, que sonhava com a eternidade como outros fantasiam seus pequenos delírios. E era, acima de tudo isso, ela mesma: um talento incandescente sempre disposto a arcar com as consequências emocionais de seu furor insaciável.

Em sua Califórnia natal provou os primeiros deleites libertários enquanto passeava descalça à beira-mar. Anos depois, ao conquistar seus primeiros triunfos, quando Charles Hallé era diretor da New Gallery, em Londres, onde expunham os pintores modernos, ela bailaria quase desnuda ao redor da fonte do pequeno pátio central, rodeada de palmeiras mediterrâneas e plantas exóticas, para um seleto grupo que lhe granjearia o tão desejado reconhecimento da minoria. Esta era a Londres que concluía a primeira década do século 20: impregnada com o torpor vitoriano que faria Virginia Woolf lamentar a situação feminina em seu livro *Três guinéus*, e que levaria as valentes sufragistas a tomar as ruas ou encher os cárceres em nome de uma luta pela igualdade que, a partir do direito ao voto, envolveria o século com exigências que ainda estão por resolver em quase todas as sociedades do mundo.

Aquele era um mundo tingido pela violência, pela repressão e pela vontade de ruptura, berço de escritoras – meninas ainda ou jovens que já se encarreiravam nos atrevimentos que distinguiram tais décadas, consideradas gloriosas – que se encarregariam de deixar na letra impressa algo mais do que relatos marcadamente autobiográficos, além de novelas, crônicas e contos perturbadores. Aquela era a geografia espiritual de Colette, Vita Sackville-West, Gertrude Stein, Alma Mahler e da própria Virginia Woolf. Semente inspiradora da excessiva Jane Bowles, que no legendário Tânger – cenografia ideal para os trânsitos pagãos até meados do século, onde tantos escritores encontraram o mistério exato para enquadrar suas agonias homossexuais, suicidas e desmesuradas – atinou finalmente com a temperatura exigida por seu inferno particular; esse Tânger recôndito para onde desceu a última Bowles, avassalada em um bar de lésbicas por Cherifa, a marroquina analfabeta, vendedora de grãos no bazar, que a drogava a fim de explorá-la financeiramente por meio da dependência sexual até provocar-lhe o coma que lhe causou a morte, em 1957, por ingerir *majoun** em excesso. Eram, portanto, as décadas culturais da ruptura e da desesperação, que fixaram nos anos 1920 a referência fatal de sua febre devoradora de todas as proibições.

Não menos intensa, ainda que nela predominasse seu ímpeto criador, a vida de Isadora Duncan não pode ser entendida sem a animação cultural que campeava entre a loucura e a genialidade de seus melhores homens e mulheres. Nascida em 1878 na cidade de San Francisco, seria difícil determinar se revolucionou a dança por sua inconformidade ou se foi a rebeldia enraizada em sua formação familiar que acabou definindo um estilo que, em essência, consistiu de rupturas, de oposição ao rigorismo paralisante, de contraponto entre projeções heroicas e legendárias, tipicamente gregas, e da necessidade de varrer tudo isso e varrê-lo bem, como diria Albert Camus em sua nova versão do homem moderno.

Prisioneira de si mesma no centro de um conflito sem resolver, para Isadora Duncan a verdade oscilou entre dois absolutos: o Amor e a Arte. Um e outro se estreitaram como vasos comunicantes em correspondências cada vez mais voluptuosas, cada vez mais complexas e enfrentadas no palco tal como em um campo de batalha. Transformou sua intimidade em objeto de uma paixão criadora que a devastava nas fases de desamor ou lhe provocava explosões ocasionais de exaltação, quando tomava por sublimes aquelas que, na realidade, eram intensos rompantes gerados por sua impossibilidade de cultivar a vida a dois. Desde os dias de suas representações particulares em Londres, aferrou-se à certeza de que dançava para seduzir, e seduzia porque dançava. Não conheceu fissuras entre a vontade de transcender como artista e a de se imortalizar por meio

---

* Doce feito à base de cannabis. [N. de T.]

de seus prazeres vitais. Por isso, suas crises foram devastadoras, porque não dispunha da autodefesa indispensável para se preservar com uma paixão quando a outra transbordava. Por isso, também, seus extremos conduziram-na ao auge à custa da dor causada por uma inevitável autodestruição.

Ao crer na imortalidade pessoal, mostrou ser tão ingênua quanto incapaz de distinguir vaidade e talento. Quando se enamorava dos homens, dotava-os de atributos sobrenaturais; depois, quando a violência serpenteava por entre os escaninhos de sua realidade íntima indesejada, recorria ao destino para justificar sua natureza selvagem e o foco da energia vital e cinética de seu corpo, a partir do qual surgiu sua ideia de dançar baseada em cerca de quinhentos exercícios coreográficos que reuniu, em curto espaço de tempo e em plena gravidez, no intuito de ensiná-los em sua escola para meninas na Alemanha, que em sua ausência era dirigida por sua irmã Elizabeth. Daí a constatação de que suas fases de maior declínio proviessem da má escolha do amante e que seus piores abandonos artísticos coincidissem com seus períodos de dissipação e excessos de frivolidade, típicos de sua época. Escandalosos do princípio ao fim, seus casos de amor tornavam-se notícias públicas no mesmo ritmo cambiante de suas representações cênicas. Tratava-se, então, de desafiar os tabus em todas as frentes, de transgredir e escandalizar, prejulgando ela mesma, talvez, que uma vida desordenada é mais propensa a estimular a popularidade porque contribui para dar publicidade a seus acertos.

Gordon Craig, ator inglês, produtor, diretor e crítico de teatro que apreciava sua arte como ninguém, foi o pai de sua infortunada Deirdre, a pequenina com quem Isadora sonhou duas vezes durante as primeiras semanas da gravidez, caminhando com seus cachos dourados pela mão de sua avó, a atriz Ellen Terry, que, como que antecipando a fatalidade que recairia sobre a criança, dizia-lhe: "Isadora, amor meu. Amor... amor...".

Um dos gênios mais extraordinários da época. Era assim que ela considerava Craig, acreditando-o da mesma espécie metafísica que Shelley: seres de fogo e de luz, em permanente estado de exaltação, que passam do furor colérico ao mais vivo entusiasmo sem nenhuma emoção intermediária. Derivou daí a voluptuosa relação que começou em Berlim, em uma noite primaveril de 1905, quando, dançando no palco, divisou esse jovem na plateia, a quem desde então associou com um daqueles anjos pintados por William Blake, e a quem chamou de sua alma gêmea, filho da arte e da maior artista, seu perfeito amor; até que a angústia anterior ao parto a fez mergulhar em uma depressão da qual não se recuperou senão meses depois, quando, já de regresso a Berlim após uma estadia na Holanda, deram à pequenina o nome de Deirdre, "a amada da Irlanda", e ela mesma já tivesse recobrado a elasticidade de seu corpo transformado.

Unidos pelo repúdio às convenções, Isadora Duncan e Gordon Craig compartilhavam semelhante aversão ao simbolismo expressado pelo matrimônio. O ciúme profissional, porém, se infiltrava entre eles com o prenúncio de uma tormenta coroada por alegações irreconciliáveis sobre as exigências do trabalho de cada um; por suas invariáveis discussões sobre a teórica genialidade dele, sempre preocupado com os espaços deixados pela disciplina perdida por causa dela, e sobre a expressão do ser vivo em cena, que Isadora identificava com a dança para demarcar a perfeita beleza que apregoava como condição de harmonia libertária.

Irremediável como era seu relacionamento, Isadora confessou que seu destino era inspirar um grande amor a esse gênio, ainda que fosse impossível adaptar-se às distintas exigências de suas carreiras. Resultou daí que, depois de algumas semanas de amor selvagem e apaixonado, travaram uma feroz batalha entre o talento disciplinado de Gordon e o arrebatamento dessa artista que, então no topo do sucesso, se dava ao luxo de dirigir com Elizabeth uma escola em Grunewald, a fim de cultivar e difundir a ruptura que, paradoxalmente, era patrocinada pela mais conservadora representação feminina da burguesia alemã.

Assim era Isadora Duncan, contraditória e temerária até o fim; desafiadora a ponto de alugar a sala da Orquestra Filarmônica de Berlim para proferir uma conferência sobre a dança como arte de liberação e, de passagem, defender o direito de a mulher amar livremente e ter os filhos que quisesse, com quem e como quisesse, sem o jugo do matrimônio nem as obrigações mortificantes que naqueles dias enfureciam as feministas em uma Europa dividida entre o temor às mudanças e a corrente de uma estupidez moral que, em poucos anos, derivaria na ferocidade do fascismo.

Eram os meses de sua identificação intelectual com Eleanora Duse e das tentativas de conciliar sua maternidade com as exigências teatrais de Gordon Craig, que desejava montar em Florença a peça *Rosmersholm*, de Ibsen, com a caprichosa atriz italiana que, além de não falar uma única palavra em inglês, dependia da intervenção de Isadora para mediar os conflitos interpretativos sobre a obra e o cenário, que Craig vigiava com o mesmo autoritarismo com o qual a atriz se empenhava em impor as próprias normas. Eram também os meses em que, depois da exitosa representação da obra, Isadora descobriria que seus cofres estavam vazios e que havia uma imperiosa necessidade de realizar uma turnê de dança na Holanda, mesmo depois de sofrer uma longa e penosa neurite. Isso acabou em outra batalha com Craig que, após outra de suas depressões habituais, a lançaria temporariamente nos braços de Pim, um jovem colecionador de mulheres famosas, por quem ela se fez acompanhar subrrepticiamente quando foi dançar em várias cidades russas, agora sem a carga emocional que lhe provocavam as velhas discussões com o amante sobre suas respectivas exigências artísticas.

Em seu livro *Minha vida* recordou que, ao lado de Pim, sentia-se despreocupada e feliz, e que graças à sua fácil frivolidade suas danças se aligeiraram com renovada vitalidade. Dessa experiência, que Isadora qualificou como distintiva do "prazer do momento", surgiu uma de suas coreografias mais famosas, *Momento musical*, a qual, por causa dos aplausos do público, tinha de repetir cinco ou seis vezes por noite, e com cujo solo coroava as apresentações em cena.

A pequena escola de Grunewald representava, enquanto isso, a outra margem inatingível de seu sonho criador; um sonho que não podia financiar, apesar de sua desesperada tentativa de conseguir fundos na Rússia, na Inglaterra ou na própria Alemanha; um sonho que a obrigou a regressar à América, o grande erro de sua vida porque, oito anos depois de ter saído de lá e apesar do grande êxito que a consagrava na Europa, veio a descobrir algo mais que indiferença entre o público de Nova York.

Salvo a acolhida de um grupo seleto de poetas e escultores que se agrupavam no Greenwich Village, Isadora Duncan não encontrou mais que desalento em sua pátria. Apenas um punhado de espectadores acudiu para presenciar uma *Ifigênia* de Gluck muito mal tocada, ou a *Sétima sinfonia* de Beethoven ainda pior executada, em uma Broadway que não conseguia decidir se Isadora Duncan era uma péssima atriz que se movia de maneira estranha ao ritmo da música sinfônica, ou se era apenas uma mutante exibicionista que oscilava entre o balé e a atuação experimental. Seja qual fosse a confusão, o resultado foi um fracasso acachapante. Os críticos reconhecidos simplesmente a ignoraram; e os demais, uns poucos que foram assisti-la por uma questão de rotina, maltrataram-na em suas colunas. Charles Frohman, diretor influente e justamente quem a havia contratado, jamais chegou a entender que sua arte não era uma representação teatral ordinária. Ele programou sua estreia para um agosto particularmente quente, com uma orquestra pequena e insuficiente, como se fosse apenas mais uma de suas atrações na Broadway. Ao concluir que nem mesmo uma excursão por cidades pequenas poderia recuperar seu investimento, deu por concluído o contrato e lhe recomendou que voltasse para os palcos europeus. "As cabeças da América" – disse-lhe Frohman em tom de discurso – "ainda não estão preparadas para a arte. Aqui a criatividade segue outra lógica. Você nunca será aceita por eles". Era o final de 1908 e, longe de se render, Isadora Duncan se aferrou ao expediente das apresentações privadas para não abandonar Nova York sem o reconhecimento de seus melhores homens.

O princípio do fim, de acordo com a lógica da turbulência, teve em Isadora Duncan o selo da paixão insaciável. De suítes de hotéis a *villas* de milionários, transportava baús, criadas e filha, de trem em trem, de iates a restaurantes de luxo ou de tertúlias noturnas a discussões diurnas, sempre correndo de um teatro para outro e de um desencanto amoroso para o falso consolo de braços furtivos, que lhe serviam de estímulo para se aventurar em atrevimentos cada vez mais próximos ao chamado da tragédia.

Insistiu que em certas ocasiões o amor destruiu a arte, e que a arte interpôs suas condições cortantes ao curso de suas relações amorosas mais promissoras. De seu tormentoso caso de amor com Paris Singer, o famoso mecenas e herdeiro de uma grande fortuna reunida por sua família graças à inestimável invenção da máquina de costura, Isadora Duncan adentrou ao mundo do dinheiro e dos caprichos realizados; mas também conheceu a experiência do ódio tingido de ciúmes e fascinação amorosa, e o nascimento de seu filho Patrick, que morreu aos 4 anos de idade, em 1913, junto com sua irmã Deirdre, a governanta e o chofer, quando o carro em que viajavam caiu no rio Sena em um pavoroso acidente que comoveu toda a cidade de Paris.

Isadora Duncan jamais se recuperou. Rasgada pela angústia, viveu sua tragédia entre sobressaltos de instabilidade e buscas desesperadas, que por vezes renovavam palidamente sua esperança de fundar outra vez uma escola para meninas para garantir a permanência de sua arte na dança. O episódio foi arrematado por arroubos violentos com Paris Singer, por dinheiro ou por ressentimentos, que se complicavam com o furor da perda dos filhos ou com explosões desesperadas que, manchadas pela crueldade sangrenta da Primeira Guerra Mundial, despertaram nela uma necessidade febril de se movimentar e de mudar, talvez para não encarar a essência da dor que a corroía.

Para ela, a guerra significou o maior itinerário de sua carreira. Percorreu alguns países da América Latina, outra vez a Alemanha, a França e pequenas ou grandes cidades de todas as línguas, mas sem que em nenhum desses lugares obtivesse um êxito semelhante àquele que gozara em um passado ainda próximo. Apesar de sua maturidade, seu universo se desfazia entre suas mãos. O melhor de sua carreira parecia mortificado pelos episódios dolorosos de sua maternidade, e sobre a dedicação às proposições artísticas em torno da dança, optou por escandalizar por meio de alardes revolucionários em favor do marxismo e da nascente sociedade soviética.

A partir dos funerais de seus filhinhos, sua vida se converteu em um redemoinho até que, em 1920, vislumbrou a possibilidade de abrir uma escola de dança em Moscou, que seria subsidiada pelo Estado. Mais romântica do que realista, supôs que o comunismo significava uma ruptura com todas as convenções burguesas e que o proletariado no poder levantaria um templo em sua honra, agradecido por sua existência.

A dureza de um regime ditatorial inclinado à perseguição não tardaria em lhe mostrar os rigores de uma verdade social que, para se impor, assumiu plenamente o prejuízo de abolir as liberdades de pensamento e expressão artística. Isadora não somente não conseguiu realizar suas ambições como, precisamente no coração de Moscou, veio a se encontrar com o homem que consumaria sua desgraça e, com ela, o fim definitivo da esperança.

Sergey Aleksandrovitch Yesenin, poeta reputado durante o período de transição para o domínio comunista, nunca conseguiu se adaptar aos novos tempos. De acentuada religiosidade e profundamente arraigado a sua modesta origem camponesa, seu mundo ficou relegado às metáforas de uma Rússia coberta de bosques que já agonizava sob o peso da "cortina de ferro" e de seu crescente desenvolvimento industrial, que abatia até o último fragmento da rosada utopia que expressara em seu livro *Otra tierra**, com a nostalgia absoluta dos refúgios extintos. Como outros jovens de sua geração, Yesenin abrigou-se no exibicionismo ainda permitido em breves ocasiões nos cafés literários, com a vã intenção de alimentar suas metáforas dos tempos agora suspensos. Alcoólatra precoce, seu descomedimento mesclado à desordem sentimental e a um indisfarçável desejo de notoriedade ofereceu a Isadora Duncan o complemento perfeito da dissipação e do oportunismo. Além de uma lista de amizades notáveis que incluía Gabriele D'Annunzio, ela denotava em sua torrencial biografia a porta de entrada para uma Europa ainda livre que Yesenin vislumbrou como passagem para sua própria realização pessoal.

Filha do Sol, assim chamou-a uma adivinha na Armênia, aquela que nasceu para alegrar os homens e consagrar a beleza. Isadora teve presságios que anteciparam seus sofrimentos e, nos momentos mais difíceis, praticou a telepatia. Os augúrios que recebeu, em forma de sonhos ou de sinais materializados em símbolos trágicos, não conseguiram evitar nenhum dos desenlaces anunciados. "Não busques novamente desvendar sua sorte" – recomendou-lhe Eleonora Duse. "Tu levas na testa o sinal daqueles que estão predestinados ao infortúnio. Conforma-te com o que tens e suporta tuas penas com ordem e serenidade. O que aconteceu a teus filhos é apenas a antecipação de algo pior que ainda está por vir... Não se deve nunca tentar o Destino."

---

* Tradução para o espanhol do livro *Inoniya*. [N. de T.]

Isadora não deu ouvidos à advertência da célebre atriz e nunca se lamentou o suficiente por isso. Eleonora Duse morreu enquanto ela planejava uma excursão pela América, que lhe renderia fundos suficientes para levar à cena sua obra-prima. Subsistiram suas depressões, as viagens à América do Sul e, finalmente, a nefasta experiência soviética que, em 1922, a levaria a se casar com Yesenin, dezessete anos mais jovem do que ela, a fim de livrá-lo do jugo do comunismo e levá-lo consigo para os Estados Unidos. Abandonar aquela que parecia ser sua convicção inabalável de rechaço à instituição do casamento seria o começo de uma longa sequência de erros, já que não pôde ser mais inoportuna sua decisão de retornar à pátria. Reinava então na mentalidade norte-americana o temor mais acirrado à "ameaça vermelha", que logo foi estendido a eles a ponto de recair sobre o casal a acusação de serem agentes bolcheviques.

Tenaz e libertária, Isadora persistiu em sua missão de proteger o jovem e cada vez mais degradado poeta. Um fio de sua loucura, não precisamente poética, se havia infiltrado em suas atuações, e até mesmo ao dançar inventava algum desatino que irritava os críticos ou a indispunha com o público, que dela esperava somente a realização de um espetáculo artístico. Intempestivamente, sem o conhecimento de seu empresário nem mesmo dos músicos que a acompanhavam, Isadora Duncan interrompeu um de seus concertos para apresentar Yesenin ao mundo americano, no Symphony Hall de Boston. A resposta não se fez esperar: choveram os gritos de protesto do auditório e, a seguir, começaram a atirar objetos que a obrigaram não só a fugir do palco, mas a deixar os Estados Unidos tão imbuída de ressentimento e em meio a tantos insultos, aos quais ela revidava com mais violência, que, ao embarcar de volta à Europa, declarou, segundo registraram os repórteres: "Adeus para sempre, América. Nunca mais te voltarei a ver".

Daí em diante seria o raio, uma tormenta cada vez mais escura que a transtornou para sempre.

Abatido, Yesenin retornou para sua pátria em 1924, na tentativa de refazer sua vida. Porém, era tarde demais para retificar seus erros. Ao álcool se somaram os efeitos de um terrível sentimento de culpa, de um vício incessante por cocaína, de outro matrimônio fracassado – desta vez com uma neta de Liev Tolstoi – e de uma crise nervosa que, depois de uma prolongada e inútil hospitalização, levou-o a se enforcar em um hotel de Leningrado no ano de 1925, depois de haver escrito seus últimos versos com o próprio sangue.

Isadora Duncan não teve melhor sorte. Retirada em Nice, na *Côte d'Azur* francesa, reduziu-se a uma figura patética. Abandonou a vaidade e perdeu os escrúpulos até limites inimagináveis. Chorava sozinha e na presença de outros. Visitava os bares, passava as noites em claro e se embriagava até cair inconsciente. Gorda, abandonada, gastou suas economias de forma irremediável. Sua inteligência excepcional, contudo, a fez viver em plenitude até os pormenores de seu inferno. Foi em Nice que escreveu seus dois livros. Foi em Nice que saboreou suas melhores lembranças. E foi em Nice também que encontrou a morte.

Na noite de 14 de setembro de 1927, quando conduzia seu carro esporte pela estrada costeira em estado de embriaguez, a ponta de uma longa echarpe que adornava seu pescoço se enroscou em uma das rodas do veículo, enforcando-a com um único puxão.

Sua morte trágica consumou sua lenda. Foi então que começou a ressurgir a deusa nos templos que invocavam seu nome com a súbita proliferação da dança moderna que ela fundara; nos palcos despojados, tão desnudos quanto seus braços e pernas, sem mais enfeites que seu célebre cortinado azul e sua túnica transparente, para emoldurar a beleza perfeita pela qual foi apaixonada por toda a vida.

MARÍA IZQUIERDO

Assim como existem épocas em que se colhem talentos, também existem regiões que produzem artistas com prodigalidade. Jalisco é um desses focos que, no México, se distingue pela abundância de nomes que, por meio das palavras e dos pincéis, transmitem a essência do barro, o furor das planícies e o gosto de suas terras ocres, brancas, vermelhas e verdes, saboreado em telas que exalam o cheiro da poeira dos cerros desnudos ou a fragrância apetitosa da goiaba que enriquece as mesas das famílias nas choupanas.

O Jalisco que tocou em sorte a María Cenobia Izquierdo é um mundo de sombras emudecidas, de mulheres enlutadas e do homem de fogo que desponta até o universo. É um silêncio que morde até o osso e se transforma em metáforas deslumbrantes. É a dor das viúvas moças, a festa circense ou a profundidade de um sentimento religioso que, dos Altos ao Litoral, estendeu-se como um alfabeto de fogueiras e de morte, perfeita relíquia consagrada à vida que perdurou em algumas mulheres por trás do costume de venerar suas virgens peregrinas, de Zapopan a São João dos Lagos, de Ocotlán a São Gabriel, em um torneio de festejos pagãos que começa por revesti-las anualmente com luxuosas vestimentas, em um espetáculo cada vez mais barroco, cada vez mais popular e cada vez mais apegado ao gozo do sacrifício representado no *Altar de Dolores*, a fim de selar a tristeza com figurações de cores vivas.

E é precisamente da região dos Altos, em que a gente mais destemida trata a cavalhada por "tu", que proveio o pincel de uma María Izquierdo de olhos tão negros e sangue tão indígena que bastava olhá-la para ler em sua pele o vigor da melhor mestiçagem, a força de uma região que também ensinou as mulheres a sorrir e a chorar com o frescor do barro do oleiro, legítimo portador das histórias pintadas pelos antigos toltecas.

Desde seu nascimento em São João dos Lagos, em 1902, até sua morte, em 1955, teve uma vida acidentada. Criada por seus avós até os 5 anos de idade, dois episódios demarcaram suas linhas temáticas. Primeiro, foi pisoteada por uma tropa de cavalos selvagens durante a feira de São João; e ainda que tivesse escapado ilesa, conservou com o trauma uma mistura de fascinação e pavor pela figura equina. Em outra ocasião se perdeu em um circo ambulante e, não tivesse sido resgatada a tempo por seu avô, teria desaparecido quando a trupe foi embora. Foi a esta segunda experiência que María atribuiu sua disposição ao nomadismo e que a levou a dizer que, à falta de viagens, mudava continuamente de casa desde o dia em que sua mãe levou-a para morar consigo em Saltillo, em 1915, onde a fizeram se casar antes de completar 15 anos com Cándido Posadas, um coronel local que, tomado pelo carrancismo, lhe mostrou não somente os rigores do norte mexicano como o tédio característico dos matrimônios comuns.

Quando ela completava 21 anos o casal se mudou para a Cidade do México e, pouco depois, com três filhos e um divórcio

---

*   O *Altar de Dolores* é uma tradição religiosa trazida da Espanha para o México no período colonial, quando os jesuítas introduziram a devoção a Nossa Senhora das Dores. Desde então, nas sextas-feiras anteriores à Semana Santa, os fiéis católicos preparam altares para a Virgem em seus templos e lares. [N. de T.]

recente – condição que, em uma sociedade tão fechada, acentuava ainda mais sua extravagância em amar a pintura –, decidiu estudar na Academia de San Carlos e viver com uma independência no mínimo conflitante com o preconceito que apartava as mexicanas da expressão mais firme do pensamento e da arte. Tais circunstâncias fizeram com que ela se determinasse a não obedecer a outros ditames que os de sua própria consciência, nem a ceder às zombarias com as quais lhe provocavam alguns membros do grupo *Contemporáneos*[*], que lhe dispensavam ironias de duplo sentido, tais como: "Nasceu em Jalisco e foi criada no México".

Graças à relação cordial que seguiu mantendo com Cándido Posadas, María Izquierdo não sofreu penúrias econômicas, pelo menos até se divorciar. Frequentadora assídua de cabarés e do "ambiente do frege" – assim definido por Alí Chumacero ao evocar a popularidade do cabaré Leda, na *colonia de los Doctores*[**] –, María participou de uma boemia que, desde então e até a década de 1950, aproximou a cultura de vanguarda do baixo-mundo dos desvalidos, meretrizes, toureiros, coristas e homossexuais, promovendo durante as noites o prodígio do esquecimento das distâncias sociais. Foi um tempo de nostalgia, de cafés vespertinos e temperaturas que espelhavam o ritmo cambiante do bolero diurno ao *danzón*[***] noturno, em que se respirava um hálito expansivo e divergente à estreiteza ideológica de um país que lentamente se industrializava, em plena expansão urbana.

---

[*] Revista literária publicada no México entre 1928 e 1931. No entanto, por esse nome ficou mais conhecido o grupo de escritores que colaborou com essa publicação. A presença dos *Contemporáneos* e de seus herdeiros é de vital importância na cultura mexicana, pois é tida como um marco do modernismo, do desejo de diálogo com outras culturas e da busca pelo caráter nacional. [N. de T.]

[**] Bairro residencial da Cidade do México cujas ruas levam nomes de médicos notáveis. [N. de T.]

[***] Música e dança popular cubana, similar à habanera. [N. de T.]

É dessa época que proveio a moda de se inspirar no folclore e no popular. Os artistas pintavam obras que vendiam aos ricos, e os ricos se orgulhavam dos pobres pintados que agora adornavam as paredes de suas residências. Com essa prática todos contentavam as aparências, à custa de uma miséria que deixou de incomodar desde que os artistas descobriram nela o espírito mexicano e a perfeita solução para cobrar grandes somas de dinheiro sem trair suas inclinações esquerdizantes.

Aluna do seleto estúdio de Germán Gedovius, ali iniciou uma amizade que perduraria por toda a vida com o museógrafo Fernando Gamboa, que se converteria no principal promotor da pintura mexicana. Ele elogiou a cordialidade de María Izquierdo, seu provincianismo espontâneo e sua visão pura de um México até então menosprezado.

Também natural de Jalisco e uma boa amiga sua, bem como seu marido Manuel, porém com os matizes do crioulismo complementar do naïf, expressando a voz mais profunda – síntese da memória e da infância rústica – em retratos tão voluptuosos quanto as bodegas reproduzidas nos quadros de María Izquierdo, Lola Álvarez Bravo foi a fotógrafa da outra margem desse país cactáceo, recriado por ambas a partir de um punhado de símbolos através dos quais, apesar das deformações urbanas, instituíram os emblemas da escola mexicana de pintura. Daí que, partindo de Diego Rivera a Frida Kahlo, de José Clemente Orozco e o Doutor Atl até Rufino Tamayo, de Roberto Montenegro a Ángel Zárraga, Guerrero Galván e Rodríguez Lozano, ou de María Izquierdo a Lola Álvarez Bravo, a plástica mexicana seguiu um mesmo caminho rumo à identidade, o qual não tardou a se expandir para as letras e para a arquitetura. É o fio que une o passado nahua à perturbação do levante armado. É o estampido que sintetiza e liberta um rosto mascarado por séculos. É a coincidência de tempos e de buscas para sossegar um ímpeto de modernidade tingido de alardes comunistas

MARÍA IZQUIERDO

e é, igualmente, o despertar da serpente emplumada[*] na medida em que empreende o diálogo com outras culturas no mais vertiginoso capítulo da criatividade mexicana.

Recebeu certa influência da Academia de San Carlos quando, em abril de 1928, Diego Rivera foi nomeado seu diretor e Rufino Tamayo encarregado de seu ateliê de pintura. Na época com 26 anos, María Izquierdo assaltou o mistério de sua espontaneidade tingindo de vermelho pescados, frutos e Adãos e Evas paradisíacos que, em pleno alarde nacionalista, envolveriam aquela época de paixão pelo autóctone; uma época que incorporava as questões políticas às preocupações artísticas e os artistas à organização política do poder que, não obstante seus desvarios ideológicos e suas atitudes intolerantes, assentaria as bases do complexo presidencialismo que resguardaria a ascensão econômica de uma minoria e garantiria uma paz social até então desconhecida, desde sua instauração por Lázaro Cárdenas, em 1935, até seu declínio, no final do século 20.

Foi intensa e frutífera a sua aproximação de Rufino Tamayo. Trabalharam juntos em um estúdio central e na obra de ambos prevaleceu uma afinidade técnica e temática que transcendeu sua relação amorosa. De seu lado, María Izquierdo não somente afirmou sua individualidade como também incorporou texturas, desenhos singelos, objetos utilitários e cores até então confinadas ao universo primitivo. Do veio popular, elogiado pelos críticos mais experientes, María compartilhou com Frida Kahlo o gosto por se vestir à moda tehuana[**] ou com vestimentas nativas, que elas exageravam

---

[*] Referência aos povos ou às línguas do grupo uto-asteca, estabelecido no México central e meridional, com ramificações na América Central. O nome nahuatl do deus Quetzalcóatl, reverenciado pelas culturas mesoamericanas, significa "serpente emplumada". [N. de T.]

[**] Relativo à cidade de Tehuantepec, no Estado de Oaxaca, ou ao istmo do mesmo nome, entre o Golfo do México e o oceano Pacífico. [N. de T.]

com uma abundância de fitas trançadas nos cabelos e enfeites de um barroquismo personalizado, que perdurou por décadas como indício de vanguarda ou sinal de identidade.

Diferentemente das europeias de seu tempo e inclusive da própria Frida Kahlo, María Izquierdo não respirou no México da primeira metade do século 20 nenhum dos fenômenos transgressores do feminismo, nem o furor reformista do pós-guerra; compartilhou, sim, por outro lado, as inclinações marxistas em voga entre os intelectuais de sua época. Vivia sua vida com placidez, sem exagerados sobressaltos biográficos nem as tentações personalistas que caracterizavam Diego Rivera e o grupo *Contemporáneos*. Apreciava viajar em companhia de amigos pela República, comer *moles oaxaqueños*[*] nos mercados, dançar no *Salón México* e de se imbuir do típico até os mínimos detalhes, e tanto melhor se seus achados proviessem das *pulquerías*[**] ou das festividades profanas de espírito mais genuíno, espelho das aventuras indigenistas que complementaram a herança certificada pela arqueologia.

País dominado pela política institucional e pela afirmação psicológica da revolta armada, uns buscavam a ordem e outros, a liderança em um âmbito de notoriedade que transitava entre o poder e as artes; isso durante décadas que os mais intrépidos souberam aproveitar para reinventar um caráter que pretendiam telúrico, a fim de demarcar o renascimento do povo historiado por meio de suas pinturas.

Humorismo, nostalgia poética, vegetações floridas e agilidade na pincelada: na obra de María Izquierdo começou a se reconhecer a

---

[*] Do nahuatl *molli*, "molho". Referência à variedade de molhos típicos do Estado de Oaxaca, em geral servidos com algum guisado de carne de frango, de peru ou de porco. [N. de T.]

[**] Estabelecimentos onde se fabrica ou se vende pulque, uma bebida alcoólica típica do México. [N. de T.]

força que se ocultava por trás da visão feminina com violência opressiva e que soube extrair de seu povo uma de nossas melhores artistas.

Para numerosas gerações, María Izquierdo foi apenas um nome entre os grandes da pintura mexicana. Nada sabíamos do vulcão de cores nem do fogo circense que animava seus seres de barro. Trinta anos depois de sua morte e com uma retrospectiva incompleta, sua obra reapareceu no final da década de 1980 para sacudir, com o gesto solitário de uma mulher magnífica, a abulia de um tempo sem assombros.

Sua linguagem surgiu do simples e do cotidiano; suas figuras, atarracadas e um tanto feias, reproduzem a ordem divagada de uma arraigada sobrevivência semirrural, da qual brotaram contadores de histórias, repentistas e pintores líricos cuja improvisação, mais que graciosa, participa a existência de um México que custaria ainda a ser aceito por naturais e estrangeiros. Não obstante ter sido a primeira mexicana a expor nos Estados Unidos, em 1930, tanto no Art Center de Nova York como no Metropolitan Museum of Art chamou a atenção mais por suas vestimentas do que pelo estilo de sua pintura.

A doença cardíaca que a levaria à morte afastava-a periodicamente do cavalete, mas não de suas funções políticas. No princípio vendia pouco e a baixo preço, época em que, para manter a si mesma e a seus filhos, dava aulas ou arranjava empregos subalternos, sem com isso desatender a direção da Seção de Artes Plásticas da Liga de Escritores e Artistas Revolucionários – LEAR, que, além de cenário da discussão marxista, era, sobretudo, o foro onde se deram a conhecer os intelectuais que apoiavam o cardenismo[*].

A lista de organizações de que participou confirma que para a maioria das mexicanas pensantes não bastava a satisfação criativa.

---

[*] Referência à atuação política e ao pensamento de Lázaro Cárdenas, presidente do México entre 1934 e 1940, que estabeleceu um sistema de igualdade social, nacionalismo e valorização da cultura mexicana. [N. de T.]

MULHERES, MITOS E DEUSAS

Talvez contagiadas pelo movimento europeu, participaram da tribuna com a religiosidade que então se transladou dos templos para as batalhas dogmáticas, e com idêntica intransigência. Apesar da discriminação sexual e de carregar em suas realizações as consequências do machismo, mais intensamente arraigado nos extremos da esquerda e da direita, María Izquierdo empenhou grande energia nessas lutas pela justiça, as quais jamais lhe trouxeram qualquer benefício pessoal, enquanto que a seus colegas do Comitê de Ajuda à Rússia ou do Primeiro Congresso Internacional de Artistas e Escritores Antifascistas, por exemplo, indiscutivelmente serviram de plataforma para garantir sua notoriedade, o que demonstra que, no México, nem mesmo o proselitismo justiceiro, geralmente apoiado no trabalho feminino, derivou em outra coisa que não fosse a conveniência pessoal de algumas figuras.

A chegada de Antonin Artaud ao país, em 1936, significou para aquela geração um salto para o reconhecimento. Suas opiniões sobre a inspiração indígena, a alma nacional e o renascimento das raízes remotas da Mesoamérica foram decisivas para a autoestima de uma cultura forjada no menosprezo. Era o olhar estrangeiro, a voz que aliviava o profundo sentimento de inferioridade que, pouco depois, seria analisado por Samuel Ramos em uma obra de abertura para o entendimento das limitações que, até hoje, caracterizam nossa cultura.

Por volta de 1938, além de naturezas mortas pintou retratos de Juan Soriano, Elías Nandino, Isabela Corona, Tamara Schee ou Rafael Solana, enquanto aceitava favores de um chileno, Raúl Uribe Castillo, a quem seus colegas qualificavam como péssimo pintor e um Pigmalião de araque, porque, convencido de seu talento, convenceu María Izquierdo a deixar o endereço em que morava para instalá-la em uma residência no elegante bairro Roma, com uma limusine à porta. Organizou-lhe recepções e preparou o cenário que julgou ideal junto ao corpo diplomático para vender seus quadros.

Finalmente, casou-se com ela e compartilhou a melhor época de sua vida artística. Não obstante ser criticada por seu relacionamento com esse pseudoadido cultural da embaixada do Chile, que veio ao México com a vã intenção de aprender as técnicas do muralismo, foi por meio dele que despontou comercialmente a obra de María Izquierdo e se confirmou a estética por ela introduzida, a ponto de até mesmo seus detratores reconhecerem em Tamayo e Uribe suas verdadeiras influências.

Equilibrista entre a comicidade e a tragédia, María Izquierdo não se furtou ao surrealismo que, por momentos, encontrou magníficos representantes nativos nos povoados mais distantes do México. O escritor Jorge Cuesta estava entre os primeiros a assinalar sua busca pelo cone ou pelo cilindro como formas fundamentais da natureza, tal como o fizera Paul Cézanne, e suas obras, das aquarelas às aguadas, dos óleos aos desenhos, xilogravuras e águas-fortes revelam um estilo de composição concentrado no totemismo atávico de sua raça.

O circo é um dos redutos modernos do destino trágico. Seu aspecto festivo parece distrair a infelicidade de seres condenados a uma obscuridade só contrastada pelas cores dos adereços de malabaristas e palhaços, anões e domadores, equilibristas e ginastas, os quais compartilham uma mesma dualidade entre o real e o espetacular nessa arena de risos habituados a balançar sobre o abismo. Ali se brinca com fogo, a vida pende de um fio de arame ou se equilibra na ponta dos pés, e se aprende a dialogar com feras submetidas pelo chicote em troca de alguns bocados.

Máscara do sonho, o circo situou-se entre as supostas figurações infantis que María Izquierdo remontava com fidelidade provinciana no *Altar de Dolores*. Ao se perceber em seus temas a imensa solidão de seres em constante movimento, pensa-se na fuga que a vida sedentária inventa para fazer frente à vagueza da esperança, quando a rudeza é encoberta por um detalhe simbólico que, no seu caso, se cumula de luas, sóis ou outras esferas para iluminar a paisagem florida como se fosse um pano de fundo.

Seguramente, María Izquierdo passava horas olhando-se ao espelho: inquiria sua mestiçagem austera, repassava a ponta dos dedos por seu queixo proeminente, trançava e destrançava seus cabelos para depois adorná-los com fitas vermelhas, azuis ou amarelas. Era assim que pintava, como se delineasse a distância de um silêncio secular. Variava o fundo, a indumentária, uma ilusão de vastidão orgânica ou sua ficção de pesadelo; mas nunca seu olhar. Tampouco se esquecia da fragrância do fornilho e do *nixtamal*** servido de madrugada, dos animais e da madeira dispersos pelo campo, da choça de adobe ou do altar doméstico, retratados em composições familiarizadas com a desproporção do barro e com a simplicidade dos desenhos mais primitivos.

O sagrado não se reduz à significação do espaço ou dos objetos. Através de María sabemos que o mexicano também consagra suas lembranças, e que seus altares reproduzem a ordem das cores ancestrais. Cores e fartura que se estreitam com a tristeza. Os de *Dolores* são altares do culto a uma dualidade de vida e de morte que prevalece na alma mexicana. De vida aqui e em outro mundo, aquele da fé que se alimenta com brotos e sementes; mundo de esperança redentora e de reconquista daquilo que se foi para sempre. O contraste da morte se insinua na dor irreversível da Virgem. Em seu pranto cabe a certeza do fim definitivo, aquele medo de morrer que nos caracteriza a todos.

As pinturas de María Izquierdo recriam uma infância feita de vozes, de paisagens que beiram o insólito e de figuras matriarcais que envolvem com suas carnes e suas roupas largas um tempo que

---

* Milho cozido em água de cal – preparada com cem partes de água para uma de cal – que serve para fazer tortilhas depois de moído (México, El Salvador e Honduras). [N. de T.]

MARÍA IZQUIERDO

se deseja eterno, entre as planuras e montanhas das paisagens de Jalisco. É a magia mostrada em contrastes de abundância e solidão, objetos e memórias que se misturam na paradoxal harmonia dos opostos, incluindo sereias gorduchas que aparecem e desaparecem como piscares de olhos durante os momentos da vigília.

Pinturas ingênuas, diz-se, que resgatam os mitos e as quimeras. Porém, acima de tudo, assinalam uma poderosa habilidade para traçar símbolos com uma visão redentora da vida. A arte de María Izquierdo harmoniza uma identidade que sempre aparece dividida pelas coisas mexicanas, nas oposições da paisagem e no gesto cultural do nosso povo. Ela teve um ponto fixo, seu próprio olhar, como eixo e raiz de seu mundo solitário, e a partir dele diversificou as máscaras que encobrem um país de barro.

Depois de uma década de êxitos, viagens e exposições, María Izquierdo sofreu uma grave hemiplegia em fevereiro de 1948, que a deixou em um estado de paralisia e de semiconsciência durante mais de oito meses. Foram abundantes as notas nos jornais e os atos públicos de apoio, coroados finalmente por um leilão organizado por seus colegas e destinado a reunir os fundos necessários para assegurar sua sobrevivência. Sucessivas embolias foram seguidas por crises morais e psicoses de tragédia artística que, apesar de sua força de vontade incomum, a encheram de amargura. Seus últimos anos foram dolorosos, marcados pelo desgosto e por uma decepção tão profunda que chegou a afirmar publicamente que pintar era uma prática que carecia de sentido, pois seus êxitos, no fim das contas, só lhe haviam trazido frustrações e invejas. Sua enfermidade impediu-a de comparecer à homenagem que as autoridades do país lhe prestaram no Palácio de Belas Artes. A 2 de dezembro de 1955 morreu de uma nova embolia, aos 53 anos de idade; no dia seguinte foi acompanhada por um numeroso cortejo, sendo sepultada no cemitério *Jardín*, na Cidade do México.

SIMONE DE BEAUVOIR

No mês de abril de 1978, enquanto filmava o documentário *Simone de Beauvoir por ela mesma,* a escritora francesa insistiu com um de seus interlocutores, Claude Lanzmann, que desejava ser conhecida por aqueles que jamais a tinham lido, e que um desejo vaidoso de veracidade incitava-a a criar um testemunho perdurável de sua natureza pouco tranquila, uma mistura de angústia e de gosto pela vida que, se por um lado determinou sua posição na corrente existencialista do pós-guerra, também suscitou seu afã por notoriedade ao levar ao extremo o argumento em favor da liberdade em seus jogos amorosos.

Atacada pela tentação da palavra, abusava dela em detrimento de suas ideias, e a seu pesar caminhava com a sombra de Jean-Paul Sartre, mesmo nas ocasiões em que o abominava ou alardeava certos aspectos de alcance transcendental em sua emancipação literária. "O maior sucesso de minha vida é Sartre", disse ela ao reconhecer que por meio dele descobrira que não estaria só frente ao futuro, ainda que, em mais de uma oportunidade ao longo das décadas, seu vínculo pseudomatrimonial parecesse mais uma peça ensaiada para o público do que o produto harmonioso, com todas as suas consequências, de uma convicção compartilhada; aquela certeza com que os dois avalizavam sua ideia de par ideal que perdura através do tempo, não obstante seus acidentes circunstanciais e por sobre as mesquinharias em que se deixam cair menosprezos machistas tão ofensivos, como o que seria proferido pelo próprio Sartre, acreditando que a elogiava: "O que existe de mais maravilhoso em Simone" – declarou –, "é que tem a inteligência de um homem e a sensibilidade de uma mulher". Essa realmente era a maneira de ser do *Castor*, como a chamava o filósofo, embora, mesmo em nossos dias, os homens não tenham se acostumado ao raciocínio feminino e ainda se repita o preconceito contido na ideia de que ante uma poderosa capacidade de discernimento, seguramente se oculta certa virtude viril; por certo uma percepção já superada para a maioria dos homens, pois a razão educada, no final das contas, é um atributo da individualidade, sem distinção de sexo.

Simone de Beauvoir, desde pequena, foi dotada de uma inteligência vivaz à qual não preocupavam muito as contradições nem as definições explicativas, mas sim a torrente de deslumbramentos que surgem "ao pensar contra si mesma", algo que despendia como parte de sua reflexão sobre o papel do intelectual em provocar a consciência dos outros. Por isso, ela cedia nos pontos menores e se interessava pelos fundamentais, já que, ao eleger a sinceridade total em sua experiência amorosa, provou com seu companheiro que o matrimônio era uma instituição burguesa obscena e nociva para homens e mulheres. Somente o respeito alicerçado no reconhecimento do outro salva o que pode perdurar entre dois que se juntam sem se casar e sem viver sob o mesmo teto. E assim permaneceram um ao lado do outro desde seus dias de estudantes até a morte de Jean-Paul, em uma terça-feira, 15 de abril de 1980.

Com sua comovente despedida, *A cerimônia do adeus*, Simone de Beauvoir se retirou para sempre da literatura em 1981, com estas palavras dirigidas ao amado:

> Eis aqui o primeiro de meus livros – sem dúvida o único – que você não haverá lido antes de ser impresso. Está inteiramente dedicado a você, mas não é a você que se refere.

Quando éramos jovens e ao término de uma discussão apaixonada um dos dois triunfava brilhantemente sobre o outro, dizia então: "Te guardei na caixinha!". Você está agora na caixinha, não vai sair dela e eu jamais me reunirei consigo: mesmo que me enterrem ao seu lado, de suas cinzas para meus restos não haverá qualquer passagem.

Certamente não se abriu passagem alguma entre os restos dos dois. Todavia, a memória conseguiu o que a matéria e a morte impediram: eles permanecem unidos no equilíbrio inquietante de uma época que revelou a vida como uma inadmissível contingência.

Sartre considerou o intelectual "um técnico do saber prático" que, segundo as interpretações de Simone, "rompia a contradição entre a universalidade do saber e o particularismo da classe dominante da qual era produto". Desse modo, convencida ela mesma de que o novo intelectual não podia nem devia se subtrair do sentido popular do pensamento, resumira seu conceito de universalidade na tomada de posição em torno daquilo que eventualmente contemplava sob a óptica de sua postura "comprometida".

Dada a vastidão de seus objetivos, Simone de Beauvoir criou um universo que outras escritoras contemporâneas não conseguiram superar: viajou, ensinou, discutiu, escreveu, participou das mais importantes atividades políticas de esquerda e manteve um olho sempre alerta frente às mudanças. Membro do Congresso do Movimento da Paz, viajou para Helsinque, na Finlândia; e de sua tão frequentemente mencionada viagem à China de Mao Tsé-Tung extraiu sua novela, *Os mandarins*, laureada com o Prêmio Goncourt em 1954. Não obstante seu êxito ao novelar suas ideias, preferiu ser fiel ao ensaio porque aí se sentia mais livre para conciliar a memorista com a denunciadora implacável que não desprezava a imaginação para avivar a busca pela verdade, sempre inseparável do sentido de sinceridade que reconheceu como norma de conduta. Além disso, era obcecada pelas imagens do destino, pela ambiguidade e pela ética humanista, que desenvolvia sem constrangimentos a partir de sua postura existencialista.

A dose de astúcia com que exagerava seu papel de protagonista naquela cultura francesa que oscilava entre as fronteiras da intransigência ideológica, do idealismo redentor e da literatura de compromisso, acabaria por resultar contraproducente tanto em seus argumentos feministas posteriores a *O segundo sexo* – notável e original ensaio em dois tomos –, como na consolidação de uma imagem pessoal menos novelesca frente às gerações pró-revolucionárias que consagravam no casal Sartre/Beauvoir o primeiro sucesso intelectual compartilhado dos tempos modernos.

Seu problema era a tentação do excesso, nunca o acanhamento; daí que, em décadas atribuladas por veredictos sentenciosos e pela proliferação de ditaduras e sistemas autoritários que atingiam inclusive as tarefas do pensamento, Simone de Beauvoir encontrará uma correspondência social adequada à sua urgência de mudar tudo e em profundidade, especialmente em se tratando de sua inovação teórica sobre a servidão feminina, cujo foco libertador coincidia como nunca com os lampejos revolucionários que antecipavam uma mudança esperançosa do mundo.

O âmbito acadêmico e intelectual da metade do século 20 vivia em alerta a respeito das opiniões desses protagonistas de um existencialismo que, conforme as pressões esquerdizantes, se inclinava com avidez à linguagem daquilo que muito bem se definiria *A força das coisas* (1963) ou *Por uma moral da ambiguidade* (1947), títulos arrasadores de Simone. A intelectualidade preferiu, então, se colocar do lado da prudência, que na confusão agravada pelo pós-guerra mundial era representada pelo antifascismo. Um movimento que, por uma parte, se transmudaria logo em comunismo; e por outra, se converteria em anti-imperialismo, corrente preconceituosamente associada à expansão territorial capitalista

SIMONE DE BEAUVOIR

pelos mais férreos seguidores de uma União Soviética tão fechada que se tornava impossível, na época, atribuir-lhe a quantidade de atrocidades que, ao término da Guerra Fria, a revelaram como um modelo de fracasso persecutório e de atrozes sequelas econômicas e sociais.

Como nunca antes fizera escritora alguma no mundo, Simone de Beauvoir pôs seus embates políticos na garupa da filosofia e, firmemente montada em seu ateísmo – assumido desde os 14 anos de idade –, portou uma paixão criadora que a acompanhou até a morte. Praticou com brio incomum um radicalismo demolidor daquilo que para ela era inaceitável. Porém, após 23 livros publicados; depois de abordar temas como a velhice e a morte a partir de perspectivas tão dolorosas como a aceitação da decadência física e as lutas pessoais contra o próprio passado; e depois de incontáveis batalhas contestatórias para criar, modestamente, a desordem que talvez reordenasse algumas vidas ou sistemas sociais, Simone confessou seu desalento diante da derrota:

> Tudo quanto existe é um imenso desespero que se expressa através de certas formas de terrorismo. Talvez este não seja o momento de construir [...] Não vejo uma esperança positiva nem um futuro radiante [...] mesmo depois da derrota do capitalismo, estaremos ainda longe de destruir as atitudes patriarcais.

Tais palavras foram professadas por ela aos 76 anos de idade, cheia de tristeza, quando por iniciativa do governo de François Mitterrand, em 1984, presidiu uma comissão oficial para incrementar as expressões culturais da mulher, das quais se tornou símbolo e precursora do século 21.

Escrever e viver foram, para Simone, uma e a mesma coisa. Escrever ensaios, novelas e memórias para viver, e viver para escrever em qualquer lugar, de qualquer maneira, mas sob a condição de colocar mais de si mesma e de sua experiência, como oportunamente lhe havia recomendado Sartre, do que daquelas coisas que supunha importantes pelo fato de ocupar a atenção política de seus contemporâneos. *A convidada* foi sua primeira obra novelesca de grande fôlego, ainda que dissesse lhe preocupar a exatidão do pensamento. Muito jovem ainda, desde os 15 anos, já tinha algo a dizer; porém reconheceu em suas primeiras páginas a imitação de suas leituras adolescentes.

Conforme escreveu citando Lagneau, em *Memórias de uma moça bem-comportada* (1958), fez de seu desespero absoluto o seu único sustento, ao menos de maneira literária, a fim de preencher a ausência de Deus em sua vida e enchê-la de sentido. Zelosa da linguagem da solidão, ficava aterrada com o isolamento. Para combatê-lo, hasteou um feminismo profundamente intelectual sobre as bases de sua necessidade de bastar-se a si mesma. Mestra de todas as mulheres, percebeu com extrema agudeza as desigualdades de classe e os abismos que separavam os papéis masculino e feminino em sociedades ricas e pobres, terceiro-mundistas e avançadas.

Nasceu em Paris a 9 de janeiro de 1908, em uma família católica e sensível ao valor da cultura. Seguramente escutou em sua infância as notícias sobre as sufragistas inglesas, e como todos os de sua geração, cresceu também marcada pelas guerras. Especulou sem pudor, batalhou com as palavras, alardeou suas ideias, lamentou-se pela atroz realidade feminina e jamais sucumbiu à tentação da indolência ou do medo de envelhecer – que desentranhou tão agudamente em *A velhice*, uma obra-prima que desmascara a cruel marginalização do idoso que gasta seus anos se esquivando das ameaças da solidão e da miséria. "O infortúnio dos velhos" – assegurou – "é um sinal do fracasso de nossa civilização contemporânea". E não se equivocou: a própria Simone de Beauvoir preferiu se recolher desde o desaparecimento do companheiro até sua própria morte, a 14 de abril de 1986, aos 78 anos de idade.

MARGUERITE YOURCENAR

Sua orfandade prematura ensinou-lhe a compreender, como já cantara Jó, que a vida é curta mas cheia de tormentos até a saciedade. Contudo, acreditou na intensidade, e ao longo dos 84 anos, em que inquiriu o mistério de sua linhagem e reconstruiu literariamente a casa da memória, Marguerite Yourcenar cultivou duas paixões: escrever e viajar. Seu pai soube estimular esse entusiasmo com leituras e situações extravagantes em uma infância tão privilegiada e contrária ao curso rotineiro dos dias, que com ela Marguerite alimentou três obras-primas da arte intermediária entre a biografia e a novela histórica: *Recordações de família, Arquivos do norte* e *A eternidade, o que é.** Por essas páginas adquiriram vida as sombras que, em rasgos de hipocrisia de uma classe de "ateus exigentes que esperam ver um santo em cada eclesiástico", de leigos em nada, de eruditos burgueses e de mulheres obstinadas em sobreviver entre a ficção e a realidade, converteram Michel de Crayencour, seu pai, em um personagem moderno, original e inteligente que, além de provê-la de um universo povoado de heróis e campeões da individualidade, prodigalizou a semente idílica de um talento aferrado à beleza como virtude.

Graças a essas cronologias familiares, enriquecidas pela influência épica dos gregos, pelo humanismo latino e pela reflexão sobre a

---

* Os três títulos formam a trilogia *O labirinto do mundo*, de caráter autobiográfico. [N. de T.]

intolerância que recaiu sobre inúmeros pensadores, de Campanella a Giordano Bruno, Marguerite Yourcenar perseguiu a essência imperial da Roma dos primeiros séculos de nossa era. Reconstruídos pela boca de um Adriano cuja sensibilidade colocou-o muito além da história ao meditar sobre sua realidade e seu tempo, os componentes sutis de sua queda e a mescla de autoridade, paixão e religiosidade demonstraram, através de um dos estilos mais depurados e belos, o alcance da sanção poética de seu afetuosíssimo Konstantinos Kavafis: "Aí onde destruíste tua vida, a destruíste para todo o universo...".

Sábia intérprete do significado do poder, partiu da ideia de que um é o homem na vacilação de suas paixões, outro é o existir que nos repete e nos faz permanecer. Tal é o nosso atavismo e a fenda que permite vislumbrar o selo trágico do destino. Tal é a raiz do ser em sua luta apaixonada e a causa, para todos os tempos, do afã libertador das grandes vontades.

Reuniu o rigor da ensaísta à linguagem mais livre do criador de ficções. Considerou a superfície, mas não se conformou frente às aparências. Comparou testemunhos, cruzou dados e inferiu desejos, um sonho fundador e a força secreta que antecede aos acontecimentos até comprovar que a história é o resultado da época e do instante; uma espiral que arrasta o eu em uma circunstância de espaço/tempo que talvez obedeça, em sua razão primeira, ao impulso de uma emoção recôndita.

Por isso, é válido afirmar que Shakespeare é seu antecessor literário direto, porque ambos concordaram que o poder político, ainda que devore um reino inteiro, está vinculado à razão individual.

São atuais as figuras de Adriano e de Zenão*; igualmente o são as meditações de Hamlet ou os extremos críticos de Henrique VIII:

---

* Referência ao imperador romano Adriano e ao filósofo alquimista Zenão, personagens centrais de dois de seus livros de maior sucesso, *Memórias de Adriano* e *A obra ao negro*, publicados em 1951 e 1968, respectivamente. [N. de T.]

entre a cobiça e o poder se erige um defensor da lei, sempre há alguém que conduz uma esperança, que comanda o desafio de uma nova ordem. A imagem da justiça ronda o círculo do domínio e da responsabilidade profissional do governante que reina e se deleita em uma época de desastres públicos, conforme escreveu em *A benefício de inventário*.

O acerto de Yourcenar, como o de Shakespeare, consistiu em subtrair de fatos políticos uma vontade que salta por sobre a história para se elevar a emblema universal, para além de todas as épocas. É a consciência do poder, sua luta destemida para alcançá-lo, a nostalgia de deixá-lo e, às vezes, a própria morte por não conseguir recuperá-lo.

Yourcenar guarda a insuspeitada descoberta da dor; Shakespeare, por outro lado, cala a complexidade da intriga. Transumante, ele viveu entre comediantes; depois esperou a morte retirado em sua pequena aldeia. Nômade durante metade de sua vida, Marguerite escolheu a quietude de uma ilha solitária para criar; e ambos ganharam notoriedade por seu repúdio às convenções.

Nascida Marguerite de Crayencour, na Bruxelas ainda muito fechada de 1903, Yourcenar nunca ignorou sua natureza distinta nem se lamentou pela carga de símbolos que trazia em seu desenho interior. Foi por meio deles que criou os contornos de sua condição no mundo, e foi por eles que veio a saber que não somos mais que "uma gota de água no rio contínuo da existência"*. Mais filósofa do que novelista, as construções secretas de "suas pequenas histórias", como gostava de chamar as aguçadas alusões de seu espírito, remontam ao estado de ser no tempo em busca do homem. E ao "homem" corresponde aquilo que se descobre só por meio da consciência de ser útil aos demais e desde a perspectiva universal de um budismo reelaborado com leituras clássicas e duas ou três

---

*   Referência ao livro de Yourcenar *Como a água que corre*, de 1982. [N. de T.]

explicações que, em suas breves investigações sexuais, lhe esclareceram uma espécie de mitologia da hostilidade que, como no caso de Alexis*, serviram-lhe para entender as deformações intelectuais ou morais que costumam atravessar nossas vidas.

Sempre ligada ao impulso primordial do sagrado, percebeu que tudo é findável e mais que inútil é a vaidade, razão pela qual é necessário trabalhar até que se atinja um determinado fim, conscientes de que a aceitação racional da morte conduz tanto à esperança como ao desespero; este é o verdadeiro labirinto do mundo, onde a única aventura digna de ser vivida é a da alma que participa do todo com a modéstia da pequena colher de pau que nos faz pensar no artesão que a moldou, na árvore que originou sua madeira e na natureza que a engendrou.

Convencida da fugacidade do presente, misturou o passado em cada momento não porque acreditasse nele, mas para contemplar melhor a natureza e apreciar aqueles escassos instantes em que se sente algo maior do que a simples pressão do tempo. Por causa dessa avidez de integridade, elaborou uma obra autobiográfica sem precedentes a partir da Flandres do duque de Alba, em uma de suas margens, e do império de Adriano na outra; mais além, abrangeu a Grécia remota e a voz da Alexandria de Kavafis – um de seus contemporâneos mais amados –, assim como vinculou com seu arco o Japão legendário por meio da visão de Yukio Mishima, ou promoveu o salto de civilização da feitiçaria divinatória à alquimia renascentista. Tudo isso como se desejasse abarcar o sentido taoísta da totalidade sem desatender aos pormenores do furor persecutório que recaiu sobre seu prodigioso Zenão, nem desprezar os episódios cambiantes que através da história confirmavam sua simpatia pela compaixão.

---

*   Alusão ao personagem do livro *Alexis ou o tratado do vão combate*, de 1929. [N. de. T.]

Marguerite Yourcenar foi, pela rica diversidade de seus temas e por seu vigor espiritualista, uma das últimas representantes do humanismo. Poetisa, novelista, contista, ensaísta e tradutora, sua vida foi consagrada às letras, sem dar importância aos preconceitos que envolvem o pertencer a uma língua, a uma nação ou a uma cultura. De pai francês e mãe belga, viajou por quase todo o mundo até fixar sua residência final no Maine, ao norte dos Estados Unidos, em 1939.

Sua curiosidade se concentrou na ideia de homem, esse homem transcendente e obscuro que permanece na dinâmica do mundo. Acima de suas obras magistrais, já consideradas clássicas, há de se resgatar seu desejo de equilíbrio universal somente possível se o indivíduo e a sociedade aperfeiçoarem a moral e o sentimento de compaixão por seus semelhantes.

Apoiada na certeza de que não somos mais do que peregrinos em um universo transitório, Marguerite Yourcenar foi se rendendo à sabedoria "parecida com uma água límpida, às vezes clara, outras escura, sob a qual se descobre a essência das coisas", até chegar ao grau de se fundir, por meio de sua obra, em uma religiosidade de culto à natureza. Essa sua substância particular é vislumbrada por suas aproximações com a ideia de liberdade, sempre intimamente ligada à viagem interior.

Através da análise do poder, Marguerite Yourcenar roçou o enigma teológico e o furor dos dogmas que fizeram os homens deslizarem para a morte do absoluto em troca de formas ou modelos de contradição insolúvel, seja por seus dotes sobrenaturais, seja por suas contrapartidas de ingênua onipotência. Ela é muito clara ao precisar que somente o homem do Ocidente pretendeu fazer de seu Deus uma fortaleza, e de suas alegorias sobre a imortalidade, uma defesa contra o tempo. Mais ainda, Deus, esse deus espanhol que se transluz nas cenas flamengas, oscila entre a mais extrema violência persecutória contra o indivíduo e as etnias –

em nome da unidade do Estado – e o legado alquimista, sempre reservado aos iniciados.

Poucas crianças como Marguerite Yourcenar cresceram com os privilégios da inteligência e da ânsia civilizadora. O resultado de sua excelente formação nutriu sua consciência de ser útil como escritora e, ao mesmo tempo, transcendente como mulher, até colher com sua vida e obra um conceito contemporâneo do humanismo: intelectual compassiva e de olhos abertos, sempre alerta frente às dores do mundo.

Marguerite Yourcenar morreu a 17 de dezembro de 1987, convencida de que a palavra é a única ferramenta que permite transformar em único o mais comum, e em universal um modesto sonho de luz.

MARÍA ZAMBRANO

Peregrina da luz e do despertar do pensamento, María Zambrano inferiu na metáfora do coração a linha mestra de um sonho criador. Buscou a claridade nas escuras zonas do esquecimento e da morte. Dignificou o lugar da palavra ao exprimir a imagem da aurora como emblema do sagrado e inquiriu os sonhos – sua estrutura e o próprio sonhar – como se fossem a fonte do tempo, um avanço contínuo em direção a um centro ordenador da vigília, a fim de "recuperar" a liberdade vital.

Elevado símbolo da Espanha desterrada, María iniciou sua trajetória para o saber da alma a partir do caminho da linguagem, dessa linguagem libertadora e paradoxal que se converte em guia de transgressões, de buscas e de indícios que tendem a purificar uma expressão mediante a conquista de um estilo, o estilo de um escritor autêntico que, em seu caso, consistiu em dotar de voz poética o filósofo; ou seja, ela foi capaz de um pensar poético ao vislumbrar um sistema de perguntas na vereda desesperada do idioma, e de conceber ali, na região das palavras, o alvorecer da esperança como a única via de salvação.

José Ortega y Gasset, professor e mestre de María Zambrano e sua maior influência vitalista, afirmou em seu livro *As duas grandes metáforas* que a poesia é metáfora, enquanto que a ciência simplesmente se serve dela. Infiel a este ensinamento, María Zambrano atacou os conteúdos e os continentes da consciência examinados por seu mestre, para se aventurar no vigor criativo da imagem; nessa imagem real do estar no mundo na condição de "um sonho desmedido da vida", luminoso e intimidante, que fragmentariamente, sem as distrações retóricas de Ortega, conduz até aquilo que José Luis López Aranguren considera "uma completude sempre buscada mas nunca forçada" na ideia da existência.

É a imagem clara, justamente, a sustentação desse "desnascer" poético do sonho desmedido de María, o sonho como rapto do ser, que demarca a função mediadora do pensamento naquele lugar onde "o nascido geme e a palavra balbucia": um labirinto, conforme ela diz, "onde o sentir, o sentir solitário sem luz e sem tempo, aguarda quando não espreita, onde o sentir se esconde entre as raízes da psique, da avidez e do temor".

Filósofa do sagrado e do divino, María Zambrano foi se inclinando para a mística a partir desse "ficar em suspenso" na forma de sonho, o ser atônito, que Aranguren define como uma peculiaridade inovadora:

> A filosofia do filósofo puro seria outra, seria a da perplexidade, da admiração e, caso assim se queira, seria esse o traço característico da filosofia. Na verdade, não existe muita diferença entre a perplexidade e o sentir-se suspenso ou atônito; mas esta diferença – e ela efetivamente existe – é aquela que se encontra entre uma filosofia filosófica, reduplicativamente filosófica caso se queira chamar assim, e uma filosofia poética como é a de María Zambrano. E esssa condição de estar habitando na fronteira do ser é algo de uma filosofia poética, e não da filosofia reduplicativamente filosófica.

Ao conceber o sonho como um despertar para a realidade, María Zambrano concentrou uma vigilante atenção reflexiva sobre a imagem da visibilidade "estando" na vida, sem fraturas temporais. Tal é o movimento do ser humano que lhe permitiu pensar seu legado cultural como uma sombra peregrina no horizonte criativo do idioma. Teve sobre os ombros a Espanha de dois extremos, o da criação e o da violência, o que a situa na história como um país de sol coroado pela bruma. É a Espanha da Inquisição e a Espanha de Cervantes, a da conquista genocida e a do cristianismo utópico de Vasco de Quiroga; um país, enfim, que transita entre o sacrifício e o desejo de poder, ao modo de um toureiro que sacrifica o animal sacrificando a si mesmo em torno da figura da morte, "para formar com ele o hieróglifo touro-pássaro".

Luz e vítima da Espanha sombria do franquismo, saiu dali María Zambrano como filha do conflito entre os desígnios e os deuses. Saiu no barco legendário, encarregada de cuidar dos órfãos, mas sua passagem pelo México acabou sendo desventurada. Com os desígnios velejava o sonho ambíguo de Cervantes, os mitos consagrados, o "idiota" de Vallecas[*] – misteriosa verdade envolta em sua figura opaca – e o compêndio penumbroso que iniciaria seu "desnascer" para alvorecer sem pretextos temporais; com os deuses, ia seu clamor piedoso, a inibição que impediu ao homem manifestar suas pretensões de se acreditar Deus, seu desejo de ser como Ele; no entanto, foi através dos deuses que se iniciou a revelação da fria claridade da consciência, sonhadora e fiel à desilusão consecutiva, que a levaria a abrigar o princípio da esperança como o mais puro e mais elevado reflexo do humano.

Ao longo do caminho, sempre aguilhoada por uma inescusável urgência de voltar, desprendida em parte do destino comum do exílio no México, rompendo sua angústia por meio da ação criadora, María foi recolhendo o drama de uma realidade despedaçada como o mito de Osíris, até orientar o despertar da inocência e se encontrar, tal como a Espanha, com a figura da morte no cruzamento da história. Diferente

---

[*] Referência ao quadro "El Niño de Vallecas", de Velázquez, assim citado por Zambrano em seu livro *Algunos lugares de la pintura*. [N. de T.]

em tudo de seus companheiros de infortúnio, iniciou a exploração de seu pensar poético com as ferramentas rigorosas do vitalismo*, já explorado por Ortega y Gasset e também difundido por Xavier Zubiri. Em 1933, precisamente na *Revista de Occidente*, publica os primeiros indícios de seu estilo com os traços que depois completaria em *Hacia un saber del alma*; é dessa época que data sua amizade, conservada até a morte dele, com o poeta José Bergamín, fundador da revista *Cruz y Raya*, para a qual ela também colaborou e pela qual haveria de confirmar a filiação de uma geração de desterrados.

Para ela, 1937 é uma marco decisivo: publica no Chile um ensaio revelador que guarda a consciência ambígua de sua Espanha trágica. Em meados desse ano, integra-se ao grupo fundador da memorável revista *Hora de España* e participa ativamente em favor da República. Também escreve em Madri, mas de forma anônima, em outra revista notável, cujo último número ela mesma edita sem desatender seu desempenho infatigável nos conselhos de Propaganda e da Infância Evacuada, aos quais pertenciam outros destacados intelectuais republicanos.

Ao despontar do ano de 1939 inicia as etapas de um exílio de quase cinco décadas, que haveria de ser preenchido com uma obra excepcional, a obra de um talento peregrino que se engrandeceu ao sentir a aurora entre o coração e seu incessante despertar, e ao clamar por piedade e misericórdia durante um longo e fecundo trânsito vital da obscuridade até a luz. Antes de colaborar na *Casa de España*, no México, ou de ensaiar uma inútil adaptação a Morélia, onde ensinou filosofia durante um curto espaço de tempo, María esteve em Paris

---

* Surgido como uma teoria biológica, o vitalismo foi apropriado no sentido filosófico e literário por Ortega y Gasset. Admite a existência de um princípio vital, distinto da alma e do organismo, que orienta as ações orgânicas e que seria responsável pelo exercício do livre-arbítrio sob a orientação, mas não sob o comando, da alma ou da consciência, que seria governada por emoções primordiais – os "quatro gigantes da alma". [N. de T.]

e em Havana, onde tampouco encontrou as correlações culturais exigidas por seu espírito em plena ebulição criadora. No México publicou *Pensamiento y poesía en la vida española* e *Filosofía y poesía*, bem como um ensaio começado em Barcelona para a revista *Hora de España* e posteriormente publicado pela editora Sur, de Buenos Aires, intitulado *San Juan de la Cruz: de la "noche oscura" a la más clara mística*.

Embora sua permanência na América tenha sido breve, colaborou em numerosas publicações do México e de outros países hispano-americanos: *Taller, Luminar, El Hijo Pródigo, Asomante y la Torre, Romance, Nuestra España* e *Las Españas*; contudo, ao menos no que se refere à reconhecida hostilidade literária dos mexicanos, María Zambrano é apenas mais um nome na quase inexplorada penumbra americana.

É possível que tenha intuído a secura da planície, ou talvez tenha viajado para Havana e Porto Rico para ali ensinar o que não interessava muito em nossa terra. Não é por acaso que surgiram pouquíssimos filósofos no México, ainda que existam alguns que divulguem certas teorias do pensamento. Seja qual fosse a razão de sua despedida definitiva, María Zambrano fixou-se desde então na Europa – França, Itália, Suíça – para prosseguir o curso da união irrenunciável, uma união que talvez não se alcance nunca, entre a fé e a razão, dentro da qual tudo quanto é humano está proposto: "e que o homem há de fazer se fazendo a si mesmo, humanizando sua própria história".

Única mulher a receber o Prêmio Cervantes (1988), começa a se repatriar em 1981, quando foi distinguida com o Prêmio Príncipe de Astúrias e nomeada filha predileta de Vélez-Málaga, sua cidade natal; dois anos depois, ao receber o doutorado *honoris causa* da própria Universidade de Málaga, em 1990, a Espanha socialista começa a descobri-la, a se assombrar ante sua obra, a se deslumbrar com essa prodigiosa anciã que por 45 anos pensou sua condição como o mais alto e claro sonho criador da razão hispânica. Por isso sua obra começa a se difundir, a partir de então, no mesmo ritmo de suas metáforas de luz; por isso María, desertora da claridade e todavia presa a seu fervor pelos liames da razão, é agora reconhecida por duas ou três gerações de espanhóis que subitamente descobriram que Ortega y Gasset não era o único baluarte do vitalismo nem seu representante mais apaixonado. Assistida durante a inoportunidade de sua longa doença, protegida pelo Estado na cidade de Madri, María foi celebrada em sua agonia como os peninsulares costumam celebrar uma descoberta entre signos perduráveis.

Com o doloroso ranço das penúrias do desterrado, María Zambrano voltou para a sua Espanha amada no final de novembro de 1984. Seis anos depois – faltando dois meses para completar 87 anos –, morreu esvaziada de seu germe criador, dessubstanciada de sua latente obscuridade, como a palavra clara, a palavra-luz que emana mansamente de seu espírito poético.

Já à beira da morte, na margem estranha do silêncio radical, talvez María tenha se dado conta de que Antígona lhe falava, que lhe sussurrava em lamento trágico algo relativo à passagem de uma morta-viva que, na hora fundamental, repara na voz que a consola. Contemplou-a a seu lado. Encontrou uma Antígona tão natural que custou a reconhecê-la. Estremecida, escreveu depois a recordação indelével das primeiras palavras que lhe revolveram o coração: "Nascida para o amor, fui devorada pela piedade". E assim como Antígona, talvez María também se tenha consumido pela piedade. Uma piedade banhada com o melhor cristianismo, inseparável da poesia, de onde veio a confirmar a origem sagrada do verbo e o caráter luminoso da palavra.

De sua vasta herança, sempre oscilante entre o neoplatonismo e a poesia, destaca-se o símbolo que a define e que define a realidade em uma espécie de tremor de humanidade. É justamente o tremor que clama pela aurora nesse "desnascer" dos combatentes que se levantaram contra os deuses.

TIPOGRAFIA:
Caslon [texto]
Bilo [entretítulos]

PAPEL:
Pólen Natural Soft 80 g/m² [miolo]
Cartão Supremo 250 g/m² [capa]

IMPRESSÃO:
Rettec Artes Gráficas e Editora [setembro de 2022]